한서예문지
(漢書藝文志)

李世烈 解譯

지유문고

『한서예문지(漢書藝文志)』란 어떤 책인가?

『한서예문지(漢書藝文志)』는 『한서(漢書)』 총 100권 가운데 제30권에 속해 있는 것으로 후한(後漢)시대 명제(明帝) 영평(永平)연중에 역사학자 반고(班固)의 저술이다.

반고의 자(字)는 맹견(孟堅)이며 반표(班彪)의 아들로 명제(明帝) 영평(永平) 5년(서기 62년)에 왕의 부름을 받아 교서부(校書部)에 들어가 난대령사(蘭臺令史)에 임명되었다. 그 뒤 몇 해 있다 낭(郎)으로 옮겨 비서(祕書)를 교수(校讐)*하는 일을 관장하였다.

장제(章帝) 건초(建初) 6년(서기 81년)에 또 부의(傅毅), 가규(賈逵) 등과 함께 교서(校書)의 일에 종사하였다. 『한서(漢書)』가 이루어진 것은 장제의 건초 7년(서기 82년)이다. 반고의 백조(伯祖)인 반유(班斿)는 박학(博學)하고 준재(俊材)였으므로 유향(劉向)과 함께 비서(祕書)를 교열하였다. 반고가 유향 부자(父子)의 영향을 받은 것은 매우 크다. 『한서(漢書)』의 예문지(藝文志), 오행지(五行志), 율력지(律曆志), 유림전(儒林傳) 어느 것이나 유향 부자에 바탕을 두었다.

반고의 『한서예문지』는 반고 자신이 그의 서(序)에 "지금 그 요(要)를 간추려 편적(篇籍)을 갖춘다"고 말하였듯이 유흠(劉歆)의 『칠략(七略)』 7권에 산절(刪節: 어구를 깎아내 줄임)을 가하여 『한서』의 한 편으로 한 것이다. 실로 사서(史書)에 예문지(藝文志), 경적지(經籍志)를 두는 시작을 연 것으로 『한서』가 그 시초인 것이다. 『한지(漢志)』는 다만 『칠략(七略)』의 원문을 산절(刪節)했을 뿐, 그 내용은 거의 그것을 변경하지 않았다.

그러나 『칠략』과 『한지』 사이에 다소의 분류전개 방식의 차이가 있었다. 그것은 두 책에 기재된 서목(書目)의 분류전개 위치이동이다. 『한지』에 기재된 서목은 『칠략』의 그것과는 다소의 차이가 있다. 그러나 출입(出入)이 있는 곳에는 반드시 반고 자신이 주(注)를 가하여 그 내역을 분명하게 하였으므로 그것에 의해 『칠략』의 원형을 잃지는 않았다. 출(出)이라는 것은 『칠략』에 있는 것으로 『한지』에서는 뺀 것이고, 입(入)이라는 것은 『칠략』에는 없는 것인데 『한지』에 새로이 넣은 것이다.

『칠략』에 수록되지 않은 책으로 『한지』에 새로이 수록된 것은 겨우 유향(劉向), 양웅(揚雄), 두림(杜林) 3가(三家)의 책에 지나지 않는다. 그것은 서(書)의 유향계의(劉向稽疑) 1편, 소학(小學)의 양웅(揚雄), 두림(杜林) 2가(家)의 3편, 유가(儒家)의 양웅(揚雄) 38편, 부(賦)의 양웅(揚雄) 8편이다. 분류전개에 있어 위치이동을 보면, 사마법(司馬法)의 경우 『칠략』에서는 병권모(兵權謀) 속에 있던 것을 『한지』에서는 예(禮) 속에 넣고, 축국(蹵鞠)은 『칠략』에서 제자략(諸子略) 중에 있던 것을 『한지』에서는 병기교(兵技巧) 속에 넣었다. 반고가 잡가(雜家) 속에 넣은 병법은 어떤 책인지 모른다. 혹은 『회남서(淮南書)』이리라는 추측이 있으나 확실히 단언할 수 없다.

그 밖에 『칠략』에서는 두 유(類)에 분류전개된 것을 『한지』에서는 그 한 유(類)를 생략했다. 곧 『칠략』에 전개되어 있는 것 중에서 춘추(春秋)의 태사공(太史公), 병권모(兵權謀)의 이윤(伊尹), 태공(太公), 관자(管子), 손경자(孫卿子), 갈관자(鶡管子)의 4가(家)는 도가(道家)에, 소자(蘇子), 괴통(蒯通)의 2가는 종횡가(縱橫家)에, 회남왕(淮南王)은 잡가(雜家)에, 묵자(墨子)는 묵가(墨家)에 각각 전개되어 중복되었으므로 『한지』에서는 그 한 유(類)를 생략한 것이다.

그리고 춘추가(春秋家)에는 태사공(太史公) 130편이 저록되어 있고, 태사공(太史公) 4편이 생략된 것은 그것이 무슨 편

(篇)인지 분명하지가 않다. 악(樂)의 회남유향등금송(淮南劉向 等琴頌)을 생략한 것은 시부략(詩賦略) 중에 회남유향(淮南劉 向)의 부(賦)가 있기 때문일 것이다.

반고(班固)가 『한지』에 있어서 중복되는 11가의 책을 생략한 것에 대하여, 혹은 『칠략』에서는 학술의 원류를 밝히기 위해 한 책을 두 곳의 주류(主類)에 분류전개한 것인데 『한지』가 그 중 복되는 책의 한 유(類)를 생략한 것은 후인으로 하여금 가법 (家法)이 있는 것을 알 수 없게 하는 것이라고 공격하기도 한 다. 그러나 반고는 빼고 넣고 생략하고 조합한 것은 본문 밑에 반드시 스스로 주석을 가하여 그것을 밝히고 있으므로 유흠(劉 歆)의 『칠략』 원문을 아는 데 대하여는 아무런 지장이 없을 것 이다.

요컨대 『칠략』에 수록되지 않은 것으로 『한지』에 새로이 수 록된 것은 유향(劉向), 양웅(揚雄), 두림(杜林) 3가(三家)의 책 에 지나지 않는다. 분류에 있어 다만 하나 변경된 것은 『칠략』 에서는 병권모(兵權謀) 속에 있던 사마법(司馬法)을 『한지』에 서는 육예략(六藝略)의 예류(禮類)에 넣은 것 뿐이다. 다른 11 가는 『칠략』에 중복되어 있기 때문에 『예문지』에서는 그것을 생략한 것이고 그 밖에는 전부 『칠략』에 기재된 그대로다.

『한지』는 후세 '사지(史志)'의 본보기를 연 것이며, 특히 그 편서(篇敍)와 총서(總敍)는 학술의 원류를 서술한 것으로 가장 가치있으며, 후세 서지학(書誌學)중 목록학(目錄學)의 비조(鼻 祖)로서 후인의 칭송을 듣는다.

『한지』는 『칠략』의 원문에 산절(刪節)을 가했을 뿐으로, 『칠 략』에 기재된 것 이외에 새로 추가한 책은 유향(劉向), 양웅(揚 雄), 두림(杜林)의 3가(三家)의 저술뿐인데, 『칠략』이 생긴후부 터 『한지』가 생기기까지의 사이에는 유향이나 양웅 이외에도 다른 학자들의 저술이 있었으리라고 생각된다. 또한 당시 사회 는 참위(讖緯)가 왕성한 시대였으므로, 그러한 책들이 비부(祕 府)에 상당히 소장(所藏)되어 있었을 것으로 사려되는데 그런 종류의 책이 『한지』에는 거의 채록(採錄)되지 않은 것을 보면, 『한지』에 수록된 서목(書目)은 당시에 있어서 비부에 소장된 도서목록은 아니다. 반고가 다만 『칠략』에 수록된 것에 따르고 거기에 몇 가지 목도(目睹)한 바의 도서목록을 첨가하였을 것으로 본다.

중국학술을 연구함에 있어서 목록학의 중요함은 선인(先人)들이 목록학을 '도서관학 입문(圖書館學入門)의 학(學)'이라 이르고, "학문 중 가장 긴요한 일"이라고 말하는 것으로도 분명히 알 수 있다. 고대로부터 전한(前漢) 말기까지 그동안 어떠한 책이 세상에 전파되어졌으며 어떠한 사상이 유행하였는가. 적어도 중국 학술의 원류(源流)를 더듬어 그 발달을 연구하고자 한다면, 먼저 목록학을 참고하지 않으면 안 된다. 목록학은 단순히 목록에 관한 학문일 뿐 아니라, 학술사(學術史)이며 문헌학사(文獻學史)이기도 한 것이다.

목록학은 유향(劉向), 유흠(劉歆) 부자(父子)가 저술한 『별록(別錄)』과 『칠략(七略)』을 효시(嚆矢)로 삼고 있는데 이 두 책은 함께 망일(亡佚)되고 지금은 다만 후인이 집록(集錄)한 것에 의해 그 면모(面貌)를 알 수 있을 뿐이다. 현존하는 것으로는 『한서예문지(漢書藝文志)』가 가장 오래되어 이것을 비조(鼻祖)로 삼지 않을 수 없다.

그 뒤 목록(目錄)의 책으로서는 위(魏)나라 정묵(鄭默)의 『중경(中經)』, 진(晉)나라 순욱(荀勗)의 『중경신부(中經新簿)』, 송(宋)나라 왕검(王儉)의 『칠지(七志)』, 양(梁)나라 완효서(阮孝緒)의 『칠록(七錄)』 등이 위진(魏晉)시대로부터 수(隋)나라 때까지 이루어졌으나, 지금은 어느 것이나 다 망일(亡佚)되어 전하지 않는다.

그 뒤로 역사서의 목록류(目錄類)에는 『수서경적지(隋書經籍志)』 『구당서경적지(舊唐書經籍志)』 『신당서예문지(新唐書藝文志)』 『송사예문지(宋史藝文志)』 『원사예문지(元史藝文志)』 『명사예문지(明史藝文志)』 등이 있고, 조정의 목록류에는 『숭문총목(崇文總目)』『사고전서총목제요(四庫全書總目提要)』가 있으며, 민간에는 송(宋)에서 중화민국에 이르기까지 수많은 학자의 헤아리기 어려울 만큼의 많은 목록류가 있다.

현존하는 목록류 중에 『한서예문지(漢書藝文志)』『수서경적지(隋書經籍志)』『숭문총목(崇文總目)』『사고전서총목제요(四庫全書總目提要)』는 단순하게 서목(書目)만을 열기(列記)했을 뿐만 아니라, 총서(總書), 소서(小序)가 있어 학술의 원류(源流)나 득실(得失) 등이 서술되어 있다.

한편 『한서예문지』에서는 매략(每略)의 끝에 총서(叢書)가 있고, 각 부류(部類)의 끝에 편서(篇敍)가 있으며, 책 이름 밑에 더러 반고(班固)의 자주(自注)가 있어, 이것들에 의해 학술의 원류나 득실, 수수(授受) 등의 대체를 알 수 있다.

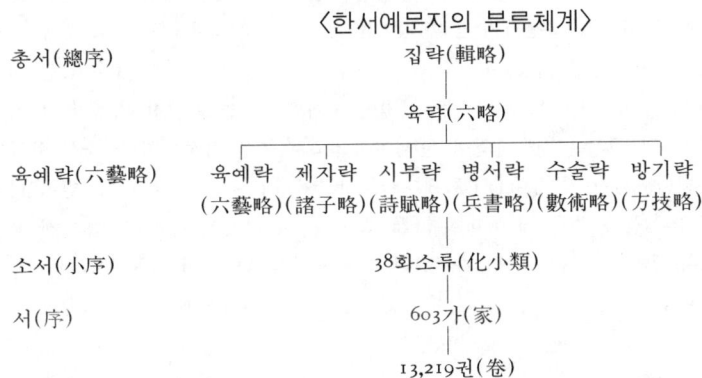

『한서예문지』는 학술을 체계있게 분류하고 학술의 원류를 나누어 정한 것으로 역사서의 목록류 중에서는 가장 가치있는 것이요, 후세 목록류가 단순하게 그 시대에 현존하였던 서적을 분류하여 책의 이름을 열기한 것과는 비교가 되지 않는다. 『한서예문지』에 의해 비로소 한대(漢代) 학술의 개략과 그 저자, 그리고 저서의 대체를 알 수 있는 것이다. 진실로 『한서예문지』

를 통하지 않고는 천하의 서적을 읽을 수가 없다. 『한서예문지』 야말로 학문의 미목(眉目)이며, 저술의 문호(門戶)인 것이다.

이 역서(譯書)의 원본은 반고(班固)의 『한서(漢書)』 가운데 있는 30권의 『예문지(藝文志)』를 기준하고 명덕출판사(明德出版社 : 日本 : 鈴木次郞) 발행의 『한서예문지(漢書藝文志)』를 참조하였음을 밝혀둔다.

★〔교수학(校讎學)이란 : 교수란 교정(校正)을 말하며 수(讎)란 두 사람이 마주앉아 대보고 잘못을 바로잡는 것으로 오늘날의 교정의 의미와 같다. 이를 좀더 서지학적인 관점에서 본다면 교수학이라고 정의할 수 있다. 교수학이란 도서의 수집, 선택, 교감(校勘), 분류, 편찬 등을 연구대상으로 하는 것으로 목록학의 시초다. 교열이라는 의미보다는 교수라는 의미가 더욱 적합하리라 본다. 고대 중국에서의 교수학의 창시는 유향·유흠 부자였다고 할 수 있다. 이들의 교수방법을 『한서예문지』를 통해 살펴보면 ①각 도서의 형질을 고정시켜 놓고 명가(名家)의 장본(藏本)을 채집, 중복을 제거한 다음 편권(篇卷)하였다. ②매 책을 정리, 교감하고 정본(定本)을 베껴서 엮은 후 서록(敍錄) 1편을 전면에 놓아 그 책을 읽기전에 이미 그 책에 대한 골자를 인식케 하였다. ③체계적으로 서목을 작성하였다. 우선 육략의 총최(總最)인 각 문류(門類)에 대해 학술연원인 집략이 있고 그 밑에 다시 학술의 문목(門目)에 따라 6류(類)로 대분(大分)하였다. 6류는 또다시 38개 소류(小類)로 나누고 603가(家)의 저술을 수록하였으니 모두 13,219권인 것이다.〕

차 례

『한서예문지(漢書藝文志)』란 어떤 책인가/3

제1편 서론(序)/25
1. 공자가 죽은 후 시와 예가 나누어지다…/25
2. 서론 해설…/28

제2편 육예략(六藝略)/33

1. 역(易)…/33
(1) 역경(易經) 12편 시맹양구3가(施孟梁丘三家)…/33
(2) 역전주씨(易傳周氏) 2편…/34 (3) 복씨(服氏) 2편…/34
(4) 양씨(楊氏) 2편…/34 (5) 채공(蔡公) 2편…/35
(6) 한씨(韓氏) 2편…/35 (7) 왕씨(王氏) 2편…/35
(8) 정씨(丁氏) 8편…/36 (9) 고오자(古五子) 18편…/36
(10) 회남도훈(淮南道訓) 2편…/37
(11) 고잡(古雜) 80편, 잡재이(雜災異) 35편, 신륜(神輪) 5편, 도(圖) 1…/38
(12) 맹씨경방(孟氏京房) 12편, 재이맹씨경방(災異孟氏京房) 66편, 오록충종략설(五鹿充宗略說) 3편, 경씨단가(京氏段嘉) 12편…/38
(13) 장구시맹양구씨(章句施孟梁丘氏) 각 2편…/40
■ 역(易) 13가(家) 모두 294편…/40
■ 역(易)의 개략…/40
■ 역(易)의 개략 해설…/42

2. 서(書)…/45
(1) 상서고문경(尙書古文經) 46권…/45 (2) 경(經) 29권…/47
(3) 전(傳) 41편…/48 (4) 구양장구(歐陽章句) 31권…/48
(5) 대소하후장구(大小夏侯章句) 각 29권…/49
(6) 대소하후해고(大小夏侯解故) 29편…/49
(7) 구양설의(歐陽說義) 2편…/49
(8) 유향오행전기(劉向五行傳記) 11권…/49

10   한서예문지(漢書藝文志)

(9)허상오행전기(許商五行傳記) 1편…/50
(10)주서(周書) 71편…/50 　　　　　(11)의주(議奏) 42편…/51
　■서(書) 9가(家) 모두 412편…/51
　■서(書)의 개략…/51
　■서(書)의 개략 해설…/54

　3. 시(詩)…/58
(1)시경(詩經) 28권 노제한 3가(魯齊韓三家)…/58
(2)노고(魯故) 25권…/59　　　(3)노설(魯說) 28권…/59
(4)제후씨고(齊后氏故) 20권…/60　　(5)제손씨고(齊孫氏故) 27권…/60
(6)제후씨전(齊后氏傳) 39권…/60　　(7)제손씨전(齊孫氏傳) 28권…/60
(8)제잡기(齊雜記) 18권…/60　　(9)한고(韓故)36권…/60
(10)한내전(韓內傳) 4권…/61　　(11)한외전(韓外傳) 6권…/61
(12)한설(韓說) 41권…/61　　(13)모시(毛詩) 29권…/61
(14)모시고훈전(毛詩故訓傳) 30권…/62
　■시(詩) 6가(家) 모두 416권…/63
　■시(詩)의 개략…/63
　■시(詩)의 개략 해설…/65

　4. 예(禮)…/67
(1)예고경(禮古經) 56권…/67
(2)경(經) 70편〈후씨(后氏), 대씨(戴氏)〉…/68
(3)기(記) 131편…/69　　　　(4)명당음양(明堂陰陽) 33편…/70
(5)왕사씨(王史氏) 21편…/70　　(6)곡대후창(曲臺后倉) 9편…/70
(7)중용설(中庸說) 2편…/71　　(8)명당음양설(明堂陰陽說) 5편…/71
(9)주관경(周官經) 6편…/71　　(10)주관전(周官傳) 4편…/72
(11)군례사마법(軍禮司馬法) 155편…/72
(12)고봉선군사(古封禪群祀) 22권…/73
(13)봉선의대(封禪議對) 19편…/73
(14)한봉선군사(漢封禪群祀) 36편…/73
(15)의주(議奏) 38편…/73
　■예(禮) 13가(家) 모두 555편…/74
　■예(禮)의 개략…/74
　■예(禮)의 개략 해설…/75

　5. 악(樂)…/78
(1)악기(樂記) 23편…/78　　(2)왕우기(王禹記) 24편…/78
(3)아가시(雅歌詩) 4편…/79　　(4)아금조씨(雅琴趙氏) 7편…/79
(5)아금사씨(雅琴師氏) 8편…/79　　(6)아금룡씨(雅琴龍氏) 99편…/80
　■악(樂) 6가(家) 모두 165편…/80
　■악(樂)의 개략…/81
　■악(樂)의 개략 해설…/82

6. 춘추(春秋)…/85
(1) 춘추고경(春秋古經) 12편…/85
(2) 경(經) 11권…/85
(3) 좌씨전(左氏傳) 30권…/86
(4) 공양전(公羊傳) 11권…/86
(5) 곡량전(穀梁傳) 11권…/87
(6) 추씨전(鄒氏傳) 11권…/87
(7) 협씨전(夾氏傳) 11권…/87
(8) 좌씨미(左氏微) 2편…/88
(9) 탁씨미(鐸氏微) 3편…/88
(10) 장씨미(張氏微) 10편…/88
(11) 우씨미전(虞氏微傳) 2편…/88
(12) 공양외전(公羊外傳) 50편…/89
(13) 곡량외전(穀梁外傳) 20편…/89
(14) 공양장구(公羊章句) 38편…/89
(15) 곡량장구(穀梁章句) 33편…/89
(16) 공양잡기(公羊雜記) 83편…/90
(17) 공양안씨기(公羊顔氏記) 11편…/90
(18) 공양동중서치옥(公羊董仲舒治獄) 16편…/90
(19) 의주(議奏) 39편…/90
(20) 국어(國語) 21편…/91
(21) 신국어(新國語) 54편…/92
(22) 세본(世本) 15편…/92
(23) 전국책(戰國策) 33편…/92
(24) 주사(奏事) 20편…/93
(25) 초한춘추(楚漢春秋) 9편…/93
(26) 태사공(太史公) 130편…/93
(27) 풍상소속태사공(馮商所續太史公) 7편…/94
(28) 태고이래년기(太古以來年記) 2편…/94
(29) 한저기(漢著記) 190권…/95
(30) 한대년기(漢大年紀) 5편…/95
　■ 춘추(春秋) 23가(家) 모두 948편…/95
　■ 춘추(春秋)의 개략…/95
　■ 춘추(春秋)의 개략 해설…/98

7. 논어(論語)…/100
(1) 논어고(論語古) 21편…/100
(2) 제(齊) 22편…/101
(3) 노(魯) 20편…/101
(4) 전(傳) 19편…/102
(5) 제설(齊說) 29편…/102
(6) 노하후설(魯夏侯說) 21편…/102
(7) 노안창후설(魯安昌侯說) 21편…/102
(8) 노왕준설(魯王駿說) 20편…/103
(9) 연전설(燕傳說) 3권…/103
(10) 의주(議奏) 18편…/103
(11) 공자가어(孔子家語) 27권…/103
(12) 공자삼조(孔子三朝) 7편…/104
(13) 공자도인도법(孔子徒人圖法) 2권…/104
　■ 논어(論語) 12가(家) 모두 229편…/104
　■ 논어(論語)의 개략…/104
　■ 논어(論語)의 개략 해설…/106

8. 효경(孝經)…/107
(1) 효경고공씨(孝經古孔氏) 1편…/107
(2) 효경(孝經) 1편…/107
(3) 장손씨설(長孫氏說) 2편…/108
(4) 강씨설(江氏說) 1편…/108
(5) 익씨설(翼氏說) 1편…/108
(6) 후씨설(后氏說) 1편…/109
(7) 잡전(雜傳) 4편…/109
(8) 안창후설(安昌侯說) 1편…/109
(9) 오경잡의(五經雜議) 18편…/109
(10) 이아(爾雅) 3권 20편…/109
(11) 소아(小雅: 小爾雅) 1편…/110
(12) 고금자(古今字) 1권…/110
(13) 제자직(弟子職) 1편…/111
(14) 설(說) 3편…/111
　■ 효경(孝經) 11가(家) 모두 59편…/111
　■ 효경(孝經)의 개략…/111

12   한서예문지(漢書藝文志)

　　■효경(孝經)의 개략 해설…/112

　9. 소학(小學)…/113
　(1)사주(史籒) 15편…/113　　　(2)팔체육기(八體六技)…/114
　(3)창힐(蒼頡) 1편…/115　　　(4)범장(凡將) 1편…/115
　(5)급취(急就) 1편…/116　　　(6)원상(元尙) 1편…/116
　(7)훈찬(訓纂) 1편…/116　　　(8)별자(別字) 13편…/117
　(9)창힐전(蒼頡傳) 1편…/117
　(10)양웅창힐훈찬(揚雄蒼頡訓纂) 1편…/117
　(11)두림창힐훈찬(杜林蒼頡訓纂) 1편…/117
　(12)두림창힐고(杜林蒼頡故) 1편…/117
　　■소학(小學) 10가(家) 모두 45편…/118
　　■소학(小學)의 개략…/118
　　■소학(小學)의 개략 해설…/122

　10. 육예략(六藝略) 총설(總說)…/129
　　■육예(六藝) 103가(家) 모두 3123편…/129
　　■육예략(六藝略)의 개략…/129
　　■육예략(六藝略)의 개략 해설…/132

제3편　제자략(諸子略)/134
　1. 유가(儒家)…/134
　(1)안자(晏子) 8편…/134　　　(2)자사(子思) 23편…/135
　(3)증자(曾子) 18편…/135　　　(4)칠조자(漆雕子) 13편…/136
　(5)복자(宓子) 16편…/136　　　(6)경자(景子) 3편…/136
　(7)세자(世子) 21편…/136　　　(8)위문후(魏文侯) 6편…/137
　(9)이극(李克) 7편…/137　　　(10)공손니자(公孫尼子) 28편…/137
　(11)맹자(孟子) 11편…/137　　　(12)손경자(孫卿子) 33편…/138
　(13)우자(芋子) 18편…/139　　　(14)내업(內業) 15편…/140
　(15)주사육도(周史六弢) 6편…/140　(16)주정(周政) 6편…/140
　(17)주법(周法) 9편…/141　　　(18)하간주제(河間周制) 18편…/141
　(19)난언(讕言) 10편…/141　　　(20)공의(功議) 4편…/141
　(21)영월(甯越) 1편…/141　　　(22)왕손자(王孫子) 1편…/142
　(23)공손고(公孫固) 1편…/142　　(24)이씨춘추(李氏春秋) 2편…/142
　(25)양자(羊子) 4편…/142　　　(26)동자(董子) 1편…/142
　(27)사자(俟子) 1편…/143　　　(28)서자(徐子) 42편…/143
　(29)노중련자(魯仲連子) 14편…/143　(30)평원로(平原老) 7편…/143
　(31)우씨춘추(虞氏春秋) 15편…/144　(32)고조전(高祖傳) 13편…/144
　(33)육가(陸賈) 23편…/144　　　(34)유경(劉敬) 3편…/145
　(35)효문전(孝文傳) 11편…/145　　(36)가산(賈山) 8편…/145
　(37)태상요후공장(太常蓼侯孔臧) 10편…/145
　(38)가의(賈誼) 58편…/146
　(39)하간헌왕대상하삼옹궁(河間獻王對上下三雍宮) 3편…/146

(40)동중서(董仲舒) 123편…/146
(41)아관(兒寬) 9편…/147
(42)공손홍(公孫弘) 10편…/147
(43)종군(終軍) 8편…/148
(44)오구수왕(吾丘壽王) 6편…/148
(45)우구설(虞丘說) 1편…/148
(46)장조(莊助) 4편…/148
(47)신팽(臣彭) 4편…/149
(48)구순용종이보창(鉤盾冗從李步昌) 8편…/149
(49)유가언(儒家言) 18편…/149
(50)환관염철론(桓寬鹽鐵論) 60편…/149
(51)유향소서(劉向所序) 67편…/149
(52)양웅소서(揚雄所序) 38편…/150
■유(儒) 53가(家) 모두 836편…/151
■유가(儒家)의 개략…/151
■유가(儒家)의 개략 해설…/152

2. 도가(道家)…/154
(1)이윤(伊尹) 51편…/154
(2)태공(太公) 237편…/154
(3)신갑(辛甲) 29편…/154
(4)육자(鬻子) 22편…/155
(5)완자(筦子) 86편…/155
(6)노자인씨경전(老子隣氏經傳) 4편…/155
(7)노자부씨경설(老子傅氏經說) 37편…/156
(8)노자서씨경설(老子徐氏經說) 6편…/156
(9)유향설노자(劉向說老子) 4편…/156
(10)문자(文子) 9편…/157
(11)연자(蜎子) 13편…/157
(12)관윤자(關尹子) 9편…/158
(13)장자(莊子) 52편…/158
(14)열자(列子) 8편…/158
(15)노성자(老成子) 18편…/159
(16)장로자(長盧子) 9편…/159
(17)왕적자(王狄子) 1편…/159
(18)공자모(公子牟) 4편…/159
(19)전자(田子) 25편…/160
(20)노래자(老萊子) 16편…/160
(21)금루자(黔婁子) 4편…/160
(22)궁손자(宮孫子) 2편…/161
(23)갈관자(鶡冠子) 1편…/161
(24)주훈(周訓) 14편…/161
(25)황제사경(黃帝四經) 4편…/161
(26)황제명(黃帝銘) 6편…/161
(27)황제군신(黃帝君臣) 10편…/161
(28)잡황제(雜黃帝) 58편…/162
(29)역목(力牧) 22편…/162
(30)손자(孫子) 16편…/162
(31)첩자(捷子) 2편…/162
(32)조우(曹羽) 2편…/163
(33)낭중영제(郎中嬰齊) 12편…/163
(34)신군자(臣君子) 2편…/163
(35)정장자(鄭長者) 1편…/163
(36)초자(楚子) 3편…/163
(37)도가언(道家言) 2편…/163
■도(道) 37가(家) 모두 993편…/164
■도가(道家)의 개략…/164
■도가(道家)의 개략 해설…/165

3. 음양가(陰陽家)…/166
(1)송사성자위(宋司星子韋) 3편…/166
(2)공도생종시(公檮生終始) 14편…/167
(3)공손발(公孫發) 22편…/167
(4)추자(鄒子) 49편…/167
(5)추자종시(鄒子終始) 56편…/167
(6)승구자(乘丘子) 5편…/168
(7)두문공(杜文公) 5편…/168
(8)황제태소(黃帝泰素) 20편…/168
(9)남공(南公) 31편…/168
(10)용성자(容成子) 14편…/169
(11)장창(張蒼) 16편…/169

(12)추석자(鄒奭子) 12편…/169
(13)여구자(閭丘子) 13편…/169
(14)풍촉(馮促) 13편…/170
(15)장거자(將鉅子) 5편…/170
(16)오조관제(五曹官制) 5편…/170
(17)주백(周伯) 11편…/170
(18)위후관(衛侯官) 12편…/170
(19)우장천하충신(于長天下忠臣) 9편…/170
(20)공손혼야(公孫渾邪) 15편…/171
(21)잡음양(雜陰陽) 38편…/171

■음양(陰陽) 21가(家) 모두 369편…/171
■음양가(陰陽家)의 개략…/171
■음양가(陰陽家)의 개략 해설…/172

4. 법가(法家)…/173
(1)이자(李子) 32편…/173
(2)상군(商君) 29편…/173
(3)신자(申子) 6편…/174
(4)처자(處子) 9편…/174
(5)신자(愼子) 42편…/174
(6)한자(韓子) 55편…/175
(7)유체자(游棣子) 1편…/175
(8)조착(鼂錯) 31편…/175
(9)연십사(燕十事) 10편…/176
(10)법가언(法家言) 2편…/176

■법(法) 10가(家) 모두 217편…/176
■법가(法家)의 개략…/176
■법가(法家)의 개략 해설…/177

5. 명가(名家)…/178
(1)등석(鄧析) 2편…/178
(2)윤문자(尹文子) 1편…/178
(3)공손룡자(公孫龍子) 14편…/178
(4)성공생(成公生) 5편…/179
(5)혜자(惠子) 1편…/179
(6)황공(黃公) 4편…/179
(7)모공(毛公) 9편…/179

■명(名) 7가(家) 모두 36편…/180
■명가(名家)의 개략…/180
■명가(名家)의 개략 해설…/181

6. 묵가(墨家)…/182
(1)윤일(尹佚) 2편…/182
(2)전구자(田俅子) 3편…/182
(3)아자(我子) 1편…/182
(4)수소자(隨巢子) 6편…/182
(5)호비자(胡非子) 3편…/183
(6)묵자(墨子) 71편…/183

■묵(墨) 6가(家) 모두 86편…/183
■묵가(墨家)의 개략…/183
■묵가(墨家)의 개략 해설…/185

7. 종횡가(縱橫家)…/186
(1)소자(蘇子) 31편…/186
(2)장자(張子) 10편…/187
(3)방원(龐煖) 2편…/187
(4)궐자(闕子) 1편…/187
(5)국서자(國筮子) 17편…/188
(6)진영릉령신(秦零陵令信) 1편…/188
(7)괴자(蒯子) 5편…/188
(8)추양(鄒陽) 7편…/189

(9) 주보언(主父偃) 28편⋯/189
(10) 서악(徐樂) 1편⋯/189
(11) 장안(莊安) 1편⋯/189
(12) 대조금마료창(待詔金馬聊蒼) 3편⋯/189
　■종횡(縱橫) 12가(家) 모두 107편⋯/190
　■종횡가(縱橫家)의 개략⋯/190
　■종횡가(縱橫家)의 개략 해설⋯/191

8. 잡가(雜家)⋯/192
(1) 공갑반우(孔甲盤盂) 26편⋯/192
(2) 대우(大禹) 37편⋯/193
(3) 오자서(伍子胥) 8편⋯/193
(4) 자만자(子晩子) 35편⋯/193
(5) 유여(由余) 3편⋯/193
(6) 위료자(尉繚子) 29편⋯/194
(7) 시자(尸子) 20편⋯/194
(8) 여씨춘추(呂氏春秋) 26편⋯/194
(9) 회남내(淮南內) 21편⋯/195
(10) 회남외(淮南外) 33편⋯/196
(11) 동방삭(東方朔) 20편⋯/196
(12) 백상선생(伯象先生) 1편⋯/196
(13) 형가론(荊軻論) 5편⋯/197
(14) 오자(吳子) 1편⋯/197
(15) 공소니(公孫尼) 1편⋯/197
(16) 박사신현대(博士臣賢對) 1편⋯/197
(17) 신열(臣說) 3편⋯/197
(18) 해자부서(解子簿書) 35편⋯/198
(19) 추잡서(推雜書) 87편⋯/198
(20) 잡가언(雜家言) 1편⋯/198
　■잡(雜) 20가(家) 모두 403편⋯/198
　■잡가(雜家)의 개략⋯/198
　■잡가(雜家)의 개략 해설⋯/200

9. 농가(農家)⋯/201
(1) 신농(神農) 20편⋯/201
(2) 야로(野老) 17편⋯/201
(3) 재씨(宰氏) 17편⋯/202
(4) 동안국(董安國) 16편⋯/202
(5) 윤도위(尹都尉) 14편⋯/202
(6) 조씨(趙氏) 5편⋯/202
(7) 범승지(氾勝之) 18편⋯/203
(8) 왕씨(王氏) 1편⋯/203
(9) 채규(蔡葵) 1편⋯/203
　■농(農) 9가(家) 모두 114편⋯/203
　■농가(農家)의 개략⋯/203
　■농가(農家)의 개략 해설⋯/204

10. 소설가(小說家)⋯/206
(1) 이윤설(伊尹說) 27편⋯/206
(2) 육자설(鬻子說) 19편⋯/206
(3) 주고(周考) 76편⋯/206
(4) 청사자(青史子) 57편⋯/206
(5) 사광(師曠) 6편⋯/206
(6) 무성자(務成子) 11편⋯/207
(7) 송자(宋子) 18편⋯/207
(8) 천을(天乙) 3편⋯/208
(9) 황제설(黃帝說) 40편⋯/208
(10) 봉선방설(封禪方說) 18편⋯/208
(11) 대조신요심술(待詔臣饒心術) 25편⋯/209
(12) 대조신안성미앙술(待詔臣安成未央術) 1편⋯/209
(13) 신수주기(臣壽周紀) 7편⋯/209
(14) 우초주설(虞初周說) 943편⋯/210
(15) 백가(百家) 139권⋯/210
　■소설(小說) 15가(家) 모두 1380편⋯/210

16 한서예문지(漢書藝文志)

■소설가(小說家)의 개략…/210
■소설가(小說家)의 개략 해설…/212

11. 제자략(諸子略) 총설(總說)…/212
■제자(諸子) 189가(家) 모두 4324편…/212
■제자략(諸子略)의 개략…/213
■제자략(諸子略)의 개략 해설…/215

제4편 시부략(詩賦略)/218

1. 굴원(屈原)의 부(賦)…/218
(1) 굴원부(屈原賦) 25편…/218   (2) 당륵부(唐勒賦) 4편…/219
(3) 송옥부(宋玉賦) 16편…/219   (4) 조유왕부(趙幽王賦) 1편…/219
(5) 장부자부(莊夫子賦) 24편…/220   (6) 가의부(賈誼賦) 7편…/220
(7) 매승부(枚乘賦) 9편…/220
(8) 사마상여부(司馬相如賦) 29편…/221   (9) 회남왕부(淮南王賦) 82편…/221
(10) 회남왕군신부(淮南王群臣賦) 44편…/221
(11) 태상료후공장부(太常蓼侯孔臧賦) 20편…/221
(12) 양구후유언부(陽丘侯劉匽賦) 19편…/221
(13) 오구수왕부(吾丘壽王賦) 15편…/222
(14) 채갑부(蔡甲賦) 1편…/222
(15) 상소자조부(上所自造賦) 2편…/222   (16) 아관부(兒寬賦) 2편…/222
(17) 광록대부장자교부(光祿大夫張子僑賦) 3편…/222
(18) 양성후유덕부(陽成侯劉德賦) 9편…/222
(19) 유향부(劉向賦) 33편…/222   (20) 왕포부(王襃賦) 16편…/223
■부(賦) 20가(家) 모두 361편…/223

2. 육가(陸賈)의 부(賦)…/223
(1) 육가부(陸賈賦) 3편…/223   (2) 매고부(枚皐賦) 120편…/224
(3) 주건부(朱建賦) 2편…/224
(4) 상시랑장총기부(常侍郎莊忽奇賦) 11편…/224
(5) 엄조부(嚴助賦) 35편…/224   (6) 주매신부(朱買臣賦) 3편…/224
(7) 종정유벽강부(宗正劉辟彊賦) 8편…/224
(8) 사마천부(司馬遷賦) 8편…/224
(9) 낭중신영제부(郎中臣嬰齊賦) 10편…/225
(10) 신열부(臣說賦) 9편…/225
(11) 신오부(臣吾賦) 18편…/225
(12) 요동태수소계부(遼東太守蘇季賦) 1편…/225
(13) 소망지부(蕭望之賦) 4편…/225
(14) 하내태수서명부(河內太守徐明賦) 3편…/225
(15) 급사황문시랑이식부(給事黃門侍郎李息賦) 9편…/225
(16) 회양헌왕부(淮陽憲王賦) 2편…/226   (17) 양웅부(揚雄賦) 12편…/226
(18) 대조풍상부(待詔馮商賦) 9편…/227
(19) 박사제자두삼부(博士弟子杜參賦) 2편…/227

(20) 거랑장풍부(車郞張豊賦) 3편…/227
(21) 표기장군주우부(驃騎將軍朱宇賦) 3편…/227
　■부(賦) 21가(家) 모두 274편…/227

3. 순경(荀卿)의 부(賦)…/228
(1) 손경부(孫卿賦) 10편…/228　　(2) 진시잡부(秦時雜賦) 9편…/228
(3) 이사효경황제송(李思孝景皇帝頌) 15편…/228
(4) 광천혜왕월부(廣川惠王越賦) 5편…/228
(5) 장사왕군신부(長沙王群臣賦) 3편…/228
(6) 위내사부(魏內史賦) 2편…/229
(7) 동이령연년부(東暆令延年賦) 7편…/229
(8) 위사령이충부(衛士令李忠賦) 2편…/229
(9) 장언부(張偃賦) 2편…/229　　(10) 가충부(賈充賦) 4편…/229
(11) 장인부(張仁賦) 6편…/229　　(12) 진충부(秦充賦) 2편…/229
(13) 이보창부(李步昌賦) 2편…/229
(14) 시랑사다부(侍郞謝多賦) 10편…/229
(15) 평양공주사인주장유부(平陽公主舍人周長孺賦) 2편…/230
(16) 낙양의화부(雒陽錡華賦) 9편…/230　　(17) 수홍부(眭弘賦) 1편…/230
(18) 별후양부(別栩陽賦) 5편…/230　　(19) 신창시부(臣昌市賦) 6편…/230
(20) 신의부(臣義賦) 2편…/230
(21) 황문서자가사왕상부(黃門書者假史王商賦) 13편…/230
(22) 시중서박부(侍中徐博賦) 4편…/230
(23) 황문서자왕광여가부(黃門書者王廣呂嘉賦) 5편…/231
(24) 한중도위승화룡부(漢中都尉丞華龍賦) 2편…/231
(25) 좌풍익사로공부(左馮翊史路恭賦) 8편…/231
　■부(賦) 25가(家) 모두 136편…/231

4. 잡부(雜賦)…/231
(1) 객주부(客主賦) 18편…/231
(2) 잡행출급송덕부(雜行出及頌德賦) 24편…/231
(3) 잡사이급병부(雜四夷及兵賦) 20편…/231
(4) 잡중현실의부(雜中賢失意賦) 12편…/231
(5) 잡사모비애사부(雜思慕悲哀死賦) 16편…/232
(6) 잡고금검희부(雜鼓琴劒戲賦) 13편…/232
(7) 잡산릉수포운기우한부(雜山陵水泡雲氣雨旱賦) 16편…/232
(8) 잡금수육축곤충부(雜禽獸六畜昆蟲賦) 18편…/232
(9) 잡기계초목부(雜器械草木賦) 33편…/232
(10) 대잡부(大雜賦) 34편…/232
(11) 성상잡사(成相雜辭) 11편…/232　　(12) 은서(隱書) 18편…/233
　■잡부(雜賦) 12가(家) 모두 233편…/233

5. 가시(歌詩)…/233
(1) 고조가시(高祖歌詩) 2편…/233
(2) 태일잡감천수궁가시(泰一雜甘泉壽宮歌詩) 14편…/234
(3) 종묘가시(宗廟歌詩) 5편…/234
(4) 한흥이래병소주멸가시(漢興以來兵所誅滅歌詩) 14편…/234

18 한서예문지(漢書藝文志)

(5) 출행순수급유가시(出行巡狩及游歌詩) 10편…/235
(6) 임강왕급수사절사가시(臨江王及愁思節士歌詩) 4편…/235
(7) 이부인급행귀인가시(李夫人及幸貴人歌詩) 3편…/235
(8) 조사중산정왕자쾌급유자첩빙미앙재인가시(詔賜中山靖王子噲及孺子妾冰未央材人歌詩) 4편…/235
(9) 오초여남가시(吳楚汝南歌詩) 15편…/235
(10) 연대구안문운중농서가시(燕代謳鴈門雲中隴西歌詩) 9편…/236
(11) 한단가간가시(邯鄲歌間歌詩) 4편…/236
(12) 제정가시(齊鄭歌詩) 4편…/236　　　(13) 회남가시(淮南歌詩) 4편…/236
(14) 좌풍익진가시(左馮翊秦歌詩) 3편…/236
(15) 경조윤진가시(京兆尹秦歌詩) 5편…/236
(16) 하동포반가시(河東蒲反歌詩) 1편…/236
(17) 황문창차충등가시(黃門倡車忠等歌詩) 15편…/236
(18) 잡각유주명가시(雜各有主名歌詩) 10편…/236
(19) 잡가시(雜歌詩) 9편…/237　　　(20) 낙양가시(雒陽歌詩) 4편…/237
(21) 하남주가시(河南周歌詩) 7편…/237
(22) 하남주가성곡절(河南周歌聲曲折) 7편…/237
(23) 주요가시(周謠歌詩) 75편…/237
(24) 주요가시성곡절(周謠歌詩聲曲折) 75편…/237
(25) 제신가시(諸神歌詩) 3편…/237
(26) 송영영송가시(送迎靈頌歌詩) 3편…/237
(27) 주가시(周歌詩) 2편…/237
(28) 남군가시(南郡歌詩) 5편…/238
　■가시(歌詩) 28가(家) 모두 314편…/238

6. 시부략(詩賦略) 총설(總說)…/238
■시부(詩賦) 106가(家) 모두 1318편…/238
■시부략(詩賦略)의 개략…/238
■시부략(詩賦略)의 개략 해설…/241

제5편 병서략(兵書略)/245

1. 병권모(兵權謀)…/245
(1) 오손자병법(吳孫子兵法) 82편…/245　(2) 제손자(齊孫子) 89편…/245
(3) 공손앙(公孫鞅) 27편…/246　　　　(4) 오기(吳起) 48편…/246
(5) 범려(范蠡) 2편…/246　　　　　　(6) 대부종(大夫種) 2편…/246
(7) 이자(李子) 10편…/247　　　　　　(8) 수(婳) 1편…/247
(9) 병춘추(兵春秋) 3편…/247　　　　 (10) 방훤(龐煖) 3편…/247
(11) 예량(兒良) 1편…/247　　　　　　(12) 광무군(廣武君) 1편…/247
(13) 한신(韓信) 3편…/247
　■병권모(兵權謀) 13가(家) 모두 259편…/248
　■병권모(兵權謀)의 개략…/248
　■병권모(兵權謀)의 개략 해설…/249

2. 병형세(兵形勢)…/250
(1) 초병법(楚兵法) 7편…/250
(2) 치우(蚩尤) 2편…/250
(3) 손진(孫軫) 5편…/250
(4) 요서(繇敍) 2편…/250
(5) 왕손(王孫) 16편…/250
(6) 위료(尉繚) 31편…/251
(7) 위공자(魏公子) 21편…/251
(8) 경자(景子) 13편…/251
(9) 이량(李良) 3편…/251
(10) 정자(丁子) 1편…/251
(11) 항왕(項王) 1편…/251

■ 병형세(兵形勢) 11가(家) 모두 92편, 도(圖) 18권…/252
■ 병형세가(兵形勢家)의 개략…/252
■ 병형세가(兵形勢家)의 개략 해설…/252

3. 병음양(兵陰陽)…/252
(1) 태일병법(太壹兵法) 1편…/252
(2) 천일병법(天一兵法) 35편…/253
(3) 신농병법(神農兵法) 1편…/253
(4) 황제(黃帝) 16편…/253
(5) 봉호(封胡) 5편…/253
(6) 풍후(風后) 13편…/253
(7) 역목(力牧) 15편…/253
(8) 협치자(鵊治子) 1편…/254
(9) 귀용구(鬼容區) 3편…/254
(10) 지전(地典) 6편…/254
(11) 맹자(孟子) 1편…/254
(12) 동보(東父) 31편…/254
(13) 사광(師曠) 8편…/254
(14) 장홍(萇弘) 15편…/255
(15) 별성자망군기(別成子望軍氣) 6편…/255
(16) 벽병위승방(辟兵威勝方) 70편…/255

■ 병음양(兵陰陽) 16가 모두 249편, 도(圖) 10권…/255
■ 병음양가(兵陰陽家)의 개략…/255
■ 병음양가(兵陰陽家)의 개략 해설…/256

4. 병기교(兵技巧)…/257
(1) 포자병법(鮑子兵法) 10편…/257
(2) 오자서(五子胥) 10편…/257
(3) 공승자(公勝子) 5편…/257
(4) 묘자(苗子) 5편…/257
(5) 봉문사법(逢門射法) 2편…/257
(6) 음통성사법(陰通成射法) 11편…/258
(7) 이장군사법(李將軍射法) 3편…/258
(8) 위씨사법(魏氏射法) 6편…/258
(9) 강노장군왕위사법(彊弩將軍王圍射法) 5권…/258
(10) 망원연노사법구(望遠連弩射法具) 15편…/258
(11) 호군사사왕하사서(護軍射師王賀射書) 5편…/258
(12) 포저자익법(蒲且子弋法) 4편…/258
(13) 검도(劍道) 38편…/259
(14) 수박(手搏) 6편…/259
(15) 잡가병법(雜家兵法) 57편…/259
(16) 축국(蹴鞠) 25편…/259

■ 병기교(兵技巧) 13가(家) 모두 199편…/259
■ 병기교가(兵技巧家)의 개략…/260
■ 병기교가(兵技巧家)의 개략 해설…/260

5. 병서략(兵書略) 총설(總說)…/261

20 한서예문지(漢書藝文志)

■병서(兵書) 53가(家) 모두 790편, 그림 43권…/261
■병서략(兵書略)의 개략…/261
■병서략(兵書略)의 개략 해설…/263

제6편 수술략(數術略)/266

1. 천문(天文)…/266
(1) 태일잡자성(泰壹雜子星) 28권…/266
(2) 오잔잡변성(五殘雜變星) 21권…/266
(3) 황제잡자기(黃帝雜子氣) 33편…/266
(4) 상종일월성기(常從日月星氣) 21권…/267
(5) 황공잡자성(皇公雜子星) 22권…/267
(6) 회남잡자성(淮南雜子星) 19권…/267
(7) 태일잡자운우(泰壹雜子雲雨) 34권…/267
(8) 국장관예운우(國章觀霓雲雨) 34권…/267
(9) 태계육부(泰階六符) 1권…/267
(10) 금도옥형한오성객류출입(金度玉衡漢五星客流出入) 8편…/268
(11) 한오성혜객행사점험(漢五星彗客行事占驗) 8권…/268
(12) 한일방기행사점험(漢日旁氣行事占驗) 3권…/268
(13) 한유성행사점험(漢流星行事占驗) 8권…/268
(14) 한일방기행점험(漢日旁氣行占驗) 13권…/269
(15) 한일식월훈잡변행사점험(漢日食月暈雜變行事占驗) 13권…/269
(16) 해중성점험(海中星占驗) 12권…/269
(17) 해중오성경잡사(海中五星經雜事) 22권…/269
(18) 해중오성순역(海中五星順逆) 28권…/269
(19) 해중이십팔수국분(海中二十八宿國分) 28권…/269
(20) 해중이십팔수신분(海中二十八宿臣分) 28권…/270
(21) 해중일월혜홍잡점(海中日月彗虹雜占) 18권…/270
(22) 도서비기(圖書祕記) 17편…/270

■천문(天文) 21가(家) 모두 445권…/270
■천문가(天文家)의 개략…/270
■천문가(天文家)의 개략 해설…/271

2. 역보(歷譜)…/272
(1) 황제오가력(黃帝五家曆) 33권…/272   (2) 전욱력(顓頊曆) 21권…/273
(3) 전욱오성력(顓頊五星曆) 14권…/273   (4) 일월수력(日月宿曆) 13권…/273
(5) 하은주노력(夏殷周魯曆) 14권…/273   (6) 천력대력(天曆大曆) 18권…/273
(7) 한원은주첩력(漢元殷周諜歷) 17권…/273
(8) 경창월행백도(耿昌月行帛圖) 232권…/274
(9) 경창월행도(耿昌月行度) 2권…/274
(10) 전주오성행도(傳周五星行度) 39권…/274
(11) 율력수법(律曆數法) 3권…/274
(12) 자고오성수기(自古五星宿紀) 30권…/274
(13) 태세모일구(太歲謀日晷) 29권…/274
(14) 제왕제후세보(帝王諸侯世譜) 20권…/275

(15) 고래제왕연보(古來帝王年譜) 5권···/275
(16) 일구서(日晷書) 34권···/275   (17) 허상산술(許商算術) 26권···/275
(18) 두충산술(杜忠算術) 16권···/275

■ 역보(歷譜) 18가(家) 모두 606권···/275
■ 역보가(歷譜家)의 개략···/275
■ 역보가(歷譜家)의 개략 해설···/277

3. 오행(五行)···/278

(1) 태일음양(泰一陰陽) 23권···/278   (2) 황제음양(黃帝陰陽) 25권···/278
(3) 황제제자론음양(黃帝諸子論陰陽) 25권···/278
(4) 제왕자론음양(諸王子論陰陽) 25권···/279
(5) 태원음양(太元陰陽) 26권···/279
(6) 삼전음양담론(三典陰陽談論) 27권···/279
(7) 신농대유오행(神農大幽五行) 27권···/279
(8) 사시오행경(四時五行經) 26권···/279
(9) 맹자여소(猛子閭昭) 25권···/279
(10) 음양오행시령(陰陽五行時令) 19권···/279
(11) 감여금궤(堪輿金匱) 14권···/279
(12) 무성자재이응(務成子災異應) 14권···/280
(13) 십이전재이응(十二典災異應) 12권···/280
(14) 종률재응(鍾律災應) 26권···/280
(15) 종률총진일원(鍾律叢辰日苑) 22권···/280
(16) 종률소식(鍾律消息) 29권···/281   (17) 황종(黃鍾) 7권···/281
(18) 천일(天一) 6권···/281   (19) 태일(泰一) 29권···/281
(20) 형덕(刑德) 7권···/281   (21) 풍고육갑(風鼓六甲) 24권···/281
(22) 풍후고허(風后孤虛) 20권···/282   (23) 육합수전(六合隨典) 25권···/282
(24) 전위십이신(轉位十二神) 25권···/282   (25) 선문식법(羨門式法) 20권···/282
(26) 선문식(羨門式) 20권···/283   (27) 문해육갑(文解六甲) 18권···/283
(28) 문해이십팔수(文解二十八宿) 28권···/283
(29) 오음기해용병(五晉奇胲用兵) 23권···/283
(30) 오음기해형덕(五晉奇胲刑德) 21권···/283
(31) 오음정명(五晉定名) 15권···/284

■ 오행(五行) 31가(家) 모두 652권···/284
■ 오행가(五行家)의 개략···/284
■ 오행가(五行家)의 개략 해설···/285

4. 시구(蓍龜)···/286

(1) 구서(龜書) 52권···/286   (2) 하구(夏龜) 26권···/287
(3) 남구서(南龜書) 28권···/287   (4) 거구(巨龜) 36권···/287
(5) 잡구(雜龜) 16권···/287   (6) 시서(蓍書) 28권···/287
(7) 주역(周易) 38권···/287   (8) 주역명당(周易明堂) 26권···/287
(9) 주역수곡석익(周易隨曲射匿) 50권···/287
(10) 대서연역(大筮衍易) 28권···/288   (11) 대차잡역(大次雜易) 30권···/288
(12) 서서복황(鼠序卜黃) 25권···/288
(13) 어릉흠역길흉(於陵欽易吉凶) 23권···/288

(14) 임량역기(任良易旗) 71권…/288
(15) 역괘(易卦) 8구(具)…/288
　■ 시구(蓍龜) 15가(家) 모두 401권…/288
　■ 시구가(蓍龜家)의 개략…/288
　■ 시구가(蓍龜家)의 개략 해설…/290

5. 잡점(雜占)…/291
(1) 황제장류점몽(黃帝長柳占夢) 11권…/291
(2) 감덕장류점몽(甘德長柳占夢) 20권…/292
(3) 무금상의기(武禁相衣器) 14권…/292
(4) 체이명잡점(嚏耳鳴雜占) 16권…/292
(5) 정상변괴(禎祥變怪) 21권…/292
(6) 인귀정물육축변괴(人鬼精物六畜變怪) 21권…/292
(7) 변괴고구(變怪誥咎) 13권…/292
(8) 집불상핵귀물(執不祥劾鬼物) 8권…/293
(9) 청관제요상(請官除訞祥) 19권…/293
(10) 양사천문(禳祀天文) 18권…/293　　(11) 청도치복(請禱致福) 19권…/293
(12) 청우지우(請雨止雨) 26권…/293
(13) 태일잡자후세(泰壹雜子候歲) 22권…/293
(14) 자공잡자후세(子贛雜子候歲) 26권…/293
(15) 오법적저보장(五法積貯寶藏) 23권…/294
(16) 신농교전상토경종(神農敎田相土耕種) 14권…/294
(17) 소명자조종생어별(昭明子釣種生魚鼈) 8권…/294
(18) 종수장과상잠(種樹臧果相蠶) 13권…/294
　■ 잡점(雜占) 18가(家) 모두 313권…/294
　■ 잡점가(雜占家)의 개략…/294
　■ 잡점가(雜占家)의 개략 해설…/297

6. 형법(形法)…/298
(1) 산해경(山海經) 13편…/298　　　　(2) 국조(國朝) 7권…/299
(3) 궁택지형(宮宅地形) 20권…/300　　(4) 상인(相人) 24권…/300
(5) 상보검도(相寶劍刀) 20권…/300　　(6) 상육축(相六畜) 38권…/300
　■ 형법(形法) 6가(家) 모두 122권…/300
　■ 형법가(形法家)의 개략…/300
　■ 형법가(形法家)의 개략 해설…/301

7. 수술략(數術略) 총설(總說)…/302
　■ 수술(數術) 190가(家) 모두 2528권…/302
　■ 수술략(數術略)의 개략…/302
　■ 수술략(數術略)의 개략 해설…/304

제7편 방기략(方技略)/306

1. 의경(醫經)···/306
(1) 황제내경(黃帝內經) 18권···/306　　(2) 황제외경(黃帝外經) 37권···/307
(3) 편작내경(扁鵲內經) 9권···/307　　(4) 편작외경(扁鵲外經) 12권···/307
(5) 백씨내경(白氏內經) 38권···/307　　(6) 백씨외경(白氏外經) 36권···/307
(7) 방편(旁篇) 25권···/307
　　■의경(醫經) 7가(家) 모두 216권···/307
　　■의경가(醫經家)의 개략···/307
　　■의경가(醫經家)의 개략 해설···/308

2. 경방(經方)···/309
(1) 오장육부비십이병방(五藏六府痺十二病方) 30권···/309
(2) 오장육부산십육병방(五藏六府疝十六病方) 40권···/309
(3) 오장육부단십이병방(五藏六府癉十二病方) 40권···/310
(4) 풍한열십육병방(風寒熱十六病方) 26권···/310
(5) 태시황제편작유부방(泰始黃帝扁鵲兪拊方) 23권···/310
(6) 오장상중십일병방(五藏傷中十一病方) 31권···/310
(7) 객질오장광전병방(客疾五藏狂顚病方) 17권···/310
(8) 금창종계방(金創瘲瘛方) 30권···/310
(9) 부인영아방(婦人嬰兒方) 19권···/310
(10) 탕액경법(湯液經法) 32권···/310
(11) 신농황제식금(神農黃帝食禁) 7권···/311
　　■경방(經方) 11가(家) 모두 274권···/311
　　■경방가(經方家)의 개략···/311
　　■경방가(經方家)의 개략 해설···/312

3. 방중(房中)···/313
(1) 용성음도(容成陰道) 26권···/313
(2) 무성자음도(務成子陰道) 36권···/313
(3) 요순음도(堯舜陰道) 23권···/313
(4) 탕반경음도(湯盤庚陰道) 20권···/313
(5) 천로잡자음도(天老雜子陰道) 25권···/313
(6) 천일음도(天一陰道) 24권···/313
(7) 황제삼왕양양방(黃帝三王養陽方) 20권···/314
(8) 삼가내방유자방(三家內房有子方) 17권···/314
　　■방중(房中) 8가(家) 모두 186권···/314
　　■방중가(房中家)의 개략···/314
　　■방중가(房中家)의 개략 해설···/315

4. 신선(神僊)···/315
(1) 복희잡자도(宓戲雜子道) 20편···/315

24 한서예문지(漢書藝文志)

(2) 상성잡자도(上聖雜子道) 26권…/315
(3) 도요잡자(道要雜子) 18권…/316
(4) 황제잡자보인(黃帝雜子步引) 12권…/316
(5) 황제기백안마(黃帝岐伯按摩) 10권…/316
(6) 황제잡자지균(黃帝雜子芝菌) 18권…/316
(7) 황제잡자십구가방(黃帝雜子十九家方) 21권…/316
(8) 태일잡자십오가방(泰壹雜子十五家方) 22권…/316
(9) 신농잡자기도(神農雜子技道) 23권…/317
(10) 태일잡자황야(泰壹雜子黃冶) 31권…/317
　■신선(神僊) 10가(家) 모두 205권…/317
　■신선가(神僊家)의 개략…/317
　■신선가(神僊家)의 개략 해설…/318

5. 방기략(方技略) 총설(總說)…/319
　■방기(方技) 36가(家) 모두 863권…/319
　■방기략(方技略)의 개략…/319
　■방기략(方技略)의 개략 해설…/320

제 I 편 서론(序)

1. 공자가 죽은 후 시와 예가 나누어지다.

   옛날에 중니(仲尼)가 죽으니 뜻깊은 이야기들이 없어졌고, 칠십자(七十子)가 세상을 떠난 뒤에는 대의(大義)가 어그러졌다. 그러므로 춘추(春秋)는 나뉘어져 다섯이 되고, 시(詩)는 나뉘어져 넷이 되었으며, 역(易)에는 몇 갈래의 전(傳)이 생겼다.

   전국시대(戰國時代)에는 합종(合縱)과 연횡(連衡)으로 갈려 서로 진(眞)과 위(僞)를 다투고, 제자(諸子)의 설(說)은 분연하게 어지러워졌다. 진(秦)에 이르러 그것을 걱정한 나머지 그 문장들을 거두어 분서(焚書)함으로써 일반 백성들을 어리석게 만들었다.

   한(漢)이 일어남에 이르러 진(秦)의 실패를 고쳐 크게 서적을 거두어 널리 헌서(獻書)하는 길을 열었다. 효무제(孝武帝) 때에 이르러서는 서적들이 없어지고 탈락(脫落)되었으며, 예(禮)는 깨어지고 악(樂)은 무너졌다. 그래서 임금은 이것을 탄식하며 이르기를 "짐(朕)은 매우 민망하게 여긴다." 하고는 이에 장서목록(藏書目錄)을 작성하고 사서(寫書)의 관직을 두고 아래로 여러 사상가의 일반적인 속서(俗書)에 이르기까지 모두 궁중 도서관에 비치하여 채웠다.

   성제(成帝) 때에 이르러서는 서적들이 많이 흩어지고 없어졌으므로 알자(謁者)인 진농(陳農)으로 하여금 남아 있는 책들을 널리 천하에서 모아 들이도록 하였다. 광록대부(光祿大夫) 유향(劉向)에게 조칙(詔勅)을 내려 경전(經傳)과 제자(諸子)와 시부(詩賦)를 교수(校讐)하게 하고, 보병교위(步兵校尉) 임굉(任宏)으로 하여금 병서(兵書)를 교수하게 하고, 태사령(太史令) 윤함(尹咸)으로 하여금 수술(數術)을 교수하게 하였으며, 시의(侍醫)인 이주국(李柱國)으로 하여금 방기(方技)를 교수하게 하였다. 한 가지 책이 끝날 때마다 유향은 곧 그 편목(篇目)을 정리하고, 그 취지를 기록하여 임금에게 상주(上奏)하였다.

유향이 세상을 떠나니, 애제(哀帝)는 다시 유향의 아들인 시중봉거도위(侍中奉車都尉) 유흠(劉歆)으로 하여금 부친의 사업을 마치도록 하였다. 유흠은 이에 있어 많은 서적을 총괄하여 그것을 칠략(七略)으로 만들어 상주하였다. 그래서 집략(輯略)이 있고, 육예략(六藝略)이 있고, 제자략(諸子略)이 있고, 시부략(詩賦略)이 있고, 병서략(兵書略)이 있고, 술수략(術數略)이 있으며, 방기략(方技略)이 있는 것이다.

이제 그 요점을 줄여, 그것으로써 편적(篇籍)을 갖춘다.

昔仲尼[1]沒而微言[2]絕 七十子[3]喪而大義乖 故春秋分爲五 詩分爲四 易有數家之傳[4] 戰國從衡[5] 眞僞分爭 諸子[6]之言 紛然殽亂[7] 至秦患之 乃燔滅文章[8] 以愚黔首[9] 漢興改秦之敗 大收篇籍[10] 廣開獻書之路 迄孝武[11]世 書缺簡[12]脫 禮壞樂崩 聖上喟然而稱曰 朕甚閔焉 於是建臧書之策[13] 置寫書之官 下及諸子傳說[14]皆充祕府[15] 至成帝時 以書頗散亡 使謁者[16]陳農求遺書於天下 詔光祿大夫劉向[17]校經傳諸子詩賦 步兵校尉[18]任宏校兵書 太史令[19]尹咸校數術[20] 侍醫李柱國校方技[21] 每一書已 向輒條其篇目 撮其指意 錄而奏之 會向卒 哀帝復使向子侍中奉車都尉[22]歆卒父業 歆於是總群書而奏其七略 故有輯略[23] 有六藝略 有諸子略 有詩賦略 有兵書略 有術數略 有方技略今刪其要 以備篇籍

1) 仲尼(중니) : 공자(孔子)의 자(字).
2) 微言(미언) : 뜻 깊은 말. 중요하고 미묘한 말.
3) 七十子(칠십자) : 공자의 70제자를 이르는 말.
4) 傳(전) : 경서(經書)의 의의(意義)를 해설한 책.

5) 從衡(종횡) : 합종(合縱)과 연횡(連衡). 종(從)은 종(縱)과 통용됨. 합종(合縱)은 전국시대 한(韓), 위(魏), 조(趙), 연(燕), 초(楚), 제(齊)의 여섯 나라가 남북(南北)으로 동맹(同盟)을 맺어 서쪽 진(秦)나라에 대항한 외교정책으로 소진(蘇秦)이 주창하였는데, 종(縱)은 남북을 뜻한다. 그리고 연횡(連衡)은 동방의 여섯 나라를 서쪽의 진(秦)나라와 친선 관계를 맺게 함으로써 진나라를 섬기도록 하는 외교정책으로 장의(張儀)가 주창하였는데, 횡(衡)은 동서를 뜻한다.
6) 諸子(제자) : 춘추(春秋)시대, 전국시대에 일가(一家)의 학설을 세운 사람, 또는 그 저서나 학설.
7) 紛然殽亂(분연효란) : 뒤섞여 헝크러져서 매우 어지러운 모양.
8) 燔滅文章(분멸문장) : 서적들을 태워 없앰. 분서(焚書). 진시황 때의 분서사건을 말함.
9) 黔首(검수) : 일반 백성. 감투를 쓰지 않아 검은 머리를 드러낸다는 뜻.
10) 篇籍(편적) : 서적(書籍). 대나무나 나무 등 서사재료로 만든 책.
11) 孝武(효무) : 효무제(孝武帝). 곧 무제(武帝).
12) 簡(간) : 책(冊). 서적(書籍). 종이가 발명되기 이전에는 대쪽에다 글씨를 써 가죽끈으로 엮었기에 이르는 말.
13) 策(책) : 간(簡)과 같으나, 여기서는 서적의 목록(目錄)이라는 뜻.
14) 傳說(전설) : 일반적인 속서(俗書).
15) 祕府(비부) : 궁중의 도서관. 오늘날의 국립중앙도서관.
16) 謁者(알자) : 관명(官名)으로 빈객(賓客)의 접대를 관장한다.
17) 光祿大夫劉向(광록대부유향) : 광록대부(光祿大夫)는 궁중의 금문(禁門)을 관장하는 관명. 유향(劉向)은 중국 전한(前漢) 때의 경학자(經學者), 목록학자(目錄學者). 이름은 갱생(更生), 자는 자정(子政). 성제(成帝) 때 광록대부가 되었으며 이때『별록(別錄)』20권을 완성했다. 아들 흠(歆)과 함께 궁중의 비서(祕書)를 교수하다가 뜻을 이루지 못하고 사망하자 유흠이 뒤를 이어 중국 최초의 분류도서목록인『칠략(七略)』을 완성하였다. 현존 저서로는『홍범오행전(洪範五行傳)』『신서(新序)』『설원(說苑)』『열녀전(列女傳)』등이 있다.

18) 步兵校尉(보병교위) : 상림원문(上林苑門)의 둔병(屯兵)을 관장하는 관명.
19) 太史令(태사령) : 관명으로, 천문(天文)을 관장하는 장관.
20) 數術(수술) : 점복(占卜)에 관계되는 책.
21) 方技(방기) : 의약(醫藥)에 관계되는 책.
22) 侍中奉車都尉(시중봉거도위) : 시중(侍中)과 봉거도위(奉車都尉)는 다 관명으로, 유향의 아들인 유흠(劉歆)이 겸직(兼職)하고 있었다. 시중은 수레의 일을, 봉거도위는 수레를 모는 일을 관장했다.
23) 輯略(집략) : 육예략(六藝略) 이하의 여섯 편을 총괄한 것으로 각 문류(門類)에 대한 연원이 변천된 문자의 설명이다.

2. 서론 해설

공자가 세상을 떠난 뒤 그의 뜻깊은 중요한 말들은 들을 수가 없게 되었고, 그 뒤로 공자의 도(道)를 전하던 문하(門下)의 70제자인 유력한 사람들도 다 죽고 난 뒤에는 그 표준이 없어지고 말아, 스승에 따라 그 가르치는 방법이 달라지고, 인간이 실천해야 할 인륜대도(人倫大道)에 있어서도 여러 가지로 다른 설이 생기게 되었다. 그래서 공자가 전한 경서(經書)들도 그 전하는 바에 따라서 여러 가지 계통으로 나뉘어졌다. 춘추경(春秋經)은 다섯 가지 계통으로 나뉘어졌고, 시경(詩經)은 네 가지 계통으로 나뉘어졌으며, 역경(易經)은 몇 갈래의 해석이 생기게 되었다.

■ 춘추(春秋)
① 좌씨전(左氏傳) : 노(魯)나라 태사(太史)인 좌구명(左丘明)의 지음이라고 한다.
② 공양전(公羊傳) : 제(齊)나라 사람인 공양고(公羊高)가 지었다.
③ 곡량전(穀梁傳) : 노(魯)나라 사람인 곡량적(穀梁赤)이 지었다.
④ 추씨전(鄒氏傳) : 일찍이 없어져 전하지 않는다.
⑤ 협씨전(夾氏傳) : 일찍이 없어져 전하지 않는다.

※지금 전하는 것은 좌씨전(左氏傳), 공양전(公羊傳), 곡량전(穀梁傳)의 삼전(三傳)이다.
■ 시경(詩經)
① 모시(毛詩) : 순자(荀子)의 제자인 노나라 사람 모형(毛亨)이 『모시고훈전(毛詩故訓傳)』을 지었다.
② 노시(魯詩) : 노나라의 신배공(申培公)이 『노고(魯故)』를 지었다.
③ 제시(齊詩) : 제(齊)나라의 한고생(韓固生)으로부터 전한다.
④ 한시(韓詩) : 연(燕)나라의 한영(韓嬰)으로부터 전한다.
※노(魯), 제(齊), 한(韓)의 세 갈래의 시(詩)는 일찍이 없어졌다.
■ 역경(易經)
① 시씨역(施氏易) : 시수(施讐)가 전한 역학(易學).
② 맹씨역(孟氏易) : 맹희(孟喜)가 전한 역학.
③ 양구씨역(梁丘氏易) : 양구하(梁丘賀)가 전한 역학.
④ 경씨역(京氏易) : 경방(京房)이 전한 역학.
⑤ 비씨역(費氏易) : 비직(費直)이 전한 역학.
⑥ 고씨역(高氏易) : 고상(高相)이 전한 역학.

전국시대(BC 403~246)에는 합종(合縱)과 연횡(連衡)의 외교정책이 전개되면서 전란의 세상이 되었으며 학자들도 각자가 자기의 학설(學說)을 진리라 하고 남의 학설을 거짓이라 하면서 나뉘어 다투고, 제자백가(諸子百家)의 언설(言說)이 횡행하여 통일된 것이 없었다.

진(秦)나라가 천하를 통일하고 나서는 학자들이 헛되이 갑론을박(甲論乙駁)하는 것을 근심하여, 이른바 분서(焚書)의 옥(獄)을 일으켰다. 곧 시황제(始皇帝)는 승상(丞相)인 이사(李斯)가
"사관(士官)의 진(秦)나라의 역사 기록이 아닌 것은 그것을 다 태울 것입니다. 박사(博士)의 관직이 아니면서 천하에 감히 시서(詩書)와 백가어(百家語)를 감추어 둔 자가 있으면 모두 수위(守尉)에 이르러 함께 섞어서 그것을 태울 것입니다. 감히 시서(詩書)를 서로 이야기하는 자가 있으면 죽여서 그 시체를

저자에다 버리고, 옛 법으로써 새 법을 비방하는 자는 족멸(族滅)할 것입니다. 관리로서 알고도 모르는 척하는 자는 함께 죄를 같이 할 것입니다. 영(令)이 내린 뒤 30일이 지나도 태워 버리지 않으면 묵형(墨刑 : 옛날 중국의 오형(五刑)의 하나로 이마에 글자를 새기는 형벌)하고, 성단(城旦 : 진나라 때의 귀양살이)에 처할 것입니다. 버려지지 않는 책은 의약(醫藥), 복서(卜筮), 수종(樹種)에 관한 것뿐이니, 만약 법령을 배우고자 하는 자가 있으면 관리로서 스승을 삼도록 할 것입니다." [『사기(史記)』 시황본기(始皇本紀)]

라고 하는 상서(上書)를 재가(裁可)하고 그것을 실행에 옮겼다. 이 학문에 대한 대탄압에 의해 서적들은 없어지고 백성은 모두 어리석어졌다.

이와 같은 폭거(暴擧)를 감히 저지른 진(秦)나라는 분서(焚書) 후 겨우 몇 해가 지나지 않아 멸망하였으므로(BC 206) 한(漢)나라시대가 되어서는 진나라의 실패를 응징하여 분서의 법을 고치고 없어진 서적들을 크게 수집하고자 헌서(獻書)의 길을 열었다. 혜제(惠帝) 때에는 협서(挾書)의 율(律)이 제거되고, 문제(文帝)는 조착(眺錯)으로 하여금 『상서(商書)』를 진나라의 박사(博士)인 복생(伏生)에게 배우도록 하였으며, 또 『논어(論語)』 『효경(孝經)』 『이아(爾雅)』 『맹자(孟子)』 등의 박사를 두기도 하였다. 조정의 밖에 있어서도 경제(景帝)의 아들인 하간(河間)의 헌왕(獻王)과 같은 대단히 학문을 좋아하는 사람이 있어 민간에서 많은 양서(良書)를 모아들였다. 그는 책을 헌상한 사람에게 금백(金帛)을 내려 우대하였으므로, 조상 전래의 옛 서적을 가지고 있는 사람은 천리를 멀다 하지 않고 그에게로 와서 책을 헌상하였다. 무제(武帝)도 또한 승상인 공손홍(公孫弘)에게 명하여 널리 헌서(獻書)의 길을 열게 하였으나 아직 서적이 완전히 정비되고 학문이 부흥되지는 못했다.

무제는 유학(儒學)을 왕성하게 일으켜 예(禮)와 악(樂)으로써 정치를 행하고자 하였다. 그러나 수집된 서적의 문자가 마

제 I 편 서론 31

멸(磨滅)되어 읽을 수가 없기도 하고, 엮어 놓은 가죽끈이 끊어져 문자를 기록한 대쪽이 떨어져 나가기도 한 책들이 있어, 예악(禮樂)정치의 근거로 삼을 만한 형편이 못됐다. 무제는 "매우 근심스럽다"라고 탄식하였다. 이에 있어 서적의 목록을 작성하고 사서(寫書)의 관직을 두는 등, 서적의 수집과 정비에 힘을 기울였으므로, 위로는 경서(經書)에서부터 아래로는 제자백가의 글이나 잡설(雜說), 속서(俗書)의 유서(類書)에 이르기까지 모두 조정의 서고(書庫)에 가득 채울 수 있었던 것이다.

  무제 때로부터 50여년이 지난 성제(成帝)시대에 성제도 학문을 애호하였으나 이 때 조정 서고의 장서(臟書)가 많이 흩어지고 없어졌으므로 알자(謁子)라고 하는 관직에 있는 진농(陳農)에게 명하여 널리 민간에 남아 있는 서적을 구해 들이게 하였다. 그리고 광록대부(光祿大夫)인 유향(劉向)에게 명하여 조정 서고에 간직되어 있는 육경(六經)과 제자백가의 글들, 그리고 시부(詩賦) 등 문학서(文學書)의 문자의 이동(異同)을 교수(校讐)하게 하였다. 그리고 또 보병교위(步兵校尉)인 임굉(任宏)에게는 병서(兵書)를, 태사령(太史令)인 윤함(尹咸)에게는 수술(數術)의 서(書)를, 시의(侍醫)인 이주국(李柱國)에게는 방기(方技)의 서를 각각 교수하게 하였다. 임굉과 윤함과 이주국은 유향의 교수 사업을 돕는 것을 분담하였던 것이다. 한 가지 책의 교수가 끝날 때마다 유향은 그 책의 목차를 정하고, 그 책의 해제(解題)를 지어 그 책에 첨부하여 그것을 임금에게 상주(上奏)하였다. [각 책에 부재(附載)된 목차나 해제를 별도로 모아 하나의 책으로 한 것이 유향의 『별록(別錄)』 20권이다. 다만 그것은 망일(亡佚)되어 전하지 않는다. 유향의 『별록』을 또 『칠략별록(七略別錄)』이라고도 하는데, 그것은 유흠(劉歆)의 『칠략』의 대강(大綱)이 본래 유향의 『별록』에 정해져 있었기 때문이다. 『수당지(隋唐志)』에도 『유향칠략별록(劉向七略別錄) 20권』이라 기록되어 있다.]

  유향은 서적 교수에 종사하기 20여년만에 죽었으므로, 성제를 이어 즉위한 애제(哀帝)는 유향의 아들인 유흠(劉歆)으로 하여금 부친의 교수사업을 계승하여 그것을 완성하게 하였다. 거기서 유흠은 교수가 끝난 많은 책을 총괄하여 『칠략(七略)』 7권을 저술하여 그것을 임금에게 상주(上奏)하였다. 『칠략』은 집략(輯略), 육예략(六藝略), 제자략(諸子略), 시부략(詩賦略), 병서략(兵書略), 수술략(數術略), 방기략(方技略)의 일곱 부분으로 이루어진다. 집략이라고 하는 것은 집(輯)은 집(集)과 같은 뜻의 글자로 단순한 한 부분만의 이야기가 아니고 모든 책을 총론한 것이다. 유흠의 『칠략』은 부친인 유향의 『별록(別錄)』을 바탕으로 하여 그것을 간략하게 한 것이므로 『칠략(七略)』이라고 한 것이다. 칠(七)은 일곱 부문, 약(略)은 간략(簡略)하다는 뜻이다. 이 『칠략』도 후세에 망실(亡失)되었으므로 지금은 전하지 않는다.

지금 나 반고(班固)는 유흠의 『칠략』을 바탕으로 하여 그 불필요하고 장황한 곳을 깎아내고 요점만 간추려, 여기 예문지(藝文志)를 지어 『한서(漢書)』중에 넣어 역사책으로서의 체재를 완비하기로 했다.

※ 우리들이 유향의 『별록』이나 유흠의 『칠략』이 이미 망실(亡失)된 오늘날에 있어, 많은 경서(經書)의 수수 원류(授受源流)나 중국 고대 학술사(學術史)를 알 수 있는 것은 다만 이 『한서예문지(漢書藝文志)』에 의거해서이다. 『한서예문지』는 중국 고대 학술의 가장 중요한 자료다. 반고(班固)의 『예문지』는 유흠의 『칠략』에 의거한 것이며, 유흠의 『칠략』은 유향의 『별록』에 바탕을 둔 것으로 유향 부자의 교수사업도 매우 중요한 의의가 있다.

제 2 편 육예략(六藝略)

1. 역(易)

(1) 『역경(易經)』 12편, 시맹양구 3가(施孟梁丘三家)

『역경(易經)』은 본래 상하(上下) 2편이다. 십익[十翼 : 단전(彖傳)상하, 상전(象傳)상하, 문언전(文言傳), 계사전(繫辭傳)상하, 설괘전(說卦傳), 서괘전(序卦傳), 잡괘전(雜卦傳)의 10편]은 본래 전(傳)으로 경(經)이라고는 말할 수 없으나 이 십익(十翼)을 상하경(上下經)에 합해서 12편으로 하여, 그것을 경(經)이라고 하였던 것이다.

한대(漢代)에 이르러 역(易)은 전하(田何)가 정관(丁寬)에게 전했고, 정관은 전왕손(田王孫)에게 전했으며, 전왕손은 시수(施讐)·맹희(孟喜)·양구하(梁丘賀)에게 전했다. 이로부터 역(易)에는 시(施), 맹(孟), 양구(梁丘) 3가(三家)의 학문이 생겼다. 3가는 각각 『역경(易經)』의 원전(原典)을 달리하고 있다. 시, 맹, 양구 3가의 『역경』 12편본(十二篇本)의 원전은 망실(亡失)되어 지금은 전하지 않는다.

지금 전하는 『역경』은 위(魏)나라의 왕필본(王弼本)으로, 이것은 한(漢)나라 비직(費直)의 고문역본(古文易本)이다. 한대(漢代)의 경서(經書)에는 금문[今文 : 한대에 쓰이던 문자]으로 쓰인 것과 고문[古文 : 한대 이전의 과두문자(蝌蚪文字)]으로 쓰인 것이 있었다. 3가의 『역경』 12편은 어느 것이나 금문경(今文經)이었다. 예문지(藝文志)에서 금문경은 모두 경(經)이라고 쓰여있다. 『역경』은 금문경이나 고문경에 큰 차이가 없다. 시수, 맹희, 양구하는 『한서유림전(漢書儒林傳)』에 상세하게 서술되어 있으므로 여기서는 설명을 생략한다.

(2) 역전주씨(易傳周氏) 2편

자(字)는 왕손(王孫)이다.

주씨(周氏)는 주왕손(周王孫)으로, 주왕손은 전하(田何)에게서 역(易)을 전수받았고, 정관(丁寬)은 이 주왕손에게서 역을 배웠다. 주왕손은 『역경』의 해석 2편을 저술하였으나 지금은 망실되어 전하지 않는다. [본문 아래의 자왕손(字王孫)이라고 한 세주(細注)는 반고(班固)의 자주(自注)로, 이하는 다 같다.] 이로부터 정씨(丁氏) 8편에 이르는 7조항은 모두 역전(易傳)이다. 특히 역전이라고 단정하지 않은 것은 모두『역전주씨2편』의 역전이라는 두 글자를 받고 있기 때문이다.

(3) 복씨(服氏) 2편

안사고(顔師古)가 이르기를 『유향별록일문(劉向別錄佚文)』에 "복씨는 제(齊)나라 사람으로 호(號)를 복광(服光)이라 한다."라고 하였다.

『경전석문서록(經典釋文序錄)』의 제나라 복생(服生)에 관한 주석에 역시『유향별록』을 인용하여 '제나라 사람으로 호는 복선(服先)'이라고 되어 있다. 복선(服先)은 복선생(服先生)이라는 뜻으로, 한대에는 이와 같은 방법으로 말하는 것이 예사였다. 광(光)은 선(先)과 글자의 모양이 비슷한 데서 온 오자(誤字)인 것 같다. 복씨는 역을 전하에게서 배웠다. 이 두 편도『역경』의 해석이지만 이미 망실되어 오늘날에는 전하지 않는다.

(4) 양씨(楊氏) 2편

이름은 하(何)요, 자는 숙원(叔元)으로, 치천(菑川) 사람이다.

양하(楊何)의 자는 숙원(叔元)이요, 벼슬은 대중대부(大中大夫)에 이르렀는데, 왕동(王同)에게서 역(易)을 배웠다. 양하는 무제

(武帝) 때 역으로써 오경박사(五經博士)의 한 사람이었으므로 양역(楊易)이라 일컬어지기도 하였다. 양씨역전(楊氏易傳)은 지금은 전하지 않는다.

(5) 채공(蔡公) 2편

위(衛)나라 사람으로 주왕손(周王孫)을 섬겼다.

채공(蔡公)은 위(衛)나라 사람으로 주왕손(周王孫)에게 역(易)을 배웠다. 채공의 이름이나 자(字)는 분명하지 않다. 채공의 역전(易傳)도 지금은 전하지 않는다.

(6) 한씨(韓氏) 2편 : 이름은 영(嬰)이다.

한씨(韓氏)는 한영(韓嬰)이다. 연(燕)나라 사람으로 문제(文帝) 때 박사(博士)가 되었고, 경제(景帝) 때 상산태부(常山太傅)가 되었다. 무제(武帝) 때는 늘 동중서(董仲舒)와 임금 앞에서 논쟁을 벌였다. 한영은 『시경(詩經)』에도 밝아, 이른바 한시(韓詩)를 전하여 『한시내외전(韓詩內外傳)』을 저술하였다. 그러나 한영의 역학(易學)은 그의 시경학(詩經學)보다 깊다고 알려졌다. 『수서경적지(隋書經籍志)』나 『경전석문(經典釋文)』에는 『자하역전(子夏易傳)』을 저록(著錄)하여 공자의 제자인 자하의 저술로 되었으나 한영의 자(字)가 자하(子夏)였다고 하여, 이 『자하역전』을 한영의 저서라고 하는 설도 있다. [유향별록일문, 유흠칠략일문(劉歆七略佚文)] 『자하역전』을 한영이 지었다고 하더라도, 이 한씨 2편이 『자하역전』과 동일한 책이라고 속단할 수는 없다. 한씨 2편도 이미 망실되어 지금은 전하지 않는다.

(7) 왕씨(王氏) 2편 : 이름은 동(同)이다.

왕씨(王氏)의 이름은 동(同)인데, 왕동(王同)은 역(易)을 전하(田何)에게서 배웠다. 그리고 그것을 양하(楊何)에게 전했다. 한대 역학자의 역전(易傳)의 저작은 왕동에게서 비롯된다. 그러나 왕동의 역전도 이미 망실되어 전하지 않는다.

(8) 정씨(丁氏) 8편

정씨(丁氏)의 이름은 관(寬), 자는 자양(子襄)으로, 양(梁)나라 사람이다. 역(易)은 전하(田何)에게서 전수받고, 뒤에 또 동문(同門)의 벗인 주왕손(周王孫)에게 배웠다. 경제(景帝) 때 양(梁)나라 효왕(孝王)의 장군이 되었으므로 정장군(丁將軍)이라고도 불린다. 정관(丁寬)의 역(易)은 전왕손(田王孫)에게 전해졌고, 전왕손은 또 시수(施讎), 맹희(孟喜), 양구하(梁丘賀)에게 전했다. 『유림전(儒林傳)』에 '정관의 역설(易說)은 3만어(三萬語 : 그 적음을 이르는 말이다)로 훈고대의(訓詁大義)를 들었을 뿐이다.'라고 하였다. 정관(丁寬)으로부터 훈고(訓詁)의 학(學)은 왕성해졌다.

(9) 고오자(古五子) 18편

갑자(甲子)로부터 임자(壬子)에 이르기까지 역(易)의 음양(陰陽)을 설(說)하였다.

고(古)는 고문(古文)이라는 뜻이다. 오자(五子)의 자(子)는 십이지(十二支)의 자(子)로, 역(易)의 64괘를 일진[日辰 : 십간(十干)]과 십이지(十二支)에 배당하면, 갑자(甲子), 병자(丙子), 무자(戊子), 경자(庚子), 임자(壬子)가 된다. 일(日)에는 육갑(六甲)이 있고, 진(辰)에는 오자(五子)가 있다. 『유향별록일문』(劉向別錄佚文)』에 "교수(校讎)하는 바, 중[中 : 궁중(宮中)]의 역전고오자(易傳古五子)의 서(書)는 중복을 제거하고 18편으로 정착(定着)한다. 64괘(卦)로 나누고 거기에 일진(日辰)을 붙인다. 갑자(甲子)에서 임자(壬子)에 이르기 무릇 오자(五子)이므로 이름하여 오자(五子)라고 한다."라고 하였다. 이 책의 작자는 분명하지 않다. 이 책은 육예략(六藝略)에 넣어져 있으나 『역경(易經)』을 해석한 것은 아니다. 반고(班固)의 자주(自注)에 "역(易)의 음양(陰陽)을 설하다"라고 말한 바와 같이 역과 관계가 있기는 하지만, 차라리 음양오행가(陰陽五行家)의 설이다. 이 책도 망실되어 전하지 않는다.

(10) 회남도훈(淮南道訓) 2편

회남왕(淮南王)인 유안(劉安)이 역학에 밝은 학자 아홉 명을 초빙하여 그들의 설을 모은 것이다.

이 책은 회남왕(淮南王)인 유안(劉安)의 저술이다. 회남왕 유안이 역(易)에 밝은 학자 9명을 초빙하여, 그들의 역설(易說)을 모은 것이다. 그래서 이 책은 『회남구사설(淮南九師說)』 또는 『회남구사도훈(淮南九師道訓)』으로도 일컬어진다.

아홉 학자가 누구인지는 밝혀지지 않으나, 고유(高誘)의 『회남홍렬해서(淮南鴻烈解序)』에 "드디어 소비(蘇飛), 이상(李尙), 좌오(左吳), 전유(田由), 뇌피(雷被), 모피(毛被), 오피(伍被), 진창(晉昌) 등 여덟 사람과 제유(諸儒) 대산(大山), 소산(小山)의 무리와 함께 강론(講論)하다"라고 되어 있으니, 아마도 이들을 가리키는 것이리라. 『유향별록일문(劉向別錄佚文)』에 "교수(校讐)하는 바, 중[中 : 궁중(宮中)]의 역전회남구사도훈(易傳淮南九師道訓)의 중복을 제거하고 12편으로 정착하다. 회남왕은 역을 잘 다스리는 사람 9명을 초빙하여 거기 종사하여 채획(採獲)하다. 그래서 중서서(中書署)로 하여금 회남구사서(淮南九師書)라고 하게 한다."라고 하였다.

『회남도훈(淮南道訓)』이라는 책의 이름은 유향이 정한 것이다. 『유향별록』에 12편이라고 되어 있는데 『예문지(藝文志)』에는 2편이라고 되어 있어 일치하지 않는다. 이것은 『별록』의 12편에서 십(十)이라는 글자가 잘못 끼어든 것이거나, 『예문지』의 2편에 십(十)이라는 글자가 빠진 것인데 어느 쪽인지 밝히기는 어렵다. 회남왕 유안의 저술로는 따로 『회남자(淮南子)』가 있어 지금 전하고 있다. 『회남도훈』은 일찍이 망실되어 지금 전하지 않으나 『회남자』에서 인용한 역설(易說)은 『회남도훈』의 글일 것이다.

(11) 고잡(古雜) 80편, 잡재이(雜災異) 35편, 신륜(神輪) 5편, 도(圖) 1편

『고잡(古雜)』의 고(古)는 고문(古文), 잡(雜)은 잡찬(雜纂)이라는 정도의 뜻이다. 심흔한(沈欣韓)은 역위(易緯)의 종류일 것이라고 하지만 의심스럽다. 아마 역설(易說)을 잡찬(雜纂)한 것이었을 것인데 지금은 없어져 전하지 않는다.

『잡재이(雜災異)』의 잡(雜)도 잡찬(雜纂)의 뜻으로, 이것은 음양재변(陰陽災變)의 설을 잡찬한 것이었으리라. 『유림전(儒林傳)』에 "맹희(孟喜)는 역가(易家)의 음양재변을 염탐하는 책을 얻다"라는 것이 있으며, 『잡재이』의 책도 그와 같은 종류의 것이었으리라고 생각되지만 지금은 없어져 전하지 않는다.

『신륜(神輪)』의 윤(輪)은 '보낸다'는 뜻이 있다. 『유향별록』에 "신륜(神輪)이라는 것도, 왕도(王道)를 잃으면 재해가 발생하고, 왕도를 얻으면 사해(四海)가 상서로움을 보낸다."라고 하였다. 『고잡(古雜)』『잡재이(雜災異)』『신륜(神輪)』의 세 책은 어느 것이나 음양재이(陰陽災異)나 점험(占驗)을 통설(通說)한 것이었으리라. 『신륜』도 이미 없어져 전하지 않는다.

도(圖)는 『신륜』의 그림이다. 상서로움을 그린 그림이었을 것이다. 반고(班固)의 백치시(白雉詩)에 "영편(靈篇)을 열고, 서도(瑞圖)를 벗긴다"라고 하였다. 이것 또한 없어져 전하지 않는다.

(12) 맹씨경방(孟氏京房) 12편, 재이맹씨경방(災異孟氏京房) 66편, 오록충종략설(五鹿充宗略說) 3편, 경씨단가(京氏段嘉) 12편

맹씨(孟氏)는 맹희(孟喜)를 이른다. 『맹씨경방(孟氏京房)』 11편은 경방(京房)이 맹희(孟喜)의 역설(易說)에 바탕을 두고, 스스로 얻은 바의 역설을 합쳐서 하나의 책으로 만든 것이다. [맹희와 경방에 대하여는 『유림전』을 참조할 것.]

『재이맹씨경방(災異孟氏京房)』의 책도 경방이 맹희의 역설에 바탕을 두고 자기가 얻은 바의 역설을 서술한 것이다. 이것들은 『역

경(易經)』의 해설이 아니라 음양재이(陰陽災異)로써 역(易)을 설한 것으로, 패기(卦氣)와 점후(占候)가 그 중심을 이루는 것이라고 생각된다. 오늘날『경방역전(京房易傳)』 3권이 전하고 있는데 이것은 경방이 스스로 지은 것이 아니고 경방의 후학들이 스승의 학설을 서술하여 경방이라는 이름을 얻은 것이다. 책의 이름에는 역전(易傳)이라고 되어 있으나 역경(易經)을 해석한 것은 아니고 온전히 점후(占候)의 책으로, 후세의 점복(占卜)은 많이 여기에서 그 모범을 취하고 있다. 맹씨의 역은 당(唐)나라 일행(一行)의『대연역의(大衍曆議)』에 인용되어 있다.[신당서괘의(新唐書卦議)] 일행(一行)은 그 속에서 "그 역을 설명함이 기(氣)에 바탕을 둔 뒤 인사(人事)를 그것으로 밝힌다. 경씨(京氏) 또한 괘효(卦爻)로써 만 1년 되는 날에 짝지운다"라고 하였다.

　오록(五鹿)은 성(姓)이요, 충종(充宗)은 이름, 자(字)는 군맹(君孟)이라 하며, 상서령(尙書令)이 되었다. 역(易)을 양구하(梁丘賀)의 아들인 양구림(梁丘臨)에게 배웠다. 충종은 중서령(中書令)인 석현(石顯)과 친하게 지냈다. 원제(元帝)는 양구씨(梁丘氏)의 역을 좋아하여, 그 같고 다름을 생각해 보고자 하여 충종으로 하여금 역가(易家)들과 논(論)하게 하였는데, 충종이 존귀한 원제의 힘을 빌어 변론을 세우므로 대항할 수 없게 되니 모두 그를 싫어하여 감히 서로 만나는 사람이 없었다. 주운(朱雲)이 추천되어 충종과 논란을 벌였는데 자주 충종을 반박하였으므로 모든 선비들이 "오록(五鹿)이 악악(嶽嶽)한데, 주운이 그 뿔을 꺾었다."하였다고 한다.[한서 주운전(漢書朱雲傳)] 그러나『오록충종약설(五鹿充宗略說)』도 이미 일찍이 없어져 전하지 않는다.

　경씨(京氏)는 경방(京房)을 이르는 말이요, 단가(段嘉)는 경방을 따라 역을 배웠다. 단가를『유림전』에서는 은가(殷嘉)로 기록하였는데,『경전석문서록(經典釋文序錄)』에도 단가(段嘉)로 되어 있으므로, 은(殷)자를 오자로 본다. [왕선겸 한서보주(王先謙漢書補注)]『경씨단가』12편은 단가가 그 스승인 경방의 역설에 바탕을 두고 스스로 얻은 바의 역설을 합쳐 하나의 책을 만든 것인데, 이것도 없어져 전하지 않는다.

※ 고오자(古五子) 18편에서 경씨단가(京氏段嘉) 12편에 이르기까지의 책들은 음양재변이나 점후(占候)를 잡설(雜說)한 것으로, 한 종류를 이루는 것이다.

(13) 장구시맹양구씨(章句施孟梁丘氏) 각 2편

전(傳)과 장구(章句)는 서로 다르다. 전(傳)은 경(經)을 해석한 것이지만 경과는 별도로 간행(刊行)한다. 장구는 경구(經句)의 장(章)과 절(節)을 나누어 구두(句讀)를 바로잡고, 문장의 뜻을 해석한다. 장구(章句)는 번잡해진다. 장구는 후세 주소(注疏)의 원천이 되는 것이다. 시수(施讎)와 맹희(孟喜)와 양구하(梁丘賀)에게는 역의 장구가 각각 2편씩 있었으나 모두 없어져 전하지 않는다.

■ 역(易) 13가(家) 모두 294편

『역경』 12편 시맹양구 3가(易經十二篇施孟梁丘三家)나 『맹씨경방(孟氏京房)』 11편, 『재이맹씨경방(災異孟氏京房)』 66편, 『오록충종략설(五鹿充宗略說)』 3편, 『경씨단가(京氏段嘉)』 12편과 같은 한 조항(條項)을 1가(一家)로 계산하면 13가가 된다. 편의 총수 294편의 수에 합친다. 그림은 계산하지 않는다. 다만 다른 종류는 전사(傳寫)의 착각과 혼란이 있어 가수(家數)와 편수(篇數)가 각각 다 맞지는 않는다.

■ 역(易)의 개략

역(易)에 이르기를 "복희씨(伏羲氏)가 우러러 상(象)을 하늘에서 살피고, 굽어서 법칙을 땅에서 살피며, 조수(鳥獸)의 문(文)과 땅의 마땅함을 보아, 가까이는 그것을 몸에서 취하고, 멀리는 그것을 만물에서 취했다. 이에 비로소 팔괘(八卦)를 만들어 그것으로써 신명(神明)의 덕(德)에 통하고 만물의 정(情)을 분별했다."라고 하였다.

은(殷)나라, 주(周)나라 때에 이르러 주왕(紂王)은 천자의 자리에 있으면서 천명을 거스르고 만물을 학대하였다. 문왕(文王)은 제후(諸侯)였지만 천명에 순종하고 도(道)를 행하였다. 천인(天人)의 점(占)을 얻어 힘써서 이에 역(易)의 육효(六爻)를 거듭하여 상편과 하편을 만들다.

공씨(孔氏)가 이것으로 단(彖), 상(象), 계사(繫辭), 문언(文言), 서괘(序卦) 등의 10편(十篇)을 만들다.

그러므로 말하기를 "역의 도는 깊어서 사람은 세 성인을 바꾸었고, 세상은 상고(上古), 중고(中古), 근고(近古)를 거쳤다."고 한다.

진(秦)나라가 책들을 불사름에 이르러 역은 서복(筮卜)의 일이라고 하여 전함이 끊어지지 않았다.

한(漢)나라가 일어나 전하(田何)가 이것을 전하다. 선제(宣帝), 원제(元帝) 때에 이르러 시(施), 맹(孟), 양구(梁丘), 경씨(京氏)가 있었다. 학관(學官)이 되었고, 민간에는 비가(費家)와 고가(高家)의 2가(二家)의 설(說)이 있었다.

유향(劉向)의 중고문역경(中古文易經)을 가지고 시(施), 맹(孟), 양구(梁丘)의 경(經)을 대조하여 교정보면 '무구회망(無咎悔亡)'이 빠져나갔다. 다만 비씨(費氏)의 경은 고문(古文)과 같다.

易曰[1] 宓戲氏[2]仰觀象[3]於天 俯觀法於地 觀鳥獸之文[4]與地之宜[5] 近取諸身 遠取諸物[6] 於是始作八卦[7] 以通神明之德 以類萬物之情

至于殷周之際 紂在上位 逆天暴物 文王以諸侯順命而行道 天人之占 可得而效 於是重易六爻 作上下篇

孔氏爲之彖 象 繫辭 文言 序卦之屬十篇

故曰 易道深矣 人更三聖[8] 世歷三古[9] 及秦燔書 而易爲筮卜之事 傳者不絶 漢興 田何[10]傳之 訖于宣 元 有施 孟 梁丘 京氏 列於學官[11] 而民間有費 高[12]二家之說

劉向以中古文[13]易經 校施孟梁丘經 或脫去無咎悔亡 唯費

氏經與古文同

1) 易曰(역왈) : 『역경(易經)』 계사전(繫辭傳)의 문장.
2) 宓戲氏(복희씨) : 중국 전설시대의 성군(聖君). 복희씨(伏羲氏).
3) 象(상) : 일월성신의 천상(天象). 하늘의 형상.
4) 鳥獸之文(조수지문) : 새나 짐승의 아름다운 색채. 문(文)은 문양(文樣).
5) 地之宜(지지의) : 땅에 적응하여 번식하는 각각의 식물을 말한다.
6) 物(물) : 모든 물상(物象). 만물(萬物).
7) 八卦(팔괘) : 건(乾) 곤(坤) 진(震) 손(巽) 감(坎) 리(離) 간(艮) 태(兌)의 괘(卦).
8) 三聖(삼성) : 복희씨(宓犧氏, 伏羲氏), 문왕(文王), 공자(孔子).
9) 三古(삼고) : 상고(上古), 중고(中古), 근고(近古).
10) 田何(전하) : 한대(漢代) 역학(易學)의 개조(開祖)로 왕동(王同), 주왕손(周王孫), 정관(丁寬) 등에게 전수(傳受)하였다.
11) 學官(학관) : 대학의 강좌를 맡는 관직.
12) 費高(비고) : 비직(費直)과 고상(高相)의 두 사람. 두 사람의 역학(易學)에는 다 장구(章句)가 없다.
13) 中古文(중고문) : 천자(天子)가 쓴 고문(古文). 천자의 글을 중(中)이라 하고, 그밖의 글을 외(外)라고 하여 구별한다.

■ 역(易)의 개략 해설

『역경(易經)』 계사전 하(繫辭傳下)의 제2장에

"옛날 복희씨(伏羲氏)가 우러러 천상에 벌려 있는 일월성신(日月星辰)의 모습을 관찰하고, 굽어보아 대지를 관찰하여 거기서 법칙을 취하고, 새와 짐승의 아름다운 색채나 문양, 대지에 적응하여 번성하는 식물을 관찰하여, 가까이는 인간의 신체 각 부분에서 법칙을 취하고, 멀리는 천지간의 만사와 만물에서 취하고, 그것들을 참고로 하여 처음으로 건(乾☰), 곤(坤☷), 진(震☳), 손(巽☴), 감(坎☵), 이(離☲), 간(艮☶), 태(兌☱)의 팔괘(八卦)를 만들어 그것에 의해 영묘불가사의(靈妙不可思議)한 천지의 도(道)에 통달하고 또 그에 따라 천지간 만사, 만물의 진실한 모습을 분별하였다."
라고 말하고 있다. [이상은 계사전(繫辭傳)을 인용하여 복희씨가 처음으로 팔괘를 그린 것을 말한다.]

은(殷)나라가 주(周)나라로 바뀔 때를 당하여, 은나라의 주왕(紂王)은 천자의 자리에 있으면서 포악한 짓이 극에 이르렀다. 주(周)의 문왕(文王)은 제후(諸侯)의 몸으로 천명에 순종하여 바른 도를 행하고 위로 천심(天心)에 합하고, 아래로 인정(人情)에 통하였으므로 능히 역(易)을 알고, 널리 천도(天道)와 인사(人事)를 점칠 수 있었다. 이에 64괘(卦) 384효(爻)의 괘획(卦劃)을 만들어 그것을 상하 2편으로 만들었다. [이상은 문왕이 괘사와 효사를 만든 일을 말하는 것이다.]

다음으로 공자는 상하경(上下經)에 대하여 단전상(彖傳上), 단전하(彖傳下), 상전상(象傳上), 상전하(象傳下), 계사전상(繫辭傳上), 계사전하(繫辭傳下), 문언전(文言傳), 서괘전(序卦傳), 설괘전(說卦傳), 잡괘전(雜卦傳) 10편의 해설을 지었다. [이상은 공자가 십익(十翼)을 지은 것을 이른다.]

그러므로 말하기를 "역(易)의 도(道)는 참으로 깊다. 역은 복희, 문왕, 공자의 세 성인에 의해 구성되었고, 상고(上古: 복희), 중고(中古: 문왕), 근고(近古: 공자)의 세 시대를 거쳐서 완성된 것이다."라고 한다.

진(秦)나라의 시황제는 천하의 서적을 불사르고 유생(儒生)들을 땅에 묻었으나, 의약(醫藥), 복서(卜筮), 종수(種樹) 등의 서적만은 태우지 않았다. 역은 복서의 서적으로 분류되어 다행히도 진나라의 분서(焚書)의 액(厄)을 면하게 되어 역을 전하는 사람이 끊이지 않았고, 가장 완전한 서적으로 후세에 전할 수 있게 된 것이다.

한대(漢代)가 되니, 먼저 전하(田何)가 역을 제자들에게 전했으며 선제(宣帝) 때에 이르러 시씨역(施氏易), 맹씨역(孟氏易)이, 또 원제(元帝) 때 경씨역(京氏易)이 대학 강좌(講座)에서 강의되기에 이르렀다. 그리고 민간에서는 비직(費直)과 고상(高相), 두 계통의 역학이 행해졌다.

유향(劉向)이 궁중에 보존되어 있는 고문역경(古文易經)과 시(施), 맹(孟), 양구(梁丘)가 사용한 금문역경(今文易經)을 대조하여 교수한 바 시, 맹, 양구씨의 금문역경에는 '무구회망(無咎悔亡)'의 글자가 빠져 있었을 뿐이다. 다만 비직(費直)이 사용한 『역경』의 본문은 궁중에 보존되어 있는 고문역경과 완전히 같은 것이었다. [비직의 역학은 후한(後漢) 때에도 진원(陳元), 정중(鄭衆)이 이것을 전하였고, 마융(馬融), 정현(鄭玄), 왕숙(王肅), 왕필(王弼) 등이 그것을 바탕으로 하여 주(注)를 만듦에 미쳐 왕성하게 되었다. 지금의 왕필주본(王弼注本)은 비씨경본(費氏經本)의 계통이다.]

[참고] : 획괘(劃卦)를 복희가 하였다는 데 대하여는 다른 설이 없으나, 8괘를 거듭하여 64괘를 만든 사람에 대하여는 이설(異說)이 있다.

① 『회남자(淮南子)』 요략훈(要略訓)에서 왕필(王弼) 등은 복희라 하고,

② 정현(鄭玄) 등은 신농씨(神農氏)라 하고, 진(晉)의 손성(孫盛)은 우(禹)라고 하며, 사마천(司馬遷)은 문왕이라고 한다.

괘효(卦爻)의 작자에 대해서도

① 『사기(史記)』 『한서(漢書)』 및 정현은 괘사(卦辭)와 효사(爻辭)를 함께 문왕이 지었다고 하는데 대하여,

② 마융(馬融)이나 오(吳)의 육적(陸績)은 괘사는 문왕이 지었고, 효사는 주공(周公)이 지었다고 한다.

③ 『한서예문지(漢書藝文志)』는 십익(十翼)의 작자를 공자라고

하였으나, 이에 대하여는 그 논쟁이 더욱 격렬하다.
　이상의 여러 가지 설은 성인에 의탁하여 역(易)에 권위를 부여하려는 것으로, 확실한 논거는 없다. 생각건대 8괘가 누구의 손에 의해 어느 때에 만들어졌는지 분명하게 밝히기는 어렵다. 64괘의 조직은 춘추시대 중기(BC 600년 전후)에 주왕실(周王室)의 사관(史官)에 의해 고안(考案)되어 조정에 보존되 있던 수많은 서사(筮辭)가 괘(卦)와 효(爻)에 적당하게 계속(繫屬)되어 역(易)이라고 하는 것이 성립된 것이 아닌가 추측된다. 그러나 성립 연대를 그보다 더 뒤로 끌어내리는 설도 있다. 십익(十翼)은 후세의 유가(儒家)에서 만든 것으로, 진한(秦漢)시대에 성립된 것이 아닌가 하는 추측도 있다.

2. 서(書)

(1) 상서고문경(尙書古文經) 46권 : 57편(篇)이 된다.
　『서경(書經)』은 예전에는 서(書) 또는 상서(尙書)라고 불렸다. 고문(古文)은 고대 문자(古代文字)이고, 자체(字體)로는 과두 문자(蝌蚪文字)이다. 『상서고문경(尙書古文經)』은 보통 고문상서(古文尙書)로 불린다. 이것은 한(漢)나라 경제(景帝) 때, 무제(武帝)의 아들인 공왕(共王)이 봉지(封地)인 노[魯 : 지금의 곡부(曲阜)]에 가서 궁전을 지으려고 인접한 공자의 옛 집터를 부쉈을 때 그 집 벽 속에서 발견된 것인 공벽고문상서(孔壁古文尙書)이다. 뒤에 공자의 후손인 공안국(孔安國)의 소유로 돌아갔다가 조정에 헌상(獻上)되었다.
　반고(班固)가 '57편이 된다'고 주석한 것은 무성편(武成篇)이 후한(後漢) 광무제(光武帝)의 건무(建武) 연간에 없어져 전해지지 않기 때문이다. 『정현서찬(鄭玄敍贊)』에 "뒤에 또 그 한 편(무성편)이 없어지다. 그러므로 57편이 된다."라고 하였다. 공안국은 공벽고문상서를 금문(今文 : 한대에 통용되던 문자)으로 고쳐 써서 제자들에게 가르쳤다. 조정에 헌상된 진짜 공벽고문상서는 그 뒤에 없어져 전하지 않는다.

　공벽고문상서는 46권 58편(없어진 무성편을 포함해서)이었다. 그 편명(篇名)을 들면 이렇다.

〈갑(甲)〉 ①요전(堯典) ②고요모(皐陶謨) ③우공(禹貢) ④감서(甘誓) ⑤탕서(湯誓) ⑥반경(盤庚 : 상중하 3편) ⑦고종융일(高宗肜日) ⑧서백감여(西伯戡黎) ⑨미자(微子) ⑩태서[太誓 : 상중하 3편 : 현재의 위고문(僞古文)의 태서는 아니다.] ⑪목서(牧誓) ⑫홍범(洪範) ⑬금등(金縢) ⑭대고(大誥) ⑮강고(康誥) ⑯주고(酒誥) ⑰재재(梓材) ⑱소고(召誥) ⑲낙고(洛誥) ⑳다사(多士) ㉑무일(無逸) ㉒군석(君奭) ㉓다방(多方) ㉔입정(立政) ㉕고명(顧命) ㉖강왕지고(康王之誥) ㉗비서(費誓) ㉘여형(呂刑) ㉙문후지명(文侯之命) ㉚태서(泰誓)—이상은 30권 34편으로, 이것들은 정현(鄭玄)이 주석하여 제자들에게 전수(傳受)하였으므로 후세에 이르기까지 전하였다.

〈을(乙)〉 ①순전(舜典) ②멱작(汨作) ③구공(九共 : 9편) ④대우모(大禹謨) ⑤기직[棄稷 : 익직(益稷)] ⑥오자지가(五子之歌) ⑦윤정(胤征) ⑧탕고(湯誥) ⑨함유일덕(咸有一德) ⑩전보(典寶) ⑪이훈(伊訓) ⑫사명(肆命) ⑬원명(原命) ⑭무성[武成 : 건무(建武) 연간에 없어진 것] ⑮여오(旅獒) ⑯필명(畢命)—이상은 16권 24편

〈갑〉과 〈을〉을 합하면 46권 58편이 된다. 〈을〉의 16권 24편에 대하여는 정현이 주석을 달지 않았으므로, 스승으로부터의 전승이 끊어져 없어지고 말았는데 이것을 진고문일편(眞古文逸篇)이라고 부른다. 그런데 동진(東晉)시대에 이르러 매색(梅賾)이라고 하는 사람이 공벽고문상서 46권 58편 중 없어진 16권 24편(진고문일편)의 대신으로 새로이 25편을 위작(僞作)하여 그것을 진고문(眞古文)의 34편[앞의 갑(甲)]에 합쳐서 59편을 완전한 고문상서(古文尙書)라고 하였다. 오늘날의 상서정의본(尙書正義本)은 이것을 믿고 이것에 따른 것이다. 여기서 매색의 위고문(僞古文) 25편을 들면 이렇다.

〈병(丙)〉 ①대우모(大禹謨) ②오자지가(五子之歌) ③윤정(胤征) ④중훼지고(仲虺之誥) ⑤탕고(湯誥) ⑥이훈(伊訓) ⑦태갑(太甲 : 상중하 3편) ⑧함유일덕(咸有一德) ⑨열명(說命 : 상중하 3편) ⑩태서(泰誓 : 상중하 3편) ⑪무성(武成) ⑫여오(旅獒) ⑬미자지명(微子之命) ⑭채중지명(蔡仲之命) ⑮주관(周官) ⑯군진(君陳) ⑰필명(畢命) ⑱군아(君牙) ⑲형명(冏命) ― 이상 25편

(2) 경(經) 29권 : 대소하후 2가(大小夏侯二家), 구양경(歐陽經) 32권.
 이것은 진(秦)나라의 분서(焚書) 사건 때 복생[伏生 : 이름은 승(勝)]이 벽 속에 감추었다가 한대(漢代)에 이르러 협서(挾書)의 율(律)이 해제됨에 이르러 복생이 벽 속에서 꺼낸 상서(尙書)이다. 다만 복생이 벽 속에다 감춘 것은 완전한 백편의 상서였는데, 한대에 꺼낸 상서는 29권이었다. 복생이 상서를 벽속에 감춘 것은 진나라 때의 일로, 당시에는 아직 한대의 예서[隸書 : 금문(今文)]는 없었으므로 그것은 주대(周代)의 문자인 고문(古文)으로 쓰인 것이었으리라. 그러나 한대에 복생이 꺼낸 29권의 상서는 이미 복생이 죽은 뒤에 없어져 버린 듯하다.
 복생이 상서학(尙書學)을 전한 하후승[夏侯勝 : 대하후(大夏侯)]과 하후건[夏侯建 : 소하후(小夏侯)] 및 구양고(歐陽高) 때에 복생의 상서가 금문으로 고쳐진 것이 있어, 복생의 상서를 금문에 의해 읽고 또한 그것을 제자들에게 전했던 것이다. 그러므로 이것을 금문상서(今文尙書)라 이른다.
 금문상서 29권의 내용은 전기한 고문상서를 말할 때 설명한 〈갑〉의 진고문(眞古文)과 일치한다. 다만 전기한 〈갑〉은 30권이었는데, 금문상서가 29권인 것은 전기한 〈갑〉의 ㉖강왕지고편(康王之誥篇)이 금문상서에는 ㉕고명편(顧命篇)에 합쳐져 1권으로 처리되어 있기 때문이다. 반고(班固)의 주석에 "대소하후 2가(大小夏侯二家), 구양경(歐陽經) 32권"이라고 된 것은 하후승(대하후)과 하후건(소하후)이 사용한 금문상서의 원전은 29권으로 된 책이고, 구양고가 사용한 금문상서의 원전은 32권으로 된 책이었다고 하나, 이에 대

하여는 여러 가지 설이 있다. 그러나 아마도 구양고가 사용한 책은 태서(泰誓)를 나눠 3권으로 하고, 거기에 상서의 서(序)가 별도로 1권으로 되어 머리에 얹혀있었기 때문이었을 것이다.

(3) 전(傳) 41편

이것은 『상서대전(尚書大傳)』이라 불린다. 이 책에는 한복승 찬(漢伏勝撰), 정강성 주(鄭康成注)라 하였으나, 복생의 제자인 장생(張生)과 구양생(歐陽生)이 스승의 설을 저술한 것으로, 복승(伏勝)의 자찬(自撰)은 아니다. 정현(鄭玄)의 상서대전서(尚書大傳序)에 "대개 복생에 의해 되어 있다. 복생은 진(秦)나라의 박사(博士)가 되었고, 한(漢)의 효문제(孝文帝) 때에 이르러 나이가 백세(百歲)나 되었다. 장생, 구양생이 그의 학문을 배웠다. 말소리는 정확하지 못하였고, 앞뒤의 말이 틀리고 차이가 생겼다. 거듭함에 전(篆)과 예(隸)의 다른 것을 가지고 실수가 없을 수 없었다. 생(生: 복생)이 죽은 뒤 몇몇 학자가 각각 자기가 들은 바를 논하여 자기의 뜻으로 그 모자라는 데에 끼워넣어 따로 장구(章句)를 만들었다. 그리고 특히 대의(大義)를 찬(撰)하고 경(經)에 따라 취지를 붙여, 거기에 이름을 붙여 전(傳)이라고 하였다. 유자정[劉子政: 유향(劉向)]이 이 책을 교수하여 헌상하였는데 무릇 41편으로 전차(銓次)하여 83편이 된다."라고 하였다.

이 책의 내용은 혹은 『상서(尚書)』를 훈석(訓釋)하고, 혹은 상서의 경의(經義)와 관계가 없는 것이 있다. 예컨대 『한시외전(韓詩外傳)』이나 『춘추번로(春秋繁露)』와 같은 성질의 책이다. 제3권의 『홍범오행전(洪範五行傳)』은 수미(首尾)가 완전히 갖추어져 한대 위학(緯學)의 기원을 이루는 것이다. 이 책은 송대(宋代)에는 이미 완본이 없어졌지만, 청대(淸代)의 진수기(陳壽祺)가 편집한 『상서대전정본(尚書大傳定本)』 8권이 가장 좋다.

(4) 구양장구(歐陽章句) 31권

이 책은 대개 복생의 제자인 구양생[歐陽生: 자는 화백(和伯)]

이 지은 것이리라. 전기한 『구양경(歐陽經)』 32권의 장구(章句)다. 다만 『구양경』이 32권인데 대하여 이 장구는 31권인 것은 『구양경』은 서서(書序)를 독립시킨 한 권으로 하였는데, 『장구』의 서서에는 장구를 지을 필요가 없으므로 서서를 마지막 편인 태서(泰誓)에 덧붙였기 때문이다. 이 책은 없어져 전하지 않는다.

(5) 대소하후장구(大小夏侯章句) 각 29권

대하후(大夏侯)는 하후승(夏侯勝), 소하후(小夏侯)는 하후건(夏侯建)으로 하후건은 하후승의 종부(從父)의 아들이다. 이 장구는 전기한 『경(經)』 29권과 편의 수가 같다. 함께 책의 서문을 독립시키지 않고 마지막 편에 덧붙였기 때문이다. 지금은 없어져 전하지 않는다.

(6) 대소하후해고(大小夏侯解故) 29편

해고(解故)는 해설하여 훈고(訓詁)한다는 뜻으로, 고(故)는 고(詁)와 같다. 각 29권이라고 하는 것과 같이 각(各)이라는 글자가 여기에는 없는 것으로 보아, 전기한 장구(章句) 각 29권은 대하후(大夏侯), 소하후(小夏侯) 별도 장구가 있었는데 대하여, 이 해고(解故)는 대소 하후의 해고를 합친 것이라고 볼 것이다. 그리고 여기에도 각(各)이라는 글자가 있었던 것이 빠져나간 것이라고 볼 수도 있다. 지금은 없어져 전하지 않는다. 청대(清代) 진교종(陳喬縱)의 『구양하후유설고(歐陽夏侯遺說攷)』와 『금문상서유설고(今文尙書遺說攷)』가 『속황청경해(續皇清經解)』에 채입(採入)되어 있다.

(7) 구양설의(歐陽說義) 2편

없어져 전하지 않는다.

(8) 유향오행전기(劉向五行傳記) 11권

『한서초원왕부전(漢書楚元王附傳)』에 "유향(劉向)은 상서홍범(尙書洪範)에 기자(箕子)가 무왕(武王)을 위해 오행음양휴구(五行

陰陽休咎)의 답을 진술한 것을 보고 향(向)은 곧 상고 이래 춘추(春秋) 여섯 나라를 거쳐 진한(秦漢)시대에 이르기까지 부서재이(符瑞災異)의 기록을 집합하여 행사를 미루어 자취를 더듬어 화(禍)와 복(福)을 연결하여 관련시켜서 그 점험(占驗)을 저술하고 유형을 비교하여 상종하는 각 조목이 있다. 무릇 11편인데 이름하여 홍범오행전론(洪範五行傳論)이라 하고, 그것을 주상(奏上)하였다."라고 하였다.

여기에는 『홍범오행전론』이라고 되어 있으나, 논(論)은 기(記)와 같은 것이다. 이 책은 없어져 전하지 않으나 『한서』의 오행지(五行志)는 유향의 『오행전론』에 바탕을 둔 것이다. 전기한 복생의 『상서대전』 가운데 『홍범오행전』은 오행의 근원을 이루는 것이나, 유향의 『홍범오행전론』에 의해 오행설(五行說)은 더욱 완비(完備)되었다.

(9) 허상오행전기(許商五行傳記) 1편

허상(許商)은 자(字)를 장백(長伯)이라 하며, 『상서(尙書)』를 하후승(夏侯勝)의 문인(門人)인 주감(周堪)에게서 배웠다. 『한서오행지(漢書五行志)』에 "효무제(孝武帝) 때 하후시창(夏侯始昌)이 오경(五經)에 통달하여 오행전(五行傳)을 잘 미루어, 그것으로 족자(族子)인 하후승에게 전하였고, 아래로 허상에게 미쳤다."라고 하였다. 지금은 없어져 전하지 않는다.

(10) 주서(周書) 71편 : 주(周)나라의 사기(史記).

이 책은 주왕조(周王朝)의 고서호금(誥誓號今)의 종류를 기록한 것으로, 『상서(尙書)』 100편중의 것이리라. 71편 중 11편은 없어졌고, 60편이 남아있다. [서(序) 1편과 본문 59편] 지금 일주서(逸周書) 또는 급총주서(汲冢周書)라고도 한다. 안사고(顔師古)는 "지금 있는 것은 45편이다."라고 주석하였는데, 이것은 안사고가 본 진(晉)의 공조주본(孔鼂注本)이 본문 59편 중 당(唐)나라 초기에 다시 14편이 없어졌기 때문이다. 공조주본은 안사고 이후 다시 3편이

제 2 편 육예략(六藝略) 51

없어져 42편이 되었다.

(11) 의주(議奏) 42편
선제(宣帝) 때 석거(石渠)에서 논하다. 석거는 위소(韋昭)가 말하기를 "누각(樓閣)의 이름이다. 여기에서 서(書)를 논하였다."했다.
이 책은 선제(宣帝) 감로(甘露) 3년에 유자(儒者)들을 모아 석거각(石渠閣)에서 오경(五經)의 유사점과 다른점을 강론시켰는데, 그 결과를 상주(上奏)한 논문이다. 『상서』를 강론한 유자들은 임존(林尊), 구양지여(歐陽地餘), 주감(周堪), 장산부(張山拊), 가창(假倉) 등이었다. 없어져 전하지 않는다.

■ 서(書) 9가(家) 모두 412편
유향(劉向)의 계의(稽疑) 1편이 들어간다.
이상에서 기록한 바의 서목(書目)은 10가(十家) 220편이 되어 편수(篇數)가 맞지 않는다. 전사(傳寫)의 잘못일 것이다. 반고(班固)의 자주(自注)에 "유향계의(劉向稽疑) 1편을 넣는다."라고 한 것은 조정의 서고(書庫)에 있던 『유향계의』가 『칠략(七略)』에는 실려 있지 않으므로 반고가 새로 넣은 것이다. 그러나 『유향계의』의 서목이 예문지에는 보이지 않지만 그것은 전기한 『유향오행전기』 11편 중 『오행전기』는 본래 10편으로, 거기에 이 『계의(稽疑)』 1편을 더해서 11편으로 했기 때문이다.

■ 서(書)의 개략
역(易)에 이르기를 "하(河)는 도(圖)를 내고, 낙(雒)은 서(書)를 내고, 성인은 그것을 법칙으로 삼는다."라고 하였다. 그러므로 서(書)의 기원한 바 멀다.
공자가 이것을 찬(撰)함에 이르러 위로는 요(堯)에서 비롯하여 아래로는 진(秦)에 이르기까지 무릇 100편에 이르며, 그 서(序)를 지어 그 지은 뜻을 말하였다.
진(秦)이 서(書)를 불사르고 그 학문을 금하였다. 제남(濟

南)의 복생(伏生)이 홀로 그것을 벽 속에 감춰 두었는데, 한(漢)이 일어나니 그것들은 망실(亡失)되었고, 29편만을 찾아내고 그것으로써 제(齊)와 노(魯) 사이에서 가르쳤다. 효선제(孝宣帝) 때에 이르러 구양씨(歐陽氏)와 대소하후씨(大小夏侯氏)가 있어 학관(學官)에 세우다.

『고문상서(古文尙書)』는 공자의 옛집 벽 속에서 나왔다. 무제(武帝) 말기에 노(魯)의 공왕(共王)이 공자의 옛집을 헐고 궁전을 넓히고자 하다가 『고문상서』 및 『예기(禮記)』 『논어(論語)』 『효경(孝經)』 등 무릇 수십 편을 얻었는데 모두 고자(古字)였다. 공왕이 가서 그 집으로 들어가니 고(鼓), 금(琴), 슬(瑟), 종(鐘), 경(磬) 등의 악기 소리가 들렸다. 이에 공왕은 두려워 허무는 공사를 멈추게 하였다.

공안국(孔安國)은 공자의 후손이다. 벽 속에서 나온 『상서』를 모두 구하니 29편으로 생각했던 것이 16편을 더 많이 구했다. 안국(安國)은 그것을 헌상했는데, 무고(巫蠱)의 사건을 만나 학관의 열(列)에 들지 못하였다.

유향(劉向)이 궁중의 고문(古文)으로 구양(歐陽), 대소하후(大小夏侯) 3가(三家)의 경문(經文)을 교수하는데, 주고(酒誥)에 탈간(脫簡)이 하나, 소고(召誥)에 탈간 둘이 있었다. 간(簡) 하나에 25자 되는 것은 탈자(脫字) 역시 25자요, 간이 22자 되는 것은 탈자 역시 22자로 문자가 다른 것이 7백여, 탈자가 수십자다.

서(書)는 옛날의 호령(號令)이니 많은 사람에게 호령하는데, 그 말이 정돈되고 완비되지 않으면 받아서 시행하는 자가 분명하게 깨닫지 못한다. 고문의 독음(讀音)은 정언(正言)에 가깝다. 그러므로 고금의 언어를 해석하면 알 수 있다.

易曰[1] 河出圖[2] 雒出書[3] 聖人則之 故書之所起遠矣
　至孔子簒[4]焉 上斷於堯 下訖[5]于秦 凡百篇 而爲之序 言其作意

秦燔書禁學　濟南伏生[6]獨壁臧之　漢興亡失　求得二十九篇以敎齊魯之間　訖孝宣世　有歐陽　大小夏侯氏　立於學官

古文[7]尙書者　出孔子壁中　武帝末　魯共王壞孔子宅　欲以廣其宮　而得古文尙書及禮記　論語　孝經　凡數十篇　皆古字也　共王往入其宅　聞鼓琴瑟鐘磬之音　於是懼　乃止不壞

孔安國者　孔子後也　悉得其書　以考二十九篇　得多十六篇　安國獻之　遭巫蠱事[8]　未列于學官

劉向以中古文校歐陽大小夏侯三家經文　酒誥脫簡[9]一　召誥脫簡二　率簡二十五字者　脫亦二十五字　簡二十二字者　脫亦二十二字　文字異者七百有餘　脫字數十

書者古之號令　號令於衆　其言不立具[10]　則聽受施行者　弗曉古文讀應爾雅[11]　故解古今語[12]而可知也

1) 易曰(역왈) : 『역경』 계사전(易經繫辭傳) 상편에 있는 말.
2) 河出圖(하출도) : 황하가 도식(圖式)을 내다. 하(河)는 황하(黃河), 도(圖)는 도식(圖式). 곧 그림의 모양. 하도(河圖)는 복희(伏羲) 때 황하에서 용마(龍馬)가 등에 지고 나왔다는 그림으로 이 그림을 보고 팔괘(八卦)를 만들었다고 한다.
3) 雒出書(낙출서) : 낙(雒)이 서(書)를 내다. 낙(雒)은 낙(洛)으로 물의 이름, 서(書)는 글을 기록한다는 의미. 우(禹)임금의 9년 홍수 때 낙수(洛水)에서 나온 신령한 거북의 등에 있었다는 글로 이를 본받아 『서경(書經)』의 홍범(洪範)을 만들었다고 한다. 오늘날 도서라는 어원의 개념은 『주역』 계사전의 '하도낙서(河圖洛書)'라는 글귀에서 비롯된 것으로 도(圖)는 그림이란 뜻으로 회화의 표시였고, 서(書)는 글자란 뜻으로 문자의 기록이다. 이 두 글자가 합쳐 고금전적(古今典籍)의 통칭으로 되어 왔다. 또한 『소하전(簫河傳)』에도 "진(秦)나라 승상부(丞相府)와 어사대(御史臺)의 율령이 도서를 수집해서 간직하였다."라고 되어 있는 것으로 보아 한나라 때 이미 도서란 명칭을 썼음을 알 수 있다.
4) 簒(찬) : 찬(撰)과 같다. 곧 서술한다는 뜻.
5) 訖(흘) : 까지. 지(至)와 같다.

6) 伏生(복생) : 이름은 승(勝), 본래 진(秦)의 박사(博士)였다. 한대(漢代)에 이르러 『상서(尙書)』를 제(齊)와 노(魯)에서 가르쳤다. 한(漢)의 문제(文帝) 때 복생이 『상서』를 다스린다는 말을 듣고 부르려고 하였으나 나이가 이미 90여세여서 갈 수가 없으므로 조착(鼂錯)을 보내 복생의 『상서』를 배워오게 하였다.

7) 古文(고문) : 주대(周代)의 문자인 과두문자(蝌蚪文字).

8) 巫蠱事(무고사) : 무고(巫蠱)의 사건. 고(蠱)는 어지럽힌다는 뜻. 무술(巫術)로 어지럽게 난리를 일으킨 일을 말한다. 무제(武帝)가 연로하여 간신(姦臣)인 강충(江充)이 태자(太子)를 모함하는 말을 믿다가 일어난 난리. 결국 강충은 태자에게 피살되고 태자는 자살하였다.

9) 脫簡(탈간) : 간(簡)은 죽찰(竹札)로 옛날의 서적은 대나무 조각에다 글자를 써서 가죽 끈으로 그것을 엮였다. 탈간은 그 끈이 끊어져 간이 흩어짐으로써 없어진 간을 말한다.

10) 立具(입구) : 정돈되고 완비됨을 뜻한다.

11) 爾雅(이아) : 정언(正言)에 가깝다는 뜻. 이(爾)는 가깝다는 근(近)과 같고, 아(雅)는 바르다는 정(正)과 같다.

12) 古今語(고금어) : 고어(古語)와 금어(今語). 곧 주대(周代)의 말과 한대(漢代)의 말.

■ 서(書)의 개략 해설

『역경(易經)』 계사전(繫辭傳) 상편에 "하수(河水)에서 도(圖)가 나오고 낙수(洛水)에서 서(書)가 나오자 성인은 그것을 법도로 삼았다."라고 한 말과 같이 복희씨(伏羲氏)가 하도(河圖)를 받아 그것을 바탕으로 역(易)의 팔괘(八卦)를 만들고, 우(禹)가 홍수를 다스려 낙서(洛書)를 받아 그것을 본으로 삼아 『상서(尙書)』의 홍범(洪範)을 지었다. 그렇다면 『상서』의 기원은 실로 멀다고 하지 않을 수 없다. [이상은 상서의 기원을 서술한 것이나 하도(河圖), 낙서(雒書)의 설은 상서를 권위 있게 하기 위해 생긴 전설로 그것을 사실로 믿을 것은 아니다.]

공자가 상서를 찬술(撰述)함에 당하여, 위로는 요(堯) 임금으로부터 시작하여 아래로 진(秦)나라에 이르기까지 무릇 100편을 이루고, 편수(篇首)에 서(序)를 지어 각 편의 지은이의 의도를 서술하였다. 이것은 공자서경산정설(孔子書經删定說)로, 『사기(史記)』에서부터 비롯한다. 『사기』 공자세가(史記孔子世家)에 "공자 삼대(三代)가 예(禮)를 추적하고 『서전(書傳)』을 서(序)하고, 위로는 당우(唐虞: 堯)의 때로부터 아래로는 진(秦)나라 목공(穆公)에 이르기까지 그 사실을 편차(編次)하였다."라고 되어 있다. 그러나 공자산정설(孔子删定說)은 사실이 아닌 것으로, 『서경』은 공자 이전부터 이미 있었던 것으로 보지 않으면 안 된다. 그리고 공자가 서(序)를 지었다는 것도 믿을 수가 없다. 편 머리의 서는 후세 사람의 지음이다.

진(秦)의 시황제(始皇帝)가 천하의 서적을 모아들여서 태워버리고 그 학문을 금하였으므로 본래 진나라의 박사(博士)였던 복생(伏生)은 남몰래 『상서(尙書)』를 자기 집 벽 속에 넣고 겉을 발라 감추었다. 한(漢)이 일어남에 벽 속에 감추었던 『상서』를 찾으니 수십 편이 없어졌고, 다만 29편만을 찾을 수 있었다. 복생은 그 29편의 상서를 제(齊)나라와 노(魯)나라에서 가르쳤다. 선제(宣帝) 때에 이르러서는 구양씨(歐陽氏), 대하후씨(大夏侯氏), 소하후씨(大夏侯氏)가 상서의 전문가로 박사가 되어 대학의 강좌(講座)에서 『상서』를 강의하였다. [이상은 금문상서의 출현 및 전수(傳授)를 말한 것이다.]

※ 복생(伏生) ─┬─ 장생(張生) ─ 하후도위(夏侯都尉) ─ 하후시창(夏侯始昌) ─ 하후승[(夏侯勝): 대하후(大夏侯)] ─ 하후건[(夏侯建): 소하후(小夏侯)]

└─ 구양화백(歐陽和伯) ─ 아관(兒寬) ─ 화백지자(和伯之子) ─ 구양고(歐陽高) ─ 구양지여(歐陽地餘) ─ 구양정(歐陽政) ─ 구양흡(歐陽歙)

『고문상서(古文尙書)』는 공자의 구택(舊宅) 벽 속에서 발견되었다. 무제(武帝) 말년에 경제(景帝)의 아들인 공왕(共王)이 노(魯)나라에 봉(封)해졌는데, 그 궁실(宮室)을 확장하기 위해 인접한 공자의 구택을 허물려 할 때 그 구택의 벽속에서 『고문상서』와 『예기(禮記)』『논어(論語)』『효경(孝經)』 등 수십 편이 발견되었는데 모두 고대문자[과두문자(蝌蚪文字)]로 쓰여 있었다. 공왕이 공자의 주택으로 들어가 보니 난데없는 북, 거문고, 비파, 종, 경쇠 소리가 들려오므로 놀라고 두려워서 그 철거 공사를 중지시켰다. [이상은『고문상서』가 발견된 사실을 이야기한 것이다.『예문지(藝文志)』에서는 공왕이 공자의 주택을 철거하려고 한 것을 무제의 말기라고 하였으나 염약거(閻若璩)가『논형(論衡)』의 안서편(安書篇)을 인용하여, 경제(景帝) 때로 고증한 것을 따르는 편이 좋을 것 같다. 〈고문상서소증(古文尙書疏證)참조.〉『고문상서』를 벽 속에 감추어 둔 사람은 누구일까. 공자의 자손인 공등〈孔騰 : 공자가어(孔子家語)〉, 공부〈孔鮒 : 漢記〉, 공혜〈孔惠 : 수서경적지(隋書經籍志)〉 등의 여러 가지 설이 있으나 분명하지 않다. 지금 곡부(曲阜)의 공자묘(孔子廟)에는 노벽(魯壁)이라는 것이 있는데, 공왕이 북, 거문고, 비파, 종, 경쇠 등의 소리를 들은 곳이라고 한다.]

공안국(孔安國)은 공자의 12세손(十二世孫)이다. 공자 구택의 벽 속에서 발견된『상서』를 모두 모아 살펴보니, 복생이 전하는『금문상서』29편보다 16편이 더 많았다. 공안국은 집안 사람에게 명하여『상서』를 무제에게 헌상하게 하였다. 그러나 무제 말기에 궁중에서 무고(巫蠱)의 사건이 일어나 시끄러운 일이 있었으므로『고문상서』는 대학의 강좌에서 강의되지 못했다. [『고문상서』를 헌상한 것은 무제의 천한연간(天漢年間)이었으나, 공안국은 그 이전에 이미 죽었다. 예문지의 기록은 잘못된 것이었으리라.『고문상서』가 학관(學官)에 의해 강의된 것은 뒤의 평제(平帝) 때였다. 여기의 편

(篇)이라고 한 것은 기실 권(卷)으로, 『금문상서』의 29편이라고 한 것은 29권이요, 많아진 것 16편이라고 한 것은 16권을 말하는 것이다. 두 가지를 합하면 45권이다. 여기다가 서(序) 1권을 더하면 『고문상서』는 46권이 된다.]

　유향(劉向)이 궁중 서고(書庫)에 있는 『고문상서(공안국이 헌상한 것)』로 구양씨(歐陽氏), 대하후씨(大夏侯氏), 소하후씨(小夏侯氏)의 원전(原典)인 『금문상서』와 대조하여 교수하니, 구양대소하후씨본(歐陽大小夏侯氏本)은 주고편(酒誥篇)에 한 장의 탈간(脫簡)이 있고, 소고편(召誥篇)에 두 장의 탈간이 있었다. 한 장의 죽간(竹簡)은 대개 25자나 22자로 쓰여 있으니 25자의 죽간 한 장이 빠져 있는 것은 25자의 탈자(脫字)가 있는 것이고, 22자의 죽간 한 장이 빠져 있는 것은 22자의 탈자가 있는 것이 된다. 그리고 『고문상서』와 『금문상서』에서 문자의 같고 다름이 70여자가 있고, 『고문상서』에는 있고 『금문상서』에는 빠진 글자가 수십 자나 있다. [염약거(閻若璩)는 25자는 주고편(酒誥篇)의 탈간(脫簡), 22자는 소고편(小誥篇)의 탈간(脫簡)일 것이라고 한다〈고문상서소중(古文尙書疏證)〉. 그렇게 보면, 중고문(中古文)의 주고편은 구양대소하후씨본보다 25자가 많고, 또 중고문의 소고편은 구양대소하후씨본보다 44자가 많은 것으로 계산된다.]

　『서경(書經)』은 고대의 왕자(王者)가 백성에게 고하여 알리는 말을 우사(右史)라고 하는 관직에 있는 사람에게 기록하게 한 문장이다. 백성에게 고하여 알리는 말은 완비(完備)되고 정돈되지 않으면, 그것을 듣는 사람이 분명하게 깨달아 틀림없이 시행할 수가 없다. 이와 같은 까닭에 고문상서의 읽는 방법은 현대[한대(漢代)]의 정확한 말에 하나하나 맞추어져 있다. 그러므로 고문[주대(周代)의 문자]과 현대[漢代]의 언어문자와 비교하여 해석한다면 그것을 잘 알아듣게 되는 것이다.

3. 시(詩)

(1) 시경(詩經) 28권, 노제한 3가(魯齊韓三家)

28권이라고 하는 것은 국풍(國風) 160편을 15권으로 하고, 소아(小雅) 74편을 7권으로 하고, 대아(大雅) 31편을 3권으로 하고, 상송(商頌), 주송(周頌), 노송(魯頌) 40편을 3권으로 한 것이다. 도합 305편에 28권이 된다. 서(序)는 각 편 처음에 붙여 따로 한 권으로 치지 않는다.

제・노・한(齊魯韓) 3가(三家)의 『시경(詩經)』은 금문경(今文經)이요, 뒤에 보이는 『모시(毛詩)』는 고문경(古文經)인데, 이 제・노・한 3가의 전본(傳本)은 없어져 전하지 않는다. 제시(齊詩)와 노시(魯詩)는 그 『시경』이 행해진 지방으로써 그 이름을 붙인 것이고, 한시(韓詩)는 그 『시경』을 전한 사람의 성(姓)으로 이름 붙여진 것이다.

①노시(魯詩)의 학문은 그 연원을 거슬러 올라가면 순자(荀子)에게서 나오지만, 한대(漢代)에 이르러서는 노(魯)나라 사람 신배[申培 : 신공(申公)이라 일컫는다]가 이것을 전하였다. 『한서유림전(漢書儒林傳)』에 "한(漢)이 일어나서 시(詩)를 말하는 사람은 노(魯)에 있어서 신배공(申培公), 제(齊)에 있어서 원고생(轅固生), 연(燕)에 있어서 한태부(韓太傅)다."라고 하였다. 『한서』 초원왕전(漢書楚元王傳)에는 "문제(文帝) 때 신공(申公)의 시(詩)를 다스리는 것이 가장 정치(精致)하다는 말을 듣고, 그것으로 박사(博士)를 삼았다. 신공은 비로소 시전(詩傳)을 만들었으니, 노시(魯詩)라 이름하였다."라고 하였다. 3가(三家)의 시 중 노시가 가장 먼저 나왔고, 그 전파도 가장 넓었다.

②제시(齊詩)의 학문은 제(齊)나라 사람인 원고생(轅固生)에게서 비롯된다. 원고생은 『시경』의 연구가였으므로 경제(景帝) 때 박

사가 되었다. 원고생이 공손홍(公孫弘)에게 "정학(正學)을 힘써 말하여라. 곡학(曲學)으로 세상에 아첨하지 말라."[한서유림전]라고 훈계한 말은 유명하다. 일설에는 후창(后蒼)이 지었다고도 한다.

③ 한시(韓詩)의 학문은 연(燕)나라 사람 한영(韓嬰)에게서 비롯된다. 한영은 문제(文帝) 때 박사가 되었다. 한영은 『시경(詩經)』외에 『역경(易經)』에도 통달하여 역전(易傳)의 저서가 있다.[앞에서 말하였다.]

3가(三家)의 시(詩)는 어느 것이나 학관(學官)에 서서, 한대(漢代)에는 『시경』을 다스리는 학자가 퍽 많았다. 위진(魏晉)시대에 『모시(毛詩)』의 학문이 왕성해짐에 이르러 3가의 학문은 전후하여 없어졌다.

(2) 노고(魯故) 25권

『노고(魯故)』라는 것은 노시(魯詩)의 훈고(訓詁)라는 뜻이다. 고(故)와 전(傳)의 차이는, 고(故)는 주로 자훈(字訓)을 밝히고, 전(傳)은 그 대의(大義)를 설명한다. 노고(魯故)는 신배(申培)가 지은 것인데 없어져 전하지 않는다. 『한서』 초원왕전(楚元王傳)에 "신공(申公) 홀로 시경으로써 훈고(訓詁)를 만들어 그것으로써 가르치다. 전(傳)은 없다. 의심스러운 것은 없어져 전하지 않는다."라고 했는데, 훈고(訓詁)는 이 노고(魯故)를 말하는 듯하다. '전(傳)은 없다'고 한 것의 전(傳)은 대의를 설명하는 바의 전(傳)이다.

(3) 노설(魯說) 28권

『노설(魯說)』은 노시(魯詩)의 해설이라는 뜻이다. 『노설』의 작자는 분명하지 않다. 『한서유림전』에 "노시에 위(韋), 장(張), 당(唐), 저(褚)의 학(學)이 있다."라고 하였다. 위현(韋賢), 위현성(韋玄成), 장장안(張長安), 당장빈(唐長賓), 저소손(褚少孫) 등 신배공(申培公) 시경학(詩經學) 유파 학자들의 작품일까. 없어져 전하지 않는다.

(4) 제후씨고(齊后氏故) 20권

후창(后蒼)의 제시(齊詩)의 훈고(訓詁)이다. 후창은 원고생(轅固生)의 제자의 제자다. [원고생 — 하후시창(夏侯始昌) — 후창] 『한서유림전』에 "후창의 자는 근군(近君)으로 동해의 담(郯) 사람이다. 하후시창을 섬기고 시(詩)와 예(禮)에 통달하여 박사(博士)가 되어 소부(少府)에 이르다."라고 하였다. 이 책도 없어져 전하지 않는다.

(5) 제손씨고(齊孫氏故) 27권

손씨(孫氏)의 제시(齊詩)의 훈고(訓詁)다. 손씨의 이름은 밝혀지지 않는다. 없어져 전하지 않는다.

(6) 제후씨전(齊后氏傳) 39권

『상서대전(尙書大典)』에서 예를 든 것에 의하면 후창(后蒼)의 제자가 후창의 시학(詩學)을 전수받아 전(傳:해석)을 지은 것이라 생각된다. 없어져 전하지 않는다.

(7) 제손씨전(齊孫氏傳) 28권

이것도 손씨(孫氏)의 제자가 손씨의 제시학(齊詩學) 전(傳:해석)을 지은 것이라 생각된다. 없어져 전하지 않는다.

(8) 제잡기(齊雜記) 18권

많은 학자의 제시(齊詩)에 관한 기록을 모아 하나로 엮은 것인데, 작자는 밝혀지지 않는다. 없어져 전하지 않는다.

(9) 한고(韓故) 36권

한시(韓詩)에 있어서의 한영(韓嬰)의 훈고(訓詁)다. 없어져 전하지 않는다.

(10) 한내전(韓內傳) 4권

『시경[詩經 : 한시(韓詩)]』을 해석한 책으로 한영(韓嬰)이 지었다. 『한서유림전』에 "영(嬰)이 시인(詩人)의 뜻을 미루어 내외전(內外傳) 수만 언(言)을 지었다. 그 말이 매우 제(齊)나 노(魯) 사이와 다르다. 그렇지만 돌아가는 곳은 하나다."라고 하였다. 없어져 전하지 않는다.

(11) 한외전(韓外傳) 6권

한영(韓嬰)이 지었다. 지금 전하는 『한시외전(韓詩外傳)』 10권으로 된 책은 그 잔궐본(殘闕本)인데, 6권이 현행본에서는 10권으로 된 것은 후인이 권(卷)을 나누는 방법이 『한서(漢書)』의 6권과 다르기 때문이다. 『한시외전』은 옛일과 옛말을 인용하여 『시경』의 사(詞)로 그것을 증명하고 있다. 따라서 『시경』의 해석은 아니다. 그래서 외전(外傳)이라 한다. 왕세정(王世貞)은 "외전은 시(詩)를 인용하여 사실을 증명한다. 사실을 인용하여 그것으로 시를 밝히는데 있지 않다."라고 말하였다. 그 설하는 바가 주(周)나라와 진(秦)나라시대의 사상가들과 유사하다. 그 중 『순자(荀子)』의 비십이자편(非十二子篇)을 인용하여 자사(子思)와 맹자(孟子)의 두 조항을 깎아서 다만 십자(十子)를 싣고 있다. 그의 거취는 짐작되는 바가 있다.

(12) 한설(韓說) 41권

한시(韓詩)를 해설한 책이다. 『한서유림전』에 "한시(韓詩)에 왕식(王食), 장손(長孫)의 학(學)이 있다."라 한 것으로 보아, 왕식, 장손 등 한영의 후학들이 한시의 해설을 모은 것이라 생각된다. 없어져 전하지 않는다.

(13) 모시(毛詩) 29권

이것은 오늘날 전해지는 것으로 고문경(古文經)이다. 『모시(毛

詩)』의 경문(經文)은 제시(齊詩), 노시(魯詩), 한시(韓詩)의 경문과 마찬가지로 28권이었을 것이나 서(序)를 따로 한 권으로 하여 29권이 된다. 『모시』의 전수(傳授)는 모공(毛公)으로부터 시작되는데 이 모공이 대모공[大毛公 : 모형(毛亨)]인가 소모공[小毛公 : 모장(毛萇)]인가 하는 의론이 남아 있지만, 대모공설(大毛公說)을 취한다.

(14) 모시고훈전(毛詩故訓傳) 30권

『모시(毛詩)』의 해석서로 오늘날 전해지는 것인데 약칭(略稱)하여 『모전(毛傳)』이라고 한다. 30권이라고 하는 것은 모공(毛公)이 전(傳)을 만들 때 제(齊), 노(魯), 한(韓) 3가(三家)의 시(詩)에서 1권이었던 주송(周頌)을 3권으로 나누고, 또 경문(經文)에서는 따로 1권으로 되어 있던 서(序)를 분산시켜 각 편(篇)의 첫머리에다 놓았기 때문이다. 고(故)와 훈(訓)과 전(傳)은 어느 것이나 해석을 뜻하지만 굳이 이것을 구별한다면, 고(故)는 고(古)로 옛날의 언어를 지금의 언어에 맞춰 해석한다. 예를 들면 '요조(窈窕)는 유간야(幽間也)다.', '숙(淑)은 선(善)이다', '구(逑)는 필(匹)이다' 하는 등이고, 훈(訓)의 예로는 '관관(關關)은 화성(和聲)이다' 하는 등이며, 전(傳)의 예로는 '부부가 유별하면 부자가 친하고, 부자가 친하면 군신이 공경하고, 군신이 공경하면 조정이 바르고, 조정이 바르면 왕화가 이루어진다(夫婦有別 則父子親 父子親 則君臣敬 君臣敬 則朝廷正 朝廷正 則王化成)'와 같은 것이다. 『모시고훈전(毛詩故訓傳)』이라고 하는 모시의 해석서에는 고(故), 훈(訓), 전(傳)이라고 하는 세 가지의 해석법이 포함되어 있으므로 『모시고훈전』이라고 이름을 붙인 것이다.

이 책의 작자에 대하여, 『수서경적지(隋書經籍志)』에서는 "한(漢)의 하간태수(河間太守) 모장(毛萇)의 전"이라고 하여 모장[毛萇 : 소모공(小毛公)]이라고 하였으나, 이것은 잘못이다. 정현(鄭玄)이 "노(魯)나라 사람 대모공(大毛公)은 고훈(故訓)을 만들어 그 집안에 전하였다. 하간(河間)의 헌왕(獻王)이 그것을 얻어 헌상하였다. 소모공(小毛公)으로 박사(博士)를 삼았다"라고 하였고, 육기(陸機)도 "순경(荀卿)이 노(魯)나라의 모형(毛亨)에게 가르쳤고, 모형은 고훈전(故訓傳)을 지어 그것으로 조(趙)나라의 모장(毛萇)에게 가르쳤다. 그 때 사람들은 형(亨)을 일러 대모공(大毛公)이라 하였고, 장(萇)을 소모공(小毛公)이라 하였다"라고 『모시초목충어소(毛詩草木虫魚疏)』에서 말하고 있다. 『한서(漢書)』에는 다만 모공(毛公)이라 하여 모공의 이름을 밝히지 않았고, 또 대모공과 소모공의 구별도 없었다. 정현(鄭玄)에 이르러서야 대모공과 소모공의 구별이 있고, 『모시고훈전(毛詩故訓傳)』을 대모공의 작이라고 하였다. 그리고 육기(陸機)에 이르러 대모공의 이름은 형(亨)이요, 소모공의 이름은 장(萇)이라고 설하였다.

한(漢)의 초기에는 경(經)과 전(傳)은 별도로 행해져 경서(經書)에 직접 전(傳)이나 주(注)를 베푸는 것을 꺼렸던 것이어서, 이 책도 본래는 『모시(毛詩)』의 경문과는 별도로 행해졌던 것이다. 경문과 전주(傳注)를 합하여 엮게 된 것은 후한(後漢)시대부터이다. 『모시』는 전한(前漢)시대에는 아직 학관(學官)에 세워지지 않았으나, 후한시대에 이르러 왕성하게 행해지게 된 것이다. 당시에 『모시』를 연구한 학자로는 정중(鄭衆), 가규(賈逵), 마융(馬融), 정현(鄭玄) 등이 있다. 정현은 또 『모전(毛傳)』을 위해 전(箋)을 지었으니, 정전(鄭箋)이라고 하는 것이 그것이다.

■ 시(詩) 6가 모두 416권

이는 실제의 수와는 맞지 않는다. 전사(傳寫)의 잘못일 것이다.

■ 시(詩)의 개략

서(書)에 이르기를 "시(詩)는 뜻을 말하고, 노래는 말을 길게 한다."라고 하였다. 그러므로 애락(哀樂)이 마음에 느껴져 가영(歌詠)의 소리로 발(發)한다. 말을 소리내 읊조리는 것을 시(詩)라 하고, 그 소리를 길게 하는 것을 노래라 이른다.

그러므로 옛날에는 시(詩)를 채집하는 관리가 있어, 왕자(王者)가 풍속을 보고, 득실을 알아, 그것에 의해 고찰하여 바로잡은 까닭이다.

공자는 오로지 주시(周詩)를 취해 위로는 은(殷)의 시를 모으고, 아래로는 노(魯)의 시를 취했는데, 무릇 305편이다.

진(秦)을 만나고도 온전할 수 있었던 것은 그것을 풍송(諷誦)하여 홀로 죽백(竹帛)에 의하지 않았기 때문이다.

한(漢)이 일어나니 노(魯)의 신공(申公)이 시(詩)의 훈고(訓故)를 만들었다. 그리고 제(齊)의 원고(轅固)와 연(燕)의 한생(韓生)이 다 이것의 전(傳)을 만들었는데, 혹은 춘추(春秋)에서 취하고, 잡설(雜說)에서 취하여 모두 본 뜻이 아니다. 더불어 진실을 얻지 못할 뿐, 노(魯)의 것이 가장 그것에 가깝다고 하겠다. 삼가(三家)가 다 학관에 참여하였다.

또 모공(毛公)의 학(學)이 있었으니, 스스로 자하(子夏)에게서 전수받은 바라고 한다. 하간(河間)의 헌왕(獻王)이 그것을 좋아했으나 아직 학관(學官)에 세워지지 못하였다.

  書曰[1] 詩言志 歌詠[2]言 故哀樂之心感 而歌詠之聲發 誦其言謂之詩 詠其聲謂之歌
  故古有采詩之官[3] 王者所以觀風俗 知得失 自考正[4]也
  孔子純[5]取周詩 上采殷 下取魯 凡三百五篇
  遭秦[6]而全者 以其諷誦 不獨在竹帛[7]故也
  漢興 魯申公爲詩訓故 而齊轅固 燕韓生皆爲之傳 或取春秋 采雜說 咸非其本義 與不得已[8] 魯最爲近之 三家皆列於學官
  又有毛公之學 自謂子夏所傳 而河間獻王[9]好之 未得立[10]

1) 書曰(서왈): 『서경(書經)』의 우서(虞書) 순전(舜典)에 있는 글.
2) 詠(영): 길게 하다. 영(永)과 같다.
3) 采詩之官(채시지관): 시(詩)를 모으는 관리. 남자 60세, 여자 50세로 자식이 없는 사람에게 조정에서 의식(衣食)을 제공하며 민간에서 불

려지는 시를 모아들이게 했다. 이들이 지방에서 채집한 시들을 태사(太師)가 모아 거기에 음율(音律)을 정해 천자에게 헌상한다. 그러면 천자는 그 시에 나타난 민정(民情)을 바탕으로 정치를 행한다.
4) 考正(고정) : 정치의 득실(得失)을 고찰하여 바로잡다.
5) 純(순) : 오로지. 전(專)과 같다.
6) 遭秦(조진) : 진(秦)나라를 만나다. 곧 진시황(秦始皇)의 분서(焚書)의 액운(厄運)을 만난다는 뜻.
7) 竹帛(죽백) : 서적. 죽간(竹簡). 옛날에는 대나무쪽이나 비단에 글을 썼다.
8) 與不得已(여부득이) : 더불어 얻지 못함. 곧 진실을 얻지 못했다는 것.
9) 河間獻王(하간헌왕) : 경제(景帝)의 아들로 이름은 덕(德). 하간(河間)의 왕이 되었는데 학문을 닦고 옛것을 좋아하여 민간으로부터 좋은 책을 구하면 반드시 즐겨 그것을 베껴서 사본을 주고 자기는 진본(眞本)을 가지면서 책 주인에게는 금품(金品)을 주었다. 이러므로 사방에서 천리를 멀다 않고 찾아와 조상들의 구서(舊書)를 왕에게 헌상하였다고 한다. 구한 책은 모두 선진(先秦)의 옛 책이었다. 『한서(漢書)』에 전(傳)이 있다.
10) 未得立(미득립) : 학관(學官)으로 세워지지 못하였다는 뜻. 곧 대학의 교과목으로 채택되지 않았다는 뜻.

■시(詩)의 개략 해설
『서경(書經)』의 순전(舜典)에는 "시(詩)는 마음속에 있는 뜻을 말로 나타내는 것이며, 노래는 그 말에 가락을 붙여 길게 읊은 것이다."라고 하였다. 그러므로 슬프거나 즐거운 마음이 사물에 의해 느껴질 때에는 밖으로 나타나 그 소리에 가락이 붙고 길게 읊어져 노래가 된다. 시나 노래는 본래 같은 것이나 그 감동을 언어로 표현하는 것이 시이고, 그것을 가락으로 나타내 곡절(曲折)과 고저(高低)를 길게 읊는 것이 노래다.
그러므로 옛날에는 지방으로 돌면서 시(詩)를 채집하

는 관리가 있었다. 왕자(王者)는 그들이 채집해 온 시들에 의해 그 지방의 풍속을 보고, 그 풍속의 득실(得失)과 장단점을 알아 정치하는 방법을 고찰하여 바로잡았던 것이다.

공자는 오로지 주시[周詩 : 국풍(國風), 대아(大雅), 소아(小雅), 주송(周頌)]를 취했으나, 위로는 은(殷)나라의 시[상송(商頌)]를 취하고, 아래로는 노(魯)나라의 시[노송(魯頌)]도 취하였는데, 모두 305편이었다. 이것은 공자산시설(孔子刪詩說)로 공자산시설은 사마천(司馬遷)의 『사기(史記)』와 『공자가어(孔子家語)』에 "옛날의 시본(詩本)과 3천여 편을 공자가 그 거듭되는 것을 버리고, 예의를 베풀 만한 것 305편을 취하였다."라고 한 것에서 비롯된다. 대개 공자산시설은 『시경』을 공자가 산정(刪定)하였다고 하는 것에 의해 『시경』을 권위 있게 하고자 한 것이다. 그러나 공자산시설은 믿어지지 않는다. 『시경』이 시는 311편인데, 6편은 현재의 경음악과 같은 것으로 제목만 있고 가사가 없으므로 305편이 된 것이다. 공영달(孔穎達)의 『시보서(詩譜序)』 정의(正義)에 "사기(史記)의 말과 같다면 공자 이전에도 시편(詩篇)이 많이 있다. 생각건대 서전(書傳)에 인용된 시는 현재하는 것이 많고 없어진 것이 적다. 곧 공자가 기록한 것의 10분의 9가 없어질 수 없다. 사마천이 고시(古詩) 3천여 편이라고 한 것은 아직 믿을 수 없다."라고 하였다.

진(秦)나라 시황제(始皇帝)가 저지른 분서(焚書)의 액운(厄運)을 만나고도 『시경(詩經)』이 없어지지 않은 것은 『시경』의 시를 학자들이 모두 어려서부터 암송(暗誦)하고 있었으므로, 반드시 책에 의해서만 전해지는 것이 아니었기 때문이다.

한대(漢代)에 이르러, 노(魯)의 신배공(申培公)이 『시경』 경문(經文)의 훈고(訓詁)를 지었다. 그리고 제(齊)의 원고생(轅固生)과 연(燕)의 한영(韓嬰)도 각각 『시경』의 전(傳)을 저술하였다. 그러나 제시(齊詩)의 전(傳)은 혹은 『공양춘추(公羊春秋)』에서 취하고, 혹은 『공양잡기(公羊雜記)』에서 취하여 통일성이 없고, 『한시내외전(韓詩內外傳)』은 제시나 노시의 해석과는 매우 다른 바가 있어, 함께 시의 본뜻이 없이 모두 진실을 얻지 못하고 있다. 훈고(訓詁)의 학(學)은 노시의 훈고만이 진실에 가까우며 우수하다. 제, 노, 한 3가(三家)의 시는 모두 대학의 강좌에서 강의되었다. [이상은 시경금문학(詩經今文學)에 대해 말한 것이다.]

이 밖에 또 모장(毛萇)의 시경고문학(詩經古文學)이 있다. 모장은 자기의 시경학(詩經學)은 자하(子夏)에게서 전수받은 것이라고 말하였다. 하간(河間)의 헌왕(獻王)은 이 모장의 시경고문학을 좋아하였으나 아직 그 때에는 대학의 강좌를 열기에는 이르지 못하였다. 『모시(毛詩)』가 대학 강좌에서 강의를 하게 된 것은 평제(平帝) 때의 일이다. [이상은 시경고문학에 대하여 말한 것이다.]

4. 예(禮)

(1) 예고경(禮古經) 56권

이것은 예(禮)의 고문경(古文經)이다. 그 가운데 17편은 금문(今文)과 같으므로 56권 중 17권(1편은 1권이다)만이 오늘날까지 남아서 전하고 나머지 39권(39편)은 없어졌다. [일례(逸禮) 39편] 예고경(禮古經) 56권은 주대(周代)의 문자로 쓰여진 것으로 노(魯)의 엄중(淹中)에서 발견되어 하간(河間)의 헌왕(獻王)이 그것을 헌상하였다.[수서경적지(隋書經籍志)]

경제(景帝) 때 공자의 옛집 벽속에서 일례(逸禮) 39편(39권)을 발견하였다고도 하고[한서유흠전(漢書劉歆傳)] 또 선제(宣帝) 때에 하내(河內)의 여자가 오래된 집을 허물어 일례(佚禮) 1편을 얻었다고도 한다.[논형(論衡) 정설편(正說篇)]

본래 56편(56권)이었으나 그 중 17편은 고당생(高堂生)이 전한 금문경(今文經)과 대체로 같고, 나머지 39편 중에는 천자(天子)와 제후(諸侯)의 예(禮)가 기록되어 있으나, 스승의 설명이 없이 다만 조정의 서고(書庫)에 간직되어 세상에 전해지지 않았다. 왕망(王莽) 때 유흠(劉歆)이 이것을 학관(學官)에 세워 박사(博士)를 두려고 하였으나 다른 박사들이 그것을 반대하여 실현되지 못했다. 후한(後漢)시대에도 이것을 연구하는 학자가 없어 이것을 일례(逸禮)라고 하며, 책은 당대(唐代)까지도 있었으나 마침내 없어지고 오늘날에는 전하지 않는다.

(2) 경(經) 70편[후씨(后氏), 대씨(戴氏)]

70편으로 되어 있으나 17편의 잘못이다.

이것은 오늘날 전하는 의례(儀禮) 17편으로, 한대(漢代)에 통용되던 예서(隷書)로 쓰인 금문경(今文經)이다. 노(魯)의 고당생(高堂生)이 이것을 전했는데, 반고(班固)의 주석에 후씨(后氏), 대씨(戴氏)라고 한 것은 후창(后倉)과 대덕(戴德), 대성(戴聖)을 말하는 것으로, 17편의 금문경은 당시 후씨와 대씨의 2책이 있었던 것을 말하는 것이다. 의례(儀禮)를 한대(漢代)에는 단순히 예(禮)라 하였고, 또는 예경(禮經), 예기(禮記)라고 하였다. 17편을 의례(儀禮)라고 이름 붙인 것은 진대(晉代)로, 진서(晉書)의 『순숭전(荀崧傳)』에 보인다.

예금문경(禮今文經)

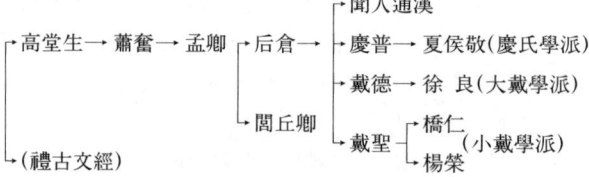

제 2 편 육예략(六藝略)　69

　고당생(高堂生)은 전한(前漢) 초기의 노(魯)나라 사람이다. 그의 선조는 제(齊)나라 공족(公族)으로 제나라 고경중(高敬中)의 채읍(采邑)이 고당(高堂)에 있었으므로 고당을 성(姓)으로 삼았다. 고당생은 그의 후손이다.
　대성(戴聖)은 대덕(戴德)의 종형(從兄)의 아들인데, 대덕을 대대(大戴)라 부르고, 대성을 소대(小戴)라 부른다.

　(3) 기(記) 131편 : 70제자 등 후학(後學)들이 기술(記述)한 것.
　고문(古文)이다. 한대(漢代) 초기에 하간(河間)의 헌왕(獻王)이 공자의 70제자들이나 후학자(後學者)들의 예(禮)에 관한 총서(叢書) 131편을 구하여 그것을 헌상하였다. 당시에는 그것을 전하는 사람이 없었으나, 유향(劉向)이 경적(經籍)을 고증하고 교수하여 131편의 기록을 살펴 구하여, 그것을 순서에 따라 서(敍)를 썼다.[수서경적지(隋書經籍志)]
　지금 전하는 『예기(禮記)』 49편과 『대대례(大戴禮)』 85편[지금은 39편이 전한다]은 『한서예문지(漢書藝文志)』에 저록(著錄)되어 있지 않으니, 『예기』와 『대대례』의 내용은 대체로 이 기(記) 131편 중에 포함되어 있기 때문이다.
　정현(鄭玄)은 "대덕(戴德)이 기(記) 85편을 전하는데 곧 『대대례(大戴禮)』가 그것이다. 대성(戴聖)이 기(記) 49편을 전하는데 곧 『예기(禮記)』가 그것이다.[공소소인육예론(孔疏所引六藝論)]"라고 하여, 비로소 『대대례』와 『예기』 편의 수를 들었다.
　『수서경적지』에는 『예기』가 『대대례』의 85편을 줄여서 49편으로 만든 것처럼 말하고 있다. 청조(清朝)의 학자들의 설(說)에 의하면, 『예기』는 『대대례』를 줄여서 49편으로 만든 것이 아니고 『예기』나 『대대례』나 다 예전의 예(禮)의 총서(叢書)인 기(記) 131편에 바탕을 두고, 다시 그밖의 단행(單行)의 책들로부터 예(禮)에 관한 부분들을 떼어다가 각각 1부(部)의 총서로 만든 것으로, 그 사이에는 같은 것과 다른 것이 있고, 중복되는 것이 있어 어느 것이 먼저 이루어진 것인지 알 수 없다.

(4) 명당음양(明堂陰陽) 33편 : 고명당(古明堂)의 유사(遺事)

『예기(禮記)』의 월령편(月令篇)이다. 명당위편(明堂位篇) 및 『대대례(大戴禮)』의 성덕편(盛德篇)은 본래 명당음양(明堂陰陽) 33편 중의 것으로 겨우 오늘날에 전하는 것이다. 명당음양 33편은 앞에서 말한 기(記) 131편과 중복되는 것이 있었을 것이다.

명당음양 33편은 고대의 명당(明堂)에 관한 것을 기록한 것이다. 명당은 고대의 천자가 정교(政敎)를 행하던 당(堂)으로 상제(上帝)에게 제사지내고 선조에게 제사지내며, 제후들을 입조(入朝)하게 하고, 노인을 봉양하고, 현자(賢者)를 높이는 등 국가의 대전례(大典禮)는 모두 이 당(堂)에서 행해졌다. 『대대례』의 성덕편에는 명당의 구조가 서술되어 있다.

(5) 왕사씨(王史氏) 21편

70제자의 후학자(後學者). 안사고(顏師古)는 말하기를 "유향별록에 6국(六國)시대 사람이라고 했다."하였다.

『수서경적지(隋書經籍志)』에는 왕사씨(王史氏)를 왕씨(王氏)와 사씨(史氏)의 두 사람이라고 하였으나 그것은 잘못이다. 이 책은 왕사씨에 의한 예(禮)의 총서(叢書)나 없어져 전하지 않는다.

(6) 곡대후창(曲臺后倉) 9편

여순(如淳)은 "곡대에서 활쏘기 대회를 하는 것을 후창이 기록한 것으로 곡대라 한다."하였다. 한관(漢官)은 "곡대란 활쏘기 대회다."라고 말했다. 진작(晉灼)은 "곡대란 임금의 활쏘는 궁이다. 서경(西京)에서는 태학(太學)이 없어 곡대에서 행사를 했다."하였다. 송기(宋祁)는 "경본(景本) 곡대 아래에 지(至)자가 있어야 한다."고 했다.

곡대(曲臺)는 천자의 사궁(射宮)이다. 한대(漢代)에는 곡대에서 대사(大射)의 예(禮)가 행해졌다. 후창(后倉)은 예를 대덕(戴德)과 대성(戴聖)에게 전수하였으며 『제시고(齊詩故)』를 저술하였다. 이 책은 지금 없어져 전하지 않는다.

『한서유림전』에 "창(倉)은 예(禮) 수만언(數萬言)을 설하였는데, 이름하여 후씨곡대기(后氏曲臺記)라고 한다."하였고, 『칠략(七略)』에 "선제(宣帝) 때 사례(射禮)를 행하다. 박사(博士)인 후창(后倉)이 그에 대한 사(辭)를 지었는데, 지금에 이르러 그것을 기록하여 곡대(曲臺)의 기(記)라고 한다."라 하였다. 왕응린(王應麟)은 "대대례(大戴禮)의 공부편(公符篇)에 효소(孝昭)의 관사(冠辭)가 실려 있는데, 대개 선제(宣帝) 때의 곡대기(曲臺記)일 것이다."라고 되어 있다. [한서예문지고증(漢書藝文志考證)]

왕염손(王念孫)은 『곡대후창기(曲臺后倉記)』라고 되어야 할 것인데 기(記)자가 탈락된 것이라고 하나, 단순히 곡대후창(曲臺后倉)뿐 아니라, 명당음양(明堂陰陽), 왕사씨(王史氏), 곡대후창의 세 책은 어느 것이나 기(記)자가 있어야 할 것이지만, 그 앞의 기(記) 131편에 이어지는 세 책이라는 데서 기(記)자를 생략한 것으로 본다.

(7) 중용설(中庸說) 2편

안사고(安師古)는 "지금의 예기중 중용 1편은 이것이 아니다.『예경(禮經)』이 여기에서 근본한 것이다."하였다.

현존하는 『예기(禮記)』 중의 중용편(中庸篇)을 바탕으로 하여 그것을 부연하여 해설한 것인데 작자는 확실하지 않다. 일찍이 없어져 전하지 않는다. 『백호통(白虎通)』에는 이것을 『예중용기(禮中庸記)』라고 하였다.

(8) 명당음양설(明堂陰陽說) 5편

전기한 명당음양(明堂陰陽)을 해설한 책인데, 작자는 확실하지 않고 없어져 전하지 않는다.

(9) 주관경(周官經) 6편

왕망(王莽) 때 유흠(劉歆)이 박사(博士)를 두었다.

지금의 『주례(周禮)』는 옛날에 『주관(周官)』이라고도 하고[처음으로 사기봉선서(史記封禪書)에 보인다] 『예경(禮經)』이라고도 하

며[순열한기(荀悅漢記)],『주관경(周官經)』이라고도 하였다.[한서예문지]

『경전석문서록(經典釋文序錄)』에는 "왕망(王莽) 때 유흠(劉歆)이 국사(國師)가 되어 비로소 주관경(周官經)을 건립하여 주례(周禮)라고 하였다." 하였으니,『주례』라는 명칭은 유흠에서 시작되는 것일까. 그러나 『후한서(後漢書)』나 『수서경적지(隋書經籍志)』에는 또 『주관(周官)』이라고도 말하고 있으니 당대(唐代)에 이르러 『주례(周禮)』라고 하는 명칭으로 일정해진 것 같다.

하간(河間)의 헌왕(獻王)이 비로소 『주관경(周官經)』을 얻어 상주(上奏)한 비부(祕府)에 들어 있다. 성제(成帝) 때 유향 부자가 비부의 서적을 교수하여 비로소 『별록(別錄)』과 『칠략(七略)』에 실었다. 유흠은 왕망 때 아뢰어 주례박사(周禮博士)를 두었다. 『한서』 하간헌왕전에 "헌왕이 얻은 바의 책은 모두 고문(古文)과 선진(先秦)시대의 구서(舊書)로 주관(周官), 상서(尙書), 예(禮), 예기(禮記), 맹자(孟子), 노자(老子)가 이에 속한다."라고 하였고,『수서경적지』에는 "한대(漢代)에 이씨(李氏)가 있었다. 주관(周官)을 얻어 하간 헌왕에게 올렸는데 다만 동관(冬官) 한 편이 빠졌다. 헌왕이 그것을 구하는데 천금(千金)을 주고도 얻지 못했다. 마침내 고공기(考工記)를 취하여 그 자리를 보충하여 합쳐서 6편을 이루어 그것을 아뢰었다."라고 하였다.

(10) 주관전(周官傳) 4편

『주관경[周官經 : 주례(周禮)]』의 해설이다. 한대(漢代)에 『주관경』을 전한 학자들이 지었을 것이다. 대개 『상서대전(尙書大傳)』과 같은 종류의 것이다. 없어져 전하지 않는다.

(11) 군례사마법(軍禮司馬法) 155편

유흠(劉歆)의 『칠략(七略)』에는 병권모가(兵權謀家)에 들어 있던 것을 반고(班固)가 이 예류(禮類)에 전입시킨 것이다. 사마법(司馬法)은 『주관경(周官經)』과 그 내용이 유사하다. 군사(軍事)는

제 2 편 육예략(六藝略) 73

오례(五禮)의 하나이기 때문이다. 본래 155편이었으나 지금은 그 중의 한 권만이 남아 전한다. 『수서경적지』에 "하간의 헌왕은 또 사마양저(司馬穰苴)의 병법(兵法) 155편과 명당음양(明堂陰陽)의 기(記)를 얻었다. 아울러서 감히 이것을 전하는 자가 없었다."라고 하고 자부병가(子部兵家)에 사마병법(司馬兵法) 3권, 제장사마양저 찬(齊將司馬穰苴撰)을 저록(著錄)하고 있다. 그러나 사마법(司馬法)은 양저(穰苴)의 자찬(自撰)은 아니다.

(12) 고봉선군사(古封禪群祀) 22권

지금은 없어져 전하지 않지만, 이 책의 내용은 옛날의 제사의 예전(禮典)을 기록한 것으로 생각된다. 그러므로 군사(群祀)라고 한다. 제사의 예전에는 봉선(封禪)의 예(禮)가 가장 중요한 것이었으므로 봉선이라는 말을 맨 앞에 썼을 것이다. 그리고 『사기(史記)』의 봉선서(封禪書)는 이 『고봉선군사(古封禪群祀)』에서 취한 부분도 있을 것이다. 봉(封)이라는 것은 사방의 흙을 모아서 쌓아 단(壇)을 만들고 하늘에 제사드리는 일이요, 선(禪)은 산천(山川)에 제사지내는 일이다.

(13) 봉선의대(封禪議對) 19편 : 무제(武帝) 때의 일이다.

『한서아관전(漢書兒寬傳)』에 "무제(武帝) 때 봉선(封禪)의 일을 논의하다. 모든 유자(儒者)에 대한 것 50여 인"이라고 하였다. 그것들을 정리한 것이리라. 지금은 없어져 전하지 않는다.

(14) 한봉선군사(漢封禪群祀) 36편

한대(漢代)의 봉선군사(封禪群祀)를 기록한 것이다. 『한서』의 교사지(郊祀志)는 이 책이나 전기한 의대(議對)에 바탕을 두고 이루어진 것이리라. 없어져 전하지 않는다.

(15) 의주(議奏) 38편

석거(石渠) [전대소(錢大昭)는 석거(石渠) 아래에 논(論)자가 빠져 있다

고 한다.]

　선제(宣帝) 때 석거각(石渠閣)에서 예(禮)를 논의하게 하였다. 대성(戴聖), 문인통한(聞人通漢), 위현성(韋玄成), 소망지(蕭望之) 등이 그 일에 참여하였다. 『수서경적지』에 "석거논례(石渠論禮) 4권, 대성찬(戴聖撰)"이라고 저록되었다. 다만 대성(戴聖) 한 사람의 이름만 기록한 것은 잘못이다. 이 책도 없어져 전하지 않는다.

■ 예(禮) 13가(家) 모두 555편

사마법(司馬法) 1가(家) 155편이 들어간다.

　가수(家數)와 편수(篇數)는 그 수가 일치하지 않는다. 반고(班固)의 주(注)는, '군례사마법(軍禮司馬法)'은 『칠략(七略)』에서는 예가(禮家)의 열(列)에 들지 않았는데 반고가 『예문지』를 쓸 때 새로 예가 속에 넣었다는 뜻이다.

■ 예(禮)의 개략

　역(易)에 이르기를 "부부(夫婦)와 부자(父子)와 군신(君臣)과 상하(上下)가 있고, 예의(禮義)는 두는 바가 있다."라고 하였다.
　그리하여 제왕(帝王)의 질(質)과 문(文)은 대대로 손익(損益)이 있다. 주(周)나라에 이르러 빠짐없이 그것이 방비되고, 일마다 그것이 제약이 되었다. 그러므로 이르기를 "예경(禮經)이 3백이요, 위의(威儀)가 3천이다."라고 하였다.
　주(周)나라가 쇠약해짐에 미쳐 제후가 법도를 넘고자 하고 자신에게 해(害)가 되는 것을 미워하여, 모두 그 서적을 없애버렸다. 공자 때로부터 그것이 갖추어지지 않았고, 진(秦)에 이르러 크게 파괴되었다.
　한(漢)나라가 일어나 노(魯)의 고당생(高堂生)이 사례(士禮) 17편을 전하다. 효선(孝宣)의 세상에 이르러 후창(后倉)이 가장 밝혔는데, 대덕(戴德), 대성(戴聖), 경보(慶普)는 모두 그의 제자다. 3가(三家)가 학관(學官)에 서다.

예고경(禮古經)은 노(魯)의 엄중(淹中)과 공씨(孔氏)에게서 나왔는데, 70편의 글은 서로 유사하며, 39편이 많다. 그리고 명당음양(明堂陰陽)과 왕사씨기(王史氏記)에 보이는 것은 천자(天子), 제후(諸侯), 경(卿), 대부(大夫)의 제도(制度)가 많다. 갖출 수 없다 하더라도 오히려 창(倉) 등의 사례(士禮)를 미루어 천자에 이르는 설에 앞서는 것과 같다.

    易曰 有夫婦父子君臣上下 禮義有所錯[1] 而帝王質文[2] 世有損益 至周 曲[3]爲之防 事爲之制 故曰 禮經三百 威儀三千
    及周之衰 諸侯將踰法度 惡其害己 皆滅去其籍[4] 自孔子時而不具 至秦大壞
    漢興 魯高堂生傳士禮十七篇 訖孝宣世 后倉最明 戴德 戴聖 慶普皆其弟子 三家立於學官
    禮古經者 出於魯淹中[5] 及孔氏[6] 學七十篇[7] 文相似 多三十九篇 及明堂陰陽 王史氏記 所見多天子諸侯卿大夫之制 雖不能備 猶瘉[8]倉等推士禮而致於天子之說

1) 錯(조) : 두다. 베풀어 두다. 치(置)와 같다.
2) 質文(질문) : 질(質)은 실질(實質), 문(文)은 수식(修飾).
3) 曲(곡) : 빠짐없이.
4) 籍(적) : 서적(書籍). 곧 예(禮)를 기록한 서적.
5) 淹中(엄중) : 노(魯)나라의 지명(地名).
6) 孔氏(공씨) : 공안국(孔安國).
7) 學七十篇(학칠십편) : 학(學)은 여(與)의 잘못이요, 七十은 十七의 잘못이다.
8) 瘉(유) : 앞서다. 낫다. 유(愈)와 같다.

■ 예(禮)의 개략 해설

역왈(易曰)의 말은 역의 서괘전(序卦傳) 하(下)에 "천지(天地)가 있은 연후에 만물(萬物)이 있고, 만물이 있은 연후에 남녀(男女)가 있고, 남녀가 있은 연후에 부부(夫

婦)가 있고, 부부가 있은 연후에 부자(父子)가 있고, 부자가 있은 연후에 군신(君臣)이 있고, 군신이 있은 연후에 상하(上下)가 있다. 상하가 있은 연후에 예의(禮義)를 두는 바가 있다."라고 되어 있는 것을 생략하여 말한 것이다.

이것은 부부는 인도(人道)의 처음으로 예(禮)가 생기는 바탕을 말한다. 『예기』 내칙(內則)에도 "예(禮)는 부부를 삼가는 데서부터 시작된다."라 하였고, 『동혼의(同昏義)』에도 "남녀의 분별이 있은 뒤에 부자(父子)의 친(親)함이 있고, 부자의 친함이 있은 뒤에 군신(君臣)의 바름이 있다."라고 하였다.

하왕조(夏王朝)시대에는 질박(質朴)하였고, 은왕조(殷王朝), 주왕조(周王朝)시대에는 문식(文飾)이 앞서있다. 실질(實質)과 문식과는 각 제왕(帝王)의 시대에 각각 더하고 덜함이 있었다. 그리하여 주대(周代)에 이르러서는 세밀하게 규범과 예제(禮制)가 정해지게 되었다. 주왕조 시대에는 중요한 예절은 3백가지요, 소소한 예절은 3천가지에 이르렀다.

[예경3백(禮經三百) 위의3천(威儀三千)은 『중용(中庸)』에는 예의3백(禮義三百) 위의3천(威儀三千)이라 되어 있고, 『예기곡례(禮記曲禮)』에는 경례3백(經禮三百) 곡례3천(曲禮三千)으로 되어 있다. 예경(禮經)은 의례(儀禮) 17편에 기록된 관혼길흉(冠婚吉凶)의 예를 말하고, 위의(威儀)는 예기(禮記)의 곡례(曲禮), 소의(少儀), 내칙(內則), 옥조(玉藻), 제자직(弟子職) 등 여러 편에 기록된 예의 세칙(細則)을 가리킨다. 예경이 주례[周禮 : 360관(官)]라고 하는 설이 있으나 취하지 않는다.]

춘추시대 이후에 주(周)나라가 쇠약해짐에 따라 제후들이 행동을 마음대로 하고자 하였다. 예제(禮制)의 법도가 자신에게 해로운 데가 있는 것을 싫어하여 예(禮)를 기록한 서적이 완비되어 있는 것을 없애고 제거하고자 하였다. 공자의 시대로부터 이미 예에 관한 서적이 충분하게 전해지지 못했다. 그러다가 진(秦)의 분서(焚書)에 의해 예는 거의 괴멸되고 말았다. [이상은 한(漢) 이전의 예의 연혁을 서술한 것이다.]

한대(漢代)에 이르러, 노(魯)나라의 고당생(高堂生)이 『사례(士禮)』 17권을 전했다. 선제(宣帝) 때에는 후창(后倉)이 가장 의례(儀禮)에 밝았다. 대덕(戴德), 대성(戴聖), 경보(慶普)는 후창의 제자들이었는데, 이 세 사람은 다 박사(博士)로서 학관(學官)에 서서 예(禮)의 강좌를 열었다. [이상은 의례금문경(儀禮今文經)을 설명한 것이다.]

[『사례(士禮)』 17편은 지금 전하는 의례(儀禮) 17편을 말한다. 『사례(士禮)』에는 관(冠), 혼(昏), 상견(相見), 상(喪), 석(夕), 우(虞), 특성궤식(特牲饋食)의 7편이 있고, 그밖의 것은 모두 천자, 제후, 경(卿), 대부(大夫)의 예(禮)다. 『한서유림전』에 "한(漢)이 일어나니 노(魯)나라의 고당생(高堂生)이 사례(士禮) 17편을 전하니, 노(魯)나라의 서생선(徐生善)이 그것으로 송[頌:예용(禮容)]을 만들었다. 소분(蕭奮)은 예(禮)로써 회양태수(淮陽太守)가 되었고, 맹경(孟卿)은 동해 사람으로, 소분을 섬겨 그것으로 후창과 노나라의 여구경(閭丘卿)에게 전수하였다. 창(倉)은 예를 설하기 수만언(數萬言)인데, 이름하여 후씨곡대기(后氏曲臺記)라고 하였다. 패(沛)의 문인통한자방(聞人通漢子方), 양(梁)의 대덕연군(戴德延君), 대성차군(戴聖次君), 패(沛)의 경보효공(慶普孝公)에게 전수하였다. 효공(孝公)은 『동평태전(東平太傳)』을 만들었다. 대덕(戴德)은 대대(大戴)라고 부르는데 『신도태전(信都太傳)』을 만들었다. 대성(戴聖)은 소대(小戴)라고 부르는데 박사로써 석거(石渠)에서 논(論)하고 구강태수(九江太守)에 이르렀다. 이로부터 예는 대대, 소대, 경씨(慶氏)의 학문이 각각 생겼다.]

의례고문경(儀禮古文經)은 엄중(淹中)이라고 하는 마을에서 나온 것과 공자의 옛 집 벽에서 나와서 공안국

(孔安國)이 헌상한 것 2가지가 있다. 이 의례고문경 중의 17편은 의례금문경(儀禮今文經) 17편의 내용과 거의 같다. 그리고 고문경은 전부 56권으로 금문경의 17편보다 39편이 많았다. [이 39편은 금문경에는 전연 없는 것이다.] 이 금문경에는 없는 39편과 『명당음양기(明堂陰陽記)』와 『왕사씨기(王史氏記)』에 보이는 바의 천자, 제후, 경, 대부의 예제(禮制)는 본래부터 하·은·주(夏殷周) 삼대(三代)의 예가 완비된 것이 아니고, 요약되어 빠진 부분이 많으나, 그래도 오히려 후창 등의 『사례(士禮)』로 미루어 천자와 제후의 예를 설한 것보다는 훨씬 앞서고 있다. [이상은 의례고문경을 설명한 것이다.]

5. 악(樂)

(1) 악기(樂記) 23편

지금의 『예기(禮記)』 속에 『악기(樂記)』 1편이 있는데, 공손니자(公孫尼子)의 찬(撰)으로 본래는 11편이었다고 한다. 이것은 앞에서 기술한 『예고기(禮古記)』 131편 속에 포함되어 있던 것이다. 그 중의 11편이 『예기(禮記)』 속으로 들어간 것은 유향(劉向) 이전이다. 그런데 유향이 별록(別錄)을 만들 때 그 11편과 다른 12편을 합해서 23편으로 한 것이다. 그러나 다른 12편은 『예기』에 들어가지 않았으므로 없어지고 말았다. 지금의 『예기』 속의 『악기(樂記)』 1편은 공손니자의 찬이라고 하는 11편의 요점(要點)을 합쳐서 1편으로 한 것이다.

(2) 왕우기(王禹記) 24편

성제(成帝) 때 알자(謁者)인 왕우(王禹)가 헌상한 악서(樂書)이다. 『한서예악지(漢書禮樂志)』에 "성제(成帝) 때 이르러 알자(謁

者)인 왕우(王禹)가 대대로 하간(河間)의 악(樂)을 받아 그 뜻을 잘 설하였다."라고 하였다.

(3) 아가시(雅歌詩) 4편

『한서예악지(漢書禮樂志)』에 하간 헌왕(河間獻王)이 아악(雅樂)을 헌상하였다고 기록되어 있으며, 이 4편이 그 아악의 가시(歌詩)일지 모른다. 없어져 전하지 않는다. 『유향별록(劉向別錄)』에 "한(漢)이 일어난 이래 아가(雅歌)를 잘하는 사람으로 노(魯)나라 사람 우공(虞公)이 있다. 발성이 맑고 애달퍼 멀리 양(梁)의 티끌을 움직인다. 배움을 이어받은 자가 능히 미치지 못한다."라고 하였다.

(4) 아금조씨(雅琴趙氏) 7편

이름은 정(定)이요, 발해(渤海) 사람이다. 선제(宣帝) 때 승상(丞相) 위상(魏相)이 상주(上奏)한 것이다.

조정(趙定)이라고 하는 사람이 저술한 거문고에 관한 책인 것 같다. 없어져 전하지 않는다. 『유향별록』에 "조씨(趙氏)는 발해 사람 조정(趙定)이다. 선제(宣帝) 때의 원강(元康), 신작(神爵) 사이에 승상(丞相)이 거문고를 잘 타는 사람으로 발해의 조정(趙定)과 양(梁)나라의 용덕(龍德)을 상주하였다. 다 불러들여 온실에서 만나 거문고를 타게 하여 대조하게 하였다. 정(定)의 사람됨은 청정(淸靜)을 숭상하고 말이 적으며, 거문고를 잘 탄다."라고 하였다.

(5) 아금사씨(雅琴師氏) 8편

이름은 중(中)이요, 동해(東海) 사람이다. 전하는 말에 의하면 사광(師曠)의 후예다.

사중(師中)이라는 사람이 저술한 거문고에 관한 책이다. 사씨(師氏)는 거문고의 명수였던 사광(師曠)의 후예로 가학(家學)을 전한 것이라고 하나, 없어져 전하지 않는다.

(6) 아금룡씨(雅琴龍氏) 99편

이름은 덕(德)이요, 양(梁)나라 사람이다. 안사고는 말하기를 "유향별록에서 위상(魏相)이 상주한 것이다. 조정(趙定)과 함께 임금의 부름을 받고 후에 시랑(侍郎)을 제수받았다라고 했다."하였다.

양(梁)나라 사람인 용덕(龍德)이 저술한 거문고에 관한 책인데, 없어져 전하지 않는다.

■ 악(樂) 6가(家) 모두 165편

회남(淮南) 유향(劉向) 등의 금송(琴頌) 7편이 빠진다.

이 가수(家數)와 편의 수는 일치한다. 『칠략(七略)』에는 회남 유향의 금송(琴頌) 7편이 있었으나 여기서 제외시켰다. 『시부략(詩賦略)』 속에 보인다.

■ 악(樂)의 개략

역(易)에 이르기를 "선왕(先王)은 음악을 만들고 덕을 숭상하여 성대하게 그것을 상제(上帝)에게 바치고, 조상에게 바쳤다."라고 하였다. 그러므로 황제(黃帝)로부터 아래로 삼대(三代)에 이르기까지 음악은 각각 이름이 있다. 공자가 말하기를 "상(上)을 편안하게 하고 백성을 다스리는 일은 예(禮)보다 좋은 것이 없고, 풍속을 옮겨 바꾸게 하는 데는 음악보다 좋은 것이 없다."라고 하였다. 두 가지는 서로 더불어 아울러 행해진다.

주(周)나라가 쇠약해짐과 함께 음악은 더욱 미묘해지고, 음률(音律)로써 마디를 지었으며, 또 정(鄭)나라와 위(衛)나라가 어지럽히는 바 되었다. 그래서 유법(遺法)이 없다.

한(漢)나라가 일어나 제씨(制氏)가 아악(雅樂)의 성률(聲律)로 대대로 악관(樂官)이 되었다. 매우 그 갱장(鏗鏘)과 고무(鼓舞)를 잘하여 기강을 세웠는데 그 의(義)를 말할 수는 없었다. 여섯 나라의 군주중 위(魏)의 문후(文侯)가 가장 옛것을 좋아하였다. 효문제(孝文帝) 때 그 악인(樂人) 두공(竇公)을 얻어 그 책을 헌상하였으니, 곧 주관대종백(周官大宗伯)의 대사악(大司樂)의 장(章)이다.

무제(武帝) 때 하간(河間)의 헌왕(獻王)이 선비를 좋아하여 모생(毛生) 등과 함께 주관(周官) 및 여러 악사(樂事)를 말한 사람들을 모아 그것으로 『악기(樂記)』를 만들었다. 팔일(八佾)의 무(舞)를 헌상하였는데, 제씨(制氏)와 서로 멀지 않았다. 그 내사승(內史丞)인 왕정(王定)이 그것을 전하여 그것으로 상산(常山)의 왕우(王禹)에게 전수하였다. 우(禹)는 성제(成帝) 때 알자(謁者)가 되어 자주 그 뜻을 말하여 24권의 기(記)를 헌상하였다.

유향(劉向)이 책을 교수하다가 『악기(樂記)』23편을 얻었는데, 왕우(王禹)의 것과 같지 않았다. 그 도(道)는 겨우 이어지다가 더욱 쇠미(衰微)해졌다.

  易曰[1] 先王作樂崇德 殷薦[2]之上帝 以享祖考[3] 故自黃帝下至三代[4] 樂各有名 孔子曰[5] 安上治民 莫善於禮 移風易俗 莫善於樂 二者相與竝行
  周衰俱壞 樂尤微眇[6] 以音律爲節 又爲鄭衛所亂 故無遺法 漢興 制氏[7]以雅樂聲律 世在樂官 頗能紀其鏗鏘[8] 鼓舞 而不能言其義 六國之君 魏文侯最爲好古 孝文時 得其樂人竇公[9] 獻其書 乃周官大宗伯之大司樂[10]章也
  武帝時 河間獻王好儒 與毛生[11]等 共采周官及諸子言樂事者 以作樂記 獻八佾之舞[12] 與制氏不相遠 其內史丞[13]王定傳之 以授常山王禹 禹成帝時爲謁者[14]數言其義 獻二十四卷記
  劉向校書得樂記二十三篇 與禹不同 其道浸以益微

1) 易曰(역왈):『예괘(豫卦)』대상(大象)의 말.
2) 殷薦(은천): 왕성하게 바치다. 은(殷)은 성대하다의 뜻으로 성(盛)과 같고, 천(薦)은 바친다는 뜻. 가을 추수가 끝난 다음 제사지냄을 말한다.

3) 祖考(조고) : 조상. 고(考)는 죽은 아버지라는 뜻.
4) 三代(삼대) : 하왕조(夏王朝) 은왕조(殷王朝) 주왕조(周王朝)의 세 왕조를 아울러 이르는 말.
5) 孔子曰(공자왈) : 『효경(孝經)』에 나오는 말.
6) 微眇(미묘) : 어렴풋하여 확실하지 않은 모양. 묘는 세(細)와 같다.
7) 制氏(제씨) : 노(魯)나라 사람으로 아악(雅樂)의 성률(聲律)을 고르고, 대대로 대악관(大樂官)이 되어 악관의 직(職)을 관장하였다.
8) 鏗鏘(갱장) : 금석(金石)이 울리는 소리.
9) 竇公(두공) : 거문고의 명인(名人). 소년시절부터 눈이 멀어 180세가 넘도록 살았다고 한다.
10) 大司樂(대사악) : 『주례(周禮)』 육관(六官)의 하나인 대종백(大宗伯) 아래에서 음악을 관장하던 관직.
11) 毛生(모생) : 모장(毛萇)을 말하는 것 같다. 모장은 헌왕(獻王)의 박사(博士)로 소모공(小毛公)이라 일컬어진다.
12) 八佾之舞(팔일지무) : 천자의 무악(舞樂). 여덟 사람씩 여덟 줄로 서서 추는 춤. 일(佾)은 무열(舞列)의 뜻.
13) 內史丞(내사승) : 관명(官名).
14) 謁者(알자) : 관명(官名)으로 빈객(賓客)의 접대를 관장한다.

■ 악(樂)의 개략 해설

역(易)의 예괘(豫卦) 대상(大象)에 "옛날의 왕자(王者)는 음악을 만들어 선대 천자의 도덕 공적을 존경하고 그 음악을 연주하여 성대하게 상제(上帝)에게 제사지내고 그것을 선조의 영(靈)에게 바쳤다."라고 하였다. 그러므로 황제(黃帝)로부터 아래로 하·은·주(夏殷周) 삼대(三代)에 이르기까지 각 시대의 왕자가 만든 음악의 이름이 전해지고 있다.

『효경(孝經)』 광요도장(廣要道章)에서 공자가 말하기를 "군주가 윗자리에서 안정하고 아래로 백성을 다스리는 데는 예절보다 좋은 것이 없다. 사회에 새로운 바람을 일으키고 퇴폐한 풍속을 고치고자 하면 음악보다 좋은 것이 없다."라고 하는 말이 있다. 예(禮)와 악(樂)은 서로 아울러서 행해지는 것이다.

주(周)나라 말기에 이르러 세상은 쇠미(衰微)해지고, 문화는 파괴 상태에 빠졌으며, 그 중에서도 옛날의 아악(雅樂)은 흐릿해져 장차 없어지려고 하였다. 다만 음률(音律)과 성조(聲調)만이 겨우 전해지고 있었다. 그것도 정(鄭)나라나 위(衛)나라에 유행하는 새로운 음악 때문에 매우 어지러워졌다.

그래서 옛날 아악의 유법(遺法)은 전해지지 못했다고 해도 무방하다.

[아악이 없어지게 된 이유에 대해 고실(顧實)은 "제왕이 음악을 만든 것은 본래 그것으로 성공을 신명(神明)에게 고하는 데에 있다. 간·척·우·모(干戚羽旄)는 모두 옛날의 무기다. 그러므로 신악(神樂)은 또한 군악(軍樂)이다. 전국(戰國)시대의 분쟁속에서 성공을 신명에게 고하기가 어렵다. 거듭되는 전술(戰術)의 진보로써 한다. 전국시대는 춘추시대에 비해 훨씬 서로 같지 않다. 더욱이 어찌 주나라 초기를 논할 수 있겠는가. 이것이 아악의 근본이 소멸된 이유가 아니겠는가. 〈한서예문지강소(漢書藝文志講疏)〉"라고 하였다.]

한대(漢代)에 이르러 제씨(制氏)는 옛날 아악의 성률(聲律)을 잘하여 대대로 악관(樂官)이 되고, 음악의 음률(音律)이나 감동 분발의 모양을 상당히 잘 알고 있었으나, 아악의 본의(本義)에 대하여는 말할 수가 없었다. 전국시대의 제후인 위(魏)나라 문후(文侯)는 가장 옛것을 좋아한다고 일컬어졌는데 한(漢)의 문제(文帝) 때 위(魏)나라 문후의 악공(樂公)이었던 두공(竇公)을 불러 아악의 책을 헌납하게 하였다. 그것이 『주례(周禮)』 대종백대사악(大宗伯大司樂)의 직(職)에 쓰여 있는 1장(章)

이다.

　한(漢)의 무제(武帝) 때, 하간(河間)의 헌왕(獻王)은 유학(儒學)의 도(道)를 좋아하여, 모생(毛生) 등과 함께 주례(周禮)나 여러 사상가의 책 가운데 음악에 관해 말한 것을 모아 『악기[樂記 : 예기(禮記) 중의 악기편(樂記篇)과는 다르다]』를 만들었다. 그리고 팔일무(八佾舞)를 헌상하였는데, 이것은 앞 조항에서 기록한 제씨(制氏)가 전한 음악의 음률과 감동 분발의 모양과 크게 다를 것이 없다.

　헌왕의 내사승(內史丞)의 관직에 있는 왕정(王定)이라는 사람이 헌왕의 아악을 전하여 상산(常山)의 왕우(王禹)에게 가르쳤다. 왕우는 성제(成帝) 때 알자(謁者)라는 관직에 취임하여 아악의 본의(本義)를 말하여 24권의 아악에 대한 기록을 헌상하였다.

　『한서』 하간헌왕전(漢書河間獻王傳)에 "무제 때 헌왕이 내조(來朝)하여 아악을 바치고 삼옹궁(三雍宮)에서 대하다. 헌왕이 바친 바는 제씨(制氏)의 기록한 바와 서로 멀지 않다."라고 하였다. 왕우(王禹)가 헌상한 『악기(樂記)』 24권은 하간의 헌왕과 모생(毛生)으로부터 나온 것이고, 『예기(禮記)』 속의 악기(樂記)는 본래 유향(劉向)이 얻은 것의 23편에 바탕을 둔 것으로 두 가지는 전혀 관계가 없다.

　유향(劉向)이 조정 서고(書庫)에 있는 서적을 교수할 때 『악기(樂記)』 23편을 발견하였다. 이것은 옛날의 『악기』로 왕우(王禹)가 헌상한 하간 헌왕으로부터 전해진 『왕우기(王禹記)』 24편과 같은 것이 아니다. 그 뒤에 왕우의 『악기』는 차츰 쇠미(衰微)해지고 말았다.

6. 춘추(春秋)

(1) 춘추고경(春秋古經) 12편

이것은 『춘추고문경(春秋古文經)』으로 이것이 오늘날에 전하는 춘추이며 좌씨(左氏)전도 여기에 근본하여 전을 남겼다. 한대(漢代)에 춘추경(春秋經)은 단독으로 행해져 삼전[三傳 : 좌씨전(左氏傳), 공양전(公羊傳), 곡량전(穀梁傳)]도 각각 별도로 행해졌다. 12편은 춘추시대 노(魯)나라의 12공[十二公 : 은공(隱公), 환공(桓公), 장공(莊公), 민공(閔公), 희공(僖公), 문공(文公), 선공(宣公), 성공(成公), 양공(襄公), 소공(昭公), 정공(定公), 애공(哀公)]에 대해 1공(一公)에 1편씩 되어 있기 때문이다. 이 『춘추고경(春秋古經)』과 『좌씨전(左氏傳)』을 배합한 것이 진(晉)의 두예(杜預)다.

두예(杜預)가 말하기를 "경(經)의 연(年)과 전(傳)의 연(年)을 나누어 상부(相附)하고, 그 의류(義類)를 비교하여 각각 따라서 그것을 해석하고 이름 붙여서 경전집해(經傳集解)라고 한다. [춘추경전집해서(春秋經傳集解序)]"라고 했다.

(2) 경(經) 11권 : 공양(公羊), 곡량(穀梁)의 2가(二家).

이것은 『춘추금문경(春秋今文經)』으로, 공양전(公羊傳)과 곡량전(穀梁傳)에 바탕을 둔 것이다. 오늘날에도 전해지고 있다. 한대(漢代)에 공양전과 곡량전이 별도로 행해졌다. 『춘추고문경』이 12편인데 대하여 『춘추금문경』이 11권인 것은, 금문경에서는 민공(閔公)을 장공(莊公)에 합쳐 1권으로 하였기 때문이다. 민공은 겨우 즉위한 지 2년만에 죽었다. 『춘추금문경』과 공양전 및 곡량전을 배합한 최초의 사람이 누구인가는 분명하지 않으나, 사고제요(四庫提要)는 금문경과 공양전의 배합이 공양전의 의소(義疏)를 만든 당(唐)의 서언(徐彦)에서 시작되었고, 금문경과 곡량전과의 배합은 곡량전의 집해(集解)를 쓴 진(晉)의 범녕(范寧)에게서 시작된다고 추정하고 있다.

(3) 좌씨전(左氏傳) 30권

좌구명(左丘明)은 노(魯)나라의 태사(太史)다.

『춘추고문경』을 해석한 것으로, 지금도 전해진다. 고문가(古文家)의 설(說)로는 모두 좌전(左傳)을, 공자에게 경(經)을 전수받은 노(魯)나라의 좌구명(左丘明)의 작(作)이라고 한다.『사기』12제후연표(史記十二諸侯年表),『한서예문지(漢書藝文志)』,『한서유흠전(漢書劉歆傳)』, 두예(杜預)의『춘추경전집해(春秋經傳集解)』등이 다 그렇다. 그러나 금문가(今文家)의 설로는 좌구명의 작(作)이 아니라고 한다. 강유위(康有爲)는 유흠(劉歆)의 작이라 하고, 그 밖의 여러 학자들도 유흠의 작이라고 논증하는 등 오늘날에는 좌구명의 작이라는 것을 부정하는 학자가 많다. 좌전(左傳)이 고오(古奧)하고 간결한 것을 보면 한대(漢代)의 것이 아닌 것으로도 생각된다. 혹은 전국시대(戰國時代)의 사관(史官)의 손에 의해 이루어진 것인지도 모른다.

『한서유림전(漢書儒林傳)』에 "한(漢)이 일어나서 장창(張蒼) 및 가의(賈誼) 유공자(劉公子)가 다 춘추좌전(春秋左傳)을 닦았는데, 의(誼)는 좌씨전훈고(左氏傳訓故)를 만들어 조(趙)나라 사람인 관공(貫公)을 가르쳤는데, 하간(河間) 헌왕(獻王)의 박사가 되었다."했다.

(4) 공양전(公羊傳) 11권

공양자(公羊子)는 제(齊)나라 사람이다. 안사고는 말하기를 "이름은 고(高)다."하였다.

『춘추금문경(春秋今文經)』을 해석한 것으로 오늘날 전해진다. 공양전(公羊傳)의 작자에 대해 확실한 설은 없다. 반고(班固)는 제(齊)의 공양씨(公羊氏)라 하고, 안사고(顏師古)는 공양고(公羊高)라고 하는데, 이것은『춘추위설제사(春秋緯說題詞)』에 의한 것으로 믿기가 어렵다. 서언(徐彦)이나 하휴(何休)는 공양고(公羊高)보다 몇 대(代) 후인 공양수(公羊壽)가 제자인 호무생(胡毋生)과 함께 그것을 서적으로 만들었다고 한다. 『좌씨전(左氏傳)』은 사실(史實)로써 본경(本經)을 소증(疏證)하고, 『공양전(公羊傳)』은 오로지 경문(經文)에 대하여 문답체(問答體)로 설명하고 있다. 『좌전(左傳)』은 역사적인 사실을 주로 다루고, 『공양전』은 의리(義理)를 주로 다루고 있다.

『한서유림전』에 "호무생(胡毋生)의 자(字)는 자도(子都)로 제(齊)나라 사람이다. 공양춘추(公羊春秋)를 다스려 경제(景帝) 때 박사(博士)가 되었다. 동중서(董仲舒)와 업(業)을 같이 하였는데, 중서(仲舒)는 책을 지어 그의 덕(德)을 칭송하였다. 연로하여 돌아가 제(齊)에서 가르쳤다. 제(齊)의 춘추를 말하는 것은 여기에 근원하였다."라고 하였다.

(5) 곡량전(穀梁傳) 11권

곡량자(穀梁子)는 노(魯)나라 사람이다. 안사고는 말하기를 "이름은 희(喜)다"하였다.

『춘추금문경(春秋今文經)』을 해석한 것으로, 지금도 전하고 있다. 곡량전(穀梁傳)의 작자도 분명하지 않다. 반고(班固)는 다만 노(魯)나라 사람 곡량자(穀梁子)라 하였고, 안사고(顏師古)는 이름을 희(喜)라고 하였다. 이 희(喜)라고 하는 이름에 대해서도 숙(俶) 또는 적(赤)이라고도 쓰여 있다. 『경전석문서록(經典釋文序錄)』에는 곡량적(穀梁赤)이라 되어 있다. 최적(崔適)은 곡량전을 고문학(古文學)이라 하여 유흠(劉歆)의 위작(僞作)이라고 한다.
[춘추복시(春秋復始)]

(6) 추씨전(鄒氏傳) 11권
없어져 전하지 않는다.

(7) 협씨전(夾氏傳) 11권 : 기록은 있고, 책은 없다.
반고(班固)의 자주(自注)에 유록(有錄), 곧 기록이 있다고 하는 것은 유흠(劉歆)의 『칠략(七略)』에 협씨전(夾氏傳)이 실려 있었다는 말이고, 또 자주(自注)에 무서(無書), 곧 책이 없다고 하는 것은 반고가 『예문지(藝文志)』를 쓸 때 그 책은 이미 없어졌다고 하는 말이다.

후(後)의 서(敍)에 "말세(末世)에 미쳐 구설(口說)이 유행하다. 그러므로 공양(公羊), 곡량(穀梁), 추(鄒), 협(夾)의 전(傳)이 전한다. 공양과 곡량은 학관(學官)에 세워졌고, 추씨(鄒氏)는 스승이 없고, 협씨(夾氏)는 아직 책이 없다."라고 하였으며, 『수서경적지(隋書經籍志)』에는 "한초(漢初)에 공양(公羊), 곡량(穀梁), 추씨(鄒氏), 협씨(夾氏)의 4가(四家)가 아울러 행해졌는데, 왕망(王莽)의 난(亂)에 추씨는 스승이 없고, 협씨는 없어졌다."라고 쓰여 있다.

(8) 좌씨미(左氏微) 2편

미(微)에 대해 안사고(顔師古)는 "그 미(微)는 지(指)를 해석하는 것을 말한다."라고 풀이했다. 해(解)와 경(經)은 일체다. 전국시대 『좌씨전(左氏傳)』 연구가들이 지은 것으로 추측되나 없어져 전하지 않는다.

(9) 탁씨미(鐸氏微) 3편 : 초(楚)나라 태부(太傅)인 탁초(鐸椒)다.

반고의 자주(自注)에 의하면 탁씨(鐸氏)는 초(楚)나라 위왕(威王)의 태부(太傅 : 임금을 가르치는 스승)였던 탁초(鐸椒)다. 없어져 전하지 않는다.

(10) 장씨미(張氏微) 10편

장씨(張氏)는 장창(張蒼)이 아닌가 하는 설이 있다.[심흠한(沈欽韓), 한서소증(漢書疏證)] 장창은 탁씨삼전(鐸氏三傳)의 제자다. 없어져 전하지 않는다.

(11) 우씨미전(虞氏微傳) 2편

조(趙)나라 재상(宰相)인 우경(虞卿)이다.

우씨(虞氏)는 전국시대 조(趙)나라의 재상이었다. 우경(虞卿)은 탁씨(鐸氏)의 제자였으므로 이 책은 『탁씨미(鐸氏微)』를 해석한 책일 것이다. 없어져 전하지 않는다.

　유향의 『별록(別錄)』에 "탁초(鐸椒)는 초촬(鈔撮) 8권을 만들어 우경(虞卿)에게 전수하였고, 우경은 초촬(鈔撮) 9권을 만들어 순경(荀卿)에게 전수하였으며, 순경은 장창(張蒼)에게 전수하였다."라고 하였다.

(12) 공양외전(公羊外傳) 50편
(13) 곡량외전(穀梁外傳) 20편
　한대(漢代)에는 공양전(公羊傳)과 곡량전(穀梁傳)에 다 외전(外傳)이 있었는데 없어져 전하지 않지만, 한씨외전(韓氏外傳)과 같은 종류였을 것이다. 뒤에 나온 국어(國語)는 좌씨외전(左氏外傳)이다. 공양과 곡량은 입으로 설하여 유전(流傳)되다가 한나라 초기에 이르러 비로소 책으로 기록된 것이므로, 이 두 책의 작자는 한대(漢代)의 사람일 것이다. 없어져 전하지 않는다.

(14) 공양장구(公羊章句) 38편
　동중서(董仲舒)의 저작인 듯하나, 없어져 전하지 않는다.
　『한서유림전』에 "하구(瑕邱)의 강공(江公)이 곡량춘추(穀梁春秋)를 노(魯)의 신공(申公)에게서 받았다. 무제(武帝) 때 강공은 동중서와 대등하게 되었다. 상(上)은 중서(仲舒)와 의논하게 하였는데 중서는 그렇게 하지 않았다. 그래서 승상인 공손홍본(公孫弘本)과 공양학(公羊學)을 하였다. 그 의(義)를 비집(比輯)하여 마침내 동생(董生)을 썼다. 이에 상(上)은 이로 인하여 공양가(公羊家)를 존중하고 태자에게 조서(詔書)하여 『공양춘추(公羊春秋)』를 배우게 하니, 이로 말미암아 공양(公羊)이 크게 일어났다."라고 하였다.

(15) 곡량장구(穀梁章句) 33편
　『경전석문서록(經典釋文序錄)』에 '윤경시(尹更始) 곡량장구(穀梁章句) 15권'이라고 하였으나, 윤경시는 좌전(左傳)을 아울러 배우는 사람으로 곡량(穀梁)을 전공하는 학자는 아니었다. 그리고 이

『예문지(藝文志)』에도 편찬한 사람의 이름이 없으므로 확실하게 말하기는 어렵다. 없어져 전하지 않는다.

(16) 공양잡기(公羊雜記) 83편
『한서공손홍전(漢書公孫弘傳)』에 "홍(弘)은 나이 40여 세에 곧 춘추잡설(春秋雜說)을 배우다."라고 한 것은, 이 공양잡기(公羊雜記)를 말하는 것인데 없어져 전하지 않는다.

(17) 공양안씨기(公羊顏氏記) 11편
안씨(顏氏)의 이름은 안락(安樂)이요, 자(字)는 공손(公孫)으로 노(魯)나라 사람이다. 이 책은 없어져 전하지 않는다.
『한서유림전』에 "동중서(董仲舒)의 제자는 영공(嬴公)이요, 영공은 노나라 휴맹(眭孟)에게 전수하다. 엄팽조(嚴彭祖)는 안안락(顏安樂)과 함께 휴맹을 섬기다. 맹(孟)이 말하기를 '춘추(春秋)의 뜻은 이자(二子)에게 있다.' 라고 하였다."라고 했다.

(18) 공양동중서치옥(公羊董仲舒治獄) 16편
동중서(董仲舒)의 찬(撰)이다. 이 책은 동중서가 무제(武帝)의 자문(諮問)에 답하여, 주로 공양춘추(公羊春秋)의 원리에 바탕을 두고 형(刑)의 판결을 한 것이다. 처음에는 232조항이었으나 지금은 옥함산방집일서(玉函山房輯佚書)에 겨우 몇 조항만 모아져 있다. 『수서경적지(隋書經籍志)』에는 춘추결사(春秋決事) 10권, 동중서 찬(董仲舒撰)이라고 되어 있다.

(19) 의주(議奏) 39편
선제(宣帝)의 감로(甘露) 3년에 여러 유림(儒林)에게 조서(詔書)하여 5경(五經)을 석거각(石渠閣)에서 강론하게 하였다. 그 때 공양(公羊)과 곡량(穀梁)과의 공통점과 차이점을 논하여 상주(上奏)한 것이다. 없어져 전하지 않는다.
『한서유림전』에 "곧 오경(五經)의 명유(名儒)와 태자의 태부(太傅)인 소망지(蕭望之) 등을 불러 크게 전중(殿中)에서 논의하게 하여, 공양(公羊)과 곡량(穀梁)과의 공통점과 차이점을 고르게 하였다. 각각 경(經)으로 옳고 그름을 처리하였다. 그때 공양박사(公羊博士)인 엄팽조(嚴彭祖)와 시랑(侍郎)인 신만(申輓), 이추(伊推), 송현(宋顯), 곡량의랑(穀梁議郎)인 윤경시(尹更始)와 대조(待詔)인 유향(劉向), 주경(周慶), 정성(丁姓) 등이 함께 논하였다. 공양가(公羊家)에 많이 따르지 않았다. 청하여 내시랑(內侍郎) 허광(許廣)을 들어오게 하였다. 사자(使者)가 또한 함께 곡량가(穀梁家)의 중랑(中郎) 왕해(王亥)를 들어오게 하였다. 각 5인씩 30여 가지를 의논하였다. 망지(望之) 등 11인이 각각 경의(經誼)로써 대하였다. 많은 사람들이 곡량(穀梁)을 따랐다. 이로부터 곡량의 학문이 크게 성하였다."라고 했다.

(20) 국어(國語) 21편 : 좌구명(左丘明)의 저서(著書).
지금 전하는 국어(國語)다. 유희(劉熙)의 『석명(釋名)』에는 국어(國語)라고도 하고 외전(外傳)이라고도 하며,『논형』 안서편(論衡案書篇)에는 "국어(國語)는 좌씨(左氏)의 외전(外傳)이다."라고 하였다. 사마천(司馬遷)은 "좌구(左丘)는 밝음을 잃고 그 국어(國語)를 남겼다."[사기 자서(史記自序)]라 하고, 반고(班固)는 "공자가 노(魯)나라의 『사기(史記)』에 의해 춘추(春秋)를 지음에 미쳐, 좌구명(左丘明)이 그 본사(本事)를 논집(論輯)하여 그것으로 이 전(傳)을 만들고, 또 공통점과 차이점을 모아서『국어(國語)』를 만들었다."[한서사마천전찬(漢書司馬遷傳贊)]라고 하였다. 좌전(左傳)과 함께 좌구명(左丘明)의 작품으로 인정되지 않는다.『사고제요(四庫提要)』에도 "국어(國語)는 누구에게서 나왔는가. 말하는 자 하나가 아니다."라고 말하고 있다.

『사통육가편(史通六家篇)』에 "국어가(國語家)는 그 먼저 또한 좌구명(左丘明)에게서 나온다. 이미 춘추내전(春秋內傳)을 만들고, 또 그 일문(佚文)을 상고하여 그 별설(別說)을 모아, 주·노·제·진·정·초·오·월(周魯齊晋鄭楚吳越)의 여덟 나라 일을 나누어, 주(周)의 목왕(穆王)으로부터 시작하여 노(魯)의 도공(悼公)에서 끝난다. 따로 춘추외전국어(春秋外傳國語)를 만들어 합해서 21편을 만들었다. 그 글의 내전(內傳)에 비교하면 혹은 거듭 나오기도 하고 약간 다르기도 하다. 그렇지만 옛날부터 명유(名儒)인 가규(賈逵), 왕숙(王肅), 우번(虞翻), 위요(韋曜) 등이 함께 말하여 주석하여 그 장구(章句)를 다스리다. 이것 또한 육경(六經)의 흐름이고, 3전(三傳)의 버금이다."라고 하였다.

(21) 신국어(新國語) 54편 : 유향(劉向)이 국어(國語)를 분류한 것.
반고(班固)의 자주(自注)의 뜻은 본래부터 있던 국어(國語)를 새롭게 분류하여 고친 것이라는 것이다. 없어져 전하지 않는다.

(22) 세본(世本) 15편
옛날 사관(史官)이 황제(黃帝)이래 춘추시대까지의 제후와 대부의 일을 기록한 것.
옛날 사관(史官)으로 고사(古事)에 밝은 사람이 황제(黃帝)로부터 춘추시대까지의 제왕(帝王), 제후(諸侯), 경(卿), 대부(大夫)의 계보(系譜)와 명호(名號) 등을 기록한 책이다. 없어져 전하지 않으나, 청대(淸代)에 그 집본(輯本)이 만들어졌다.

(23) 전국책(戰國策) 33편 : 춘추(春秋) 이후의 기록이다.
춘추(春秋) 이후 초(楚)나라와 한(漢)나라가 일어나기까지 245년 동안에 전국시대(戰國時代)의 유세객(遊說客)들이 그 섬기는 나라를 돕고자 많은 책모(策謀)를 행하였는데 그것을 기록한 책이다. 본래 국책(國策), 국사(國事), 단장(短長), 사어(事語), 장서(長書), 수서(脩書) 등 여러 가지 책의 이름이 있었는데, 유향(劉向)이 전국책(戰國策)으로 고쳤다. 지금도 전해지고 있다.

『사통』육가편(史通六家篇)에 "종(縱)과 횡(橫)이 서로 일어나 힘 있는 대로 싸워 진(秦)이 천하를 통일할 때에 이르러 전국책(戰國策)을 저술하였다. 그 편(篇)은 동서(東西)의 이주(二周)와 진(秦), 제(齊), 연(燕), 초(楚), 삼진(三晉), 송(宋), 위(衛), 중산(中山)을 합하여 12나라로 나뉘어 33권이 된다. 대저 이것을 책(策)이라고 이르는 것은 대개 기록하여 차례를 두지 않았으므로 간(簡)에 대하여 그것으로 이름을 붙인 것이다. 혹은 말하기를 한대의 유향은 전국시대의 유세객들이 이것을 위하여 책모(策謀)한 것으로 인하여 이것을 전국책이라고 했다."라고 하였다.

(24) 주사(奏事) 20편

진(秦)나라 때의 대신(大臣)이 상주(上奏)한 일과 명산(名山)에 각석(刻石)한 글이다.

진대(秦代)의 대신(大臣)이 상주(上奏)한 글과 시황제(始皇帝)가 명산(名山)에 올라 돌에 새긴 글들을 모은 것인데 없어져 전하지 않는다. 그러나 지금 『사기』진본기(史記秦本紀)에 『주사(奏事)』4편[1.승상관등의(丞相綰等議), 상존호(上尊號) 2.정위이사의(廷尉李斯議), 불치제후(不置諸侯) 3.승상이사의(丞相李斯議), 소서(燒書) 4.군신의(群臣議), 존시황묘(尊始皇廟)]이 실려 있고, 명산(名山)의 돌에 새긴 글 7편[1.태산(泰山) 2.낭야대(琅琊臺) 3.지부(之罘) 4.동관(東觀) 5.갈석(碣石) 6.회계(會稽) 7.시황소립각석방각석사(始皇所立刻石旁刻石辭)]이 실려 있다.

(25) 초한춘추(楚漢春秋) 9편 : 육가(陸賈)가 기록한 바다.

육가(陸賈)의 저서다. 육가는 초(楚)나라 사람인데, 객(客)으로서 한(漢)의 고조(高祖)를 따라 천하를 평정하였다. 이 책은 고조가 초(楚)의 항우(項羽)와 싸워 항우를 깨뜨리고 마침내 천하를 통일하고 한조(漢朝)를 세우면서부터 혜제(惠帝), 문제(文帝) 사이의 일을 기록한 것이다. 없어져 전하지 않는다.

(26) 태사공(太史公) 130편 : 10편은 목록만 있고 책은 없다.

이것은 지금의 『사기(史記)』를 말한다. 『사고전서총목제요(四庫全書總目提要)』의 사부정사류(史部正史類)에 "사기(史記) 130권은 한(漢) 사마천(司馬遷)의 찬(撰)으로, 저소손(褚少孫)이 보충(補充)하였다."라고 저록(著錄)되어 있다. 본래『태사공서(太史公書)』라고 하였는데, 『사기(史記)』라는 이름으로 고쳐진 것은 위진(魏晉) 이후의 일인 것 같다. 반고(班固)의 자주(自注)에 10편은 목록만 있고 책은 없다고 한 것은 경제기(景帝紀), 무제기(武帝紀), 예서(禮書), 악서(樂書), 병서(兵書), 한흥(漢興) 이래의 장상연표(將相年表), 일자열전(日者列傳), 삼왕세가(三王世家), 귀책열전(龜策列傳), 부사열전(傅斯列傳)의 10편이 사마천(司馬遷)의 생전까지 아직 완성되지 않았고, 다만 목록만이 있었던 것이다.

지금의 『사기(史記)』는 저소손(褚少孫)의 증보(增補)로 이루어진 것이다. 저소손은 한(漢)의 선제(宣帝) 때 박사(博士)가 되었고, 패(沛)에 우거(寓居)하였으며, 대유(大儒)인 왕식(王式)을 섬겼다. 그러므로 저선생(褚先生)이라고도 불린다. 원제(元帝), 성제(成帝) 때 저소손은 『사기(史記)』의 미완성 부분인 10편 중 무제기(武帝紀), 삼왕세가(三王世家), 귀책열전(龜策列傳), 일자열전(日者列傳)을 지어 그것을 보충하였다. 그러나 언사(言辭)가 비루(鄙陋)하여 사마천의 본뜻은 아니다.

『사통(史通)』 정사편(正史篇)에 "효무제(孝武帝) 때 태사공(太史公) 사마담(司馬談)은 고금(古今)을 착종(錯綜)하여 하나의 사서(史書)를 이루고자 하였으나, 그 뜻을 아직 이루지 못하고 죽었다. 이에 그 아들인 천(遷)이 아버지의 유지(遺志)를 서술하여 12본기(十二本紀), 10표(十表), 8서(八書), 30세가(三十世家), 70열전(七十列傳) 등 무릇 130편을 만들었다. 그러나 10편은 아직 완성하지 못하고 목록만이 있을 뿐이다."라고 하였다.

(27) 풍상소속태사공(馮商所續太史公) 7편

풍상(馮商)의 자(字)는 자고(子高)다. 역(易)을 다스려 오록충종(五鹿充宗)을 섬기고, 뒤에 유향(劉向)을 섬겼는데, 문장을 잘 지었다. 열전(列傳)을 서(序)하여 아직 마치기 전에 병사하였다. 『사기(史記)』에서 아직 다루지 않은 태초연간(太初年間) 이후를 속수(續修)한 것인데, 『사기』와는 별도로 행해졌다. 없어져 전하지 않는다.

(28) 태고이래년기(太古以來年記) 2편

없어져 전하지 않는다.

(29) 한저기(漢著記) 190권
저(著)와 주(注)는 고자(古字)에서 통용되는 것으로, 저기(著記)란 주기(注記)라는 뜻이다. 안사고(顏師古)는 "지금의 기거주(起居注)와 같은 것이다."라고 주석하고 있으나, 기거주(起居注)라는 것은 관명으로, 한(漢) 무제(武帝) 때 금중(禁中)에 기거주(起居注)라는 관(官)이 있었다. 여사(女史 : 후궁(後宮)에 출사(出仕)하여 기록·문서 등을 맡은 여자관리)의 직분으로 군주의 언행과 동작을 기록하였다. 없어져 전하지 않는다.

(30) 한대년기(漢大年紀) 5편
없어져 전하지 않는다.
『한서예문지(漢書藝文志)』는 유흠(劉歆)의 『칠략(七略)』의 분류에 따른 것으로 사부(史部)가 없다. 그래서 『사기(史記)』를 춘추류(春秋類)에다 넣은 것이다. 그뒤 위(魏)의 비서감(祕書監)인 순욱(荀勖)은 정묵(鄭默)의 중경(中經)에 의해 신박(新薄)을 저술하여 4부로 분류하였다. 갑부(甲部)는 육예(六藝)·소학(小學) 을부(乙部)는 제자(諸子) 병서(兵書)·병가(兵家)·술수(術數), 병부(丙部)는 사기(史記) 구사(舊事)·황람부(皇覽簿)·잡사(雜事), 정부(丁部)는 시부(詩賦)·도찬급(圖讚汲)·총서목록(冢書目錄)으로 하였다. 4부의 분류는 여기서 비롯한다. 당(唐)의 장손무기(長孫無忌) 등이 『수서경적지(隋書經籍志)』를 찬(撰)하였는데, 경사자집(經史子集)의 4부로 분류하여 마침내 후세의 도서 분류법이 되었다.

■ 춘추(春秋) 23가(家) 모두 948편
태사공(太史公) 4편을 줄였다.

■ 춘추(春秋)의 개략
옛날의 왕자(王者)에게는 대대로 사관(史官)이 있어 군주가 행하는 일을 반드시 기록하였는데, 언행(言行)을 삼가고, 법식을 밝히기 위한 까닭이었다. 좌사(左史)는 말을 기록하고 우사(右史)는 일을 기록하였다. 일을 춘추(春秋)라 하고 말을 상서(尙書)라고 하였다. 제왕(帝王)은 이와 같이 하지 않을 수 없다.

주실(周室)이 이미 쇠미(衰微)해지고 재적(載籍)은 잔결(殘缺)하다. 중니(仲尼)는 옛날 성인의 업적을 존속시키고자 생각하여 이에 일컬어 말하기를 "하(夏)나라의 예(禮)에 대해 나는 그것을 잘 말할 수 있지만 기(杞)나라의 예로 증명하기 부족하다. 은(殷)나라의 예(禮)에 대해 나는 그것을 잘 말할 수 있지만 송(宋)나라의 예로 증명하기 부족하다. 그것은 문헌이 부족하기 때문이다. 넉넉하면 곧 나는 그것을 잘 증명할 수 있다."라고 하였다.

노(魯)는 주공(周公)의 나라이므로 예(禮)와 문물(文物)을 갖추고, 사관(史官)은 법도가 있다. 그러므로 좌구명(左丘明)과 그 사기(史記)를 보아 행사에 의거하고, 인도(人道)에 말미암아 이름에 의하여 써 공을 세우고, 패(敗)함으로써 벌(罰)을 이룬다. 일월(日月)을 빌려 써 역수(曆數)를 정하고, 조빙(朝聘)을 빌려 써 예악(禮樂)을 바로잡으며, 칭찬하고 꺼리고 깎아내리고 물리치고 하는 바가 있다. 책으로 나타낼 수 없고 제자에게 입으로 전수한다.

제자들은 물러나 말을 다르게 한다. 구명(丘明)은 제자가 각각 그 뜻을 쉽게 여겨 써 그 진실을 잃을 것을 두려워하였다. 그래서 사실을 논하여 전(傳)을 만들어 부자(夫子)가 말로만 한 것으로써 경을 설할 수 없는 것을 밝힌 것이다.

춘추(春秋)에 배척되는 대인(大人)은 당세(當世)의 군신(君臣)으로 권위와 세력이 있어 그 사실을 모두 전(傳)에 나타냈다. 써 그 책을 숨기고 펴지 않았으니, 시기의 어려움을 면하기 위한 까닭이었다.

말세에 이르러 입으로 설하여 유행(流行)하였다. 그래서 공양(公羊), 곡량(穀梁), 추(鄒), 협(夾)의 전(傳)이 있다. 사가(四家) 중 공양, 곡량은 학관(學官)에 세워지고, 추씨

(鄒氏)는 스승이 없으며 협씨(夾氏)는 아직 책이 없다.

  古之王者 世有史官 君擧[1]必書 所以愼言行 昭法式也 左史記言 右史記事 事爲春秋 言爲尙書 帝王靡[2]不同之
  周室旣微 載籍殘缺 仲尼思存前聖之業 乃稱曰 夏禮吾能言之 杞[3]不足徵[4]也 殷禮吾能言之 宋[5]不足徵也 文獻不足故也 足則吾能徵之矣 以魯周公之國 禮文備物 史官有法 故與左丘明觀其史記 據行事 仍[6]人道 因興[7]以立功 敗以成罰 假[8]日月以定歷數 藉[9]朝聘[10]以正禮樂 有所褒諱貶損[11] 不可書見[12] 口授弟子
  弟子退而異言 丘明恐弟子各安[13]其意 以失其眞 故論本事[14]而作傳 明夫子[15]不以空言說經也
  春秋所貶損大人 當世君臣 有威權勢力 其事實皆形於傳 是以隱其書而不宣 所以免時難也
  及末世口說流行 故有公羊穀梁鄒夾之傳 四家之中 公羊穀梁立於學官 鄒氏無師 夾氏未有書

1) 擧(거): 행동하다. 행하다. 행(行)과 같다.
2) 靡(미): 없다. 무(無)와 같다.
3) 杞(기): 제후국(諸侯國)의 이름.
4) 徵(징): 증명하다. 증거하다. 증(證)과 같다.
5) 宋(송): 제후국의 이름.
6) 仍(잉): 말미암다. 인(因)과 같다.
7) 興(흥): 이루다. 성(成)과 같다.
8) 假(가): 빌리다. 차(借)와 같다.
9) 藉(자): 빌리다. 차(借)와 같다.
10) 朝聘(조빙): 제후가 입조(入朝)하여 천자를 뵙고 천자가 제후를 불러서 문의하는 예. 조현빙문(朝見聘問)의 예(禮).
11) 褒諱貶損(포휘폄손): 칭찬하고 꺼리고 깎아내리고 물리치는 일.
12) 見(현): 나타내다. 현(現)과 같다.
13) 安(안): 쉽게 여기다. 이(易)와 같다.

14) 本事(본사) : 사실(事實).

15) 夫子(부자) : 덕행(德行)이 높아 남의 스승이 될 만한 이에 대한 존칭. 여기서는 공자를 가리킨다.

■ 춘추(春秋)의 개략 해설

 옛날의 왕자(王者)에게는 대대로 사관(史官)이 있었다. 왕자가 무엇인가를 하면 사관은 반드시 그것을 기록하였다. 그것은 왕자가 언행(言行)을 삼가고 자손에게 법칙을 보이기 위해서였다. 좌사(左史)는 왕의 말을 기록하고, 우사(右史)는 왕의 행동을 기록하였다. 왕의 행동을 기록한 것이 춘추(春秋)이고, 왕의 말을 기록한 것이 상서(尙書)다. 그리고 그것은 옛날의 이제(二帝)와 삼왕(三王)시대를 통하여 다 그러했던 것이다.
 동주(東周)시대가 되면서 주왕실(周王室)은 쇠약해지고, 제후는 주(周)나라의 예(禮)가 자기들에게 해롭게 하는 것을 싫어하여 예(禮)에 관한 전적(典籍)들을 없애 버렸다.
 공자는 옛날 성왕(聖王)의 업(業)을 존손시키려고 생각하여 이에 칭하여 이르기를 "나는 하(夏)나라의 예(禮)에 대해 잘 알고 있으나 하나라의 자손에게 봉(封)해진 기(杞)나라에 가보아도 그것을 증명하기에 족할 만한 아무것도 남아 있지 않았다. 은(殷)나라의 예에 대해서도 나는 잘 알고 있으나 은(殷)나라의 자손에게 봉해진 송(宋)나라에 가 보아도 그것을 증명할 만한 아무것도 남아 있지 않았다. 그것은 남아있는 문헌이 부족해서다. 문헌이 만족하게 남아 있다면 하(夏)나라나 은(殷)나라의 예(禮)를 증명할 수 있을 것이다."라고 말하였다.
 노(魯)나라는 주공(周公)의 아들 백금(伯禽)에게 봉(封)해진 나라로 예의와 문물(文物)이 갖추어졌고, 사관의 기록에도 예로부터의 법칙이 있다. 그러므로 공자는 노(魯)나라 태사(太史)인 좌구명(左丘明)과 노나라의 기록을 보고 역대 왕의 행동에 바탕을 두어 도덕에 비추어 성공과 실패의 자취를 밝히고, 해와 달을 빌려 써 역(曆)을 바르게 정하고, 조현(朝見)과 빙문(聘問)의 예(禮)가 바른가 어떠한가에 의하여 예악(禮樂)을 바로잡고, 왕과 공경(公卿)과 대부(大夫)의 행동을 인도(人道)에 비추어서 칭찬하기도 하고 꺼리기도 하고 깎아내리기도 하고 물리치기도 하였다. 그러나 그것을 책에다 기록하여 밝혀 두는 것은 왕후(王侯)와 대부들이 꺼리는 바가 있으므로, 그 참뜻을 제자들에게 입으로 전하였다. [이상은 공자가 『춘추(春秋)』를 지은 이유를 밝힌 것이다.]

그런데 공자의 제자들은 각각 자기의 생각을 바탕으로 하여 논(論)하는 것이었으므로 칭찬하든가 깎든가 하는 참뜻은 서로가 각각 달랐다. 그래서 좌구명(左丘明)은 제자들이 자기들의 생각을 바탕으로 하여 설명해서 공자의 참뜻을 잃을 것을 두려워하였다. 그래서 공자가 기리고 깎아내리는 참뜻을 바르게 전하기 위해 하나하나 구체적인 사실을 논하여, 여기에 이른바 『춘추좌씨전(春秋左氏傳)』을 만들었다. 그것은 공자가 헛되이 사실에 바탕을 두지 않은 언론(言論)으로 경(經)을 설하지 않았다는 사실을 증명한 것이다.[이상은 좌구명(左丘明)이 좌전(左傳)을 만든 이유를 밝힌 것이다.]

공자가 저술한 『춘추(春秋)』에서 깎아내리고 배척한 대인(大人)은 모두 당대의 군신(君臣)으로 위세와 권세 등의 세력이 있는 사람들이었으므로 깎아내리고 배척한 이유가 되는 그들의 행동과 사실들은 모두 『좌전(左傳)』에 분명하게 보이고 있다. 그래서 좋지 않은 영향이 있을 것이므로 『좌전(左傳)』을 숨겨 두어 세상에 돌지 않게 했다. 따라서 이것을 가르치는 사람이 없고 이것을 전하는 사람도 없게 되었다. 이것이 시국의 어려움을 면하면서

『좌전(左傳)』이 후세에 잘 전하게 된 까닭이다.
　말세(末世)가 되어, 공자가 제자들에게 입으로 전수한 기리고 깎아내린 참뜻을 설하는 일이 유행하였다. 그래서 공양전(公羊傳), 곡량전(穀梁傳), 추씨전(鄒氏傳), 협씨전(夾氏傳) 등이 세상에 나타났다. 그리하여 먼저 공양박사(公羊博士)가 세워지고, 선제(宣帝) 때 곡량전이 학관(學官)에 섰다. 추씨전은 그것을 전할 스승이 없고, 협씨전은 가장 일찍 책이 없어지고 말았다. [좌씨전(左氏傳)은 가장 늦게 평제(平帝) 때에야 처음으로 학관에 세워졌다.]

7. 논어(論語)

　(1) 논어고(論語古) 21편 : 공자의 구택(舊宅) 벽 속에서 나왔다.
　한(漢) 경제(景帝) 때 노(魯)나라의 공왕[共王 : 경제의 아들]이 그의 궁전을 확장하고자 하여 인접지인 공자의 구택(舊宅)을 철거할 때, 그 집 벽 속에서 『상서(尙書)』『효경(孝經)』 등과 함께 나왔다. 모두 주대(周代)의 문자인 고문(古文)으로 쓰여 있으므로 『공벽고문논어(孔壁古文論語)』라 하고, 또 약칭하여 『고론(古論)』이라고도 하는데 없어져 전하지 않는다. 『고론(古論)』이 21편이 되는 것은 요왈편(堯曰篇)의 "子張問於孔子曰 何如斯可以從政矣" 이하를 나누어 따로 1편으로 하고, 이것을 자장편(子張篇)으로 하였기 때문이다. 그러므로 제19의 자장편(子張篇)과 양자장편(兩子張篇)이 있는 것이 된다. 위(魏)의 여순(如淳)은 제21편의 자장편을 제19편의 자장편과 구별하기 위해 종정편(從政篇)이라고 이름 붙였다.
　하안(何晏)이 말하기를 "노(魯)의 공왕(恭王)이 공자의 집을 헐고 『고문논어(古文論語)』를 얻었다. 『고론(古論)』은 오직 공안국(孔安國)이 여기다가 훈설(訓說)을 하였고 대대로 전하지 않는다. 마융(馬融)이 또한 여기에 훈설(訓說)을 하였다. 정현(鄭玄)이 『노론(魯論)』의 편장(篇章)에 대하여 이것을 제(齊), 고(古)에 참고하여 주석(注釋)을 하였다."[논어집해서(論語集解序)]라고 했다. 그러나 공안국(孔安國)이 『고론(古論)』에 주석을 만들었다고 하는 것은 의심스럽다. 그리고『정주논어(鄭注論語)』는 장후론[張侯論 : 노론(魯論)을 바탕으로 하여 제론(齊論)을 참작한 것]을 바탕으로 하여 『고론(古論)』을 참작한 것이다.

(2) 제(齊) 22편 : 문왕(問王), 지도(知道)의 두 편이 많다.

이것을 『제논어(齊論語)』 또는 『제론(齊論)』이라고 한다. 한초(漢初)에 제인(齊人)이 전하던 『논어(論語)』로 금문[今文 : 한대의 예서(隸書)로 쓰여있다]의 논어인데 없어져 전하지 않는다. 『노론(魯論)』 20편에 비하여 문왕(問王)과 지도(知道)의 2편이 많은 22편이다. 다만 문왕편(問王篇)은 문옥편(問玉篇)의 잘못이다.

(3) 노(魯) 20편

이것을 『노논어(魯論語)』 또는 『노론(魯論)』이라고 한다. 한초(漢初)에 노인(魯人)이 전하던 논어로 금문(今文)의 논어다. 현재 전해지는 논어의 바탕이 되는 책이다.

※ 여기서 현행 논어의 연혁을 이야기하면, 전한말(前漢末)에 안창후(安昌侯) 장우(張禹)는 하후건(夏侯建)에게 『노론(魯論)』을 배웠다. 뒤에 용생(庸生)과 왕길(王吉)에게 나가 『제론(齊論)』에 있는 문왕(問王)과 지도(知道)의 2편을 줄여서 노론(魯論)의 편장(篇章)에 따라 20편으로 하였다. 이것을 『장후론(張侯論)』이라고 한다. 후한(後漢)의 포씨(包氏), 주씨(周氏)는 『장후론』의 주해(注解)를 만들었고 『장후론』은 학관(學官)의 열에 들었으며, 『제론(齊論)』은 드디어 없어졌다. 후한의 정현은 장후론을 바탕으로 하여 『고론(古論)』을 참작하여 20편의 정본(定本)을 만들어 주(注)를 썼다. 여기에 이르러 『노론(魯論)』 『제론(齊論)』 『고론(古論)』의 다름과 같음이 통일되었다. 이것이 『정주논어(鄭注論語)』다. 『장후론』도 『정주논어』도 다 없어져 전하지 않는다. 『정주논어』에는 청유(淸儒)의 집일본(輯佚本)이 있고, 그리고 돈황(敦煌)에서 그 잔결본(殘缺本)과 단편(斷片)이 발견되었다.

그뒤 위(魏)나라의 하안(何晏) 등이 공안국(公安國), 포함(包咸), 주씨(周氏), 마융(馬融), 정현(鄭玄), 왕숙(王肅), 진군(陳群), 주생렬(周生烈) 등 8가(八家)의 설을 모으고, 또 자신의 견해를 보탠 것이 하안의 『논어집해(論語集解)』인데, 지금도 전하고 있다. 하안(何晏)의 『논어집해』를 소석(疏釋)한 것에 양(梁)의 황간(皇侃)의 『논어의소(論語義疏)』와 송(宋)의 형병(刑昺)의 『논어정의(論語正義)』가 있다. 황간의 『논어의소』는 남송(南宋) 때 없어졌지만, 형병의 『논어정의』는 『십삼경주소(十三經注疏)』 중에 수록되어 있다.

(4) 전(傳) 19편
노(魯)나라에서 행해지던 『노론(魯論)』의 전(傳)으로, 『노론』을 해석한 것인데, 없어져 전하지 않는다. 『노론(魯論)』이 20편이고 전(傳)이 19편인 것은 경(經)과 전(傳)이 따로 행해졌기 때문일 것이다.

(5) 제설(齊說) 29편
『제론(齊論)』을 해설한 것인데 없어져 전하지 않는다. 『후서(後敍)』에 "제론(齊論)을 전하는 사람은 창읍(昌邑)의 중위(中尉) 왕길(王吉)이다."라 하였고, 『한서왕길전(漢書王吉傳)』에 "자양[子陽: 왕길의 자(字)]이 논어(論語)를 설하다."라고 한 것으로 보아, 이 『제설(齊說)』은 왕길(王吉)이 지은 듯하다.

(6) 노하후설(魯夏侯說) 21편
하후승(夏侯勝)이 조서를 받고 『노론(魯論)』을 해설한 것인데 없어져 전하지 않는다.
『한서하후승전(漢書夏侯勝傳)』에 "조서를 받고 상서논어설(尙書論語說)을 편찬하고 황금 100근을 하사받았다."라고 하였다.

(7) 노안창후설(魯安昌侯說) 21편
지금은 없어져 전하지 않는다. 노(魯)의 안창후(安昌侯)는 장우

(張禹)를 이르는 말인데, 장우의 자(字)는 자문(子文)이다. 처음에 태자를 위하여 『논어』를 강의하였고, 태자가 즉위하여 성제(成帝)가 되니, 불려져 관내후(關內侯)의 작위(爵位)를 받고, 하평중승상(河平中丞相)이 되어 안창후(安昌侯)에 봉(封)해졌다. 처음에 하후건(夏侯建)을 따라 『노론(魯論)』을 배웠고, 뒤에 용생(庸生)과 왕길(王吉)을 따라 『제론(齊論)』을 배웠으며, 두 책을 안배하여 정본(定本)을 만들었으니, 이것이 『장후론(張侯論)』이다. 『한서장우전(漢書張禹傳)』에 논어장구(論語章句)를 만들어 헌상하였다고 한 논어장구는 이 『노안창후설(魯安昌侯說)』을 말한 것이다. 그리고 『장후론(張侯論)』은 『노론(魯論)』의 편장(篇章)에 따라 20편이지만, 여기에 21편이라고 한 것은 정현(鄭玄)의 저서에 『논어편목제자(論語篇目弟子) 주일권(注一卷)』이 있는 것으로 보아 21편의 1편은 『논어편목제자(論語篇目弟子)』의 1편이었을 것이다.

(8) 노왕준설(魯王駿說) 20편
『노론(魯論)』을 해설한 것이다. 왕준(王駿)은 왕길(王吉)의 아들이다. 없어져 전하지 않는다.

(9) 연전설(燕傳說) 3권
연(燕)나라 사람이 전한 『논어』의 해설인데, 저자는 분명하지 않다. 없어져 전하지 않는다.

(10) 의주(議奏) 18편 : 석거(石渠)에서 논(論)하다.
석거각(石渠閣)에서의 논의(論議)에 참여한 위현성(韋玄成), 소망지(蕭望之) 등 노론가(魯論家)의 설을 모은 것인데, 없어져 전하지 않는다.

(11) 공자가어(孔子家語) 27권
없어져 전하지 않는다. 지금 있는 『공자가어(孔子家語)』는 위(魏)나라의 왕숙(王肅)이 위작(僞作)한 것이다. 왕숙(王肅)은 정현

(鄭玄)에 반대하여 정학(鄭學)을 깨뜨리고 자설(自說)을 세우기 위해, 정현의 육예론(六藝論)에 대하여 성증론(聖證論)을 저술하여 정학(鄭學)의 기초를 뒤집어놓고자 하였다. 그리하여 그 근거로 『공자가어(孔子家語)』를 위작(僞作)한 것이다. 본래의 『공자가어』는 왕숙(王肅) 때에는 이미 없어졌다. 왕숙은 『예기(禮記)』『대대례(大戴禮)』『맹자(孟子)』『순자(荀子)』『좌전(左傳)』『국어(國語)』『사기(史記)』『설원(說苑)』등을 비롯하여 『안자(晏子)』『열자(列子)』『한비자(韓非子)』『여씨춘추(呂氏春秋)』『신서(新序)』『한시외전(韓詩外傳)』『가의신서(賈誼新書)』등에서 취하여 『공자가어(孔子家語)』를 만들었다.

(12) 공자삼조(孔子三朝) 7편

삼조(三朝)라고 하는 것은 공자가 세 차례 애공(哀公)을 만나고 이 『삼조기(三朝記)』 7편을 지었다고 하는 데서 유래한다. 지금 『대대례(大戴禮)』중에 천승 제67(千乘第六十七), 사대 제68(四代第六十八), 우대덕 제69(虞大德第六十九), 고지 제70(誥志第七十), 소변 제74(小弁第七十四), 용병 제75(用兵第七十五), 소간 제76(少間第七十六)의 7편이 있는데, 이것이 옛날의 공자삼조(公子三朝) 7편이다. 본래는 전술한 기(記) 131편 속에 있었다.

(13) 공자도인도법(孔子徒人圖法) 2권

공자의 제자의 초상(肖像)을 그린 것인데 누가 그렸는지, 그리고 제자의 누구들을 그린 것인지 알 수 없다. 없어져 전하지 않는다.

■ 논어(論語) 12가 모두 229편

■ 논어(論語)의 개략

『논어(論語)』라는 것은 공자가 제자들과 그당시 사람들에게 응답하고, 또 제자들이 서로 더불어 말하고, 부자(夫子)에게 직접 들은 말들이다 당시 제자들이 각각 기록한 바가 있다. 부자가 이미 세상을 떠나니 문인들이 서로 더불어 모아서 논하여 편찬한 것이므로 『논어(論語)』라고 한다.

한(漢)이 일어나고 제(齊)와 노(魯)의 설(說)이 있었다. 제론(齊論)을 전한 사람은 창읍(昌邑)의 중위(中尉)인 왕길(王吉)과 소부(少府), 송기(宋畸), 어사대부(御史大夫)인 공우(貢禹), 상서령(尙書令)인 오록충종(五鹿充宗), 교동(膠東)의 용생(庸生) 등인데, 다만 왕양(王陽)만이 명가(名家)였다.

노론(魯論)을 전한 사람은 상산(常山)의 도위(都尉)인 공분(龔奮), 장신소부(長信少府)인 하후승(夏侯勝), 승상(丞相)인 위현(韋賢), 노(魯)의 부경(扶卿), 전장군(前將軍) 소망지(蕭望之), 안창후(安昌侯)인 장우(張禹) 등인데, 모두 명가(名家)였다. 장씨(張氏)가 가장 늦었으나 세상에 행해졌다.

　　論語者 孔子應答弟子 時人[1]及弟子相與言 而接聞[2]於夫子之語也 當時弟子各有所記 夫子旣卒 門人相與輯而論篹 故謂之論語
　　漢興有齊魯之說 傳齊論者 昌邑中尉[3]王吉 少府宋畸 御史大夫貢禹 尙書令五鹿充宗 膠東庸生 唯王陽[4]名家[5] 傳魯論語者 常山都尉[6]龔奮 長信少府夏侯勝 丞相韋賢 魯扶卿 前將軍蕭望之 安昌侯張禹 皆名家 張氏最後而行於世

1) 時人(시인) : 당시의 사람들.
2) 接聞(접문) : 직접 본인에게서 듣는 일.
3) 中尉(중위) : 관명. 이하 소부(少府), 어사대부(御史大夫), 상서령(尙書令)이 다 관명이다.
4) 王陽(왕양) : 왕길(王吉)을 이르는 말. 왕길의 자(字)가 자양(子陽)이므로, 왕양(王陽)이라고 불린다.
5) 名家(명가) : 그 학문의 전문가로 유명한 사람이나 학파.
6) 都尉(도위) : 관명.

■ 논어(論語)의 개략 해설

논어(論語)라고 하는 명칭에 대하여 먼저 '어(語)'라고 하는 것은 공자가 제자들과 당시의 사람들에게 응답한 말, 그리고 제자들 상호간에 문답(問答)한 말, 그리고 제자들 상호간에 문답하여 그것을 공자에게 직접 들은 '말'이라는 뜻이다. 당시 제자들은 각각 공자에게 들은 말들을 기록하여 두었던 것이다. 공자가 이미 세상을 떠난 뒤에 제자들은 각자 공자에게서 들은 말들을 모아서, 이것이 확실하게 공자에게 들은 말인가 아닌가를 논의한 뒤에 만든 책이므로, 책의 이름을 논어(論語)라고 붙인 것이다. [이상은 『논어(論語)』의 명칭에 대하여 말한 것이다.]

한대(漢代)에 이르러, 제(齊)나라 사람들 사이에 전해지던 『논어』와 노(魯)나라 사람들 사이에 전해지던 『논어』가 있었는데, 둘 사이에 약간씩 서로 다른 데가 있었다. 『제론(齊論)』을 전한 학자로는 창읍(昌邑)의 중위(中尉)인 왕길(王吉), 소부(少府)인 송기(宋畸), 어사대부(御史大夫)인 공우(貢禹), 상서령(尙書令)인 오록충종(五鹿充宗), 교동(膠東)의 용생(庸生) 등이 있는데, 그중에서도 왕길[王吉 : 자가 자양(子陽)이므로 왕양(王陽)이라 일컬어지기도 한다]만이 『논어』의 전문 학자로 세상에 알려졌다.

『노론(魯論)』을 전한 학자로는 상산(常山)의 도위(都尉)인 공분(龔奮), 장신소부(長信少府)인 하후승(夏侯勝), 승상(丞相)인 위현(韋賢), 노(魯)의 부경(扶卿), 전장군(前將軍)인 소망지(蕭望之), 안창후(安昌侯)인 장우(張禹) 등이 있는데, 그들은 모두 『논어』의 전문 학자로 세상에 알려졌다. 장우의 『논어』는 『장후론(張侯論)』이라고 하여 가장 나중에 나타났으면서도 가장 많이 세상에 알려지게 되었다. [이상은 논어의 전통에 대하여 말한 것이다.]

8. 효경(孝經)

(1) 효경고공씨(孝經古孔氏) 1편 : 22장.

이것은 이른바 고문효경(古文孝經)으로, 본래 공자의 구택(舊宅) 벽 속에서 나온 것이다. 『수서경적지(隋書經籍志)』에도 "또 고문효경(古文孝經)이 있는데 고문상서(古文尙書)와 함께 나왔다. 공안국(孔安國)이 이것의 전(傳)을 만들었는데, 양(梁)의 난(亂)에 없어졌다."라고 하였다. 금문효경(今文孝經)의 18장(章)보다 4장이 많아 22장으로 나뉘어 있다. 그것은 금문효경의 서인장(庶人章)을 서인장과 효평장(孝平章)의 2장으로 나누고, 성치장(聖治章)을 성치장과 부모생속장(父母生續章), 효우열장(孝優劣章)의 3장으로 나누었기 때문이다. 실제로 금문효경보다 많은 것은 규문장(閨門章)의 1장뿐이다.

※ 공안국(孔安國)의 『고문효경전(古文孝經傳)』은 처음으로 왕숙(王肅)의 『공자가어(孔子家語)』 서(序)와 『수서경적지(隋書經籍志)』에 보인다. 뒤에 수(隋)나라의 왕소(王劭)가 경사(京師)에서 『고문효경공안국전(古文孝經孔安國傳)』을 찾아냈다. 유현(劉玄)은 그 득실(得失)을 서(序)하고 의소(義疏 : 책의 뜻 풀이)를 만들어 여러 사람에게 강의하였다. 그리고 『금문효경』과 함께 학관(學官)에 세웠다. 그러나 당시의 학자들은 그 고문효경과 공전(孔傳)은 위서(僞書)로 공안국의 구본(舊本)이 아니라고 했다.

(2) 효경(孝經) 1편

장손씨(長孫氏), 강씨(江氏), 후씨(后氏), 익씨(翼氏)의 4가(家)가 전하는 18장(章)이다.

이것은 이른바 금문효경(今文孝經)이다. 지금 전하고 있는 것은 이 18장(章)이다. 한초(漢初)에 금문효경은 장손씨(長孫氏), 강씨(江氏), 후씨(后氏), 익씨(翼氏)가 전한 네 책이 있었다. 『경전석문서록(經典釋文序錄)』과 『수서경적지』에 의하면, 『효경(孝經)』도 진(秦)나라 분서(焚書)의 액운(厄運)을 만났으나, 하간(河間)의 안지(顏芝)라고 하는 사람이 금문효경을 감춰둔 것을 한초(漢初)에 안지의 아들인 안정(顏貞)이라는 사람이 그것을 찾아 헌상했다. 그것이 장손씨(長孫氏) 등의 4본(四本)이 되어 전해진 것이다. 유향(劉向)은 이 금문효경을 고문효경에 견주어 교수하고 그 번거로운 것을 버려 18장의 금문효경의 정본(定本)을 만들었다.

※ 금문효경에 정현(鄭玄)이 주석한 1권이 있다고 하나 그것이 과연 정현의 주석인가, 혹은 정현의 손자인 정소동(鄭小同)의 저작인가에 대해 의론이 갈린다. 그러나 정현이 『효경』을 주석했다고 하는 것은 믿을 만하다. 정현의 주금문효경(注今文孝經)은 송말(宋末)에 없어지고 말았다.

(3) 장손씨설(長孫氏說) 2편

금문효경(今文孝經)을 전한 장손씨(長孫氏)가 『효경(孝經)』을 해석한 것이다. 장손씨에 대해서는 그의 이름이나 어느 고장 사람인가가 밝혀지지 않는다. 없어져 전하지 않는다.

(4) 강씨설(江氏說) 1편

금문효경을 전한 강씨(江氏)가 『효경』을 해석한 것이다. 강씨는 하구(瑕丘)의 강공(江公)의 손자로 『노시(魯詩)』와 『곡량춘추(穀梁春秋)』를 전했고, 또한 『효경(孝經)』으로 유명하다. 없어져 전하지 않는다.

(5) 익씨설(翼氏說) 1편

익씨(翼氏)의 이름은 봉(奉)이요, 자(字)는 소군(少君)으로, 동해(東海) 하비(下邳) 사람이다. 후창(后倉)의 제자로, 익봉(翼奉)의 효경학(孝經學)은 후창에게서 받았다. 『제시(齊詩)』를 배웠고, 소망지(蕭望之), 광형(匡衡)과 같은 스승을 섬겼다. 없어져 전하지 않는다.

제 2 편 육예략(六藝略)   109

(6) 후씨설(后氏說) 1편
  금문효경을 전한 후씨(后氏)의 해석이다. 후씨의 이름은 창(倉)인데, 후창(后倉)에게는 『제시고(齊詩故)』가 있으니, 앞의 시가(詩家)에 보인다. 없어져 전하지 않는다.

(7) 잡전(雜傳) 4편
  금문효경의 해석인데, 유흠(劉歆)이 제가(諸家)의 설(說)을 모아 잡전(雜傳)이라는 제목을 붙였다. 『효경(孝經)』 주석의 가장 처음의 것인 위(魏)나라 문후(文侯)의 『효경전(孝經傳)』도 아마 이 잡전(雜傳) 속에 수록되어 있었을 것이다. 없어져 전하지 않는다.

(8) 안창후설(安昌侯說) 1편
  장우(張禹)가 금문효경을 해석한 것이다. 장후론(張侯論)은 앞에 나왔다. 없어져 전하지 않는다.

(9) 오경잡의(五經雜議) 18편 : 석거(石渠)에서 논하다.
  선제(宣帝) 때 석거각(石渠閣)에 학자들을 모아놓고 오경(五經)을 잡의(雜議)하게 하였다. 그 결과를 주대(奏對)하게 한 것이 이것이다. 『한서예문지(漢書藝文志)』에서는 이것을 소속시킬 데가 마땅하지 않으므로 효경류(孝經類)에다 넣었다. 석거각(石渠閣)에서 논의한 학자는 역(易)에는 시수(施讐)·양구림(梁邱臨), 상서(尙書)에는 주감(周堪)·장산부(張山拊)·임존(林尊)·구양지여(歐陽地餘)·가창(假倉), 시경(詩經)에는 위현성(韋玄成)·장장안(張長安)·설광덕(薛廣德), 예(禮)에는 대승(戴勝)·위현성(韋玄成)·문인통한(聞人通漢), 곡량전(穀梁傳)에는 소망지(蕭望之)·유향(劉向)·윤경시(尹更始) 등의 여러 학자였다. 없어져 전하지 않는다.

(10) 이아(爾雅) 3권 20편
  지금 전하고 있다. 지금 있는 책은 3권 19편인데, 여기에서 20편이라고 한 것은 본래 서(序)가 1편 있었으므로 그것을 합쳐서 20편이라고 했다는 설과, 석고(釋詁)의 상과 하를 2편으로 쳐서 하는 말이라는 설, 그리고 이아(爾雅)에는 따로 석례(釋禮)의 1편이 있었다는 설이 있다. 이아는 문자에 관한 책으로『사고전서(四庫全書)』에서는 이것을 소학류(小學類)에 넣고 있으나,『한지(漢志)』에서 이것을 효경류(孝經類)에 넣고 있는 것은『이아(爾雅)』가『효경』과 함께『석경총회(釋經總會)』의 책이기 때문이다.

이아(爾雅)라고 하는 책의 이름을 살펴보면 이(爾)는 가깝다는 근(近), 아(雅)는 바르다는 정(正)의 뜻으로, 가까이 하여 바른 것을 취한다는 것이다. 정(正)은 도읍(都邑)의 바른 말을 이른다. 지방의 방언(方言)을 도읍의 바른 말에 가깝게 하도록 하는 것이다. 이아(爾雅)는 고금 천하(古今天下)의 방언과 이언(異言)을 끌어다 도읍의 바른 말에 맞춰 설명하고 있다. 그러므로『이아(爾雅)』는 훈고(訓詁)의 책이다.『이아』는 주공(周公)이 지은 것이라고 되어 있으나, 진한(秦漢)시대의『시경(詩經)』해석에 관계한 학자의 설을 모아서 만든 책인 것 같다.

(11) 소아(小雅 : 小爾雅) 1편

송기(宋祁)가 이르기를 "소자(小字) 아래에 본래 이(爾)자가 있어야 한다."라고 했다.

없어져 전하지 않는다. 지금 있는 소이아(小爾雅)는 송대(宋代)에 공총자(孔叢子) 속에서 뽑아낸 것으로 13장(章)이다. 공총자(孔叢子)는 왕숙(王肅)의 위작(僞作)이다.

(12) 고금자(古今字) 1권

고자[古字 : 주대(周代)의 문자인 전서(篆書)]와 금자[今字 : 한대(漢代)의 문자인 예서(隸書)]를 대조하여 송람(誦覽)에 편리하게 한 것이리라. 없어져 전하지 않는다.

(13) 제자직(弟子職) 1편

응소(應劭)가 이르기를 "관중(管仲)이 지은 것으로 『관자(管子)』책에 있다."고 했다.

지금의 『관자(管子)』 제59편의 제자직(弟子職)이 이것이다. 한대(漢代)에는 이것이 단행본이었다. 제자직은 옛날에 가숙(家塾)에서 제자에게 가르치던 것으로 운(韻)을 이용하여 어린이들이 외고 읽기에 편리하게 하였다.

(14) 설(說) 3편

제자직(弟子職)의 해설서인데, 없어져 전하지 않는다.

■ 효경(孝經) 11가(家) 모두 59편

■ 효경(孝經)의 개략

효경(孝經)은 공자가 증자(曾子)를 위하여 효도를 진술한 것이다.

대저 효(孝)는 하늘의 경(經)이요, 땅의 의(義)요, 백성의 행함이다. 큰 것을 들어서 말한다. 그러므로 효경(孝經)이라 한다.

한(漢)이 일어나서 장손씨(長孫氏), 박사(博士) 강옹(江翁), 소부(少府) 후창(后倉), 간대부(諫大夫) 익봉(翼奉), 안창후(安昌侯) 장우(張禹)가 이것을 전했는데, 각자가 명가(名家)였다. 경문(經文)은 다 같다.

다만 공벽(孔壁) 중의 고문(古文)은 다르다고 한다. '부모생지(父母生之)' '속막대언(續莫大焉)' '고친생지슬하(故親生之膝下)'는 제가(諸家) 설(說)이 일치하지 않고 고문(古文)의 글자는 모두 읽는 방법이 다르다.

孝經者 孔子爲曾子陳[1]孝道也

夫孝 天之經[2] 地之義 民之行也 擧大者[3]言 故曰孝經
漢興 長孫氏 博士江翁 少府后倉 諫大夫翼奉 安昌侯張禹 傳之 各自名家 經文皆同
唯孔氏壁中古文爲異 父母生之 續莫大焉 故親生之膝下 諸家說不安處[4] 古文字皆讀皆異

1) 陳(진) : 진술하다.
2) 天之經(천지경) : 하늘의 상도(常道). 하늘의 명. 순리.
3) 大者(대자) : 큰 것. 곧 천지경(天之經).
4) 不安處(불안처) : 일치하지 않는다. 각각 다르다.

■ 효경(孝經)의 개략 해설

『효경(孝經)』은 공자가 제자인 증자(曾子)를 위하여 효도를 진술한 책이다.

[예문지(藝文志)에서는 『효경(孝經)』의 작자를 공자라고 하나, 효경의 작자에 대해서는 여러 가지 설이 있어 일정하지 않다.

①공자의 작이라고 하는 설 : 『한서예문지(漢書藝文志)』『백호통(白虎通)』『정현육예론(鄭玄六藝論)』『촉지진복전(蜀志秦宓傳)』.

②증삼(曾參 : 증자)의 작이라고 하는 설 : 『사기중니제자열전(史記仲尼弟子列傳)』.

③공자의 70제자들이 지은 것이라는 설 : 『사고제요(四庫堤要)』『모기령효경문(毛奇齡孝經問)』.

④증자(曾子) 제자의 작이라고 하는 설 : 『조공무군제독서지(晁公武郡齊讀書志)』.

⑤자사(子思)의 작이라고 하는 설 : 『곤학기문소인풍의설(困學紀聞所引馮椅說)』.

⑥한유(漢儒)의 위작(僞作)이라고 하는 것 : 『요제항고금위서고(姚際恒古今僞書考)』 등의 여러 가지 설이 있다.]

대저 효(孝)는 천지(天地)의 상도(常道)로, 백성이 행하여야 할 가장 소중한 덕목이다. 이와 같이 효는 하늘의 순리와 땅의 마땅함, 백성의 행(行) 이 세 가지를 아울러서 합한 것이다. 그 중에서 큰 것, 곧 『천지경(天之經)』을 들어 효경(孝經)이라 이름붙인 것이다.

한대(漢代)에 이르러 장손씨(長孫氏), 강옹(江翁), 후창(后倉), 익봉(翼奉), 장우(張禹) 등이 금문효경을 전했는데, 이들 학자는 누구나 다 효경을 전문으로 하는 학자로 세상에 알려졌다. 그들 학자가 전한 금문효경의 본문은 모두 같은 것이었다.

오직 공자의 옛집 벽속에서 나온 조정 서고에 보관된 고문효경만은 본문에 다른 점이 있었다. 예컨대 성치장(聖治章)의 '부모생지(父母生之) 속막대언(續莫大焉)'의 구절이나 '고친생지슬하(故親生之膝下)'의 구절은 제가(諸家)의 설이 구구(區區)하다. 고문효경(古文孝經)은 글자를 읽는 방법이나 해석에도 다른 점이 있다.

※ 『환담신론(桓譚新論)』에 고문효경 1천8백72자 중 다른 것이 4백여개나 있다고 하였다.

9. 소학(小學)

(1) 사주(史籀) 15편

주선왕(周宣王)의 태사(太史)가 지음. 대전(大篆) 15편 건무(建武) 때 6편이 없어졌다.

가장 오래된 자서(字書)다. 한무제(漢武帝)의 건무 연간(建武年間)에 이미 6편이 없어졌고, 그뒤 진대(晉代)에 이르러 나머지 9편마저 없어졌다. 사주(史籀)의 작자에 대해서는 반고(班固)의 자주(自注)에는 다만 주선왕(周宣王)의 태사(太史)의 작품이라고만 하고 그의 성명은 밝히지 않았다. 단옥재(段玉裁)는 "태사(太史)는 관명(官名)이고 주(籀)는 인명(人名)이다. 이것을 줄여 사주(史籀)라고 한다. 그의 성(姓)은 기전(記傳) 속에 분명하지 않다.[설문해자(說文解字)의 주석]"라고 말하였다.

　이에 대해 왕국유(王國維)는 "사주(史籒)는 인명이 아니다. 주(籒)는 독(讀)과 같은 것으로, 고대에는 주(籒), 요(䍂), 독(讀)의 3자는 통용되었다. 그러므로 주(籒)는 독서(讀書), 독문(讀文)의 뜻이다. 당시 사관이 관장하는 일은 독서와 집필이었다. 그리고 사주(史籒)라는 책의 이름도 머리 구절에 대사주서(大史籒書)라고 되어 있으므로 후인이 그 책에 사주라는 이름을 붙였을 것이다."라고 하였다.[사주편소증(史籒篇疏證)]

　사주편(史籒篇)이 만들어진 시기를 반고의 자주에서는 주(周)의 선왕(宣王) 때라고 하였으나, 왕국유(王國維)는 춘추·전국시대에 진나라 사람이 만든 것으로 사주편의 문자는 진의 문자로 서쪽 지방에서 통용되고 동방에서는 전해지지 않았다고 한다.[사주편소증(史籒篇疏證)]

(2) 팔체육기(八體六技)

　권수(卷數)와 저자는 분명하지 않다. 8체(八體)라는 것은 위소(韋昭)의 주석에 의하면, 대전(大篆), 소전(小篆), 각부(刻符), 충서(蟲書), 모인(摹印), 서서(署書), 수서(殳書), 예서(隸書)의 여덟 가지 서체로 모두가 진대(秦代)의 것이었다. 위소(韋昭)의 주석은 허신(許愼)의 설문서(說文序)에 바탕을 둔 것이다. 6기(六技)라고 하는 것은 6서(六書)의 잘못인 것 같다. 왕망(王莽)은 8체(八體)를 개정하여 6서(六書)를 만들었다. 왕망이 개정한 6서는 고문(古文), 기자(奇字), 전서(篆書), 좌서(佐書), 무전(繆篆), 조충서(鳥蟲書)의 여섯 가지다. 진(秦)의 8체(八體)와 왕망(王莽)이 개정한 신(新)나라 6서(六書)와는 내용에 있어서 큰 변화는 없다. 신(新)나라 대전(大篆)은 진(秦)의 고문(古文)을 개정한 것이고, 기자(奇字)는 고문의 특이(特異)한 것이다. 왕망의 신(新)나라 시대에는 고문과 전서(篆書)를 주로 하였다. 예서(隸書)는 고문이나 전서를 돕는 것으로 이것을 좌서(佐書)라고 하였다. 그리고 충서(蟲書)를 조충서(鳥蟲書)라 하고, 모인(摹印)을 무전(繆篆 : 꼬불꼬불한 서체로 인각

제 2 편 육예략(六藝略) 115

(印刻)에 쓰임)이라고 하였다. 진(秦)의 각부(刻符)는 신(新)나라의 전서(篆書) 중에 포함되고 수서(殳書)는 예서(隸書) 속에 포함시켰다. 진(秦)의 8체 중 신(新)나라의 6서에 없는 것은 다만 서서(署書)뿐이다. 없어져 전하지 않는다.

(3) 창힐(蒼頡) I편

상(上) 7장은 진(秦) 승상(丞相) 이사(李斯)의 작이요, 원력(爰歷) 6장은 거부령(車府令) 조고(趙高)의 작이며, 박학(博學) 7장은 태사령(太史令) 호모경(胡母敬)의 작이다.

진시황(秦始皇)이 천하를 통일하고 승상(丞相) 이사(李斯)의 헌책(獻策)을 받아들여 언어와 문자의 번거롭게 거듭되고 기괴(奇怪)한 것을 줄이고 고쳐 새롭게 진의 문자를 개정하였다. 그 결과 자서(字書)의 필요가 생기고, 이렇게 해서 만들어진 것이 이사(李斯)가 만든 창힐(蒼頡) 7장과 중거부령[中車府令 : 반고 자주의 거부령(車府令)은 거(車)자 위에 중(中)자가 빠진 것이다]인 조고(趙高)가 만든 원력(爰歷) 6장[옥리(獄吏)를 위해 만든 것]과 태사령 호모경(胡母敬)이 만든 박학(博學) 7장[천문(天文)과 성력(星曆)의 기술(記述)을 위해 만든 것]이다. 이들의 자서(字書)는 한대에 이르러 창힐(蒼頡), 원력(爰歷), 박학(博學) 3편을 합해 I편으로 하고, 60자를 I장(章)으로 하여 55장으로 개편되었다. 따라서 문자의 수는 3천 3백자다. 이 문자의 서체(書體)는 진전(秦篆) 혹은 소전(小篆)이라 불리는 것으로, 앞의 사주(史籀)의 대전(大篆)을 약간 생략한 것이다. 이 책을 창힐(蒼頡)이라 이름붙인 것은 편 머리에 창힐(蒼頡)이라는 두 글자가 있어서일 것이다. 이 책은 4자로 한 구절을 이루어, 후세의 천자문(千字文)과 같은 체제로 외는 데에 편리하게 만들어졌을 것이다. 없어져 전하지 않는다.

(4) 범장(凡將) I편 : 사마상여(司馬相如)가 지었다.

범장(凡將) I편은 한무제(漢武帝) 때의 사마상여(司馬相如)가 지은 자서(字書)인데, 송대(宋代)에 없어졌다.

※ 범장편(凡將篇)의 문구는 여러 책에서 산견(散見)된다. 예컨대 황윤섬미의제선[黃潤纖美宜制禪: 문선촉도부주인(文選蜀都賦注引)], 종경우생축감후[鐘磬竽笙筑坎侯: 예문류취인(藝文類聚引)] 등.

(5) 급취(急就) 1편
원제(元帝) 때 황문령(黃門令)인 사유(史游)가 지었다.
한원제(漢元帝) 때 황문령(黃門令)인 사유(史游)가 지은 자서(字書)다. 급취편(急就篇)은 범장편(凡將篇)을 모방해 만든 것으로, 『수당지(隋唐志)』에는 급취초(急就草)라고 되어 있다. 이제 본 급취(本急就)는 34장(章)으로 되어 있고, 3자 또는 7자로 1구(句)가 된 구결문체(口訣文體)다. 끝에 제국(齊國), 산양(山陽)의 2장은 후한(後漢) 사람이 덧붙인 것이다. 책의 이름이 '급취(急就)'가 된 것은 편 머리의 두 글자를 취한 것이다.
※ 『군재독서지(郡齋讀書志)』에 "무릇 32장으로, 성명(姓名), 제물(諸物), 오관(五官) 등의 글자를 잡기(雜記)하여 그것으로 어린이들을 가르쳤다."라고 하였다.

(6) 원상(元尙) 1편
성제(成帝) 때 장작대장(將作大匠)인 이장(李長)이 지었다.
성제(成帝) 때 이장(李長)이 지은 자서(字書)다. 이장이 어떤 사람인지는 분명하지 않다. 책의 이름이 원상(元尙)인 것은 편 머리의 두 글자를 취한 것이다. 앞의 급취(急就)가 범장(凡將)을 모방한 것이니, 이 원상도 급취를 모방한 것 같다. 없어져 전하지 않는다.

(7) 훈찬(訓纂) 1편: 양웅(揚雄)이 지었다.
한(漢)나라 양웅(揚雄)이 지은 것인데, 이사(李斯)의 창힐편(蒼頡篇)을 이어서 완성한 것이다. 없어져 전하지 않는다.
※ 『한서양웅전(漢書揚雄傳)』에 "경(經)은 역(易)보다 큰 것이 없다. 그러므로 태현(太玄)을 만들었다. 전(傳)은 『논어(論語)』보다 큰 것이 없다.

제 2 편 육예략(六藝略)   117

그러므로 법언(法言)을 만들었다. 사편(史篇)은 창힐(蒼頡)보다 좋은 것이 없으니 훈찬(訓纂)을 만들었다."라고 하였다. 후한(後漢) 화제(和帝) 때 가방(賈魴)이 훈찬편(訓纂篇)에 따라 방희편(滂喜篇)을 만듦에 있어, 창힐을 상편으로 하고, 훈찬을 중편으로 하고, 방희(滂喜)를 하편으로 하여, 이것을 삼창(三蒼)이라 불렀다.『수서경적지(隋書經籍志)』에 삼창(三蒼) 3권을 실었다.

(8) 별자(別字) 13편

지금 전하는 한대의 양웅(揚雄)이 지은 『방언(方言)』 13권이 이것이다. 이 책의 본래 이름은 『유헌사자절대어석별국방언(輶軒使者絶代語釋別國方言)』이다. 별자(別字)라 하고, 방언(方言)이라고 하는 것은 약칭이다. 방언(方言)이 양웅(揚雄)의 지음이 아니라고 하는 설도 있다.[『사고제요(四庫提要)』 참조.]

(9) 창힐전(蒼頡傳) 1편

전(傳)은 해석을 뜻한다. 이사(李斯)가 지은 창힐편(蒼頡篇)을 해석한 책이다. 작자가 분명하지 않은데, 없어져 전하지 않는다.

(10) 양웅창힐훈찬(揚雄蒼頡訓纂) 1편

양웅(揚雄)의 작(作)이다. 이 책은 이사(李斯)의 창힐편(蒼頡篇)과 양웅의 훈찬편(訓纂篇)을 합쳐 하나로 하고, 창힐편의 중복된 글자를 바꾸어 81장(章)으로 한 것이다. 없어져 전하지 않는다.

(11) 두림창힐훈찬(杜林蒼頡訓纂) 1편

두림(杜林)의 작이다. 두림은 두업(杜鄴)의 아들이다. 『후한서(後漢書)』에 두림전(杜林傳)이 있다. 이 책은 양웅의 창힐훈찬(蒼頡訓纂)을 얼마간 더 늘인 것 같다. 없어져 전하지 않는다.

(12) 두림창힐고(杜林蒼頡故) 1편

두림(杜林)의 작이다. 고(故)는 훈고(訓詁 : 경서(經書) 등 고문

(古文)의 고증·해석·주해의 총칭)의 고(詁)와 같다. 이 책은 두림이 창힐편(蒼頡篇)을 해석한 책이다. 없어져 전하지 않는다.

■ 소학(小學) 10가(家) 모두 45편
양웅(揚雄)과 두림(杜林) 2가(二家)의 3편을 넣는다.

반고의 자주(自注)의 뜻은 양웅창힐훈찬(揚雄蒼頡訓纂) 1편과 두림창힐훈찬(杜林蒼頡訓纂) 1편 및 두림창힐고(杜林蒼頡故) 1편의 양웅(揚雄), 두림(杜林) 2가(家)의 3편의 책은 유흠(劉歆)의 『칠략(七略)』에는 기록되어 있지 않았는데, 반고(班固)가 예문지(藝文志) 속에 새로이 넣었다는 것을 말한다.

■ 소학(小學)의 개략
역(易)에 이르기를 "상고(上古)에는 결승(結繩)으로 다스렸다. 후세의 성인(聖人)이 이것을 서계(書契)로 바꾸어 백관(百官)은 그것으로 다스리고, 만민(萬民)은 그것으로 살폈다. 대개 이것을 쾌(夬)에 취하다."라고 하였다. "쾌(夬)는 왕정(王庭)에 발양(發揚)하다."라고 하였다. 그 왕자(王者)의 조정에 선양하여 그 역할이 가장 큰 것을 말한다.

옛날에는 8세(八歲)가 되면 소학(小學)에 들어갔다. 그러므로 주관(周官)인 보씨(保氏)는 국자(國子)를 양성하여 그들에게 육서(六書) 가르치는 일을 관장하였다. 상형(象形), 상사(象事), 상의(象意), 상성(象聲), 전주(轉注), 가차(假借)를 이르는데, 이는 글자를 만든 근본이다.

한(漢)이 일어나 소하(蕭何)가 율(律)을 초(草)하고, 또한 그 법을 저술하여 말하기를 "태사(太史)는 학동을 시험하여 능히 문자 9천 이상을 암송하는 자는 곧 사관(史官)이 될 수 있다."라고 하였다. 또 "6체(六體)로 그것을 시험하여 가장 우수한 자는 상서(尙書), 어사(御史), 사서령(史書令)이 된다. 관리와 백성이 상서(上書)하여 글자가 혹 바르지 않으면 곧 들어서 법으로 벌주겠다." 하였다.

6체(六體)라는 것은 고문(古文), 기자(奇字), 전서(篆書), 예서(隸書), 무전(繆篆), 충서(蟲書)다. 모두 고금(古今)의 문자를 통하여 알고 인장(印章)에 맞춰 새기며 기치(旗幟) 부신(符信)에 쓰는 까닭이다.

옛날 제도에서는 책은 반드시 문자를 한 가지로 했다. 알지 못하면 빈자리로 두고 그것을 노인에게 물었다. 쇠퇴한 세상이 되어 옳고 그른 것을 바로잡음이 없이 사람들은 제 마음대로 쓰게 되었다. 그러므로 공자가 말하기를 "나는 오히려 사(史)의 궐문(闕文)에 미친다. 지금은 없어졌는가."라고 하였다. 대개 그 바르지 않은 것을 마음 아파한 것이다.

사주편(史籀篇)은 주대(周代)에 사관(史官)이 학동에게 가르치던 책이다. 공씨(孔氏) 벽 속의 고문(古文)과는 다른 체(體)다.

창힐(蒼頡) 7장은 진(秦)의 승상(丞相) 이사(李斯)가 지은 것이다. 원력(爰歷) 6장은 거부령(車府令) 조고(趙高)가 지은 것이다. 박학(博學) 7장은 태사령(太史令) 호모경(胡母敬)이 지은 것이다. 문자는 사주편(史籀篇)에서 많이 취했는데, 전체(篆體)는 또 매우 다르다. 소위 진전(秦篆)이라고 하는 것이다.

이 때에 처음으로 예서(隸書)를 만들다. 관청이나 옥사(獄事)의 일이 많아지니 임시 변통으로 획수를 줄이고 쉽게 하는 방향으로 나가 그것을 신분이 낮은 자에게 베푸는 데에서 생긴 것이다.

한(漢)이 일어나니 마을의 서사(書師)가 창힐(蒼頡), 원력(爰歷), 박학(博學)의 3편을 합하고 60자(字)를 끊어 1장(章)으로 삼다. 무릇 55장인데, 아울러서 창힐편(蒼頡篇)이라고 한다.

무제(武帝) 때 사마상여(司馬相如)가 범장편(凡將篇)을 만들었는데 중복되는 글자가 없었다. 원제(元帝) 때 황문령(黃門令) 사유(史游)가 급취편(急就篇)을 만들다. 성제(成

帝) 때 장작대장(將作大匠) 이장(李長)이 원상편(元尙篇)을 만들다. 모두 창힐(蒼頡) 속의 정자(正字)이나, 범장(凡將)에는 매우 벗어난 것이 있다. 원시(元始) 연간에 이르러 천하의 소학(小學)에 통하는 자를 징집하니 백을 헤아렸다. 각각 문자를 궁중(宮中)에서 설하게 하였다. 양웅(揚雄)은 그 중 유용한 것을 취하여 훈찬편(訓纂篇)을 만들어 따라서 창힐(蒼頡)에 이었다. 또 창힐 중에서 중복되는 글자를 바꾸니 무릇 89장(章)이었다. 신(臣)은 또 양웅(揚雄)에 이어서 13장을 만들었다. 무릇 102장인데 중복되는 글자가 없다. 육예군서(六藝群書)에 싣는 바는 대략 갖추었다.

『창힐』은 고자(古字)가 많아 세속의 선생은 그 읽는 것을 잃었다. 선제(宣帝) 때 제인(齊人)으로 바르게 잘 읽는 사람을 징집하였다. 장창(張敞)이 전하여 그것을 받다. 전하여 외손(外孫)의 아들인 두림(杜林)에 이르러 훈고(訓故)를 만들었다. 아울러 실었다.

易曰[1] 上古結繩[2]以治 後世聖人 易之以書契[3] 百官以治 萬民以察 蓋取諸夬[4] 夬揚于王庭[5] 言其宣揚於王者朝廷 其用最大也

古者八歲入小學 故周官保氏[6]掌養國子[7] 敎之六書 謂象形 象事 象意 象聲 轉注 假借 造字之本也

漢興 蕭何[8]草律[9] 亦著其法曰 太史[10]試學童 能諷書[11]九千字以上 乃得爲史 又以六體試之 課最者[12]以爲尙書 御史 史書令史[13] 吏民上書 字或不正輒擧劾[14]

六體者 古文 奇字 篆書 隷書 繆篆 蟲書 皆所以通知古今文字 摹[15]印章 書幡信[16]也

古制書必同文 不知則闕 問諸故老 至於衰世 是非無正 人用其私 故孔子曰[17] 吾猶及史之闕文[18]也 今亡矣夫 蓋傷其浸不正

史籀篇者 周時史官敎學童書也 與孔氏壁中古文異體

蒼頡七章者　秦丞相[19]李斯所作也　爰歷六章者　車府令[20]趙高所作也　博學七章者　太史令[21]胡母敬所作也　文字多取史籒篇　而篆體復頗異　所謂秦篆者也
　是時始建隷書矣　起於官獄多事　苟趣省易[22]　施之於徒隷[23]也
　漢興　閭里[24]書師　合蒼頡　爰歷　博學三篇　斷六十字以爲一章　凡五十五章　幷爲蒼頡篇
　武帝時　司馬相如作凡將篇　無復字　元帝時　黃門令史[25]游作急就篇　成帝時　將作大匠[26]李長元尙篇　皆蒼頡中正字也　凡將　則頗有出矣　至元始[27]中　徵天下通小學者以百數　各令記[28]字於庭中　揚雄取其有用者以作訓纂篇　順續蒼頡　又易蒼頡中重復之字　凡八十九章　臣[29]復續揚雄　作十三章　凡一百二章　無復字　六藝群書所載　略備矣
　蒼頡多古字　俗師[30]失其讀　宣帝時徵齊人[31]能正讀者　張敞[32]從受之　傳至外孫之子杜林　爲作訓　故幷列焉

1) 易曰(역왈):『역경(易經)』계사전(繫辭傳)에 있는 말.
2) 結繩(결승): 문자가 없던 상고시대에 새끼의 매듭 모양과 수로 의사소통과 기억의 방편으로 삼던 풍습.
3) 書契(서계): 글자. 문자(文字).『상서(尙書)』에 의하면 BC 3000년경에 복희씨가 천지자연의 형상을 관찰하여 8괘(八卦)를 만들고 8괘의 감괘(☵)에서 수(水)를 이괘(☲)에서 화(火)를… 하는 방식으로 글자를 만들었는데 이를 일컬어 그림을 갖고 약속을 했기 때문에 서계라 했다고 전하고 있다.
4) 夬(쾌): 64괘(卦) 중의 하나. 쾌(夬)는 결(決)로서 결단을 뜻한다.
5) 夬揚于王庭(쾌양우왕정): 쾌괘(夬卦)의 괘사(卦辭)로 왕자(王者)의 뜻에서 발양(發揚)하여 공정(公正)을 보이는 것.
6) 保氏(보씨): 왕의 악(惡)을 간(諫)하고 국자(國子)를 양성하며 도(道)로써 육예(六藝)를 가르치는 일을 관장한다.
7) 國子(국자): 공(公), 경(卿), 대부(大夫)의 자제(子弟).
8) 蕭何(소하): 한(漢)나라 고조(高祖)의 공신(功臣). 고조를 도와 천하를 통일하였다. 장량(張良), 한신(韓信)과 더불어 한(漢)나라의 뛰어

난 인물중 한 사람.
9) 草律(초율) : 한율(漢律)을 창조한 일. 초(草)는 창조의 뜻. 법률입안을 말함.
10) 太史(태사) : 관명. 나라의 기록을 관장한다. 태사령(太史令).
11) 諷書(풍서) : 문자를 암송하다. 풍은 암송하다, 외다의 뜻. 서(書)는 문자.
12) 課最者(과최자) : 시험하여 가장 우수한 자. 과(課)는 시험한다.
13) 尙書御史史書令史(상서어사사서령사) : 상서(尙書), 어사(御史), 사서령사(史書令史)는 다 관명(官名).
14) 劾(핵) : 법으로 벌 주다.
15) 摹(모) : 인장(印章)에 맞춰 새기는 일.
16) 幡信(번신) : 기치(旗幟)와 부신(符信).
17) 孔子曰(공자왈) : 『논어(論語)』 위령공편(衛靈公篇)에 보이는 구절.
18) 闕文(궐문) : 문자를 쓰지 않고 빈자리로 남겨 두다.
19)20)21) 丞相(승상), 車府令(거부령), 太史令(태사령) : 모두 관명(官名).
22) 省易(생이) : 획수를 줄여 쉽게 하다.
23) 徒隷(도예) : 신분이 낮은 사람.
24) 閭里(여리) : 마을. 촌리(村里).
25)26) 令史(영사), 將作大匠(장작대장) : 둘 다 관명(官名).
27) 元始(원시) : 평제(平帝)의 연호(年號).
28) 記(기) : 설(說)과 같다.
29) 臣(신) : 반고(班固)가 스스로를 이르는 말.
30) 俗師(속사) : 속학(俗學)을 하는 사람. 세속의 스승.
31) 齊人(제인) : 성명이 분명하지 않다.
32) 張敞(장창) : 자(字)는 자고(子高). 하동(河東) 사람으로, 고문자(古文字)를 좋아하였다.

■ 소학(小學)의 개략 해설

『역경(易經)』의 계사전(繫辭傳)에 "아주 옛날 사람들은 단순하였으므로 새끼줄을 묶어 사물을 기억하고, 그것으로 세상이 다스려졌다. 세월이 지나면서 사물이 차차 복잡해져 가니 성인이 새끼줄을 묶던 방법을 고쳐 문자라는 것을 만들어 기록하였다. 많은 관리들은 그 직무를 잘 처리할 수 있었고, 많은 사람들을 확실하게 살필 수 있게 되었다. 이것은 대개 역(易)의 쾌괘(夬卦 : ䷪)에서 그 도리를 본받았다."라고 하였다.

쾌괘(夬卦)는 결단(決斷)을 뜻하는 것이니, 문자(文字)는 의심스러운 생각이 일어나지 않도록 사물을 분명하게 기록하기 위한 것이다. 쾌괘의 괘사(卦辭)에 "왕의 조정에서 드러낸다."라고 하였는데, 이 뜻은 천자의 측근에 있는 소인(小人)을 제거하려면 천자의 조정에서 당당하게 그 죄상을 밝히고 그 간사한 것을 천하에 알려 사람에게 그 죄상을 알게 한다는 것이다. 이와 마찬가지로 문자는 왕자(王者)가 그것을 조정에 선양하여 교화를 추진하기 위한 것으로 그 쓰임이 가장 크다.

[『설문서(說文序)』에 "쾌(夬)는 왕정(王庭)에서 발양(發揚)하는 것이니, 문(文 : 문자)은 왕자(王者)의 조정에서 가르침을 펴서 교화를 밝히는 것을 말하는 것이다."라고 하였다. 그리고 또 말하기를 "대개 문자는 경예(經藝)의 근본으로, 왕정(王政)의 시작이다."라고 하였다.]

옛날에는 여덟 살에 소학(小學)에 들어갔다. 그러므로 주례(周禮)의 지관(地官) 대사도(大司徒)의 속관(屬官)인 보씨(保氏)가 관장하는 직책은 공경대부(公卿大夫)의 자제(子弟)를 양성하여 그들에게 6서(六書)를 가르치는 일이다. 6서란 상형(象形), 상사(象事), 상의(象意), 상성(象聲), 전주(轉注), 가차(假借)를 말하는 것으로 이것은 문자를 만드는 기본이 되는 것이다.

6서(六書)는 『한서예문지(漢書藝文志)』에서는 상형(象形), 상사(象事), 상의(象意), 상성(象聲), 전주(轉注), 가차(假借)라 하였다. 주례보씨(周禮保氏)의 『정중주(鄭衆注)』에는 상형(象形), 회의(會

意), 전주(轉注), 처사(處事), 가차(假借), 해성(諧聲)이라 하였다. 『설문서(說文序)』에는 지사(指事), 상형(象形), 형성(形聲), 회의(會意), 전주(轉注), 가차(假借)로 되어 있다. 그 명칭은 조금씩 다르나 오늘날에는 『설문서(說文序)』의 명칭이 일반적으로 행해지고 있다.

상형(象形)은 물건의 형상을 본떠서 만든 글자의 형태로 일(日), 월(月)과 같은 것이다. 지사(指事)는 사물의 관계를 가리켜 보이는 것이니, 예문지(藝文志)에서는 이것을 상사(象事)라고 하는데, 상(上), 하(下)와 같은 것이다. 회의(會意)는 둘 이상의 개념을 결합하여 하나의 뜻을 나타내는 것이니, 예문지에서는 이것을 상의(象意)라고 하는데, 무(武), 신(信)과 같은 것이다. 형성(形聲)은 이미 이루어진 문자를 결합하여 한쪽은 뜻을 보여 상형의 성질을 보이고, 다른 한쪽은 음부(音符)가 되어 소리를 나타내는 것이니, 예문지에서는 이것을 상성(象聲)이라고 하는데, 강(江), 하(河)같은 것이다. 전주(轉注)는 문자 본래의 뜻을 끌어다가 발전시켜 다른 비슷한 뜻으로 쓰는 것이니, 고(考)와 노(老)는 본래 한 글자로 아버지의 뜻인 고(考)의 한 부분을 고쳐 노(老)자를 만든 것과 같은 것이다. 가차(假借)는 본래부터 그 글자가 없으므로 다른 글자의 소리나 모양을 빌려 그 사물의 뜻을 나타내는 것이니 영(令), 장(長)과 같은 것이다.]

한대(漢代)에 이르러 소하(蕭何)는 한율(漢律)을 지어 그 속에 문자를 시험하여 사람을 취하는 법을 저술하여 "태사(太史)가 학동을 시험하여 9천자 이상의 문자를 암송할 수 있는 자는 태사(太史)의 관직에 임용한다." 하였고, 또 "6체[六體 : 8체(八體)의 잘못]로써 시험하여 그 시험에 성적이 우수한 자는 상서(尙書)나 어사(御史)나 사서령사(史書令史)에 임용한다. 관리나 백성이 글을 올림에 있어 글자가 잘못되었을 때는 법으로 벌줄 것이다."라고 하였다.

[허신(許愼)의 설문서(說文序)에 "또 8체(八體)로써 그것을 시

험한다."라고 하였다. 예문지에 6체(六體)라고 한 것은 8체의 잘못이다. 6체는 왕망(王莽) 때 정해진 것이니, 한초(漢初)에 소하(蕭何)가 율(律)을 초(草)한 것은 진(秦)의 8체를 그대로 쓴 것으로, 6체는 아직 정해지지 않은 때였다. 아래 글에 보이는 것은 6체다.]

　6체(六體)라는 것은 고문(古文), 기자(奇字), 전서(篆書), 예서(隸書), 무전(繆篆), 충서(蟲書)의 여섯 가지 서체(書體)다. 모두 고금(古今)의 문자에 통하여 그것을 알고 인장(印章)에 새기거나 기치(旗幟)나 부신(符信)에 쓰기 위한 것이었다.

　[여기서 말하는 6체(六體)는 왕망(王莽) 때 제정된 6체로 상기한 책의 이름인 『8체6기(八體六技)』와 같은 것이다. 설문서(說文序)에 "대사공(大司空) 견풍(甄豊) 등으로 하여금 문서의 부(部)를 교수하게 하니 스스로 제작에 응한다고 하다. 매우 고문을 개정하니 그때 6서(六書)가 있었다. ①고문(古文)은 공자의 옛집 벽속에서 나온 글자다. ②기자(奇字)는 고문이지만 다른 것이다. ③전서(篆書), 곧 소전(小篆)은 진 시황제(秦始皇帝)가 하두(下杜) 사람 정막(程邈)으로 하여금 만들게 한 것이다. ④좌서(佐書)는 곧 진(秦)의 예서(隸書)다. ⑤무전(繆篆)은 인장에 새기는 것이다. ⑥조충서(鳥蟲書)는 번신(幡信 : 깃발)에 쓰는 것이다."라고 했다.

　안사고(顔師古)의 주(注)에 전서(篆書), 곧 소전(小篆)은 정막(程邈)이 지은 것이라고 되어 있는 것은 알맞지 않다. 안주(顔注)는 설문서(說文序)에 의한 것이지만, 설문서 전서 아래에 "진나라 시황제가 하두 사람 정막으로 하여금 짓게 한 바다."라고 한 것은, 단옥재(段玉裁)에 의하면 아래 글의 좌서(佐書) 곧 진(秦)의 예서(隸書) 아래에 있었을 것이다. 설문서(說文序)에 분명하게 "이사(李斯), 조고(趙高), 호모경(胡母敬)은 다 사주대전(史籒大篆)을 취하여 혹은 매우 줄이고 고쳤으니, 이른바 소전(小篆)이다."라고 한 바와 같이 소전을 만든 것은 이사, 조고, 호모경 등이다. 정막(程邈)은 좌서(佐書) 곧 예서(隸書)를 만든 것이다. 무전(繆篆)은 글자가 꾸불꾸불한 서체로 인장에 새기고, 충서(蟲書)는 벌레나 새

의 형상인 서체로 기치(旗幟)나 부신(符信)에 쓴다.]

　옛날 제도로 책에 기록하는 문자는 천하가 동일한 문자를 사용하였다. 그것은 천하 사방의 백성으로 하여금 책에 쓰인 글자를 알게 하고, 또한 그것을 잘 읽도록 하기 위해서였다. 그러므로 백성은 자기 생각대로 문자를 만들지 않고 자기가 모르는 글자가 있으면 그것을 빈자리로 두어 두고 노인중 아는 이에게 물어 썼던 것이다. 그런데 세상이 쇠퇴해지니 같은 문자의 정치가 행해지지 않고, 바른 문자를 따르지 않으며, 사람들은 자기 마음대로 글자를 만들어 사용하기에 이르렀다. 그러므로 공자가 이르기를 "내가 어렸을 때에는 기록하는 사람이 정확한 글자를 모를 때에는 그것을 쓰지 않고 빈자리로 두었다가 바른 글자를 알아낸 후 썼다. 그런데 지금은 그런 의(義)를 지키는 사람이 없는 것 같다. [논어 위령공편(衛靈公篇)]"라고 하였으니, 이것은 문자가 점차로 바르게 쓰여지지 않는 것에 대한 상심과 한탄인 것이다.

　사주편(史籒篇)이라고 하는 자서(字書)는 주대(周代)의 사관(史官)이 학동에게 가르친 책이다. 공씨(孔氏)의 집 벽에서 나온 책에 쓰인 고문(古文)의 서체(書體)와는 다르다. 사주편의 문자는 서주(西周)의 고문이고, 공벽(孔壁)에서 나온 고문은 동주(東周)의 고문이라고 한다.

　창힐(蒼頡) 7장(章)은 진(秦)의 승상(丞相)인 이사(李斯)가 지은 것이다. 원력(爰歷) 6장은 거부령(車府令)이라고 하는 관직에 있던 조고(趙高)가 만든 것이다. 박학(博學) 7장은 태사령(太史令)인 호모경(胡母敬)이 만든 것이다. 그 문자는 많이 사주편(史籒篇)에서 취하였으나, 그 전서(篆書)의 서체는 매우 다른 것이 많다. 그것은 소전(小篆)이라고도 하는 이른바 진전(秦篆)이라고 불리는 것이다.

　설문서(說文序)에 "진(秦)의 시황제(始皇帝) 초기에 천하를 통일하다. 승상(丞相)인 이사(李斯)가 아뢰어 그것을 한 가지로 하여 진의 문자와 맞지 않는 것을 없애다. 이사는 창힐편을 만들고, 거부령 조고는 원력편을 만들고, 태사령 호모경은 박학편을 만들다. 다 사주대전(史籒大篆)을 취하였는데, 혹은 자못 줄여 고쳤으니, 이른바 소전(小篆)이라는 것이다."라고 하였다.

　진(秦)의 시황제(始皇帝) 때 처음으로 예서(隸書)를 만들었다. 관청이나 뇌옥(牢獄)의 사무가 번잡해졌으므로 얼마만큼 문자의 필획(筆劃)을 줄여서 간단하고 쉽게 하여 신분이 낮은 사람도 쓸 수 있게 하기 위해 만들어진 것이다.

　※ 설문서(說文序)에 "이 때 진(秦)은 경서(經書)를 태워 없애고, 옛날 책들을 없앴으며, 관리나 병졸을 크게 동원하여 변방의 역사를 일으켜 관청과 뇌옥의 직무가 번거로워졌다. 처음으로 예서(隸書)를 만들고, 그것으로 쉽게 쓰도록 하였다. 그리하여 고문(古文)은 이로부터 끊어졌다."라고 하였다. 당(唐)나라 장회관(張懷瓘)의 서단(書斷)에 "예서(隸書)는 진(秦)의 하두(下杜) 사람 정막(程邈)이 지은 바다. 막(邈)의 자는 원잠(元岑)이다. 처음에 현(縣)의 옥리(獄吏)가 되었는데, 죄를 얻어 시황제가 운양(雲陽)의 옥중에 가뒀다. 담사(覃思) 10년 소전(小篆)의 방원(方圓)을 더하여 예서(隸書) 3천자를 만들어 그것을 상주하였다. 시황제가 예서를 보고 좋다고 하였다."라고 하였다.

　한대(漢代)에 이르러 촌리(村里)의 학숙(學塾)에서 문자를 가르치는 선생이 창힐편(蒼頡篇), 원력편(爰歷篇), 박학편(博學篇)의 3편을 편의상 합쳐 60자를 잘라 1장(章)으로 하며, 무릇 55장으로 하였다. [전부 3천3백자] 이것을 창힐편(蒼頡篇)이라 이름붙였다.

　무제(武帝) 때에는 사마상여(司馬相如)가 범장편(凡將篇)이라는 자서(字書)를 만들었는데, 여기에는 중복된 글자가 한 자도 없다. 원제(元帝) 때에는 황문령(黃門令)의 관직에 있던 사유(史游)가 급취편(急就篇)이라는 자서를 만들었다. 그리고 성제(成帝) 때에는 장작대장(將作大匠)의 관직에 있던 이장(李長)이 원상편(元尙篇)이라는 자서를 만들었다. 이것들은 다 창힐편(蒼頡篇) 속에 있는 정자(正字)를 사용한 것이다. 다만 사마상여가 지은 범장편(凡將篇)에 포함되어 있는 문자는 창힐편에 없는 문자가 많이 들어 있다.

평제(平帝)의 원시 연간(元始年間)에 이르러 천하에서 문자학(文字學)에 통달한 사람을 불러들였는데 수백 명이 모였다. 그들에게 궁정(宮庭)에서 문자를 설하게 하였다. 양웅(揚雄)은 그 중에서 유용한 문자를 취하여 훈찬편(訓纂篇)이라고 하는 자서(字書)를 만들었다. 이것은 창힐편(蒼頡篇)의 문자의 부족한 것을 이어서 이룬 것이다. 그리고 창힐편 중에 있는 중복된 문자는 그것을 다른 문자로 바꾸었다. 창힐편은 55장인데 양웅은 이어서 이루어 89장으로 하였다. 창힐편보다 34장이 많다. [1장을 60자로 한다면 많아진 34장은 2040자가 된다. 창힐편의 3300자를 합치면 5334자가 된다.] 신[臣 : 반고(班固) 자신]은 또 양웅의 훈찬(訓纂)을 속성(續成)하여 13장[자수로 치면 780자]을 새로 더하여 102장[자수로 치면 6120자]으로 하였는데, 중복된 글자는 하나도 없다. 이것으로 『육예군서(六藝群書)』에 실려 있는 글자는 대략 완비된 것이다.

창힐편(蒼頡篇) 55장에 포함되어 있는 문자는 소전(小篆)으로 넓은 의미로는 소전도 고문(古文)에 속한다. 봉급을 목적으로 하는 세속적인 스승들은 그 읽는 방법이나 뜻을 모르게 되고 말았다. 이에 선제(宣帝) 때 제(齊)나라 사람으로 창힐편의 문자를 정확하게 읽고 또한 해석하는 사람을 불러들였다. [그 제인(齊人)의 성명은 알 수 없다.] 그리하여 장창(張敞)이 그 제인을 따라 가르침을 받았다. 그것을 대대로 전하여 외손자의 아들인 두림(杜林)에 이르렀다. 두림은 『창힐고(蒼頡故)』 1편을 만들었다. 이 『예문지(藝文志)』에는 양웅(揚雄)의 『창힐훈찬(蒼頡訓纂)』과 두림(杜林)의 『창힐고(蒼頡故)』를 아울러서 싣는다. [이들 책은 칠략(七略)에는 실려 있지 않았다.]

10. 육예략(六藝略) 총설(總說)

■ 육예(六藝) 103가(家) 모두 3123편

3가(家) 159편이 들어가고, 중복된 것 11편을 뺀다.

역류(易類) 13가(家) 294편, 서류(書類) 9가 412편, 예류(禮類) 13가 555편, 악류(樂類) 6가 165편, 춘추류(春秋類) 23가 948편, 논어류(論語類) 12가 229편, 효경류(孝經類) 11가 59편, 소학류(小學類) 10가 45편으로, 그 합계는 육예(六藝) 103가 3123편이라는 수와 합치된다. 반고(班固)의 자주(自注)에 3가 159편이 들어간다고 하는 것은 상서류(尙書類)의 유향계의(劉向稽疑) 1편과 예류(禮類)의 사마법(司馬法) 155편 및 소학류(小學類)의 양웅두림(揚雄杜林) 3편인 3가 159편을 새롭게 예문지에 넣은 것을 말한다. 다만 유향(劉向)의 오행전기(五行傳記)는 더하지 않는다. 그리고 자주(自注)에 중복되는 11편을 뺀다고 하는 것은 악류(樂類)의 회남유향(淮南劉向) 등 금송(琴頌) 7편은 시부략(詩賦略) 중에 있는 것과 중복되므로 악류(樂類)중에서 제외시키고, 춘추류(春秋類)의 태사공(太史公) 4편은 시부략 중에 사마천(司馬遷)의 부(賦)가 있으므로 춘추류에서 제외시킨 것을 이르는 말이다.

■ 육예략(六藝略)의 개략

육예(六藝)의 문(文)으로, 악(樂)은 정신을 평화롭게 하는 것으로 인(仁)의 표준이다. 시(詩)는 언어를 바르게 하는 것으로 의(義)의 작용이다. 예(禮)는 신체의 동작을 분명하게 하고, 분명한 것은 드러나므로 훈(訓)이 없다. 서(書)는 청(聽)을 넓히는 것으로 지(知)의 방법이다. 춘추(春秋)는 일을 단정(斷定)하는 것으로 신(信)에 부합된다. 다섯 가지는 대개 오상(五常)의 도(道)다. 서로 갖춰지니 역(易)은 그 근본이 된다. 그러므로 말하기를 "역(易)을 보지 못하면 건곤(乾坤)은 혹 멈춤에 가깝다."라고 하였다. 천지의 종시(終始)가 되는 것을 말한다. 오학(五學)에 이르러서는 시대마다 변화와 고침이 있다. 오행(五行)이 바뀌면서 일을 사용하는 것과 같다.

옛날의 학자는 농사를 지으면서 배우기를 2년에 걸쳐 하나의 예(藝)에 통달하였다. 그 대체(大體)를 연구하고 경문(經文)을 다루었을 뿐이다. 이런 까닭으로 날로 쓰는 것은 적고 덕(德)을 기르는 일이 많았다. 30이 되어 오경(五經)이 수득(修得)된다.

후세가 되어 경(經)과 전(傳)이 이미 괴리(乖離)되고 널리 배우는 자는 또한 많이 들어서 의심스러운 것을 제거한다는 뜻을 생각하지 않는다. 그리하여 세세한 뜻을 힘써 어려움을 피하여 언어를 교묘하게 설하고 형체를 파괴하여 5자의 글을 설명하는데 2, 3만 마디의 말에 이른다. 후진(後進)이 더욱 달려 좇는다. 그러므로 어린아이 때 일예(一藝)를 지키고 백수(白首)가 된 뒤에야 말할 수가 있다. 그 익히는 바에 편안하여 보이지 않는 것을 무너뜨려 마침내 스스로 가려진다. 이것이 배우는 자의 큰 근심거리다.

六藝[1]之文 樂以和神[2] 仁之表[3]也 詩以正言 義之用[4]也 禮以明體[5] 明者著見 故無訓[6]也 書以廣聽[7] 知之術[8]也 春秋以斷事[9] 信之符[10]也 五者蓋五常[11]之道 相須而備 而易爲之原 故曰 易不可見則乾坤[12]或幾乎息[13]矣 言與天地爲終始也 至於五學[14] 世有變改 猶五行[15]之更用事焉

古之學者耕且養[16] 二年而通一藝 存其大體 玩經文而已 是故用日少而畜德多 三十而五經立[17]也

後世經傳旣已乖離 博學者又不思多聞闕[18]疑之義 而務碎義[19]逃難 便辭巧說[20] 破壞形體 說五字之文 至於二三萬言 後進彌以馳逐 故幼童而守一藝 白首而後能言 安其所習 毀所不見 終以自蔽 此學者之大患也

1) 六藝(육예) : 육경(六經)과 같다. 곧 악(樂), 시(詩), 예(禮), 서(書), 춘추(春秋), 역(易).
2) 和神(화신) : 정신을 평화롭게 하다. 신(神)은 정신(精神).
3) 仁之表(인지표) : 인(仁)의 표준. 표(表)는 표준.
4) 義之用(의지용) : 의(義)의 작용. 용(用)은 작용.
5) 明體(명체) : 신체를 밝게 한다. 체(體)는 신체의 동작.
6) 無訓(무훈) : 훈독(訓讀)이 없다. 훈(訓)은 독(讀)과 같다.
7) 廣聽(광청) : 청(聽)을 넓히다. 청은 청문(聽聞). 간접 경험을 쌓다.
8) 知之術(지지술) : 지혜의 방법. 술(術)은 방법.
9) 斷事(단사) : 일을 단정(斷定)하다. 일의 옳고 그름을 판단한다.
10) 信之符(신지부) : 신(信)에 부합된다.
11) 五常(오상) : 인(仁), 의(義), 예(禮), 지(智), 신(信). 오륜(五倫).
12) 乾坤(건곤) : 건(乾)과 곤(坤)의 두 괘(卦).
13) 幾乎息(기호식) : 멈춤에 가깝다. 기(幾)는 가깝다는 뜻. 식(息)은 지(止)와 같다.
14) 五學(오학) : 악(樂), 시(詩), 예(禮), 서(書), 춘추(春秋). 오경.
15) 五行(오행) : 금(金), 목(木), 수(水), 화(火), 토(土).
16) 耕且養(경차양) : 농사지으며 또한 배우다. 양은 학(學)과 같다.
17) 立(입) : 수득(修得)된다는 뜻.
18) 闕(궐) : 제거한다는 뜻.
19) 碎義(쇄의) : 세세한 뜻. 자질구레한 뜻.
20) 便辭巧說(편사교설) : 문자의 형체를 파괴한다는 뜻.

■ 육예략(六藝略)의 개략 해설

 육예(六藝) 곧 역(易), 서(書), 시(詩), 예(禮), 악(樂), 춘추(春秋)에 관한 기록이다. 악(樂)은 정신을 평화롭게 하는 것으로 인(仁)의 표준이다. 시(詩)는 언어를 바르게 하는 것으로 의(義)의 작용이다. 예(禮)는 신체의 동작을 분명하게 하는 것이니 분명한 것은 밖으로 나타나 보기가 쉬운 도리로 예(禮)의 글자를 따로 새겨 읽을 필요는 없다. 서(書)를 배우는 사람은 널리 옛 사람의 말을 들을 수 있어, 지식을 넓히는 방법이다. 춘추(春秋)는 일의 옳고 그름을 단정하는 것으로 신(信)에 부합된다. 이상의 악(樂), 시(詩), 예(禮), 서(書), 춘추(春秋)의 다섯 가지 경(經)은 인(仁), 의(義), 예(禮), 지(智), 신(信)의 오상(五常)과 상응(相應)하여 서로 관계를 갖추는 것이니 역(易)이 그 근본을 이루고 있다. 그러므로 『역경(易經)』 계사전(繫辭傳)에 "만약 역(易)의 도(道)가 깨져 역의 변화의 이치가 보이지 않게 된다면 건(乾)과 곤(坤)의 두 괘(卦)의 움직임은 멈추고 말 것이다."라고 하였다. 이것은 역(易)이 천지(天地)와 같아서 천지와 종시(終始)를 이룰 것이라는 것을 말한 것이다.

 악(樂), 시(詩), 예(禮), 서(書), 춘추(春秋)의 오경(五經)을 배우는데 대해서는 세월이 감에 따라 변화가 있었다. 오경을 오상(五常)에 배당시키면, 악(樂)은 인(仁), 시(詩)는 의(義), 예(禮)는 예(禮), 서(書)는 지(智), 춘추(春秋)는 신(信)이 되는데, 이것을 다시 오행(五行)에 배당하면 인(仁)은 목(木), 의(義)는 금(金), 예(禮)는 수(水), 지(智)는 화(火), 신(信)은 토(土)가 된다. 여기서 오학(五學)이 대대로 변화가 있었던 것은 마치 목(木), 화(火), 토(土), 금(金), 수(水)의 오행(五行)이 돌아가면서 왕(王)이 되었던 것을 이용하는 것과 같은 것이다.

[오상(五常)과 오행(五行)으로 오경(五經)을 설명하는 것은 한인(漢人)의 벽설(僻說)이다. 한대(漢代)에는 오행설(五行說)이 유행하였고, 또 반고(班固)의 『예문지(藝文志)』는 유흠(劉歆)의 『칠략(七略)』을 이은 것으로, 유흠은 음양오행(陰陽五行)을 설하였다. 예문지에 이와 같은 글이 있는 것은 결코 이상할 것이 없다.]

옛날의 학자는 아직 관직에 임용되기 전에는 스스로 농사지으면서 공부하였다. 2년이 걸려 하나의 경(經)에 통달하니, 대체로 30세에 오경(五經)에 통달할 수 있었다. 그 학문하는 태도는 자질구레하고 번잡한 말초적인 연구를 하지 않고 대체의 뜻만을 연구하여 경문에 통달할 것을 마음에 두었던 것이다. 이른바 훈고대의(訓詁大義)에 통달하는 것이므로 시일을 소비하는 일이 적고 덕(德)을 양성하는 일이 많았다. 그러므로 30세로서 오경을 수득(修得)할 수가 있었던 것이다.

후세에 이르러 경(經)과 그것을 해석한 전(傳)이 이미 어긋나 널리 배우는 사람은 또 공자가 말한, 많이 들어서 그 가운데 의심스러운 점을 제거한다는 의미를 생각하지 않는다. 헛되이 자질구레한 뜻을 연구하여 남의 공격이나 비난을 피하고자 교묘한 말로 설하여 문자의 형태를 파괴하고, 경문(經文)의 다섯 글자의 글을 설하는 데 있어 2, 3만언(二三萬言)을 소비한다고 하는 번잡에 빠졌다. 후배들은 더욱 달려 쫓아와 경쟁한다. 그러므로 어린 나이에 하나의 경(經)을 고수(固守)하면 백발이 된 뒤에야 비로소 그것을 잘 강설(講說)할 수가 있다고 하는 형편이다. 자기가 익히는 데에 편안하여, 자기가 듣고 보지 않은 것을 의심하고, 마침내 스스로가 가려져 오경(五經)의 전체를 볼 수 없게 된다. 이것이 학자의 가장 큰 걱정거리다.

제3편 제자략(諸子略)

1. 유가(儒家)

(1) 안자(晏子) 8편

열전(列傳:개인별로 쓴 전기를 차례로 수록한 것)이 있다.

안자(晏子)의 이름은 영(嬰)이요, 시호(諡號)는 평중(平仲)이다. 제(齊)나라 경공(景公)의 재상(宰相)이었는데, 남과 잘 사귀는 것으로 유명하다. 『논어(論語)』 공야장편(公冶長篇)에 "공자가 말하기를 안평중(晏平仲)은 사람을 잘 사귀었고, 오로지 오래도록 변하지 않고 공경하였다."라고 하였다. 『안자(晏子)』는 또 『안자춘추(晏子春秋)』라고도 한다. 『사고제요(四庫提要)』의 사부전기류(史部傳記類)에 "안자춘추(晏子春秋) 8권, 구본제제안영찬(舊本題齊晏嬰撰)"이라고 저록(著錄)되어 있다. 손성연(孫星衍)은 안자(晏子)의 서(書)를 안영의 자저(自著)로 인정[손연여선생전집권삼(孫衍如先生全集卷三)], 안자춘추서(晏子春秋序)하였고, 당(唐)의 유종원(柳宗元)은 묵자(墨子)의 무리의 지음이라고 하였으며, 『군재독서지(郡齋讀書志)』나 『문헌통고경적고(文獻通考經籍考)』는 『안자(晏子)』를 묵가(墨家)에다 넣고 있으나, 『안자』는 안영의 자저(自著)는 아니고 후인이 안영의 행(行)을 모아서 설(說)을 만든 것으로 전국시대에 만들어진 것인 듯하다. 그러나 육조인(六朝人)의 위작(僞作)이라는 설도 있다. [관동(管同), 독안자춘추(讀晏子春秋)]

『안자춘추(晏子春秋)』의 내용은 공자의 말을 인용한 것이 매우 많고, 『한서예문지(漢書藝文志)』를 비롯하여 수당(隋唐)의 여러 책은 그것을 유가(儒家)에다 넣고 있으나, 그 속에는 유가의 설을 반대하고 오히려 묵가(墨家)의 설에 합치하는 데가 있으므로 유종원(柳宗元) 이래로 이것을 묵가에 넣는 여러 책이 있다. 그러나 『사고전서(四庫全書)』가 사부(史部)의 전기류(傳記類)에 포함시킨 것이 가장 이 책의 성질에 맞는 듯하다.

(2) 자사(子思) 23편

자사(子思)의 이름은 급(伋)이요, 공자의 손자로 노(魯)나라 무공(繆公)의 스승이 되었다. 이 책은 없어졌고, 지금은 겨우 그 일부가 전할 뿐이다. 곧 『예기(禮記)』 중의 중용(中庸), 표기(表記), 방기(坊記), 치의(緇衣)의 4편은 자사(子思) 23편 중에서 취한 것이다.

※ 『사기(史記)』 공자세가(孔子世家)에 "공자는 이(鯉)를 낳았는데 자(字)는 백어(伯魚)로 공자보다 먼저 죽었다. 백어는 급(伋)을 낳았는데 자는 자사(子思)로 나이 62세에 일찍이 송(宋)에서 괴로움을 당했다. 자사는 『중용(中庸)』을 지었다.

(3) 증자(曾子) 18편

증자(曾子)의 이름은 삼(參)이요, 공자의 제자다. 이 책은 본래 18편이었다. 『대대례(大戴禮)』 속에 18편 중 증자입사(曾子立事), 증자본효(曾子本孝), 증자입효(曾子立孝), 증자대효(曾子大孝), 증자사부모(曾子事父母), 증자제언 상(曾子制言上), 증자제언 중(曾子制言中), 증자제언 하(曾子制言下), 증자질병(曾子疾病), 증자천원(曾子天圓)의 10편이 남아 있다.

※『사기(史記)』 중니제자열전(仲尼弟子列傳)에 "증삼(曾參)은 남무성(南武城) 사람으로 자는 자여(子輿)다. 공자보다 젊었으며 46세에 이미 효도에 통달했다고 공자는 말하였다. 그러므로 그에게 업(業)이 주어져 효경(孝經)을 만들었다. 노(魯)나라에서 죽다."라고 하였다.

(4) 칠조자(漆雕子) 13편

칠조자(漆雕子)의 이름은 계(啓)요, 자는 자개(子開)로 공자의 제자다. 『사기(史記)』 중니제자열전(仲尼弟子列傳)에 칠조개(漆雕開)의 자는 자개(子開)라고 한 것은 칠조계(漆雕啓)를 말한 것으로 경제(景帝)의 휘(諱)인 계(啓)를 피하여 개(開)라고 한 듯하다. 칠조자(漆雕子) 13편은 칠조계의 자손이 만든 것으로 가학(家學)인 듯하다. 없어져 전하지 않는다.

『한비자(韓非子)』 현학편(顯學篇)에 "공자 후로는 유(儒)가 나뉘어져 여덟이 되다. 칠조씨(漆雕氏)의 유(儒)가 있다."라고 하였다.

(5) 복자(宓子) 16편

복자(宓子)는 노(魯)나라 사람으로 이름은 부제(不齊), 자(字)는 자천(子賤)으로 공자의 제자다. 없어져 전하지 않는다.

(6) 경자(景子) 3편

경자(景子)는 복자(宓子)의 제자인 듯하다. 그의 스승인 복자의 말을 설한 것인데 없어져 전하지 않는다.

(7) 세자(世子) 21편

이름은 석(碩), 진(陳)나라 사람. 70제자의 제자.

세자(世子)의 이름은 석(碩)이요, 진(陳)나라 사람으로 공자 문인(門人)의 제자다. 없어져 전하지 않는다.

※ 왕충(王充)의 『논형』 양성편(論衡養性篇)에 "사람의 성품에는 선(善)이 있고, 악(惡)이 있다. 사람의 선성(善性)을 들어 양성하여 그것을 이루면 곧 선(善)이 자라고, 악성(惡性)을 들어 양성하여 그것을 이루면 곧 악(惡)이 자란다. 이와 같이 하면 성품은 각각 음양(陰陽)과 선악(善惡)이 있다. 양성하는 바에 있는 것이다. 그러므로 세자(世子)는 『양서(養書)』 1편을 만들었다. 복자천(宓子賤), 칠조개(漆雕開), 공손니자(公孫尼子)의 무리 또한 정성(情性)을 논하고, 세자(世子)와 서로 드나들어 모두 성품에 선

(善)이 있고, 악(惡)이 있는 것을 말하였다."라고 하였다.

(8) 위문후(魏文侯) 6편
위(魏)나라 문후(文侯)의 이름은 사(斯)요, 위나라 환자(桓子)의 손자다. 자하(子夏)를 따라 경학(經學)을 배웠다. 전국시대의 제후(諸侯)로 가장 학문이 앞서 있었다. 없어져 전하지 않는다.

(9) 이극(李克) 7편
자하(子夏)의 제자로, 위(魏)나라 문후(文侯)의 재상이 되다.
이극(李克)은 위(魏)나라 문후(文侯)의 재상이 되었다. 육기(陸機)의 시소(詩疏)에 의하면, 자하(子夏)는 노(魯)나라 사람인 증신(曾申)에게 시(詩)를 가르쳤고, 증신은 위(魏)나라 사람인 이극에게 시를 가르쳤으므로, 이극은 자하의 손제자(孫弟子)가 되는 것이다. 그러나 뒤에 자하가 위나라에 살았고, 이극이 직접 자하를 따라 시에 대해 물은 일이 있다고 하므로, 반고(班固)는 자하의 제자라고 하였을 것이다. 없어져 전하지 않는다.

(10) 공손니자(公孫尼子) 28편 : 70제자의 제자.
공손니자(公孫尼子)는 공자 문인(門人)의 제자다. 그렇건만 『수당지(隋唐志)』에는 공자의 제자라고 하였다. 이 책은 없어졌으나, 지금 『예기(禮記)』 중의 악기편(樂記篇)은 공손니자가 지은 것이라고 한다.

(11) 맹자(孟子) 11편
이름은 가(軻), 추(鄒)나라 사람으로, 자사(子思)의 제자다. 열전(列傳)이 있다.
맹자(孟子)는 추(鄒)나라 사람으로, 이름은 가(軻)요, 자(字)는 자거(子居)·자거(子車)·자여(子輿)라고도 하는데 분명하지 않다. 어려서 어머니에게 삼천지교(三遷之敎)를 받았고, 공자의 손자인 자사(子思)를 스승으로 섬겨 유도(儒道)을 닦았다. [『사기(史記)』

에는 자사의 문인에게 수업을 받았다고 되어 있으나 자사에게서 받았다는 설에 따른다.] 주대(周代) 말기 전국시대에 선왕(先王)의 도(道)가 쇠퇴하는 것을 개탄하여 인의(仁義)와 왕도(王道)를 설했으나, 당시의 군주들에게 용납되지 않아 물러나 제자인 공손추(公孫丑), 만장(萬章) 등과 의심스러운 점을 논란하고 문답하여 『맹자(孟子)』 7편을 저술하였다. 『사기(史記)』에 맹순열전(孟荀列傳)이 있다. 『예문지(藝文志)』에 『맹자(孟子)』 11편이라고 한 것은 외서(外書) 4편을 합해서 하는 말이다.

※내서(內書) 7편[현재 전한다] 양혜왕(梁惠王 : 상・하), 공손추(公孫丑 : 상・하), 등문공(滕文公 : 상・하), 이루(離婁 : 상・하), 만장(萬章 : 상・하), 고자(告子 : 상・하), 진심(盡心 : 상・하).

※외서(外書) 4편[지금은 없어져 전하지 않는다] 지금 전하는 맹자외서(孟子外書) 4편은 송대(宋代)의 위작(僞作)이다. 성선변(性善辯), 문설(文說), 효경(孝經), 위정(爲正).

남송(南宋) 순희 연간(淳熙年間)에 주자(朱子)는 『맹자(孟子)』와 『대학(大學)』『중용(中庸)』『논어(論語)』를 합쳐서 4서(四書)라 하여 맹자 경부(經部)에 편입시켰다. 당(唐)나라 이전에는 주공(周公)과 공자를 병칭(並稱)하였고, 송(宋)나라 이후에는 공자와 맹자를 병칭하게 되었다.

(12) 손경자(孫卿子) 33편

이름은 황(況), 조(趙)나라 사람이다. 제(齊)나라 직하(稷下)의 제주(祭酒)가 되었다. 열전(列傳)이 있다.

손경자(孫卿子)는 순자(荀子)를 이르는 말이다. 순자의 이름은 황(況)이요, 조(趙)나라 사람인데, 대대로 순경(荀卿)이라 일컬어지고, 또 손경(孫卿)이라고도 한다. 안사고(顏師古)는 선제(宣帝)의 휘(諱)인 순(詢)자를 피해 손경(孫卿)이라 불렀다고 하나, 순(荀)과 손(孫)은 음이 같은 데서 손(孫)이 되었을 것이라고 청(淸)의 사용(謝墉)은 말한다. 경(卿)은 조(趙)나라 사람들이 높여서 부르던 말이다. 제(齊)의 선왕(宣王), 위왕(威王) 때 천하의 현사(賢士)들을 직하(稷下)에 모아서 그들을 높였는데, 순자(荀子)는 나이 50에 처음으로 직하로 갔다. 순자는 시(詩), 예(禮), 역(易), 춘추(春秋)를 잘 닦아 제(齊)나라 양왕(襄王) 때 노사(老師)가 되어 세 번이나 학정(學政)을 관장하는 제주(祭酒)가 되었다. 뒤에 모함을 받아 초(楚)나라로 가서 춘신군(春申君)에게 신임을 받아 난릉(蘭陵)의 영(令)이 되었다. 춘신군이 피살됨에 이르러 순자도 그 자리에서 밀려났으나 난릉에 거주하면서 만년(晩年)을 마쳤다. 이사(李斯)와 한비자(韓非子)는 순자에게 학업을 받은 일이 있다.

현재 순자의 책은 권학편(勸學篇) 제1에서 부편(賦篇) 제32에 이르는 총32편이다. 이것은 유향(劉向)의 『순자서록(荀子敍錄)』에 "손경(孫卿)의 책이 무릇 322편인데, 서로 교수하여 중복되는 것 290편을 제거하고 32편으로 정착한다."라고 하였다. 『예문지(藝文志)』에 33편으로 되어 있는 것은 전사(轉寫)의 잘못으로 32편이라고 해야 할 것이다. 순자의 글은 『대대례(大戴禮)』나 『예기(禮記)』에 많이 보이는데, 『예기』의 삼년문(三年問)은 온전히 『순자』의 예론편(禮論篇)과 같고, 『예기(禮記)』의 악기(樂記)나 향음주례(鄕飮酒禮)에 인용된 것은 『순자』의 악론편(樂論篇)에 나와 있으며, 『예기』의 빙의(聘義)의 귀옥천민(貴玉賤珉)의 말은 『순자』의 법행편(法行篇)과 같다. 그리고 『대대례(大戴禮)』의 예삼본(禮三本)은 『순자』의 예론편(禮論篇)에 나오고, 『대대례』의 관학(觀學)은 『순자』의 권학편(勸學篇)과 같은 것으로 여기에 『순자』의 유좌편(宥坐篇)의 끝에 있는 대수(大水)를 보는 것은 일단(一段)을 덧붙인 것이다. 또 『대대례』의 애공문오의편(哀公問五義篇)은 『순자』의 애공편(哀公篇)의 처음에 나오는 것이다.

(13) 우자(芋子) 18편

이름은 영(嬰), 제(齊)나라 사람으로 70제자의 후예다.

우자(芋子)의 이름은 영(嬰)이요, 제(齊)나라 사람으로, 반고(班固)는 공자 문인(門人)의 자손이라고 한다. 안사고(顔師古)는 우(芋)의 음은 미(弭)라고 하지만, 우(芋)와 우(吁)는 음이 통하므로 우(芋)는 우(吁)로 할 것이다. 『사기(史記)』의 맹순열전(孟荀列傳)

에 "조(趙)나라에 공손룡(公孫龍), 극자(劇子)의 말이 있고, 위(魏)나라에 이회(李悝)가 있다. 초(楚)나라에 시자(尸子), 장로(長盧)가 있다. 아(阿)의 우자(吁子)가 있다.『맹자(孟子)』로부터『우자(吁子)』에 이르기까지 세상에 많은 책이 있다. 그러므로 그 전(傳)을 논하지 않는다."라고 하였다.『우자(芊子)』 18편은 없어져 전하지 않는다.

(14) 내업(內業) 15편 : 책 만든 사람을 알지 못한다.
지은이를 알지 못한다.『관자(管子)』의 내업편(內業篇)에 있는데, 이 책도 아마 그런 종류의 책일 것이다. 없어져 전하지 않는다.

(15) 주사육도(周史六弢) 6편
혜양지간(惠襄之間), 혹은 현왕(顯王) 때라 하고, 혹은 공자가 물었다고 한다.
안사고(顏師古)는 도(弢)자를 도(韜)와 같다고 하여, 육도(六韜)의 이야기라고 한다. 이『육도(六韜)』6권은『수서경적지(隋書經籍志)』와『사고총목(四庫總目)』에는 병가(兵家)에 실려있다.『예문지(藝文志)』의 이 육도(六弢)는 유가(儒家)에 있어 병서(兵書)는 아니다. 심도(沈濤)는 "육도(六弢)의 육(六)은 대(大)의 잘못으로, 한지(漢志)의 주사육도(周史六弢)는 주(周)의 사관(史官)인 대도(大弢)라는 것이다. 장자(莊子)의 측양편(則陽篇)에 '중니(仲尼)가 태사(太史) 대도(大弢)에게 묻다'라는 말이 있다. 이 책은 그 대도(大弢)의 저술이다. 그러므로 반고(班固)의 자주(自注)에 공자가 물었다고 한 것이다."[동울두재수필(銅熨斗齋隨筆)]라고 말하였다. 없어져 전하지 않는다.

(16) 주정(周政) 6편 : 주대(周代)의 법도(法度)와 정교(政敎)다.
주대(周代)의 법도(法度)와 정교(政敎)를 기록한 것인데, 없어져 전하지 않는다.

(17) 주법(周法) 9편 : 천지를 본받아 백관(百官)을 세우다.
관제(官制)의 책이다. 없어져 전하지 않는다.

(18) 하간주제(河間周制) 18편
하간(河間) 헌왕(獻王)이 저술한 것과 같다.
하간(河間)의 헌왕(獻王)의 저술인 듯하다. 그렇다면 주례(周禮)와 표리(表裏)를 이루는 것으로, 그 없어진 것이 아깝다.

(19) 난언(讕言) 10편
작자는 모르며, 진(陳)나라 인군의 법도.
인군(人君)의 법도(法度)를 서술한 것인데, 작자는 모른다. 없어져 전하지 않는다.

(20) 공의(功議) 4편 : 작자는 모르며, 공덕(功德)의 일을 논한 것.
공덕(功德)의 일을 논한 것인데 작자는 모른다. 없어져 전하지 않는다.

(21) 영월(甯越) 1편
중모(中牟) 사람. 주(周)나라 위왕(威王)의 스승이 되다.
영월(甯越)은 사람의 이름. 주(周)나라 위왕(威王)의 스승이 되었다. 없어져 전하지 않는다.
※『여씨춘추(呂氏春秋)』박지편(博志篇)에 "영월(甯越)은 중모(中牟)의 시골 사람이다. 농사짓는 괴로움을 견디기 어려워 그 벗에게 일러 말하기를 '어떻게하면 이 괴로움을 면할 수 있을까.' 하니 그 벗이 말하기를 '배우는 것만한 것이 없다. 배우기 30년이면 통달할 것이다.' 라고 하였다. 이에 영월이 말하기를 '15년이면 어떻겠는가. 남이 쉴 때 나는 쉬지 않고 남이 잠잘 때 나는 자지 않을 것이다.' 라고 하였다. 공부하기 15년이 되어서 주(周)나라 위왕(威王)은 그를 스승으로 삼았다."라고 하였다.

(22) 왕손자(王孫子) 1편 : 일명 교심(巧心)이라고도 한다.
　왕손(王孫)은 성(姓)이요, 이름은 모른다. 이 책은 또 『교심(巧心)』이라고도 한다. 없어져 전하지 않는다.

(23) 공손고(公孫固) 1편
　18장(章)이다. 제(齊)의 민왕(閔王)이 나라를 잃고 물으니, 고(固)가 고금(古今)의 성패(成敗)를 진술(陳述)한 것이다.
　제(齊)나라의 민왕(閔王)이 나라를 잃고 공손고(公孫固)에게 물었으므로, 공손고가 고금(古今)의 성패(成敗)를 들어 진술한 책이다. 없어져 전하지 않는다.
　※『사기(史記)』 십이제후연표(十二諸侯年表)에 "순경(荀卿), 맹자(孟子), 공손고(公孫固), 한비자(韓非子) 등은 각각 때때로 『춘추(春秋)』의 글을 인용하여 책을 저술하였다."라고 하였다.

(24) 이씨춘추(李氏春秋) 2편
　없어져 전하지 않는다.

(25) 양자(羊子) 4편
　100장(百章)이다. 본래 진(秦)의 박사(博士)다.
　양자(羊子)의 이름은 분명하지 않다. 본래 진(秦)의 박사(博士)로, 이 책은 100장(章)이었다고 하는데, 없어져 전하지 않는다.

(26) 동자(董子) 1편
　이름은 무심(無心), 묵자(墨子)를 변난(辯難)하다.
　동자(董子)의 이름은 무심(無心)이요, 전국시대의 사람인데, 묵자(墨子)를 변난(辯難)하였다. 이 책은 없어져 전하지 않는다.
　※『왕충논형(王充論衡)』 복허편(福虛篇)에 "유가(儒家)인 동무심(董無心)과 묵가(墨家)인 전자(纏子)가 서로 보고 도(道)를 강(講)했다. 전자가 말하기를 '묵가는 귀신을 높인다. 이에 진(秦)의 무공(繆公)은 밝은 덕(德)

제3편 제자략(諸子略)　143

이 있어 상제(上帝)가 그에게 90년을 내렸다'고 하니, 동자(董子)가 비난하기를 "요순(堯舜)은 어진 임금이었으나 나이를 받지 않았고, 걸주(桀紂)는 포악했으나 일찍 죽지 않았다."라고 했다.

(27) 사자(俟子) 1편
사자(俟子)는 전국시대 사람이다. 이기(李奇)의 주(注)에, 혹은 모자(侔子)라고 한다고 하나 사자(俟子)가 알맞다. 없어져 전하지 않는다.

(28) 서자(徐子) 42편 : 송(宋)의 외황(外黃) 사람이다.
서자(徐子)는 전국시대의 외황(外黃) 사람이다. 이 책은 없어져 전하지 않는다.
『사기(史記)』 위세가(魏世家)에 "혜왕(惠王) 30년에 위(魏)나라가 조(趙)나라를 공벌하였다. 조(趙)나라가 위급함을 제(齊)나라에게 고하니, 제나라의 선왕(宣王)은 손자(孫子)의 계획을 써서 조나라를 구원하고자 위나라를 공격하였다. 위나라에서는 드디어 크게 군사를 일으켜 방연(龐涓)으로 하여금 장수가 되게 하고, 태자(太子)인 신(申)으로 하여금 상장군(上將軍)을 삼아 외황(外黃)을 통과하게 하니, 외황의 서자(徐子)가 태자에게 일러 말하기를 '신(臣)은 백전백승(百戰百勝)의 술(術)이 있습니다.'"라고 한 부분이 있다.

(29) 노중련자(魯仲連子) 14편 : 열전(列傳)이 있다.
노중련(魯仲連)은 제(齊)나라 사람이다. 은퇴하여 바닷가에서 이 책을 저술하였다. 없어져 전하지 않는다. 『사기(史記)』에 노중련추양열전(魯仲連鄒陽列傳)이 있다.

(30) 평원로(平原老) 7편 : 주건(朱建)이다.
관본(官本) 및 고사손(高似孫)의 자략(子略)에 평원로(平原老)라고 되어 있으나, 평원군(平原君)이 알맞다. 평원군의 성은 주(朱)요, 이름은 건(建)이다. 『사기(史記)』에 평원군우경열전(平原

君虞卿列傳)이 있고, 『한서(漢書)』 43권에 주건전(朱建傳)이 있다. 없어져 전하지 않는다.

(31) 우씨춘추(虞氏春秋) 15편 : 우경(虞卿)이다.
 우씨(虞氏)는 우경(虞卿)으로, 『사기(史記)』에 평원군우경열전(平原君虞卿列傳)이 있다. 『사기』 십이제후연표(十二諸侯年表)에 "조(趙)나라 효성왕(孝成王) 때 그의 재상인 우경(虞卿)은 위로 『춘추(春秋)』를 취하고, 아래로 근세(近世)를 보아, 또한 8편을 저술하니 우씨춘추(虞氏春秋)라고 하다."라고 하였다. 『사기』에 8편이 있고, 『예문지(藝文志)』에 15편이 있는 것은 유향(劉向)이 책을 교수할 때 편차(篇次)를 15편으로 나눈 것이리라. 없어져 전하지 않는다. 우경에게는 『우씨미전(虞氏微傳)』 2편의 저서가 있고, 육예략(六藝略) 춘추류(春秋類)에서 이미 서술하였다.

(32) 고조전(高祖傳) 13편
 고조(高祖)가 대신과 함께 옛날을 이야기한 말과 조책(詔策).
 한(漢)나라 고조가 대신과 옛날을 이야기한 말과 고조의 조책(詔策)을 기술한 것이다. 『한서(漢書)』 위상전(魏相傳)에 위(魏)나라 재상이 고조가 말한 책인 『천자소복(天子所服)』 제8을 표주(表奏)한 일이 보이지만, 이것도 고조(高祖) 13편의 하나일 것이다. 없어져 전하지 않는다.

(33) 육가(陸賈) 23편
 지금 전하고 있는 『신어(新語)』다. 육가(陸賈)는 『사기(史記)』에 역생육가열전(酈生陸賈列傳)이 있다. 『육가전(陸賈傳)』에 "육가(陸賈)는 초(楚)나라 사람으로 무릇 12편을 저술하였는데, 그 책을 이름하여 『신어(新語)』라 한다."라고 하였다. 『한지(漢志)』에 23편이라고 한 것은 본전(本傳)에서 말하는 12편 외에 육가가 저술한 것을 합한 것일 것이다. 송대(宋代)에 왕응린(王應麟)이 본 『신어(新語)』는 도기(道基), 술사(術事), 보정(輔政), 무위(無爲), 자현(資

賢), 지덕(至德), 회려(懷慮)의 7편뿐이었을 것 같으나, 지금의 한위총서본(漢魏叢書本)은 위의 7편 외에 변혹(辯惑), 신미(愼微), 본행(本行), 명계(明誡), 사무(思務)의 5편이 있어, 모두 12편인 것이다. 『사고제요(四庫提要)』는 이 5편이 후인(後人)의 미완본(未完本)이므로 5편을 보철(補綴)하여 본전(本傳)인 12편의 수에 맞춘 것이리라고 한다. 그러나 이 5편이 후인의 보철은 아니라는 설도 있다.[엄가균교록서(嚴可均校錄序)]

(34) 유경(劉敬) 3편
『한서(漢書)』 제43권에 전하는데, 누경(婁敬)이 만들었다. 누(婁)는 본성(本姓)이요, 유(劉)는 사성(賜姓)이다. 『한서』 누경전(漢書婁敬傳)에 누경이 고제(高帝)에게 설한 세 가지 일을 실었는데 이 유경(劉敬) 3편 중의 글일 것이다. 없어져 전하지 않는다.

(35) 효문전(孝文傳) 11편 : 문제(文帝)의 말과 조책(詔策).
한(漢)나라 문제(文帝)의 말과 조책류(詔策類)를 모은 것인데, 없어져 전하지 않는다.

(36) 가산(賈山) 8편
가산(賈山)은 『한서(漢書)』 제51권에 전(傳)이 있다. 가산(賈山) 8편중의 지언(至言) 1편이 한서 본전(本傳) 중에 보인다. 그 요지는 성군(聖君)은 부드러운 얼굴로 간언(諫言)을 받아들였기 때문에 공업(功業)을 일으켰고 진(秦)은 과실에 대한 간언을 듣지 않았기 때문에 망했다고 하는데에 있다. 없어져 전하지 않는다.

(37) 태상요후공장(太常蓼侯孔臧) 10편
부친인 취(聚)는 고조(高祖) 때 공신으로 봉(封)해졌고, 장(臧)은 작(爵)을 이었다.
공장(孔臧)의 부친인 취(聚)는 고조(高祖) 때 공신으로 요후(蓼侯)에 봉해졌다. 무제(武帝) 때 공장은 공신의 아들이었으므로 작

(爵)을 이어받고 태상(太常)의 관직에 임용되었다. 이 책은 없어져 전하지 않는다. 시부략(詩賦略)에 공장(孔臧)의 부(賦) 20편이 실려 있다.

(38) 가의(賈誼) 58편
 지금 전하는 『신서(新書)』가 이것이다. 가의(賈誼)의 전(傳)은 『한서(漢書)』 제48권에 있다. 『한서』의 본전(本傳)에도 "무릇 저술이 58편이다."라고 하였다. 지금 전하는 『신서(新書)』는 10권 56편이다. 지금의 『신서』를 후인의 위작(僞作)이라 보는 것은 송(宋)나라의 진진손(陳振孫)에서 시작된다. 그러나 『사고제요(四庫提要)』에서는 "과진론(過秦論)이나 치안책(治案策) 등은 58편 중의 것이겠으나 뒤에 원본이 없어졌으므로 호사가(好事家)가 『한서』 본전(本傳)에 실려 있는 글을 취하여 그 장(章)과 단(段)을 쪼개 그 차례를 뒤집어 표제(表題)를 붙여 58편의 수에 맞도록 한 것이다. 노문초(盧文弨)는 전직(傳職), 보좌(輔佐), 용경(容經), 도술(道術), 논정(論政) 등 여러 편의 문장이 고아(古雅)하고 근원이 깊어 후인이 능히 위작할 수가 없다."[가의신서교간서(賈誼新書校刊序)]라고 하였다.

(39) 하간헌왕대상하삼옹궁(河間獻王對上下三雍宮) 3편
 삼옹(三雍)은 명당(明堂), 벽옹(辟雍), 영대(靈臺)를 말한다. 이 책은 무제(武帝) 때 하간(河間)의 헌왕(獻王)이 삼옹궁(三雍宮)의 일에 관해 천자에게 응대한 것이다. 없어져 전하지 않는다.
 ※『한서(漢書)』 경13왕전(景十三王傳)에 "무제(武帝) 때 헌왕(獻王)이 내조(來朝)하여 아악(雅樂)을 바치고, 삼옹궁(三雍宮)에 대하다. 그리고 조책(詔策)에 대해 물은 것이 30여 가지로 그 대응은 도술에 대하여 미루어 말하였는데, 문장은 간략하되 지적하는 것은 분명했다."라고 하였다.

(40) 동중서(董仲舒) 123편
 『한서(漢書)』 동중서전(董仲舒傳)에 "중서(仲舒)가 저술한 것은

모두 경술(經術)의 뜻을 분명하게 하였다. 상소조교(上疏條敎)는
무릇 123편에 미친다. 그리하여 춘추(春秋)의 일의 득실(得失)을
설하였다. 문거(聞擧), 옥배(玉杯), 번로(蕃露), 청명(淸明), 죽림
(竹林) 등과 또 수십편 십여만언(十餘萬言)이 모두 후세에 전한
다."라고 하였다. 여기의 『동중서(董仲舒)』 123편은 『한서』 본전
(本傳)에서 말한 상소조교(上疏條敎) 무릇 123편과 같은 것이리라.
이 책은 없어져 전하지 않으나, 지금 전하는 동중서의 『춘추번로
(春秋繁露)』 17권 82편[실제로 전하는 것은 79편]은 『예문지(藝文
志)』나 『한서』 본전에 보이는 123편과 『동중서』 본전에서 말하는
문거(聞擧), 옥배(玉杯), 번로(蕃露), 청명(淸明), 죽림(竹林) 등 수
십 편 중에서 후인이 82편을 가려서 거기에 『춘추번로(春秋繁露)』
라고 하는 이름의 제목을 붙인 것이다.

(41) 아관(兒寬) 9편
아관(兒寬)의 전(傳)은 『한서(漢書)』 제58권에 보인다. 아관전
(兒寬傳)에 의봉선대(議封禪對) 1편과 봉태산환등명당상서(封泰山
還登明堂上書) 1편이 보인다. 그리고 『한서』 율력지(律歷志)에는
개정정삭의(改正正朔議) 1편이 보인다. 본전(本傳)에 보이는 2편은
육예략(六藝略) 예류(禮類)의 봉선의대(封禪議對) 19편 중의 것이
겠지만, 율력지(律歷志)에 보이는 개정정삭의(改正正朔議) 1편은
이 아관(兒寬) 9편 중의 것이리라.

(42) 공손홍(公孫弘) 10편
공손홍(公孫弘)의 전(傳)은 『사기(史記)』 제112권과 『한서(漢
書)』 제58권에 보인다. 『사기』와 『한서』의 본전(本傳) 및 유림전
(儒林傳), 오구수왕전(吾丘壽王傳), 곽해전(郭解傳)에 공손홍(公孫
弘)의 현량책(賢良策), 상서언치도(上書言治道), 대책서문치도(對
册書問治道), 상서걸해골(上書乞骸骨), 상언도급암위우내사(上言徒
汲黯爲右內史), 주금민협궁노(奏禁民挾弓弩), 청위박사치제자원의
(請爲博士置弟子員議), 곽개죄의(郭開罪議)가 보이고, 예문유취(藝

文類聚) 69에 답동방삭서(答東方朔書)가 보인다. 공손홍의 유문(遺文)으로 지금 전하는 것은 이상의 9편이다.

(43) 종군(終軍) 8편
종군(終軍)의 자(字)는 자운(子雲)이요, 제남(濟南) 사람이다. 종군의 전(傳)은 『한서(漢書)』 제64권에 보인다. 『한서』 종군전(終軍傳)에 백인기목대(白麟奇木對) 1편, 봉조힐서언교제상(奉詔詰徐偃矯制狀) 1편, 자청사흉노사남월(自請使匈奴使南越)의 각 1편이 보인다. 없어져 전하지 않는다.

(44) 오구수왕(吾丘壽王) 6편
오구(吾丘)는 성, 수왕(壽王)은 이름, 자(字)는 자공(子贛), 조(趙)나라 사람이다. 오구수왕(吾丘壽王)의 전(傳)은 『한서(漢書)』 제64권에 있다. 『한서』 오구수왕전(吾丘壽王傳)에 오구수왕의 박공손홍금민협궁노설(駁公孫弘禁民挾弓弩說), 분음보정(汾陰寶鼎)의 2편이 보이고, 『예문유취(藝文類聚)』 무부(武部)에 표기논공론(驃騎論功論) 1편을 인용하였다. 없어져 전하지 않는다.

(45) 우구설(虞丘說) 1편 : 손경(孫卿)을 변란(辯難)하다.
순자(荀子)를 변난(辯難)한 것인데, 없어져 전하지 않는다. 우구(虞丘)는 앞의 오구(吾丘)와 같다는 설이 있으나 확실하지 않다.

(46) 장조(莊助) 4편
『한서(漢書)』 제64권에 전(傳)이 있다. 그러나 『한서』에는 후한(後漢) 명제(明帝)의 휘(諱)를 피하여 엄조(嚴助)라고 하였다. 『한서』 본전(本傳)에 엄조의 유의회남왕(諭意淮南王) 1편, 상서사죄(上書謝罪) 1편, 회남왕간벌민월(淮南王諫伐閩越) 1편이 실려 있다. 이 3편은 아마도 장조(莊助) 4편 중의 것일 듯하다.

(47) 신팽(臣彭) 4편
팽(彭)은 이름이요, 성은 분명하지 않다. 없어져 전하지 않는다.

(48) 구순용종이보창(鉤盾冗從李步昌) 8편
선제(宣帝) 때 자주 상언(上言)한 말.
구순(鉤盾)은 관명(官名), 용종(冗從)은 구순의 속관(屬官). 구순용종(鉤盾冗從)의 관직에 있던 이보창(李步昌)이 자주 선제(宣帝)에게 상언(上言)한 말을 모은 것인데, 없어져 전하지 않는다.

(49) 유가언(儒家言) 18편 : 작자를 모른다.
작자가 분명하지 않다. 유향(劉向)이 무명씨(無名氏)의 설을 모아서 하나의 책으로 엮은 것인 듯하다. 없어져 전하지 않는다.

(50) 환관염철론(桓寬鹽鐵論) 60편
환관(桓寬)의 자(字)는 차공(次公)이다. 선제(宣帝) 때 낭(郞)이 되어 노공태수승(盧公太守丞)이 되었다. 소제(昭帝) 시원(始元) 6년에 천하의 군국(郡國)에서 현량(賢良)과 문사(文士)를 모아 백성의 괴로움을 물었다. 이 때 60여명이 조정에 모여 소금과 철과 술의 전매(專賣)를 폐지할 것을 주장하였는데, 어사대부(御史大夫)인 상홍양(桑弘羊)이 이에 반론을 펴서 격론이 벌어졌다. 이에 환관(桓寬)이 양자의 의논을 기록하여 60편으로 만든 것이 이 책이다. 그 뒤에 술의 전매는 폐지되었으나, 소금과 철의 전매는 그대로 계속되었다. 그래서 환관은 이 책을 『염철론(鹽鐵論)』이라 이름 붙인 것이다. 소금과 철과 술의 전매에 대해 논의한 것은 『한서』 소제기(昭帝紀), 『한서』 식화지(食貨志), 『한서』 차천추전(車千秋傳)에도 보인다.

(51) 유향소서(劉向所序) 67편
신서(新序), 설원(說苑), 세설(世說), 열녀전(列女傳), 송도(頌圖)다.

유향(劉向)의 자(字)는 자정(子政)이요, 처음의 이름은 경생(更生)으로 중루교위(中壘校尉)를 역임했다. 『한서(漢書)』 초원왕전(楚元王傳)에 유향전(劉向傳)이 부재(附載)되어 있다. 소서(所序)란 총서(叢書)라는 뜻으로, 소서 중에는 유향의 저서인 신서(新序) 30편, 설원(說苑) 20편, 세설(世說) 8편, 열녀전(列女傳) 8편, 열녀전도(列女傳圖) 1편 등 도합 67편이 수록되어 있다.

신서(新序)는 지금 10편이 있다. 그 내용은 춘추(春秋), 전국(戰國), 진한(秦漢)의 고사(故事)로 백가전기류(百家傳記類)에서 그 재료를 취하여 분류한 것인데 이륜(彝倫) 도덕을 밝히기 위해 지은 것이다. 설원(說苑)은 송대(宋代)에는 아직 20편, 784장(章)이 있었다고 하는데, 지금의 책은 145장(章)에 적은 것이니 완서(完書)라고 할 수 없다. 그 내용은 유문일사(遺聞佚事)로 법칙을 삼을 만한 것을 모은 것으로 그 체재는 신서(新序)와 같다. 세설(世說)은 유향전(劉向傳)에 "질참적요구위(疾讒摘要救危) 및 세송(世頌) 등 무릇 8편을 저술하였다."라고 하였으니 이 책을 말하는 듯하나 없어져 전하지 않는다. 열녀전(列女傳) 7편은 지금 전하고 있으나, 열녀전도(列女傳圖) 1편은 없어져 전하지 않는다. 유향의 저술로는 이밖에 『오행전기(五行傳記)』가 있으나, 이것은 육예략(六藝略) 상서류(尙書類) 속에서 이미 말하였다.

(52) 양웅소서(揚雄所序) 38편

태현(太玄) 19, 법언(法言) 13, 악(樂) 4, 잠(箴) 2.

양웅(揚雄)의 자(字)는 자운(子雲), 왕망(王莽)을 섬겨 대부(大夫)가 되었다. 양웅의 전(傳)은 『한서』 제87권에 자세히 나와있다. 소서 중에는 양웅의 저서 『태현(太玄)』 19편, 『법언(法言)』 13편, 『악(樂)』 4편, 『잠(箴)』 2편 도합 38편이 수록되어 있다.

태현(太玄)은 역(易)을 모방하여 만든 점서서(占筮書)인데, 『한서』 양웅전(揚雄傳)에 "태현(太玄), 삼방(三方), 구주(九州), 이십칠부(二十七部), 팔십일가(八十一家), 이백사십삼표(二百四十三表), 칠백이십구찬(七百二十九贊)으로 나누어서 3권으로 하다. 그리고 수(首), 충(衝), 착(錯), 측(測), 이(攡), 형(瑩), 수(數), 문(文), 예(棿), 도(圖), 고(告)의 11편이 있다."라고 하였으며, 본경(本經) 3권과 전(傳) 11편을 합해 14편으로 한다. 지금 전하는 범망주본(范望注本) 태현경(太玄經)도 14편으로 예문지(藝文志)의 19편보다 5편이 적다.『법언(法言)』은 논어(論語)를 모방하여 만든 것으로 양웅전에는 13편의 편목(篇目)을 들고 있는데, 오늘날 전해지는 것과 맞는다.『악(樂)』4편은 없어져 전하지 않고,『잠(箴)』2편도 없어져 전하지 않는다. 이밖에 양웅의 저서로『방언(方言)』『훈찬(訓纂)』『창힐훈찬(蒼頡訓纂)』이 있다. [육예략(六藝略) 소학류(小學類)에서 이미 말하였다.]

■ 유(儒) 53가(家) 모두 836편
양웅(揚雄) 1가(一家) 38편을 넣는다.

■ 유가(儒家)의 개략
　유가자류(儒家者流)는 대개 사도(司徒)의 관직에서 나온다. 군주를 돕고, 음양에 순종하여 교화를 밝히는 자다. 문(文)은 6경(六經) 중에 노닐고, 뜻은 인의(仁義)의 일에 머물러 요순(堯舜)을 조술(祖述)하고, 문왕(文王)과 무왕(武王)의 법도를 밝히며, 중니(仲尼)를 스승으로 높여 써 그의 말을 존중한다. 도(道)에 있어 가장 높다고 할 것이다.
　공자가 말하기를 "만약 칭찬할 바가 있으면 그것을 시험할 바가 있다."라고 하였다. 당우(唐虞)의 융(隆), 은주(殷周)의 성(盛), 중니(仲尼)의 업(業)은 이미 그 효험을 시험한 것이다.
　그렇지만 미혹(迷惑)된 자 이미 정미(精微)를 잃고, 그리하여 벽자(辟者)는 또 때에 따라 억양(抑揚)하고, 도(道)의 본의(本意)에서 어긋나고 떠나 구차히 대중에게 시끄럽게 함으로써 총(寵)을 취하고, 후진(後進)은 그것을 따른다. 이로써 오경(五經)은 괴석(乖析)되고 유학(儒學)은 차츰 쇠퇴해진다. 이것이 벽유(辟儒)의 근심거리다.

　　儒家者流[1] 蓋出於司徒[2]之官 助人君順陰陽 明教化者也 游文於六經[3]之中 留意於仁義之際 祖述[4]堯舜 憲章[5]文武 宗師[6]仲尼 以重其言 於道最爲高
　　孔子曰 如[7]有所譽 其有所試 唐虞[8]之隆 殷周之盛 仲尼之業 已試之效者也
　　然惑者[9]旣失精微 而辟者[10]又隨時抑揚 違離道本[11] 苟以譁衆[12]取寵 後進循之 是以五經乖析 儒學寖衰 此辟儒之患

1) 儒家者流(유가자류) : 유가(儒家)의 학파(學派). 유학의 학자들.
2) 司徒(사도) : 옛날 관직의 이름. 교육을 관장하였다.
3) 六經(육경) : 역(易), 서(書), 시(詩), 예(禮), 악(樂), 춘추(春秋).
4) 祖述(조술) : 처음으로 닦다. 조(祖)는 처음, 시작. 술(述)은 닦다.
5) 憲章(헌장) : 법도를 밝히다. 헌(憲)은 법도(法度), 장(章)은 밝히다.
6) 宗師(종사) : 스승으로 높이다. 종(宗)은 존(尊)과 같다.
7) 如(여) : 만약. 약(若)과 같다.
8) 唐虞(당우) : 요(堯)임금과 순(舜)임금. 요(堯)는 도당씨(陶唐氏)요, 순(舜)은 유우씨(有虞氏)다.
9) 惑者(혹자) : 미혹(迷惑)된 자. 도(道)에 밝지 않은 사람. 몽매(夢寐)한 무리.
10) 辟者(벽자) : 마음이 바르지 않은 사람.
11) 道本(도본) : 유도(儒道)의 본의(本意).
12) 譁衆(화중) : 대중에게 시끄럽게 하다.

■ 유가(儒家)의 개략 해설

[예문지(藝文志)는 유가(儒家)를 비롯하여 제자10가(諸子十家)의 기원(起源)을 모두 옛날 왕의 관직에서 나오는 것이라고 설한다.]

　　유가의 조(祖)인 공자의 학설은 교육에 의하여 백성을 바르게 인도하고자 하는 것으로, 공자의 주장을 따르는 유가의 학자들은 옛날의 사도(司徒)라고 하는 관직이 관장하던 교육을 주안(主眼)으로 하는 것이다. 유가의 학문은 이 의미에 있어서 사도에 기원을 둔다고도 할 수 있다. 유가의 학자들은 군주를 돕고 음양(陰陽)의 도(道)에 순종하며 백성으로 하여금 선(善)을 행하고, 몸을 성실하게 가지도록 교화시킨다. 그들은 6경(六經)의 학문을 하고 인의(仁義)를 행하여 요(堯)임금과 순(舜)임금을 시조로 삼아 거기에 따르고, 문왕과 무왕을 밝혀 그것을 법도로 삼으며, 공자를 스승으로 하여 그를 높여 공자의 말을 중하게 여긴다. 유가는 제자10가(諸子十家)의 도술(道術) 중에서 가장 진실하고 우수하다.

공자는 "나는 헛되이 남을 헐뜯거나 칭찬하지 않는다. 만약 칭찬할 사람이 있으면 칭찬할 만한 사실을 시험한 후에 칭찬한다."[『논어』 위령공편(衛靈公篇)]라고 말하였다. 유가가 가장 진실하고 우수하다고 칭찬하는 것은 유가의 도(道)는 요순(堯舜)의 융(隆), 문왕(文王) 무왕(武王)의 성(盛), 공자의 업(業)에 기초를 둔 것으로 이와 같은 사실을 시험해 본 후에 말하는 것이다.

그러나 후세에 이르러 몽매한 유가는 이미 정치하고 뜻 깊은 도(道)를 잃고, 마음이 바르지 않은 곡학아세(曲學阿世)의 무리는 시세에 영합하여 헛되이 남을 따르고 유도(儒道)의 본뜻을 어기고 흩어져, 임시방편으로 많은 사람에게 시끄럽게 외쳐 존경을 받고자 하고, 후진의 학도들도 다투어 그것을 따르는 형편이다. 그래서 유가의 경전인 『춘추(春秋)』는 다섯 갈래로 나뉘고, 『시경(詩經)』은 네 갈래로 나뉘어져, 서로 진(眞)과 위(僞)를 다투는 형편이 되었다. 이와 같이 유가의 도술(道術)은 차츰 쇠퇴해졌다. 이것은 마음이 바르지 못한 유자(儒者)들의 우려할 만한 현상이다.

2. 도가(道家)

(1) 이윤(伊尹) 51편 : 탕왕(湯王)의 재상(宰相)이다.

이윤(伊尹)은 은(殷)나라 탕왕(湯王)의 재상이다. 이윤에 대해서는 『사기(史記)』 은본기(殷本紀)에 보이는데, "이윤은 탕왕을 좇아 소왕구주(素王九主)의 일을 저술하였다."라고 하였다. 구주(九主)는 삼황(三皇)과 오제(五帝), 그리고 하(夏)나라 우왕(禹王)을 말하는데, 군주가 남면(南面)하는 술(術)을 말한 듯하다. 없어져 전하지 않는다.

(2) 태공(太公) 237편 : 모(謀) 81편, 언(言) 71편, 병(兵) 85편.

여망(呂望)은 주(周)나라의 사상보(師尙父)가 되었다. 본래 유도자(有道者)인데, 혹 근세에 또 태공술자(太公術者)를 위하여 증가한 바가 있다.

태공(太公)은 태공망(太公望) 여상(呂尙)인데, 주(周)나라 문왕(文王)은 그를 존경하여 사상보(師尙父)라 하였다. 태공망의 전(傳)은 『사기(史記)』의 제태공세가(齊太公世家)에 보인다. 태공(太公) 237편은 모(謀) 81편, 언(言) 71편, 병(兵) 85편을 합한 것이다. 모(謀)는 태공의 도모한 일이다. 언(言)은 태공의 말인데, 옛날에는 선언(善言)을 금판(金版)에다 썼다. 병(兵)은 태공의 병법(兵法)이다. 지금은 모두 없어져 전하지 않는다. 지금 『육도(六韜)』 6권이 있는데, 주(周)의 여망(呂望)의 찬(撰)이라고 하나 후인(後人)의 위서(僞書)다.

(3) 신갑(辛甲) 29편

주왕(紂王)의 신하로 75차례나 간(諫)하다가 물러났다. 주(周)나라에서 봉(封)하다.

신갑(辛甲)은 본래 은(殷)나라의 주왕(紂王)을 섬겼는데, 75차례

제 3 편 제자략(諸子略)   155

나 간(諫)하여 받아들여지지 않으므로 물러나 주(周)나라로 갔다. 소공(召公)이 그를 현자(賢者)라고 하여 문왕(文王)에게 고하니, 문왕은 친히 영접하여 공경(公卿)으로 대우하여 장자(長子 : 땅의 이름)에 봉(封)하였다. 없어져 전하지 않는다.

  (4) 육자(鬻子) 22편
  이름은 웅(熊)으로, 주사(周師)가 되다. 문왕(文王)으로부터 그에게 묻다. 주(周)나라에서 봉(封)하여 초(楚)나라의 조상이 되다.
  육자(鬻子)의 이름은 웅(熊)인데, 나이 90세에 문왕(文王)을 만났다. 문왕은 그를 스승으로 삼았고, 무왕(武王)과 성왕(成王)도 스승으로 섬겼다. 성왕 때에 육웅(鬻熊)의 증손(曾孫)인 육역(鬻繹)을 초(楚)에 봉(封)하였다. 없어져 전하지 않는다. 지금 『육자(鬻子)』 1권 14편이 있으나 후인의 위서(僞書)다.

  (5) 완자(筦子) 86편
  이름은 이오(夷吾)요, 제(齊)나라 환공(桓公)의 재상이다. 제후를 규합(九合)했는데 병거(兵車)로써 한 것이 아니다. 열전(列傳)이 있다.
  완자(筦子)는 관자(管子)를 말하는 것인데, 완(筦)은 고자(古字)로서 통용된다. 관자의 이름은 이오(夷吾)요, 자는 중(仲)이다. 처음에는 제(齊)나라의 공자(公子)인 자규(子糾)를 섬겼고 뒤에 제나라 환공(桓公)의 재상이 되어 환공의 패업(霸業)을 도왔다. 『사기(史記)』 제62권에 전(傳)이 있다. 지금 책의 관자(管子)는 86편의 편목(篇目)을 들고 있으나, 10편은 없어졌고 76편만 있다. 관자의 책에 관자 이후의 기사가 많은 것으로 보아, 전국시대의 직하학사(稷下學士)들의 손에 의해 만들어진 것 같다. 『예문지(藝文志)』는 도가(道家) 쪽에 넣었으나, 수지(隋志) 이하 역대의 서지(書志)는 모두 이것을 법가(法家)의 맨 앞에다 놓고 있다.

  (6) 노자인씨경전(老子隣氏經傳) 4편
  성은 이(李)요, 이름은 이(耳)이다. 인씨전(隣氏傳)은 그의 학이다.

이것은 『노자경(老子經)』 2편과 『인씨전(隣氏傳)』 2편을 합친 것인 듯하다. 『인씨전』 2편은 없어지고 『노자경』 2편만 존재한다. 인씨(隣氏)는 노자(老子)의 학(學)을 저술한 사람인데, 그가 어떠한 사람인지 밝혀지지 않으나 문제(文帝), 경제(景帝) 때에는 황로(黃老)의 학(學)이 가장 왕성하던 때였으므로 그 시대의 사람일 것이다. 지금 책인 『노자도덕경(老子道德經)』 상하 2편 81장(章)은 대체로 예전 그대로이다. 현존하는 노자(老子)의 주해(注解)는 한비자(韓非子)의 유로(喩老)와 해로(解老)를 제외하고는 왕필(王弼)이 주석한 책이 가장 오래된 것이다. 노자의 성은 이(李)요, 이름은 이(耳)로, 그의 전(傳)은 『사기(史記)』 제63권에 보이는데, 그 신빙성을 의심하는 학자도 있다. 『노자도덕경』은 전국시대의 학자가 노자의 말이라고 하여 전해 오는 것들을 모은 것이라는 설이 유력하다.

(7) 노자부씨경설(老子傅氏經說) 37편

노자(老子)의 학(學)을 저술하였다.

노자경(老子經)과 부씨(傅氏)의 노자 해설을 합친 것인데, 부씨설(傅氏說)은 없어져 전하지 않는다. 부씨는 노자의 학(學)을 저술한 사람이나 밝혀지지 않는다. 앞의 인씨(隣氏)와 동시대의 사람인 듯하다.

(8) 노자서씨경설(老子徐氏經說) 6편

자는 소계(少季), 임회(臨淮) 사람으로 노자를 전한다.

노자경(老子經)과 서씨(徐氏)의 노자 해설을 합친 것인데, 서씨설(徐氏說)은 없어져 전하지 않는다. 서씨에 대해 반고(班固)는 "자(字)는 소계(少季)요, 임회(臨淮) 사람으로 노자를 전한다."라고 하였다. 인씨(隣氏), 부씨(傅氏)와 동시대의 사람인 듯하다.

(9) 유향설노자(劉向說老子) 4편

유향(劉向)의 설원(說苑)과 신서(新序)에 노자의 말이 서술되어

제3편 제자략(諸子略) 157

있는데 이것이 유향설(劉向說)인 것 같다. 없어져 전하지 않는다.

(10) 문자(文子) 9편

노자의 제자. 공자와 동시대 사람이다. 주(周)나라 평왕(平王)이 물었다고 하는데, 의탁자(依託者) 같다.

문자(文子)가 어떠한 사람인지는 분명하지 않다. 반고(班固)는 노자의 제자로 공자와 동시대의 사람이라고 했다. 문자에 대해서는 ①주(周)나라 평왕(平王) 때의 사람이라는 설[『한서』 고금인표(古今人表), 마총(馬総)의 의림(意林)은 이것을 근거로 한다.] ②초나라 평왕 때 사람이라는 설[『문헌통고』 인주씨섭필(文獻通考引周氏涉筆)] ③자하(子夏)의 제자로 묵자와 동시대라는 설[유향별록] ④제(齊)나라 위왕(威王) 때의 사람이라는 설[『한비자』 내저설(韓非子內儲說)] ⑤성은 신씨(辛氏)요, 이름은 연(研)이요, 자는 문자(文子)로 계연(計然)이라 한다는 설[『사기』 화식열전집해인범자(史記貨殖列傳集解引范子] ⑥월(越)나라 대부종(大夫種)이라는 설[강천(江瑔), 독자호언(讀子巵言) 등이 있다. 지금의 책인 문자(文子) 12권은 위서(僞書)로 대개 수당시대의 잡가자류(雜家者流)가 다른 책에서 노자의 설을 서술한 말을 취하여 모아서 한 책으로 만든 것인 듯하다.

(11) 연자(蜎子) 13편

이름은 연(淵), 초(楚)나라 사람으로 노자의 제자다.

연(蜎)은 성이요, 이름은 연(淵)이다. 혹은 환연[環淵 : 연(蜎)과 환(環)은 고자(古字)에 통용됨], 혹은 연환[蜎環 : 회남자원도훈(淮南子原道訓)], 혹은 편연[便蜎 : 조식칠계(曹植七啓)]으로 되어 있다. 초(楚)나라 사람이요, 노자의 제자로, 제(齊)나라의 직하학사(稷下學士)다. 이 책은 없어져 전하지 않는다.

※『사기(史記)』 맹순열전(孟荀列傳)에 "환연(環淵)은 초(楚)나라 사람으로 황노도덕(黃老道德)의 술(術)을 배워서 인하여 그 지의(指意)를 발명(發明)하다. 신도(慎到), 전병(田騈), 접자(接子)와 다 논한 바 있다. 환연

상하경(環淵上下經)을 저술하였다."라고 하였다.

(12) 관윤자(關尹子) 9편
이름은 희(喜), 관(關)의 관리가 되었는데, 노자가 관을 통과할 때 관리를 버리고 노자를 따랐다.

관윤자(關尹子)는 성은 윤(尹)이요, 이름은 희(喜), 자(字)는 공도(公度)로, 진(秦)나라 사람이다. 노자가 관(關)을 통과할 때 윤희(尹喜)는 관의 관리를 버리고 노자를 따랐다고 한다. 관령윤희[關令尹喜:『사기』노자열전(老子列傳)]라고도 하고, 관윤희[關尹喜:『열자(列子)』중니편(仲尼篇)]라고도 하고, 관윤[關尹:『장자(莊子)』달생편(達生篇), 천하편(天下篇)]이라고도 하며, 관령자[關令子:『유향 열선전(劉向列仙傳)』]라고도 한다. 지금 있는 『관윤자(關尹子)』 1권은 송인(宋人)의 위서(僞書)다.

(13) 장자(莊子) 52편 : 이름은 주(周)요, 송(宋)나라 사람이다.
장자(莊子)의 이름은 주(周)요, 자는 자휴(子休), 송(宋)나라 몽(蒙)의 사람이다. 몽(蒙) 칠원(漆園)의 관리가 된 일도 있다. 양(梁)나라 혜왕(惠王)이나 제(齊)나라 선왕(宣王)과 동시대의 사람이다. 장자의 전(傳)은 『사기(史記)』제63권에 보인다. 진(晉)나라의 사마표(司馬彪)와 맹씨(孟氏)는 이 52편의 책을 바탕으로 하여 주(注)를 만들었고, 최찬(崔譔)은 52편 중에서 27편을 취하여 주(注)를 만들었으나, 함께 없어져 전하지 않는다. 오늘날 전하는 것은 곽상(郭象) 주본(注本)의 장자다. 진(晉)나라 곽상도 52편을 줄여서 33편으로 하였다. 내편(內篇)이 7편, 외편(外篇)이 15편, 잡편(雜篇)이 11편이다. 그중 내편은 장주(莊周)의 손으로 이루어진 것이요, 외편과 잡편은 장주의 후학에 의해 만들어진 것이라고 한다.

(14) 열자(列子) 8편
이름은 어구(圄寇), 장자(莊子)보다 선배라고 장자가 일컫다.

반고(班固)는 열자(列子)의 이름을 어구(圄寇) 또는 어구(禦寇)

라 하고, 장자(莊子)보다 선배라고 한다. 『여씨춘추(呂氏春秋)』 불이편(不二篇)에 "열자(列子)는 허(虛)를 귀하게 여긴다."라고 하였고, 『장자』 달생편(達生篇)과 『여씨춘추』 심기편(審己篇)에는 열자가 관윤자(關尹子)에게 물었다는 것을 싣고 있다. 그러나 열자는 『사기(史記)』에도 그의 전(傳)이 없고, 그의 인물은 분명하지 않다. 고사손(高似孫)의 『위략(緯略)』에 열자는 가공의 인물이라고까지 의심하고 있다. 『열자』 8편은 없어져 전하지 않는다. 지금 있는 『열자』는 후인의 위서(僞書)로, 마서륜(馬敍倫)은 『열자위서고(列子僞書考)』를 저술하여 20증(證)을 들어 그것이 위서임을 단정하고 있다. 위진(魏晉)시대 이래 호사가(好事家)가 재료를 다른 책에서 취하여 『열자』 8편을 만들었다고 하는 것이다.

(15) 노성자(老成子) 18편
없어져 전하지 않는다.

(16) 장로자(長盧子) 9편 : 초(楚)나라 사람.
없어져 전하지 않는다.
※『사기(史記)』 맹순열전(孟荀列傳)에 "초(楚)나라에 시자(尸子), 장로(長盧)가 있다. 대대로 많은 책이 있다. 그래서 그의 전(傳)을 논하지 않는다."라고 하였다.

(17) 왕적자(王狄子) 1편
없어져 전하지 않는다.

(18) 공자모(公子牟) 4편
위(魏)나라 공자(公子)다. 장자(莊子)의 선배라고 장자가 말하다.
위(魏)의 공자(公子)로 장자(莊子)의 선배다. 없어져 전하지 않는다.
※『순자(荀子)』 비십이자편(非十二子篇)에 "성정(性情)이 멋대로이고 방자하고 사나우며, 금수(禽獸)와 같이 행동하고 써 문(文)에 맞고 치(治)에

통함에 부족하다. 그렇건만 그것을 유지하는 까닭이 있으니, 그것을 말하여 이(理)를 이루고, 그것으로 많은 어리석은 사람을 속이고 미혹되게 함에 족한 것은 위(魏)의 모(牟)인가"라고 하였다.

(19) 전자(田子) 25편

이름은 병(騈), 제(齊)나라 사람으로 직하(稷下)에 노닐다. 천구병(天口騈)이라 불렸다.

전(田)은 성이요, 이름은 병(騈)이다. 『여씨춘추(呂氏春秋)』 불이편(不二篇)에서는 진병(陳騈)으로 되어 있는데, 전(田)과 진(陳)은 고자(古字)에서 통용된다. 제(齊)나라 사람으로 직하(稷下)에서 놀았다. 담론(談論)을 좋아하였으므로 제나라 사람들은 그를 천구병(天口騈)이라 불렀다. 전병(田騈)의 구변은 막히는 데가 없어 하늘을 섬기는 것과 같다고 하는 뜻이었다. 없어져 전하지 않는다.

『사기(史記)』 맹순열전(孟荀列傳)에 "전병(田騈)은 제(齊)나라 사람이요, 환연(環淵)은 초(楚)나라 사람인데, 모두 황로도덕(黃老道德)의 술(術)을 배워 인하여 발명하고 그 지의(指意)를 서(序)하다."라고 하였다.

(20) 노래자(老萊子) 16편

초(楚)나라 사람으로 공자와 동시대 사람이다.

노래자(老萊子)는 초(楚)나라 사람인데 공자와 동시대 사람이다. 없어져 전하지 않는다.

※『대대례(大戴禮)』 위장군문자편(衛將軍文子篇)에 "공자가 말하기를 덕(德)이 공순하고 신(信)을 행하여 종일 말하여 허물이 안에 있지 않고 허물이 밖에 있다. 가난하면서도 즐기는데, 대개 노래자(老萊子)의 행(行)이다."라고 하였다.

(21) 금루자(黔婁子) 4편

제(齊)나라의 은사(隱士)로 도(道)를 지켜 굽히지 않았다.

금루자(黔婁子)는 제(齊)나라의 은사(隱士)로 청절(淸節)을 지켜 제후에게 벼슬하지 않고, 장수(長壽)함으로 생을 마쳤다. 없어져 전하지 않는다.

  (22) 궁손자(宮孫子) 2편
  안사고가 이르기를 "궁손은 성이요, 이름을 알지 못한다."라고 하였다.
  없어져 전하지 않는다.

  (23) 갈관자(鶡冠子) 1편
  초(楚)나라 사람으로 심산(深山)에 살면서 갈(鶡)로써 관(冠)을 삼다.
  갈관자(鶡冠子)는 초(楚)나라의 은자(隱者)로 성명을 모른다. 항상 심산(深山)에 살면서 갈(鶡 : 산꿩)의 깃으로 관(冠)을 만들어 썼다고 한다. 그래서 『갈관자(鶡冠子)』라고 부른다. 지금 있는 『갈관자』 3권은 후인의 위서(僞書)다.

  (24) 주훈(周訓) 14편
  안사고가 이르기를 "유향별록에 '사람이 작았고 책의 말은 속전(俗傳)한다.'고 했다"하였다.
  없어져 전하지 않는다.

  (25) 황제사경(黃帝四經) 4편
  황제(黃帝)는 도가(道家)에서 시조로 받든다. 없어져 전하지 않는다.

  (26) 황제명(黃帝銘) 6편
  고실(顧實)은 『태평어람(太平御覽)』에 인용되어 있는 황제금인명(黃帝金人銘) 등이 그 잔궐(殘闕)이라고 한다.

  (27) 황제군신(黃帝君臣) 10편
  6국(六國) 때 일어나, 노자와 더불어 서로 같다.
  없어져 전하지 않는다.

(28) 잡황제(雜黃帝) 58편 : 6국(六國) 때 현자(賢者)가 지은 것이다. 없어져 전하지 않는다.

※『회남자(淮南子)』수무훈(修務訓)에 "세속 사람은 많이 옛것을 높이고 지금의 것을 낮춘다. 그러므로 도(道)를 행하는 자는 반드시 그것을 신농(神農), 황제(黃帝)에 의탁하고 그러한 뒤에 능히 설(說)에 들어간다. 난세(亂世)의 어두운 군주는 그 좇아서 온 바를 고원(高遠)하다 하고 인하여 그것을 높인다. 학문을 하는 사람은 논(論)에 가려져 그 듣는 것을 높이고 서로 더불어 똑바로 앉아서 그것을 일컬으며 옷깃을 바로 하여 그것을 왼다. 이것은 옳고 그름의 분수를 보는 것이 밝지 못한 것이다."라고 하였다.

(29) 역목(力牧) 22편

6국(六國) 때 만든 것인데, 역목(力牧)에게 의탁하였고, 역목은 황제(黃帝)의 재상이다.

역목(力牧)은 전설에 황제(黃帝)의 재상이라고 한다.『열자(列子)』황제편(黃帝篇)과『회남자(淮南子)』남명편(覽冥篇)에 보인다. 이 책은 전국시대에 역목(力牧)에게 의탁하여 만들어진 것인데, 없어져 전하지 않는다.

(30) 손자(孫子) 16편 : 6국(六國) 때.

이 손자(孫子)는『장자(莊子)』달생편(達生篇)에 보이는 손자(孫子)로, 이름을 휴(休)라고 하는 사람일 것이다. 춘추시대 오(吳)의 손무(孫武)와는 다르다. 없어져 전하지 않는다.

(31) 첩자(捷子) 2편

제(齊)나라 사람으로 무제(武帝) 때라는 설(說)이 있다.

첩자(捷子)는 또 접자(接子)라고도 한다. 첩(捷)과 접(接)은 고자(古字)에서는 통용된다. 접자(接子)는 제(齊)나라 사람인데 신도(愼到), 전병(田騈)과 동시대로, 모두 황로(黃老)의 학(學)을 배웠다. 접자에 대한 이야기는『장자(『莊子』) 측양편(則陽篇)과『사기

(史記)』 전완세가(田完世家), 『사기(史記)』 맹순열전(孟荀列傳)에 보인다. 없어져 전하지 않는다. 반고(班固)의 자주(自注)에 무제 때의 설이라는 무제시설(武帝時說)은 불필요한 말이다. 이것은 다음 조우(曹羽) 2편의 반고의 자주인 무제시설어제왕(武帝時說於齊王)이 뒤섞여 들어간 것이다.

(32) 조우(曹羽) 2편
초(楚)나라 사람. 무제(武帝) 때 제(齊)나라 왕에게 한 설(說)이다.
없어져 전하지 않는다.

(33) 낭중영제(郎中嬰齊) 12편 : 무제(武帝) 때.
없어져 전하지 않는다.

(34) 신군자(臣君子) 2편 : 촉(蜀)나라 사람.
없어져 전하지 않는다.

(35) 정장자(鄭長者) 1편
6국(六國) 때. 한자(韓子)보다 앞선다고 한자가 일컫다. 안사고가 이르기를 "별록에서 정(鄭)나라 사람으로 성명은 알지 못한다고 했다."하였다.
없어져 전하지 않는다. 『한비자(韓非子)』 외저설우(外儲說右)에 정장자(鄭長者)의 설(說)을 인용하였다.

(36) 초자(楚子) 3편
없어져 전하지 않는다.

(37) 도가언(道家言) 2편 : 근세(近世), 작자는 모른다.
없어져 전하지 않는다. 유향(劉向)이 도가(道家)의 말을 모아서 기록한 것으로, 유가류(儒家類)의 『유가언(儒家言)』 18편과 같은 종류의 것이었을 것이다.

■ 도(道) 37가(家) 모두 993편

■ 도가(道家)의 개략

　도가자류(道家者流)는 대개 사관(史官)으로부터 나온다. 성패(成敗), 존망(存亡), 화복(禍福), 고금(古今)의 도(道)를 두루 기록하고, 그러한 뒤에 요점을 잡고 근본을 잡아, 청허(淸虛)로써 스스로 지키고, 비약(卑弱)으로써 스스로 유지하는 것을 안다. 이것이 군주가 남면(南面)하는 술(術)이다.

　요제(堯帝)가 능히 양보하고, 역(易)의 겸손(謙遜), 한 번 겸양(謙讓)하여 네 가지 유익함에 합치한다. 이것이 그 우수한 점이다.

　방자(放者)가 이것을 함에 이르러서는 예학(禮學)을 끊어 버리고, 인의(仁義)를 아울러 버리고자 한다. 말하기를 "홀로 청허(淸虛)에 맡겨 그것으로써 다스릴 수 있다."라고 한다.

　　　道家者流　蓋出於史官[1]　歷記[2]成敗存亡禍福古今之道　然後知秉要[3]執本　淸虛[4]以自守　卑弱[5]以自持　此君人[6]南面之術[7]也
　　　合於堯之克攘[8]　易之嗛嗛[9]　一謙而四益[10]　此其所長也
　　　及放者[11]爲之　則欲絶去禮學　兼棄仁義　曰獨任淸虛　可以爲治

1) 史官(사관) : 문서의 기록을 관장하는 관리.
2) 歷記(역기) : 두루 기록하다. 빠짐없이 기록하다.
3) 秉要(병요) : 요점을 잡다. 병(秉)은 잡는다는 뜻으로 집(執)과 같다.
4) 淸虛(청허) : 마음이 담박(淡泊)하고 사욕(私欲)없는 것.
5) 卑弱(비약) : 자신을 낮추어 약한 존재로 만드는 것.
6) 君人(군인) : 인군(人君)의 잘못. 곧 군주. 왕염손(王念孫)은 당연히 인군(人君)이어야 한다고 했다.

7) 南面之術(남면지술) : 군주가 나라를 다스리는 방법. 군주는 남쪽을 향해 자리하고 신하는 북면(北面)하는 것이다.

8) 克攘(극양) : 능히 양보하다. 극(克)은 능(能)과 같고, 양(攘)은 양(讓)의 고자(古字). 요(堯)임금이 순(舜)임금에게 천자의 지위를 물려준 사실을 말한다.

9) 嗛嗛(겸겸) : 겸(嗛)은 겸(謙)과 같은 것으로, 겸손의 뜻. 겸겸은 겸손한 위에 또 겸손하다는 뜻.

10) 一謙而四益(일겸이사익) : 한 번 겸손해서 네 가지 유익한 일이 있다는 뜻. 『역(易)』 겸괘(謙卦) 단전(彖傳)에 "천도(天道)는 영(盈 : 차다)을 이지러지게 하여 겸(謙)에 유익하게 하고, 지도(地道)는 영(盈)을 바꾸어 겸(謙)으로 흐르게 하고, 귀신은 영(盈)을 해롭게 하여 겸(謙)에게 복되게 하고, 인도(人道)는 영(盈)을 미워하며 겸(謙)을 좋아한다."라고 하였다. 이것은 곧 사람이 겸손하면 하늘과 땅과 귀신과 사람이 다 이익과 행복을 준다는 뜻이다.

11) 放者(방자) : 방탕한 자.

■ 도가(道家)의 개략 해설

도가(道家)의 조(祖)인 노자(老子)는 본래 주왕실(周王室)의 사관(史官)이었다고 전한다. 따라서 고금(古今)의 성패(成敗), 화란(禍亂)의 자취를 알고 있었다. 도가는 청허(淸虛)와 비약(卑弱)을 근본 취지로 삼는 것이지만, 그것은 고금의 성패와 존망(存亡)의 역사에서 귀결된 인생관으로, 그 의미에 있어서 노자를 조(祖)로 하는 도가의 학문은 사관에 기원을 둔 것이라고도 할 수 있겠다.

도가(道家)의 학자들은 사관(史官)에 근원을 둔다. 사관이라는 관직이 관장하는 것은 고금의 성공과 실패, 존재와 멸망, 행복과 재화(災禍)의 자취를 두루 기록하는 것이다. 그들 도가의 학자들은 그 성패와 존망의 역사에서 도(道)의 근본을 파악하여, 마음을 담박(淡泊)하게 가지고 사욕(私欲)이 없이 마음을 약하게 가져 남에게 자신을 낮추는 것이 처세의 근본 뜻이라는 것을 깨달았다. 그리하여 그것은 또 군주가 백성을 다스리는 오직 하나의 방법이라고 생각하였다.

※『노자(老子)』제3장(章)에 "성인의 다스림은 그 마음을 비우고, 그 배를 채우지 않는다. 그 뜻을 약하게 가지고 그 뼈를 굳세게 한다."라고 하였다. 또 『노자(老子)』제7장에는 "성인은 그 몸을 뒤로 하여 몸이 앞서고, 그 몸을 밖으로 하여 몸이 존재한다."라고 하였다.

이 도가자류(道家者流)의 청허(淸虛)와 비약(卑弱)의 도(道)는 『서경(書經)』에 있는, 요(堯)임금이 천하를 다스림에 있어 공순하고 능히 천자의 자리를 순(舜)임금에게 넘겨 주었다는 사실과 『역경(易經)』에 있는, 겸손한 위에 또 겸손한 것[겸괘(謙卦) 초구(初九)의 효사(爻辭)]과 겸손하면 하늘도 땅도 신(神)도 사람도 거기에 이익과 행복을 준다[겸괘(謙卦) 단전(彖傳)]고 하는 것에 합치되는 것이다. 이 청허와 비약의 도는 도가자류의 가장 우수한 점이다.

그러나 극단으로 달려서 근본 진리를 잊은 방탕한 도가의 무리가 그것을 행함에 있어서는 기세있게 예학(禮學)을 끊어 버리고, 인(仁)과 의(義)를 아울러 버리고자 한다. 그리하여 다만 담박하고 사사로움이 없는 것만으로 나라가 다스려진다고 생각한다. 이것은 크게 잘못된 생각이다.

3. 음양가(陰陽家)

(1) 송사성자위(宋司星子韋) 3편 : 경공(景公)의 사관(史官).

사성(司星)은 관명(官名)이요, 자(子)는 성이며, 위(韋)는 이름이다. 자위(子韋)는 전국시대 송(宋)나라 경공(景公)의 사관(史官)이 되어 천문(天文)과 음양(陰陽)의 술(術)을 관장하였다. 이 책은 자위의 천문음양에 관한 기록이다. 없어져 전하지 않는다. 자위의 천문에 관한 기록은 『사기(史記)』의 송세가(宋世家), 『유향신서(劉向新序)』의 잡사편(雜事篇), 『왕충논형(王充論衡)』의 변허편(變虛篇), 『여씨춘추(呂氏春秋)』의 제악편(制樂篇) 등에 보인다.

(2) 공도생종시(公檮生終始) 14편

추석시종서(鄒奭始終書)의 전이다.

추연(鄒衍)의 오덕종시(五德終始)를 설명한 책이다. 없어져 전하지 않는다. 반고(班固)의 자주(自注)에 추석시종서(鄒奭始終書)라고 하는 것도 추석(鄒奭)은 추연(鄒衍)의 잘못이고, 시종(始終)은 종시(終始)의 잘못이다.

(3) 공손발(公孫發) 22편 : 6국(六國) 때.

공손발(公孫發)은 전국시대의 사람이다. 심흠한(沈欽韓)은 노(魯)나라 사람인 공손신(公孫臣)일 것이라고 한다. [한서소증(漢書疏證)], 혹은 오덕종시(五德終始)를 설한 책인지도 모른다. 없어져 전하지 않는다.

(4) 추자(鄒子) 49편

이름은 연(衍), 제(齊)나라 사람이다. 연(燕)나라 소왕(昭王)의 스승이 되어 직하(稷下)에 있었는데, 담천연(談天衍)이라 불렀다.

없어져 전하지 않는다.

(5) 추자종시(鄒子終始) 56편

추자(鄒子)의 이름은 연(衍)이요, 제(齊)나라 사람으로 연(燕)나라 소왕(昭王)의 스승이 되어 제(齊)나라의 직하(稷下)에 있었다. 추연(鄒衍)은 오덕종시(五德終始)와 적현신주(赤縣神州)의 설을 이루고, 모두 하늘의 일을 이야기했으므로, 그 때 사람들은 그를 담천연(談天衍)이라 칭하였다. 추연의 전(傳)은 『사기(史記)』 맹순열전(孟荀列傳)에 부록으로 실려 있다. 추연의 오덕종시설은 진한(秦漢)시대 사상계(思想界)에 절대적인 영향을 미쳤다. 그의 설의 상세한 것은 『추자(鄒子)』 49편과 『추자종시(鄒子終始)』 56편 두 책에 자세히 서술되었을 것이나, 없어져 전하지 않는다.

(6) 승구자(乘丘子) 5편 : 6국(六國) 때.
씨성제서(氏姓諸書)에 상구씨(桑丘氏)는 있는데 승구자(乘丘子)는 없다. 이 승구씨(乘丘氏)는 상구씨(桑丘氏)의 잘못일 것이다. 상구씨는 전국시대의 사람이다. 없어져 전하지 않는다.

(7) 두문공(杜文公) 5편
6국(六國) 때. 유향별록에 이르기를 한(韓)나라 사람이라 하였다.
없어져 전하지 않는다.

(8) 황제태소(黃帝泰素) 20편
6국(六國) 때 한(韓)나라 여러 공자(公子)가 만든 것.
전국시대 한(韓)나라의 여러 공자(公子)가 만들었다고도 하고, 한나라의 여러 공손(公孫)이 만들었다고도 한다. 태소(泰素)라고 하는 것은 그 도(道)가 꾸밈없이 순박하다는 뜻. 없어져 전하지 않는다.

(9) 남공(南公) 31편 : 6국(六國) 때.
남공(南公)은 전국시대 초(楚)나라 사람이다. 나라의 남쪽 변방에 살았으므로 남공(南公)이라 불렀다. 『사기(史記)』 항우본기(項羽本紀)의 주(注)에 "남공(南公)은 도사(道士)로서 흥패(興敗)를 알아, 진(秦)나라를 멸망시킬 자는 반드시 초(楚)나라에 있어서라는 것을 알다."라는 말이 있는 것으로 보면 예언자였다. 없어져 전하지 않는다.

(10) 용성자(容成子) 14편

황제(黃帝)의 시력(時曆)을 만들었다고 하는 사람도 용성(容成)이고, 노자(老子)의 스승에도 용성씨(容成氏)가 있으나, 여기서의 용성자(容成子)는 전국시대의 사람이다. 이 책은 음양율력(陰陽律曆), 오덕종시(五德終始)를 서술한 것인 듯하다. 없어져 전하지 않는다.

(11) 장창(張蒼) 16편 : 승상(丞相)으로 북평후(北平侯)다.

장창(張蒼)은 한(漢)나라의 승상(丞相)이 되어 북평후(北平侯)에 봉해졌다. 학문을 좋아하였으며, 율력(律曆)에 가장 깊었다. 오덕(五德)의 운(運)을 미루어 한(漢)나라를 수덕(水德)이라 하여 흑(黑)을 숭상하였다. 그리고 율(律)을 불어서 음악을 조절하여 그것을 음성(音聲)에 넣었다. 『사기(史記)』 제96권, 『한서(漢書)』 제40권에 전(傳)이 있다. 『한서』 본전(本傳)에는 "저서(著書)가 18편인데, 음양율력(陰陽律曆)의 일을 말하였다."라고 하였는데, 『예문지(藝文志)』의 16편과는 맞지 않는다. 그것은 팔(八)과 육(六)의 글자의 모양이 비슷하여 잘못 쓴 것이 아닌가 한다.

(12) 추석자(鄒奭子) 12편

제(齊)나라 사람, 조룡석(雕龍奭)이라고 불린다.

추석(鄒奭)은 전국시대 제(齊)나라 사람으로 추연(鄒衍)의 일족(一族)이다. 추연의 오덕종시설(五德終始說)을 잘 말하여 그것을 문식(文飾)하였다. 그러므로 제(齊)나라 사람들은 그를 조룡석(雕龍奭)이라고 하였다. 그 의론(議論)이 용의 모양을 조각한 것처럼 선명하였기 때문이다. 이 책은 없어져 전하지 않는다.

(13) 여구자(閭丘子) 13편

이름은 쾌(快), 위(魏)나라 사람인데, 남공(南公) 전에 있었다.
없어져 전하지 않는다.

(14) 풍촉(馮促) 13편
정(鄭)나라 사람이다.
없어져 전하지 않는다.

(15) 장거자(將鉅子) 5편
6국(六國) 때, 남공(南公)보다 선배라고 남공이 일컫다.
장거자(將鉅子)는 장구씨[將具氏 : 이름은 창(彰)]를 잘못 쓴 것인 듯하다.[『응소풍속통(應劭風俗通)』성씨편(姓氏篇)] 없어져 전하지 않는다.

(16) 오조관제(五曹官制) 5편
한(漢)나라의 제도. 가의(賈誼)의 조항과 같다.
조(曹)는 관직의 분과(分科)로, 이 책은 한(漢)나라의 제도를 기록한 것이다. 이것을 음양가(陰陽家)에 배열한 것은 관제(官制)를 음양오행설(陰陽五行說)로 설하였기 때문일 것이다. 반고(班固)는 가의(賈誼)가 지은 것으로 추정하고 있다. 없어져 전하지 않는다.

(17) 주백(周伯) 11편 : 제(齊)나라 사람. 6국(六國) 때.
없어져 전하지 않는다.

(18) 위후관(衛侯官) 12편 : 근세(近世). 작자를 알지 못한다.
전대소(錢大昭)는 위후관(衛侯官)의 후(侯)는 후(候)의 잘못으로, 후관(候官)은 위위(衛尉)의 속관(屬官)을 말한다고 했다. 그 성명을 잃었으므로 관명(官名)으로 책의 이름을 쓴 것이다. 없어져 전하지 않는다.

(19) 우장천하충신(于長天下忠臣) 9편
근세(近世)의 평음(平陰) 사람이다.
우장(于長)은 한(漢)나라의 평음(平陰) 사람이다. 이 책은 천하충신들의 일을 기록한 것인데, 이것을 음양가(陰陽家)에다 배열한 것은 오행(五行)에 관련시켜 설하였기 때문이다. 동중서(董仲舒)는 『춘추번로(春秋繁露)』의 오행지의(五行之義)와 오행대(五行對)에서 "오행(五行)은 충신, 효자의 행(行)이다."라고 하였다. 없어져 전하지 않는다.

(20) 공손혼야(公孫渾邪) 15편 : 평곡후(平曲侯).
　공손혼야(公孫渾邪)는 경제(景帝) 때 농서(隴西)의 수(守)가 되고, 장군이 되어 오(吳)와 초(楚)를 공격하여 평곡후(平曲侯)로 봉(封)해졌다. 『사기(史記)』와 『한서(漢書)』에는 공손곤야(公孫昆邪)로 되어 있다. 없어져 전하지 않는다.
　『한서(漢書)』 공손하전(公孫賀傳)에 "조부인 곤야(昆邪)는 경제(景帝) 때 농서(隴西)의 수(守)가 되었고, 오(吳)나라와 초(楚)나라를 공격한 공이 있어 평곡후(平曲侯)에 봉해졌다. 저서(著書) 10여편이 있다."라고 하였다.

(21) 잡음양(雜陰陽) 38편 : 작자를 알지 못한다.
　유향(劉向)이 무명씨(無名氏)의 음양오행(陰陽五行)에 관한 논설(論說)을 모아 기록하여 하나의 책으로 만든 것이다. 없어져 전하지 않는다.

■ 음양(陰陽) 21가(家) 모두 369편

■ 음양가(陰陽家)의 개략
　음양가자류(陰陽家者流)는 대개 희화(羲和)의 관직에서 나온다. 삼가 호천(昊天)에 순종하여 일월성신(日月星辰)을 역상(歷象)하여 삼가 백성에게 시절(時節)을 준다. 이것이 그 우수한 점이다.
　구자(拘者)가 그것을 함에 미쳐서는 곧 금기(禁忌)에 끌려서 작은 술법(術法)에 더러워지며, 인사(人事)를 버리고 귀신에게 맡긴다.

陰陽家者流 蓋出於羲和之官[1] 敬順昊天[2] 歷象[3]日月星辰 敬授民時 此其所長[4]也
及拘者[5]爲之 則牽於禁忌 泥於小數[6] 舍人事而任鬼神

1) 羲和之官(희화지관) : 희씨(羲氏), 화씨(和氏)의 관직. 곧 천문(天文)을 관장하는 관직. 요(堯)임금 때에는 희씨(羲氏)와 화씨(和氏)가 천문을 관장하는 관직을 맡았다고 한다.
2) 昊天(호천) : 하늘. 하늘의 범칭(泛稱).
3) 歷象(역상) : 천상(天象)을 관찰하여 역(曆)을 만드는 일. 역상(曆象)과 같다.
4) 所長(소장) : 좋은 점. 우수한 점.
5) 拘者(구자) : 대체를 모르고 한 부분에 사로잡힌 사람. 헤아리는 생각이 좁은 사람.
6) 小數(소수) : 자질구레한 일. 사소한 일. 작은 술법(術法). 소술(小術), 소기(小技).

■ 음양가(陰陽家)의 개략 해설

음양가(陰陽家)에 속하는 사람들은 본래 천상(天象)을 관측하고 천문역수(天文曆數)에 관한 연구를 하는 것이었으므로 그 기원을 요(堯)임금 시절에 천문에 관한 일을 관장했던 희씨(羲氏)와 화씨(和氏)의 관직에 결부시킨 것이다.

음양가(陰陽家)에 속하는 학자들은 삼가 하늘에 순종하고, 일월성신(日月星辰)의 운행을 관측하여 역(曆)을 만들고, 삼가 백성들에게 춘(春), 하(夏), 추(秋), 동(冬) 1년 12달의 시절을 알렸다. 이것은 음양가의 가장 우수한 점이다.

그러나 대국(大局)을 알지 못하고 헤아리는 생각이 좁은 학자들이 이것을 담당하게 되면, 미신에 흘러 헛되이 해와 달의 방위(方位)에 대하여 꺼리고 피하는 등 쓸데 없는 술(術)에 더럽혀져, 인간이 해야 할 정의(正義)를 소홀히 다루고 귀신을 두려워하여 무슨 일이나 귀신에게 맡겨 버리는 형편이 되고 만다.

4. 법가(法家)

(1) 이자(李子) 32편

이름은 회(悝), 위(魏)나라 문후(文侯)의 재상으로 부국강병책(富國强兵策)을 쓰다.

이자(李子)의 이름은 회(悝), 위(魏)나라 문후(文侯)를 섬겨 재상이 되어 나라를 부(富)하게 하고 군대를 강하게 하였다. 이회(李悝)가 경지(耕地)를 정리하여 수확을 늘리는 설을 서술한 것은 『사기(史記)』 맹순열전(孟荀列傳)과 『한서(漢書)』 식화지(食貨志) 에 보이고, 『법경(法經)』 6편을 지은 것은 『진서(晉書)』 형법지(刑法志)에 보인다. 지금은 모두 없어져 전하지 않는다.

(2) 상군(商君) 29편

이름은 앙(鞅), 희성(姬姓)으로, 위(衛)나라의 후예다. 진(秦)나라 효공(孝公)의 재상이 되다. 열전(列傳)이 있다.

상군(商君)의 성은 공손(公孫)이요, 이름은 앙(鞅), 진(秦)나라 효공(孝公)을 섬겨 그의 재상이 되었는데, 상(商)의 15읍(邑)에 봉(封)해졌으므로 상군(商君)이라 부른다. 『사기(史記)』 제68권에 상군열전(商君列傳)이 있다. 지금의 책 『상자(商子)』는 24편으로 5편이 없어졌다. 그러나 그 중에는 상앙(商鞅) 이후의 기사가 있어, 모두 상군(商君) 스스로가 지은 것이라고는 할 수 없다. 『사고제요(四庫提要)』는 법가자류(法家者流)가 상앙(商鞅)의 남은 이론들을 주워 모아서 이 책을 편찬한 것이라고 한다.

(3) 신자(申子) 6편

　이름은 불해(不害), 경(京) 사람이다. 한(韓)나라 소후(昭侯)의 재상으로 그 몸을 마치다. 제후가 감히 한(韓)나라를 침범하지 못하다. 안사고는 경하(京河) 남쪽이 경현(京縣)이라고 했다.

　신자(申子)의 이름은 불해(不害)다. 본래 정(鄭)나라의 천신(賤臣)이었으나, 한(韓)나라의 소공(昭公)을 섬겨 재상이 되었다. 그의 생존중에는 나라가 잘 다스려지고 군대가 강하여 한(韓)나라를 침범하는 나라가 없었다. 신불해(申不害)의 학문은 황로(黃老)에 바탕을 두어 형명(刑名)을 주로 한 것이다. 『사기(史記)』 제63권에 전(傳)이 있다. 『사기』의 신불해전(申不害傳)에는 "저서(著書)가 2편인데, 이름하여 신자(申子)라 한다."라고 하였다. 당시에는 민간에 2편으로 된 책과 비부(祕府)에 6편으로 된 책, 두 종류의 책이 있었던 것 같다. 모두 없어져 전하지 않는다. 겨우 삼부(三符), 군신(君臣), 대체(大體)의 세 편목(篇目)의 이름이 여러 책에서 산견(散見)될 뿐이다.

(4) 처자(處子) 9편

　『사기』에 조(趙)나라에 처자(處子)가 있다고 했다.
　『사기(史記)』 맹순열전(孟荀列傳)에는 처자(處子) 또는 극씨(劇氏)라고 되어 있다. 없어져 전하지 않는다.

(5) 신자(愼子) 42편

　이름은 도(到). 신한(申韓)보다 앞선다고 신한이 일컫다.
　신자(愼子)의 이름은 도(到)요, 조(趙)나라 사람인데, 황로(黃老) 도덕의 술(術)을 배웠다. 『순자(荀子)』 수신편(修身篇) 양경주(楊倞注)에 "제(齊)나라 선왕(宣王) 때의 처사(處士) 신도(愼到)는 그 술(術)을 황로(黃老)에 바탕을 두어 형명(刑名)으로 돌아가다. 신한(申韓)에 앞서다."라고 하였고, 『사기(史記)』 맹순열전(孟荀列傳)에는 "신도(愼到)가 12론(十二論)을 저술하다."라고 하였다. 지금 신자(愼子) 5편이 전하는데, 편마다 요요(寥寥)한 몇 줄로 이루어졌다. 아마도 명대(明代)의 어떤 사람이 여러 책에서 주워 모아서 편집한 것인 듯하다.

(6) 한자(韓子) 55편
이름은 비(非). 한(韓)나라 여러 공자(公子)중의 한 사람인데, 진(秦)나라에 사신으로 갔다가 이사(李斯)에게 죽음을 당했다.

한자(韓子)의 이름은 비(非)이다. 한(韓)나라 공족(公族) 출신으로, 이사(李斯)와 함께 순황(荀況)에게 배웠다고 한다. 타고난 말더듬이로 변론(辯論)을 할 수 없으므로 저술(著述)에 전념하였다. 뒤에 진(秦)나라에 사신으로 갔다가 이사(李斯)의 간계(奸計)에 걸려 독을 마시고 죽었다.『사기(史記)』제63권에 열전(列傳)이 있다. 지금『한비자(韓非子)』20권 55편이 전한다. 그러나 그 초현진(初見秦), 존한(存韓), 난언(難言), 십과(十過), 식사(飾邪) 등의 여러 편은 한비(韓非) 자신의 저술이라고 생각되지 않는다.『사고제요(四庫提要)』는 "의심컨대 비(非)가 저술한 바의 책은 그 본서(本書)와 각자의 편을 이루는데, 비(非)가 죽은 뒤에 그 문인들이 수습하여 편차(編次)하고 그것으로 1질(帙)을 만들었다. 그래서 한(韓)나라에 있을 때의 작품과 진(秦)나라에 있을 때의 작품이 고루 수록되어 있고, 그의 사사로운 기록과 미완성의 원고들을 아울러서 또한 책 속에 집어넣어 이름하여 비(非)의 찬(撰)이라고 하지만, 실은 비의 손으로 정해진 것이 아니다."라고 서술하고 있다.

(7) 유체자(游棣子) 1편
없어져 전하지 않는다.

(8) 조착(鼂錯) 31편
조착(鼂錯)은 신상형명(申商刑名)의 학(學)을 장회(張恢)에게 배웠다. 문제(文帝) 때 파견되어 복생(伏生)에게『상서(尙書)』를 배웠다. 경제(景帝) 때에는 어사대부(御史大夫)가 되었다가 죄를 얻어 참살(斬殺)되었다. 『한서(漢書)』제49권에 전(傳)이 있다. 이 책은 없어져 전하지 않는다.

(9) 연십사(燕十事) 10편 : 작자를 모른다.
없어져 전하지 않는다.

(10) 법가언(法家言) 2편 : 작자를 모른다.
없어져 전하지 않는다.

■ 법(法) 10가(家) 모두 217편

■ 법가(法家)의 개략
　법가자류(法家者流)는 대개 이관(理官)에서 나와 신상필벌(信賞必罰)로써 예제(禮制)를 돕는다. 역(易)에 이르기를 "선왕(先王)은 그것으로써 벌(罰)을 밝히고 법을 정리한다." 라고 하였다. 이것이 그 우수한 점이다.
　각자(刻者)가 이것을 함에 미처서는, 곧 교화는 없고 인애(仁愛)를 버리며, 오로지 형법(刑法)에 맡겨 그것으로써 다스림을 이루고자 하여 지친(至親)을 잔해(殘害)하고 은혜를 깨뜨리며, 후(厚)해야 할 것을 박(薄)하게 하기에 이른다.

　　法家者流　蓋出於理官[1]　信賞必罰　以輔禮制[2]　易曰[3]　先王以明罰飭法[4]　此其所長也
　　及刻者[5]爲之　則無敎化　去仁愛　專任刑法　而欲以致治　至於殘害至親　傷恩薄厚[6]

1) 理官(이관) : 옥사(獄事)를 다스리는 관리. 법관(法官). 더 옛날에는 사(士)라고 했다.
2) 輔禮制(보예제) : 예제(禮制)를 지키지 않는 자에게 형벌을 가하다. 형벌은 예제를 돕는 것.
3) 易曰(역왈) : 서합괘(噬嗑卦)의 대상(大象)의 말.

4) 飭法(칙법) : 법을 정리한다. 법령, 규칙을 닦고 정리하여 엄정하게 한다는 뜻. 칙(飭)은 정(整)과 같다.
5) 刻者(각자) : 각박한 사람. 성품이 잔혹한 사람.
6) 薄厚(박후) : 후(厚)하게 해야 할 인정을 박(薄)하게 한다.

■ 법가(法家)의 개략 해설

고대의 이관(理官), 곧 사(士)는 형벌을 관장하였다. 법가자류(法家者流)의 본령(本領)은 형명법술(刑名法術)에 있으므로, 법가의 학문은 옛날의 이관에 연원(淵源)한다는 설이다.

법가의 학자들이 설하는 바는 대개 옛날의 이관(理官) 곧 사(士)에 연원하는 것이다. 법가의 설은 선한 자는 반드시 상을 주고 악한 자는 반드시 벌을 주는 것으로, 형벌을 무겁게 하여 예제(禮制)를 지키도록 하게 하는 것이다. 역(易) 서합괘(噬嗑卦)의 대상(大象)에도 "선왕(先王)은 형벌의 경중(輕重)을 밝게 변별하고, 법령과 규칙을 닦고 정돈하여 엄정하게 한다."라고 서술하였다. 이와 같이 형벌을 엄정하게 하여 명분을 바르게 하는 것이 법가의 학설의 우수한 점이다.

그러나 예컨대 상앙(商鞅)과 같은 천성(天性)으로 잔인하고 혹독한 사람들이 이런 법가의 학설을 실시한다고 하면, 교화는 없어지고 인애(仁愛)의 정신을 잃는다. 다만 헛되이 무거운 형법(刑法)만으로 치안을 유지하고자 하여, 그 결과로 가장 친해야 할 부자간이나 형제간의 도(道)를 해치고, 은애(恩愛)를 파괴하여 두터이 해야 할 인정을 도리어 엷게 하게 된다.

5. 명가(名家)

(1) 등석(鄧析) 2편

등석(鄧析)은 정(鄭)나라 사람으로 자산(子産)과 같은 시대의 사람이다. 『열자(列子)』 역명편(力命篇), 『순자(荀子)』 유좌편(宥坐篇), 『여씨춘추(呂氏春秋)』 이위편(離謂篇), 『설원(說苑)』 지무편(指武篇) 등에는 자산이 등석을 죽였다고 되어 있으나, 『좌전(左傳)』 소공(昭公) 9년에는 정(鄭)나라의 사천(駟歂)이 등석을 죽이는데 죽형(竹刑)을 사용했다고 되어 있어 일정하지 않다. 그의 학문은 명가(名家)와 법가(法家)를 겸하였다. 지금 전하는 『등석자(鄧析子)』 1권은 후인이 다른 책에서 주워 모아서 엮은 것으로 위서(僞書)다.

(2) 윤문자(尹文子) 1편

제(齊)나라 선왕(宣王)에게 설하다. 공손룡(公孫龍)의 선배.

윤문자(尹文子)는 제(齊)나라 선왕(宣王) 때의 사람으로, 송연(宋銒)과 함께 직하(稷下)에서 놀았다. 공손룡(公孫龍)의 선배다. 지금 있는 『윤문자(尹文子)』 1권 2편은 후세 사람의 위서(僞書)다.

(3) 공손룡자(公孫龍子) 14편 : 조(趙)나라 사람.

공손룡(公孫龍)의 자(字)는 자병(子秉)이요, 조(趙)나라 사람인데, 평원군(平原君)의 객(客)이 되었다. 장주(莊周), 추연(鄒衍) 등과 거의 동시대의 사람이다. 『사기(史記)』 맹순열전(孟荀列傳)에 "조(趙)나라에 또한 공손룡(公孫龍)이 있어 견백동이(堅白同異)의 변(辯)을 하다."라고 하였다. 지금 있는 책인 『공손룡자(公孫龍子)』 3권에는 적부(跡府), 백마(白馬), 지물(指物), 통변(通變), 견백(堅白), 명실(名實)의 6편이 수록되어 있고, 다른 8편은 없어졌다. 다만 적부편(跡府篇)은 공손룡의 전기(傳記)로, 후세 사람이 여러 책에서 모은 것이다.

　(4) 성공생(成公生) 5편 : 황공(黃公) 등과 더불어 같은 시대이다.
　성공(成公)은 성(姓)이다. 이사(李斯)와 동시대 사람인데, 유담(游談)하면서 벼슬하지 않았다. 없어져 전하지 않는다.

　(5) 혜자(惠子) 1편
　이름은 시(施), 장자(莊子)와 더불어 같은 시대 사람이다.
　혜자(惠子)의 이름은 시(施)요, 송(宋)나라 사람이다. 위(魏)나라 혜왕(惠王)에게 벼슬하여 재상이 되었다. 없어져 전하지 않는다. 다만 『장자(莊子)』 천하편(天下篇)에는 혜시(惠施)의 변(辯) 열 조목(條目)이 있고, 『순자(荀子)』 불구편(不苟篇)에는 혜시의 다섯 항(項)의 명제(命題)가 실려 있다.
　※『순자(荀子)』 비십이자편(非十二子篇)에 "선왕(先王)을 본받지 않고, 예의를 옳다고 하지 않고, 즐겨 괴설(怪說)을 다스리고, 기사(琦辭)를 좋아하고, 매우 살피지만 급하게 굴지 않고, 변(辯)을 잘하지만 사용하지 않고, 일은 많이 하지만 공은 적어, 그것으로 다스림의 기강(紀綱)을 삼지 못한다. 그렇지만 그것을 지니는 까닭을 가지니, 그것을 말함에 있어 이치를 이루어, 그것으로 어리석은 많은 사람을 기만하고 미혹(迷惑)시키기에 족하다. 이것은 혜시(惠施)와 등석(鄧析)이다."라고 하였다.

　(6) 황공(黃公) 4편
　이름은 자(疵)요, 진(秦)나라의 박사(博士)가 되었다. 가시(歌詩)를 지었다. 진(秦)나라시대 가시 가운데 있다.
　황공(黃公)의 이름은 자(疵)요, 진(秦)나라의 박사(博士)다. 없어져 전하지 않는다.

　(7) 모공(毛公) 9편
　조(趙)나라 사람으로 공손룡(公孫龍)과 더불어 평원군(平原君) 조승(趙

勝)의 집에서 놀았다.
　모공(毛公)은 조(趙)나라 사람으로 공손룡(公孫龍)과 함께 평원군(平原君)의 객(客)이 되었다. 『사기(史記)』신릉군열전(信陵君列傳)에 모공의 이야기가 서술되어 있다. 이 책은 없어져 전하지 않는다.

■명(名) 7가(家) 모두 36편

■명가(名家)의 개략
　명가자류(名家者流)는 대개 예관(禮官)에서 나왔다. 옛날에는 명호(名號)와 지위가 같지 않으면, 예(禮) 또한 수(數)를 달리 하였다. 공자가 말하기를 "반드시 명호를 바르게 할 것이다. 명호가 바르지 않으면, 곧 말이 순(順)하지 않다. 말이 순하지 않으면 곧 일이 이루어지지 않는다."라고 하였다. 이것이 그 우수한 점이다.
　교자(警者)가 이것을 함에 미처서 곧 다만 열쇠로 부수고, 나뉘어 어지러워질 뿐이다.

　　名家者流 蓋出於禮官[1] 古者名位[2]不同 禮亦異數[3] 孔子曰[4]
必也正名乎 名不正則言不順 言不順則事不成 此其所長也
　　及警者[5]爲之 則苟[6]鉤鈲[7]析亂[8]而已

1) 禮官(예관) : 예의(禮義)를 관장하던 관직(官職). 주례(周禮)의 대종백(大宗伯), 소종백(小宗伯)은 예의를 관장하였다.
2) 名位(명위) : 명호(名號)와 지위. 『좌전(左傳)』장공(莊公) 18년에 "왕이 제후에 명하기를 명호와 지위가 같지 않으면 예(禮) 또한 그 수를 달리 한다"고 하였다.
3) 禮亦異數(예역이수) : 예(禮) 또한 수(數)를 달리 한다. 곧 천자는 칠묘(七廟), 제후는 오묘(五廟), 대부(大夫)는 삼묘(三廟), 사(士)는 일묘(一廟)라는 식으로, 예제(禮制)의 종류와 등급이 다르다는 말이다.
4) 孔子曰(공자왈) : 『논어(論語)』자로편(子路篇)에 보이는 말.

5) 訐者(교자) : 남의 허물을 들춰내는 사람. 교(訐)는 알(訐)과 같고, 알(訐)은 들춰낸다는 뜻.
6) 苟(구) : 다만으로 풀이된다.
7) 鉤釽(구벽) : 열쇠로 부수다. 곧 잠긴 것을 열어 제친다는 뜻. 구(鉤)는 여기서 갈고리 곧 열쇠의 뜻이요, 벽(釽)은 깨뜨린다는 뜻.
8) 析亂(석란) : 갈라서 어지럽게 하다.

■ 명가(名家)의 개략 해설

옛날의 예관(禮官)은 그 사람의 명호(名號)와 작위(爵位)에 의해 그 예제적(禮制的)인 대우를 바르게 하였다. 명가(名家)의 설은 명(名)과 실(實)을 바르게 일치시키는 데에 있다. 명(名)을 넓게 말하면 사물의 명칭 또는 언어를 의미하지만 좁게 말하면 명호와 작위를 말하는 것으로, 이른바 예제(禮制)를 뜻한다. 명(名)을 바르게 한다는 것은 예제를 밝히는 일이다. 그러므로 명가(名家)의 학문을 예관(禮官)에 연원(淵源)한다고 하는 설이다.

명가의 학자들은 옛날의 예관(禮官)에 연원한다. 옛날에는 명호(名號)와 작위(爵位)가 일치하지 않으면 그에 대한 예제(禮制)도 달랐다. 공자는 "반드시 명분(名分)을 바르게 하려고 한다. 명분이 바르지 않으면 그 사람이 하는 말이 도(道)에 벗어난다. 하는 말이 도에서 벗어나면 하는 일이 이루어지지 않는다."라고 말하였다. 이와 같이 명분을 바르게 하는 것은 가장 필요한 일로, 명가의 우수한 점도 여기에 있다.

그러나 헛되이 남의 허물이나 들춰내는 사람이 그것을 행함에 미처서는 다만 남의 말 꼬투리나 잡아서 반박하고, 그것을 자기 멋대로 분석하여 그 대체와 진실을 잃고 만다.

6. 묵가(墨家)

(1) 윤일(尹佚) 2편

주(周)나라의 신하로 성왕(成王), 강왕(康王) 때의 사람이다.

윤일(尹佚)은 『주서(周書)』 극은해(克殷解)에는 윤일(尹逸)이라 쓰여 있고, 『사기(史記)』 주본기(周本紀)에는 사일(史佚)이라 쓰여 있다. 윤일(尹佚)은 주(周)나라의 태사(太史)가 되어 무왕(武王), 성왕(成王), 강왕(康王)을 섬겼으며, 태공망(太公望), 주공(周公), 소공(召公)과 함께 네 성인으로 일컬어졌다. 윤일은 청묘(淸廟)의 수(守)가 되었고, 그 자손에 사각(史角)이 있다. 묵자(墨子)는 사각의 자손에게 배웠다. 그래서 윤일(尹佚) 2편을 묵가(墨家)의 처음에다 둔다. 없어져 전하지 않는다.

(2) 전구자(田俅子) 3편 : 한자(韓子)의 선배다.

전구자(田俅子)는 한비(韓非)보다 선배다. 『한비자(韓非子)』 외저설편(外儲說篇)이나 『여씨춘추(呂氏春秋)』 수시편(首時篇)에는 전구(田鳩)로 되어 있다. 묵자(墨子)의 술(術)을 배워 진(秦)나라 혜왕(惠王)을 만났다. 당송(唐宋)의 유서(類書)에는 전구자(田俅子)의 일문(佚文)을 많이 인용하는데, 부서(符瑞)의 일을 말하고 있다. 묵학(墨學)의 명귀(明鬼)의 뜻일 것이다. 없어져 전하지 않는다.

(3) 아자(我子) 1편 : 유향별록에 묵자의 학(學)이 되었다고 했다.

아자(我子)는 전국시대의 사람이다. 없어져 전하지 않는다.

(4) 수소자(隨巢子) 6편 : 묵적(墨翟)의 제자다.

묵자(墨子 : 墨翟)의 제자다. 여러 책에 수소자(隨巢子)의 일문

(佚文)을 인용한 것 중 많은 것은 재상화복(災祥禍福)을 말하고, 귀신의 능력을 논(論)하고 있다. 없어져 전하지 않는다.

(5) 호비자(胡非子) 3편 : 묵적(墨翟)의 제자다.
  호비자(胡非子)는 묵적(墨翟)의 제자다. 여러 책에 인용되는 호비자(胡非子)의 일문(佚文)은 묵자(墨子)의 귀의(貴義)나 상동(尙同)과 같다. 없어져 전하지 않는다.

(6) 묵자(墨子) 71편
  이름은 적(翟), 송(宋)나라의 대부(大夫)가 되다. 공자 후의 사람이다.
  묵자(墨子)의 전(傳)은 명료하지 않으나, 손태양(孫詒讓)에 의하면, 이름은 적(翟)이요, 성은 묵(墨)인데, 노(魯)나라 사람, 또는 송(宋)나라 사람이라고도 한다. 주(周)의 정왕(定王) 때인 공자가 죽은 뒤에 태어났다고도 하며, 또 양계초(梁啓超)는 맹자(孟子)가 태어나기 전인 주(周)나라 안왕(安王) 때 죽었다고 하였다. 71편 중 53편만이 남아 있다. 없어진 18편 중 8편만은 편명이 나뉘어져 있다. 묵자의 책은 그 전부가 묵적 자신의 저술은 아니다. 묵자의 후학(後學)이 묵가(墨家)의 문헌을 모아서 편찬한 것인 듯하다.

■ 묵(墨) 6가(家) 모두 86편

■ 묵가(墨家)의 개략
  묵가자류(墨家者流)는 대개 청묘(淸廟)의 수(守)에서 나온다. 모옥(茅屋) 채연(采椽). 이로써 검(儉)을 높인다. 삼로(三老) 오경(五更)을 봉양하다. 이로써 아울러 사랑하다. 사(士)를 가려 대사(大射)한다. 이로써 현(賢)을 높이다. 엄부(嚴父)를 종묘에 제사하다. 이로써 귀(鬼)를 높이다. 사시(四時)에 순응하여 행하다. 이로써 운명을 비방하다. 효(孝)로써 천하에 보이다. 이로써 상(上)에 한 가지로 하다. 이것은 그 우수한 점이다.

폐자(蔽者)가 그것을 행함에 미처서는 검(儉)의 이(利)를 보고, 인하여 그것으로 예(禮)를 비방하고, 겸애(兼愛)의 뜻을 미루어 친소(親疏)의 구별을 알지 못한다.

 墨家者流 蓋出於淸廟[1]之守 茅屋采椽[2] 是以貴儉 養三老五更[3] 是以兼愛[4] 選士大射[5] 是以上[6]賢 宗祀嚴父[7] 是以右[8]鬼 順四時而行 是以非命[9] 以孝視[10]天下 是以上同[11] 此其所長也
 及蔽者[12]爲之 見儉之利 因以非禮 推兼愛之意 而不知別親疏[13]

1) 淸廟(청묘) : 주(周)나라 문왕(文王)을 제사하는 사당. 『모시(毛詩)』 정전(鄭箋)에 "청명(淸明)한 덕(德) 있는 이를 제사지내는 궁(宮)이다."라고 하였다. 종묘(宗廟).
2) 茅屋采椽(모옥채연) : 모옥은 띠풀로 지붕을 이은 집. 채연은 떡갈나무 서까래. 화려하게 장식하지 않은 소박한 것을 말한다.
3) 三老五更(삼로오경) : 삼로(三老)와 오경(五更)이 다 덕망이 있는 노인을 이르는 말. 삼로(三老)는 세 사람이요, 오경(五更)은 다섯 사람이라는 설도 있고, 삼로와 오경이 각각 한 사람씩이라는 설도 있다.
4) 兼愛(겸애) : 아울러 사랑하다. 더불어 사랑하다.
5) 大射(대사) : 제후가 제례(祭禮)를 행하던 일. 많은 신하와 함께 활을 쏘아 맞춘 자는 제례에 참여시키고 맞추지 못한 자는 참여시키지 않았다.
6) 上(상) : 높이다.
7) 嚴父(엄부) : 자기의 아버지를 공경하여 이르는 말.
8) 右(우) : 높이다.
9) 非命(비명) : 운명을 비방하다. 비(非)는 비방하다는 뜻. 명(命)은 운명(運命).
10) 視(시) : 보이다. 시(示)와 같다.
11) 上同(상동) : 아래의 것이 윗것의 의지에 합일하는 것.
12) 蔽者(폐자) : 가려진 사람. 곧 총명이 가려진 사람이라는 뜻. 어리석

은 사람.
13) 別親疎(별친소) : 친하고 덜 친하고의 구별. 예컨대 자기의 아버지와 남의 아버지와의 구별 같은 것.

■ 묵가(墨家)의 개략 해설

청묘(淸廟)의 수(守)라고 하는 것은 종묘를 섬기는 관리로, 옛날의 사일(史佚)은 청묘의 수였다. 사일의 자손에 사각(史角)이라는 사람이 있었고, 묵자(墨子)는 그 사각의 자손에게 배웠다고 전해진다. 그러므로 묵가(墨家) 학자들의 설(說)하는 바는 청묘의 수(守)에 연원(淵源)한다고 말한 것이다.

묵가의 학자들은 청묘(淸廟)의 관(官)에 연원한다. 청묘는 선조를 제사지내는 곳으로, 띠풀로 지붕을 이은 집에다가 떡갈나무 서까래로 지은 집이니, 꾸밈없이 소박하기 그지 없다. 그래서 묵자(墨子)는 검약을 귀히 여길 것이라고 주장한 것이다.[『묵자』의 절용편(節用篇)이 있다.] 청묘는 또 명당(明堂)이라고도 일컬어지는데, 여기서 왕자(王者)는 삼로(三老), 오경(五更)이라 일컬어지는 유덕(有德)한 노인에 대해 부형(父兄)의 예로 그를 봉양하였다. 그래서 묵자는 아울러 사랑한다고 하는 박애(博愛)를 주장한 것이다. [『묵자』의 겸애편(兼愛篇)이 있다.] 또 천자는 해마다 제후에게 사(士)를 선출(選出)시켜 그들 사(士)에게 활을 쏘게 하여 과녁을 맞추는 자는 제례(祭禮)에 참여시키고, 과녁을 맞추지 못하는 자는 제례에 참여시키지 않기 위한 대사(大射)의 예(禮)를 행하였다. 그래서 묵자는 현자(賢者)를 숭상할 것을 주장한 것이다.[『묵자』의 상현편(尙賢篇)이 있다.] 또 천자는 청묘에서 자기의 아버지를 높여 제사지냈다. 그래서 묵자는 귀신을 높이고 공경할 것을 주장한 것이다. [『묵자』의 명귀편(明鬼篇)이 있다.]

그리고 천자는 청묘에서 선조에게 초하루를 고하고 제

후에게 역(曆)을 나누어 주었는데, 이것은 사시(四時)에 따라 정치를 행하는 것이다. 그래서 묵자는 운명론(運命論)을 부정한 것이다. 묵자가 길흉화복은 유가(儒家)에서 설하는 운명에 의하는 것이 아니라, 모든 사람의 행위의 결과로 나타나는 것이라고 부르짖은 것은 하늘의 뜻의 권위 밑에 하나의 새로운 질서를 생각했기 때문이다. [『묵자』의 비명편(非命篇)이 있다.] 또 천자는 청묘에서 선조를 제사지내고 효도를 천하에 보였다. 그래서 묵자는 아래에 있는 사람은 모두 위에 있는 사람에게로 귀일(歸一)하지 않으면 안 되는 것이라고 주장한 것이다. [『묵자』의 상동편(尙同篇)이 있다.]

이상과 같이 묵자의 학설은 청묘의 관(官)에 그 연원을 두는 것이나, 도리를 분별하지 못하는 어리석은 사람이 이것을 행한다면 다만 검약의 이익만을 생각하여 인생에 있어 중요한 예까지 비난하고, 겸애(兼愛)의 정신을 추진하다가 자기의 부모와 남의 부모, 자기의 자식과 남의 자식이라고 하는 친소(親疏)의 구별을 세우는 것조차 잊어버리고 만다.

※반고(班固)의 비평은 다분히 유가적(儒家的)인 견지에서 말한 것이다.

7. 종횡가(縱橫家)

(1) 소자(蘇子) 31편 : 이름은 진(秦), 열전(列傳)이 있다.

소진(蘇秦)의 저술이라고 한다. 『사기(史記)』제69권에 소진열전(蘇秦列傳)이 있다. 소진은 한(韓), 위(魏), 제(齊), 초(楚), 연(燕), 조(趙)의 여섯 나라가 동맹을 맺어 진(秦)나라에 대항하는, 이른바 합종(合縱)의 책(策)을 설(說)하여, 종약(縱約)의 장(長)이 되었다. 없어져 전하지 않는다. 다만 『사기』나 『전국책(戰國策)』에 보이는 소진(蘇秦)의 말은 아마도 『소자(蘇子)』 31편 가운데 있는 것일 것이다. 그리고 『소자』 31편 중에는 소진의 아우인 소대(蘇代)와 소려(蘇厲)의 말도 아울러 포함되어 있을 것이다. 『소진열전』에서 소진은 주서(周書)의 음부(陰符)를 얻어 그것을 읽고 1년 만에 『췌마(揣摩)』를 저술하였다고 하였다. 그리고 소진은 귀곡 선생(鬼谷先生)에게서 배웠다고도 하였다. 지금 전하고 있는 『귀곡자(鬼谷子)』에 췌마편(揣摩篇)이 있으므로 『귀곡자』를 소진의 책으로 보는 설도 있다. [구당서 경적지(舊唐書經籍志)와 신당서 예문지(新唐書藝文志)에서는 『귀곡자(鬼谷子)』를 소진의 편찬이라고 한다.] 그러나 지금의 책 『귀곡자』는 소자 31편에서 나온 것은 아니고, 후한(後漢)시대보다 뒤의 위서(僞書)라고 보는 설이 유력한 듯하다.

(2) 장자(張子) 10편 : 이름은 의(儀), 열전(列傳)이 있다.

장의(張儀)의 저술이라고 한다. 『사기(史記)』 제70권에 장의열전(張儀列傳)이 있다. 장의는 위(魏)나라 사람으로, 소진(蘇秦)과 함께 귀곡 선생(鬼谷先生)에게 배운 뒤에 진나라의 재상이 되어 진나라를 위해 연횡책(連衡策)을 세웠다. 없어져 전하지 않는다.

(3) 방훤(龐煖) 2편 : 연(燕)나라의 장군이 되다.

반고(班固)의 주(注)에서는 방훤(龐煖)을 연(燕)나라의 장군이라고 하였으나, 『사기(史記)』 조세가(趙世家) 및 연세가(燕世家)에 의하면 방훤은 조(趙)나라의 장군이었던 것 같다. 없어져 전하지 않는다.

(4) 궐자(闕子) 1편

궐(闕)은 성이다. 궐자(闕子)는 『논어(論語)』 헌문편(憲問篇)에 보이는, 궐당(闕黨)의 동자(童子)의 자손인 듯하다. 없어져 전하지 않는다.

(5) 국서자(國筮子) 17편
없어져 전하지 않는다.

(6) 진영릉령신(秦零陵令信) 1편
진(秦)나라 재상인 이사(李斯)를 변난(辯難)하다.
신(信)은 이름이요, 성(姓)은 모른다. 진(秦)나라 시황제(始皇帝) 때 영릉(零陵)의 영(令)으로 있었다.『문선(文選)』오도부(吳都賦)의 주(注)에 진(秦)나라 영릉(零陵)의 수령이 시황제에게 올린 글을 인용하고 있다. 그 속에 "형가(荊軻)가 비수(匕首)를 끼고 마침내 폐하를 찌르다. 폐하는 신무(神武)로 장검(長劍)을 부유(扶揄)하여 그것으로 스스로 구(救)하다."라는 구절이 있다. 이것은 아마도 이『진영릉령신(秦零陵令信)』1편 중의 글로, 반고(班固)의 자주(自注)에 "진상(秦相)인 이사(李斯)를 비난(非難)하다."라고 한 것과 같이, 신(信)이 이사를 비난했다는 글 가운데 구절일 것이다. 없어져 전하지 않는다.

(7) 괴자(蒯子) 5편 : 이름은 통(通)이다.
괴(蒯)는 성이요, 이름은 통(通)이다. 본명은 철(徹)인데, 사가추서(史家追書)하여 통(通)으로 하다.『한서(漢書)』제45권에 전(傳)이 있다. 그 속에 "통(通)은 전국시대 세사(說士)의 권변(權變)을 논(論)하고, 또한 스스로 그 설(說)을 서(序)하다. 무릇 81수(首), 이름하여 준영(雋永)이라 하다."라고 서술하고 있다. 준(雋)은 살찐 고기, 영(永)은 길다는 뜻으로, 그 논하는 바가 감미롭고 의의가 심장하다는 뜻이다 황진(黃震)은 괴통(蒯通)을 평하여 "그 구변(口辯)은 소진(蘇秦), 장의(張儀)에 뒤지지 않고, 그 기모(奇謀)와 웅변(雄辯)은 전국책(戰國策)과 함께 한 가지로 전하기에 족하다."[황씨일초(黃氏日鈔)]라고 말하였다. 없어져 전하지 않는다.

(8) 추양(鄒陽) 7편

추양(鄒陽)은 『한서(漢書)』제51권에 전(傳)이 있다. 한(漢)나라 문제(文帝), 경제(景帝) 때 태어났으나, 아직 전국시대 유사(游士)의 여습(餘習)이 있었다. 그래서 『한서』에서는 이것을 종횡가(縱橫家)로 분류한 것이다. 없어져 전하지 않는다.

(9) 주보언(主父偃) 28편

주보언(主父偃)은 제(齊)나라 사람이다. 『사기(史記)』제112권, 『한서(漢書)』제64권에 전(傳)이 있다. 장단종횡(長短縱橫)의 술(術)을 배웠고, 늦게 역(易), 춘추(春秋), 백가언(百家言)을 배웠다. 무제(武帝)에게 아홉 가지 일을 상언(上言)하였는데, 여덟 가지 일은 율령(律令)에 관한 것이고, 한 가지 일은 흉노(匈奴) 토벌할 것을 간(諫)한 것이었다. 없어져 전하지 않는다.

(10) 서악(徐樂) 1편

서악(徐樂)은 한(漢)나라 무제(武帝) 때의 사람이다. 『한서(漢書)』제64권에 전(傳)이 있다. 없어져 전하지 않는다.

(11) 장안(莊安) 1편

장안(莊安)은 엄안(嚴安)을 말한다. 주보언(主父偃), 서악(徐樂)과 동시대의 사람이다. 『칠략(七略)』에 장안(莊安)으로 되어 있어 그것을 따른 것이다. 『한서(漢書)』제64권에 엄안전(嚴安傳)이 있다. 없어져 전하지 않는다.

(12) 대조금마료창(待詔金馬聊蒼) 3편

조(趙)나라 사람. 무제(武帝) 때.

대조금마(待詔金馬)는 관명(官名)이요, 한(漢)나라 무제(武帝) 때의 사람이다. 『한서』엄조전(漢書嚴助傳)에 요창(聊蒼)은 교창(膠蒼)이라고 하였다. 요(聊)와 교(膠)는 발음이 비슷하므로 잘못

썼을 것이다. 없어져 전하지 않는다.

■ 종횡(縱橫) 12가(家) 모두 107편

■ 종횡가(縱橫家)의 개략

종횡가자류(縱橫家者流)는 대개 행인(行人)의 관직에서 나온다. 공자가 말하기를 "시(詩) 3백을 암송하여 사방의 사신(使臣)으로 가서 전대(專對)할 수 없다면, 비록 많다고 하더라도 또한 무엇으로 할 것인가."라고 하였다. 또 말하기를 "사자(使者)로구나, 사자로구나."라고 하였다. 그 마땅한 일을 저울질하여 마땅한 것을 제(制)하고, 명(命)을 받고 사(辭)를 받지 않은 것을 말한다. 이것이 그 우수한 점이다.

사인(邪人)이 그것을 행함에 미쳐서는 거짓말로 속이는 일을 높여 그 신(信)을 버린다.

縱橫家[1]者流 蓋出於行人之官[2] 孔子曰[3] 誦詩三百[4] 使於四方 不能顓對[5] 雖多亦奚以爲 又曰 使乎使乎[6] 言其當權事制宜 受命而不受辭 此其所長也

及邪人[7]爲之 則上詐諼[8]而棄其信

1) 縱橫家(종횡가): 종인(縱人), 횡인(橫人)이라는 말에서 나온 명칭이다. 한(韓), 위(魏), 초(楚), 연(燕), 조(趙)의 여섯 나라로 진(秦)나라에 대항하는 것을 종(縱)으로 하고, 진(秦)으로 여섯 나라를 제압하는 것을 횡(橫)으로 한다. 『한비자(韓非子)』의 오두편(五蠹篇)에 "종(縱)이라는 것은 많은 강자(强者)를 합하여 그것으로 하나의 강자를 공격하는 것이고, 횡(衡)이라는 것은 하나의 강자를 섬겨 많은 약자(弱者)를 공격하는 것이다. 다 나라를 보지(保持)하는 소이(所以)가 아니다."라고 하였다.
2) 行人之官(행인지관): 군주의 명을 받들어 다른 나라로 가는 사신(使臣). 곧 외교관(外交官).
3) 孔子曰(공자왈): 『논어(論語)』 자로편(子路篇)에 보이는 말이다.

4) 詩三百(시삼백):『시경(詩經)』전체의 시 305편을 이르는 말이다.
5) 顚對(전대):자기의 재량에 의해 말하고 대답하고 할 수 있는 능력.
6) 使乎使乎(사호사호):사신이로구나, 사신이로구나. 곧 사신을 칭찬하여 감탄하는 말.『논어』헌문편(憲問篇)에 "거백옥(蘧伯玉)이 사람을 공자에게 보내다. 공자는 그에게 자리를 내주며 묻기를 '부자(夫子)는 무엇을 하는가' 하니, 대답하기를 '부자는 그 과실을 적게 하고자 하여 아직 능하지 못하고 있다.' 하고, 사자는 나갔다. 이에 공자가 말하기를 '사자로구나, 사자로구나' 라고 감탄했다." 하였다.
7) 邪人(사인):간사한 사람. 곧 소진(蘇秦)이나 장의(張儀)같은 인물을 가리킨다.
8) 詐諼(사훤):거짓말로 속이는 일.

■종횡가(縱橫家)의 개략 해설

종횡가(縱橫家)의 사람들은 모두 변설(辯說)에 능하고, 사령(辭令)을 잘하여 위와 아래의 마음을 서로 통하게 할 수 있으므로, 반고(班固)는 종횡가의 기원(起源)을 행인(行人:외교관)의 관직에서 나오는 것이라고 관계를 지어 놓은 것이다.

옛날에는 천자에게도, 제후에게도 행인(行人)의 관직이 있었다. 행인의 관직은 군주의 명(命)을 받들어 타국으로 가는 사신(使臣)으로 변설이 뛰어나고 사령(辭令)이 빼어나 위와 아래의 의사를 잘 소통시킬 수 있었던 것이다.

춘추시대에는 각 나라 사이에 서로 행인(行人) 곧 외교관(外交官)의 왕래가 빈번하게 행해졌다. 당시의 행인(行人)은 능히『시경(詩經)』을 암송하고 고사(古事)를 풍자하여 교묘하게 두 나라 사이를 절충하였던 것이다. 공자는 "『시경(詩經)』 3백 편을 암송할 정도로 잘 읽었더라도, 군주의 명(命)을 받아 사방(四方)의 나라로 가서 자기 나름대로의 생각으로 그 때에 맞추어 처치를 취하고 대답할 수가 없다면 3백이라는 많은 시를 읽었더라도 아무런 쓸모가 없는 것이다."라고 하였다.

공자가 『시경(詩經)』을 읽게 한 것은 시(詩)는 여러 가지 일에 맞춰 설하고, 때에 맞춰 처치를 취할 재능을 양성하기 위한 것이었기 때문이다.

그리고 공자는 거백옥(蘧伯玉)이라는 위(衛)나라 대부(大夫)의 사자(使者) 말솜씨가 훌륭하다고 되풀이해 찬탄하였다. 행인은 그 주군(主君)에게서 명(命)을 받지만 자질구레한 일에 응대(應待)하는 것까지 명령을 받고오는 것은 아니다. 실제에 임해서는 사안(事案)을 잘 헤아려 생각해서 마땅한 처치의 방법을 취하지 않으면 안 된다. 그러기 위해서는 외교(外交)에 관한 응대의 말을 교묘하게 하는 것이 필요하다는 것을 뜻하는 것이다.

행인의 직(職)이 관장하는 것은 종횡가(縱橫家)의 성질과 상통하는 것이며, 종횡가자류(縱橫家者流)가 국교(國交)나 사교(私交)를 가리지 않고 그 응대하는 말솜씨가 빼어나다는 것은 그 우수한 점이다.

전국시대(戰國時代)에 이르러 이러한 풍도(風度)는 끊어지고 종횡가의 사람들은 오로지 권모술수(權謀術數)를 일삼아 거짓된 말로 상대를 속이며 신실(信實)을 버리고 돌보지 않는 폐풍(弊風)을 낳았다.

8. 잡가(雜家)

(1) 공갑반우(孔甲盤盂) 26편

황제(黃帝)의 역사, 혹은 하제(夏帝) 공갑(孔甲)이라고 하는데, 같은 것 같지만 모두가 아니다.

공갑(孔甲)은 전설상의 인물이다. 황제(黃帝)의 역사라고도 하고, 하제(夏帝)의 이야기라고 일컬어지기도 하는데, 믿어지지 않는다. 이것은 공갑이 종정(鐘鼎:종과 솥)에 명문(銘文)을 새겨 경계한 것이다. 없어져 전하지 않는다.

(2) 대우(大禹) 37편
말로는 우왕(禹王)이 지은 것이라고 전한다. 문장은 후세의 말과 같다.
하(夏)나라 우왕(禹王)이 지은 것이라고 전해지나 믿어지지 않는다. 반고(班固)는 후세의 작품이라고 의심했다. 없어져 전하지 않는다.

(3) 오자서(伍子胥) 8편
이름은 원(員), 춘추시대 오(吳)나라의 장수가 되었으나 충직(忠直)하여 참소(讒訴)에 의해 죽음을 당하다.
오자서(伍子胥)는 초(楚)나라 사람으로 이름은 원(員)이요, 춘추시대(春秋時代)에 오왕(吳王)인 합려(闔廬)의 장수가 되었다. 태재 백비(太宰伯嚭)에 의해 참소(讒訴)되어 촉루(屬鏤)의 검(劍)을 받고 스스로 목을 찔러 죽었다. 『사기(史記)』 제66권에 오자서열전(伍子胥列傳)이 있다. 없어져 전하지 않는다. 지금 있는 『월절서(越絕書)』 15권의 내전(內傳)이 이 오자서(伍子胥) 8편이라고 하는 설이 있으나 선뜻 믿어지지 않는다.

(4) 자만자(子晚子) 35편
제(齊)나라 사람인데, 병(兵)을 의논하기를 좋아하였고, 사마법상(司馬法相)과 더불어 같다.
자만자(子晚子)는 제(齊)나라 사람인데 묵자(墨子)에 의해 고찰하면, 그는 병학(兵學)의 대사(大師)였던 것 같으니 이 책은 병법(兵法)을 설한 것 같다. 없어져 전하지 않는다.

(5) 유여(由余) 3편
서융(西戎) 사람. 진(秦)의 목공(穆公)이 초빙하여 대부(大夫)를 삼다.
유여(由余)는 서융(西戎) 사람으로, 진(秦)나라 목공(穆公)을 섬겨 대부(大夫)가 되었다. 『사기(史記)』 진시황본기(秦始皇本紀)에 상세하게 보인다. 없어져 전하지 않는다.

(6) 위료자(尉繚子) 29편 : 6국(六國) 때.
위(尉)는 성이요, 료(繚)는 이름이다. 전국시대 말기의 사람으로 상앙(商鞅)의 학문을 다스렸다고 일러진다. 『한지(漢志)』의 병서략(兵書略), 병형세가(兵形勢家)에도 위료(尉繚) 31편이 저록(著錄) 되어 있으나 이것과 같은 책은 아니다. 위료(尉繚)라고 하는 사람이 두 사람이었던 것이 된다. 없어져 전하지 않는다.

(7) 시자(尸子) 20편
이름은 교(佼)로 노(魯)나라 사람. 진(秦)나라 재상인 상군(商君)이 그를 스승으로 삼다. 상앙(商鞅)이 죽자 교(佼)는 달아나 촉(蜀)나라로 갔다.
시자(尸子)의 이름은 교(佼)다. 진(秦)나라의 재상인 상앙(商鞅)의 스승이 되었다. 상앙이 처형되니 시자는 함께 처형될 것을 두려워하여 촉(蜀)나라로 도피하였다. 반고(班固)는 시자를 노(魯)나라 사람이라 하고, 『사기(史記)』에는 초(楚)나라 사람이라 하였는데, 『유향별록(劉向別錄)』에 진(晉)나라 사람이라고 한 것이 바른 것 같다. 없어져 전하지 않는다.
※『사기(史記)』 맹순열전(孟荀列傳)에 "초(楚)나라에 시자(尸子), 장로(長盧)가 있다. 세상에는 많은 그의 책이 있다. 그러므로 그의 전(傳)을 논하지 않는다."라고 하였다.

(8) 여씨춘추(呂氏春秋) 26편
진(秦)나라의 재상인 여불위(呂不韋)가 지략(智略)의 선비들이 지은 것들을 모아 편집한 것이다.
여불위(呂不韋)의 전(傳)은 『사기(史記)』 제85권 여불위열전(呂不韋列傳)에 자세히 기록되어 있다. 이 책은 진(秦)나라의 재상인 여불위(呂不韋)가 지혜와 책략을 갖춘 선비들이 쓴 것들을 모아서 편집한 것이다. 『사기』에는 "8람(八覽), 6론(六論), 12기(十二紀)의

20여만언(萬言)을 만들다"라고 하였다. 8람이 8편, 6론이 6편, 12기가 12편으로 26편의 수에 맞는다. 지금의 책은 약간 달라서 12기, 8람, 6론의 순서로 되고, 그 람(覽)과 논(論)과 기(紀)를 약간의 편(篇)으로 나누어 모두 26권 160편이 되어 있다. 후인(後人)이 160편으로 나누었을 것이다. 『여씨춘추(呂氏春秋)』를 또 여람(呂覽)이라고도 하는 것은 그 편차(編次)가 본래 8람(八覽), 6론(六論), 12기(十二紀)의 순서여서 람(覽)이 처음이 되므로, 그것을 여람(呂覽)이라 하는 것이다. 진(秦)나라에는 본래 유(儒)는 없었다. 다른 나라의 선비들이 진(秦)나라로 모여서 제업(帝業:제왕의 사업. 제왕이 그 나라를 통치하는 것)을 형성하였다. 이렇게 해서 진나라에서는 잡가(雜家)의 학(學)이 크게 성하였던 것이다. 이 책은 유가(儒家)의 말이 가장 많고, 도가(道家), 묵가(墨家), 명가(名家), 법가(法家), 병가(兵家), 농가(農家)의 말들을 망라하였다.

※『사기(史記)』 여불위열전(呂不韋列傳)에 "여불위(呂不韋)는 곧 그 객(客)으로 하여금 사람들이 들은 바를 저술하게 하여, 그것을 집론(集論)하여 8람(八覽), 6론(六論), 12기(十二紀)의 20여만언(萬言)을 만들다. 생각건대 천지의 만물과 고금(古今)의 일을 갖춘 것인데, 이름하여 『여씨춘추(呂氏春秋)』라고 한다. 함양(咸陽)의 시문(市門)에다 펴놓고 천금(千金)을 그 위에다 걸고는 제후(諸侯)의 유사(遊士)와 빈객(賓客)들을 끌어, '능히 한 글자라도 더하고 뺄 수 있는 자가 있다면 천금을 줄 것이다.' 했다."라고 하였다.

(9) 회남내(淮南內) 21편 : 회남 왕(王) 안(安).

회남왕(淮南王) 유안(劉安)은 한(漢)나라 고조(高祖)의 손자인데, 무제(武帝)의 원수(元狩) 원년(元年)에 모반하여 주살되었다. 『한서(漢書)』 제44권에 전(傳)이 있다. 유안은 독서를 좋아하고 빈객(賓客)을 초치(招致)하여 문하(門下)에 방술[方術:의술·점술 따위의 잡기(雜技)]의 사(士) 수천 명이 모였다고 한다. 그 중 소비(蘇飛), 이상(李尙), 좌오(左吳), 전유(田由), 뇌피(雷被), 모피(毛被), 오피(伍被), 진창(晉昌)의 여덟 사람이 가장 저명하여 그들을 회남(淮南)의 8공(八公)이라고 일컬었다. 유안은 이 여덟 사람과 대산(大山), 소산(小山)의 일당들과 강론하여,『회남내서(淮南內書)』21편,『회남외서(淮南外書)』33편,『회남중서(淮南中書)』8편을 저술하였다. 지금 내서(內書) 21편이 있다. 마지막의 요략편(要略篇)은 그 총서(總序)다. 이 책은 도가언(道家言), 음양가언(陰陽家言), 법가언(法家言), 명가언(名家言), 유가언(儒家言), 농가언(農家言), 병가언(兵家言)을 포괄하고 있으므로, 잡가류(雜家類)에 넣어진다. 그러나 도가언(道家言)이 주류를 이룬다. 이 책은 본래 홍렬(鴻烈)이라 칭하였으니, 홍(鴻)은 크다는 뜻이요, 열(烈)은 밝다는 뜻으로, 크게 도(道)를 밝힌다는 뜻이다. 그런데 유향(劉向)이 교서(校書)할 때 이 책의 이름을 회남(淮南)으로 정하였다. 지금은 책의 이름을 『회남자(淮南子)』라고 부르고 있는데, 자(子)는 후인이 덧붙인 것이다.

(10) 회남외(淮南外) 33편

회남외서(淮南外書)다. 안사고(顏師古)는 내편(內篇)이 도(道)를 논(論)하고, 외편(外篇)은 잡설(雜說)이라고 주(注)하였다. 없어져 전하지 않는다.

(11) 동방삭(東方朔) 20편

동방삭(東方朔)의 자(字)는 만천(曼倩)이다. 한(漢)나라 무제(武帝)에게 벼슬하여 태중태부급사중(太中太夫給事中)이 되었다. 골계(滑稽)와 해학에 능하고 담소(談笑) 중에 풍자의 뜻이 숨겨져 있다. 『한서(漢書)』제65권에 동방삭전(東方朔傳)이 있다. 동방삭전에 "상서(上書)하여 농전강국(農戰強國)의 계(計)를 진술하다."라고 하였는데 이 책이었던 것 같다. 없어져 전하지 않는다.

(12) 백상선생(伯象先生) 1편

응소(應劭)가 이르기를 "은자(隱者)다. 그러므로 공손오(公孫敖)는 세속의 군주의 다스림에는 이익을 주지 못한다고 변란하였다."했다.

백상 선생(伯象先生)은 한대(漢代)의 은자(隱者)다. 이 책은 없어져 전하지 않는다.

(13) 형가론(荊軻論) 5편
가(軻)는 연(燕)나라를 위해 진왕(秦王)을 찌르려다가 이루지 못하고 죽었다. 사마상여(司馬相如) 등이 그를 논(論)하다.
형가(荊軻)는 연(燕)나라 왕을 위하여 진시황(秦始皇)을 자살(刺殺)하려다 실패하여 죽었다. 이 책은 한(漢)의 문학자(文學者)인 사마상여(司馬相如) 등이 형가(荊軻)를 찬양한 것이다. 없어져 전하지 않는다.

(14) 오자(吳子) 1편
병서략(兵書略) 병권모가(兵權謀家)에 오기(吳起) 48편이 있는데, 아마도 이 책이 아닌가 한다. 없어져 전하지 않는다.

(15) 공손니(公孫尼) 1편
공손(公孫)은 성이요, 니(尼)는 이름이다. 유가류(儒家類)에도 『공손니자(公孫尼子)』 28편이 있는데, 아마도 이 책이 아닌가 한다. 없어져 전하지 않는다.

(16) 박사신현대(博士臣賢對) 1편
한세(漢世)에 한자(韓子), 상군(商君)을 변란한 것.
현(賢)은 이름이요, 대(對)는 대답한 글이라는 뜻이다. 반고(班固)는 한대(漢代)의 사람이 한비자(韓非子)나 상앙(商鞅) 등 법가(法家)의 설을 비난한 것이라고 한다. 없어져 전하지 않는다.

(17) 신열(臣說) 3편 : 무제(武帝) 때 지은 바의 부(賦)다.
열(說)은 이름이요, 성씨(姓氏)는 자세하지 않다. 반고(班固)는 무제(武帝) 때 지은 바의 부(賦)라고 주(注)하였으나 잡가류(雜家類)에 부가 있다는 것이 이상하다. 반고 주의 부(賦)는 연문(衍文)

인 것 같다. 시부략(詩賦略)에 따로 신열부(臣說賦) 9편이 있다. 신열(臣說) 3편은 없어져 전하지 않는다.

(18) 해자부서(解子簿書) 35편
없어져 전하지 않는다.

(19) 추잡서(推雜書) 87편
없어져 전하지 않는다.

(20) 잡가언(雜家言) 1편 : 작자는 알지 못한다.
반고(班固) 자주(自注)의 왕백(王伯)은 왕패(王霸)다. 왕도(王道)와 패도(霸道)를 논(論)한 것인데, 작자는 자세하지 않다. 없어져 전하지 않는다.

■ 잡(雜) 20가(家) 모두 403편 : 병법(兵法)을 넣는다.
반고(班固)의 주(注)에 병법(兵法)을 넣는다고 한 것은, 병서략(兵書略) 병권모(兵權謀)의 반고의 주에 "이윤(伊尹), 태공(太公), 관자(管子), 손경자(孫卿子), 갈관자(鶡冠子), 소자(蘇子), 괴통(蒯通), 육가(陸賈), 회남왕(淮南王) 359종(種)을 줄인다."라고 한 것을 생각할 때, 칠략(七略)에는 본래 회남(淮南)의 책이 병권모(兵權謀)에 속해 있던 것을 반고가 옮겨 잡가(雜家) 속에 넣었다고 하는 뜻일 것이다.

■ 잡가(雜家)의 개략
잡가자류(雜家者流)는 대개 의관(議官)에서 나온다. 유(儒)와 묵(墨)을 어우르고, 명(名)과 법(法)을 합한다. 나라의 본체(本體)가 여기에 있음을 알고, 왕자(王者)의 정치가 관철되지 않음이 없음을 본다. 이것은 그 우수한 점이다.
탕자(盪者)가 이것을 함에 미처서는 만선(漫羨)하여 마음을 붙일 곳이 없다.

雜家者流　蓋出於議官[1]　兼儒墨[2]　合名法[3]　知國體之有此[4]
見王治之無不貫[5]　此其所長也
　　及盪者[6]爲之　則漫羨[7]而無所歸心[8]

1) 議官(의관) : 고대의 조정(朝廷)에 있어서 국민을 대신하여 정치의 득실(得失)을 의논한 관리. 그러나 의관(議官)이 과연 어떠한 벼슬이었는지는 주례(周禮)에도 그 직(職)이 없고, 여러 책에도 분명한 글이 없다. 다만 『관자(管子)』의 환공문(桓公問) 제56장에 그와 비슷한 것이 보인다. "관자(管子) 대답하여 말하기를 '황제(黃帝)가 명대(明臺)의 의(議)를 세운 것은 위로 현(賢)에게 보인 것입니다. 요제(堯帝)에게 구실(衢室)의 물음이 있었던 것은 아래로 사람에게 들은 것입니다. 순제(舜帝)에게 선(善)을 고하는 깃발이 있었던 것은 군주가 가려지지 않은 것입니다. 우왕(禹王)이 간(諫)하는 북을 조정에 세워 묻는 것에 대해 준비를 하였습니다. 탕왕(湯王)에게는 총가(總街)의 뜰이 있어 그것으로 남의 비방(祕方)하는 것을 본 것입니다. 무왕(武王)에게 영대(靈臺)의 복(復)이 있어서 현자(賢者)가 진출한 것입니다.'라고 하니, 환공이 말하기를 '내 본받아서 그것을 하고자 하오. 그 이름을 무엇이라 함이 좋겠소.' 하였다. 이에 대하여 관자가 대답하기를 '이름하여 책실(嘖室)의 의(議)라 함이 좋겠습니다.'라고 하였다."라는 대목이 있다.
2) 儒墨(유묵) : 유가(儒家)와 묵가(墨家).
3) 名法(명법) : 명가(名家)와 법가(法家).
4) 知國體之有此(지국체지유차) : 나라를 다스리는 본체(本體)가 여기 있음을 안다. 국체(國體)는 나라를 다스리는 본체, 유차(有此)는 여기에 있다. 차(此)는 여기라는 뜻으로 의관(議官)의 직을 가리킨다.
5) 見王治之無不貫(견왕치지무불관) : 왕자(王者)의 정치가 관철되지 않음이 없음을 본다. 관철한다는 말은 잡가(雜家)가 설하는 바의 정신을 관철한다는 뜻이다.
6) 盪者(탕자) : 탕(盪)은 탕(蕩)과 고자(古字)에서 통용된다. 방만(放漫)한 것. 야무지지 않음.
7) 漫羨(만선) : 만연(漫衍)과 같다. 요령이 없다.

8) 無所歸心(무소귀심) : 마음을 붙일 데가 없다. 곧 도(道)의 근본에서 멀리 벗어난다는 뜻이다.

■ 잡가(雜家)의 개략 해설

　잡가(雜家)의 학자들은 유가(儒家), 묵가(墨家), 명가(名家), 법가(法家) 등의 장점을 끌어들여 방언(放言)과 고론(高論)을 하는 것으로, 별로 잡가라고 하는 학파 특유의 주의, 주장은 없는 것 같으나, 그 목적으로 하는 바는 시정(時政)의 득실(得失)을 논의하는 것이므로, 반고(班固)는 잡가학파(雜家學派)의 기원은 의관(議官)에 있다고 설하는 것이다.

　반고가 말하는 의관이라고 하는 관직은 반드시 명확한 것은 아니다. 그러나 만약 의관이라고 하는 관직이 실재한다고 하면, 그것은 국민을 대신해서 의정(議政)의 권리를 행사하고 민의(民意)를 창달하기 위해 설치된 것일 것이다. 과연 그렇다면 의관(議官)의 임무와 잡가학자가 처사횡의(處士橫議)하여 시정(時政)의 득실(得失)을 규명한다는 것은 규(揆)를 하나로 하는 것이라고 말하지 않으면 안 된다.

　잡가(雜家)의 학자들이 설하는 바는 고대의 의관(議官)에게 연원하는 것이다. 잡가의 학자들은 고유한 학설이나 주장을 가지는 것은 아니고, 유가(儒家), 묵가(墨家)의 학설을 겸하여 아우르고, 명가(名家), 법가(法家)의 주장을 모아 합쳐서 고론(高論) 횡의(橫議)하여 시정(時政)의 득실(得失)을 바르게 하는 것이다.

　왕자(王者)가 나라를 다스리는 본체에는 당연히 의관의 한 종류인 잡가의 존재와 의의가 알려지고 또 왕자의 정치에는 그 득(得)과 실(失)을 논의하는 잡가의 존재와 의의가 관철되어 있는 것이 분명한 것이다. 이것이 잡가의 우수한 점이다.

그러나 뒤의 야무지지 못한 잡가자류(雜家者流)가 방론(放論)함에 이르러서는 헛되이 방만(放漫)으로 흘러 그 근본 진실을 떠나 더욱 멀어져 하등의 시정(時政)의 득실을 변박(辯駁)할 수가 없다.

9. 농가(農家)

(1) 신농(神農) 20편

이것은 전국시대(戰國時代)에 제자(諸子)들이 당시의 사람들이 농사짓는 일에 게으른 것을 걱정하여, 신농씨(神農氏)에 의탁하여 농업에 관한 것을 설한 책이다. 유향(劉向)의 『별록(別錄)』에는 위(魏)의 이회(李悝)나 혹은 진(秦)의 상앙(商鞅)이 설한 것이 아닌가 의심하고 있다. 신농씨(神農氏)는 처음으로 농업을 백성에게 가르쳤다고 한다. 『맹자(孟子)』 등문공편(滕文公篇)에는 신농의 말을 하는 허행(許行)의 일이 보이고, 『한서(漢書)』 식화지(食貨志)는 조착(鼂錯)이 신농의 법(法)을 왼 일, 『여씨춘추(呂氏春秋)』 애류편(愛類篇)에는 신농의 가르침을 인용하고, 『관자(管子)』 규도편(揆度篇)에는 신농의 가르침을 일컬었고, 『회남자(淮南子)』 제속훈(齊俗訓)에는 신농의 법을 인용하고 있다. 이 책은 없어져 전하지 않는다. 신농의 책은 이밖에도 병서략(兵書略), 수술략(數術略), 방기략(方技略)에도 저록(著錄)되어 있으나, 그 어느 것이나 다 후세의 의탁(依託)이다.

(2) 야로(野老) 17편

6국(六國) 때 제(齊)나라와 초(楚)나라 사이에 있었다. 응소(應劭)가 이르기를 "연로하여 전야(田野)에 거하면서 백성들과 어울려 농사를 지었기 때문에 야로(野老)라 불렀다."고 하였다.

야로(野老)는 전국시대(戰國時代)에 제(齊)나라와 초(楚)나라 사이에 있으면서, 나이가 늙어 전야간(田野間)에 은거한 사람이다. 그래서 야로(野老)라 이름하였다. 없어져 전하지 않는다. 『여씨춘추(呂氏春秋)』에 상농(上農), 임지(任地), 변토(辯土), 심시(審時)의 4편이 있으나, 모두 농가언(農家言)이다. 대개 옛날의 야로(野老)의 말을 서술한 것인 듯하다.

(3) 재씨(宰氏) 17편 : 어느 시대인지 모른다.
재씨(宰氏)는 범려(范蠡)가 스승으로 섬긴 계연(計然)으로 보는 설이 있다. 없어져 전하지 않는다. 계연의 성은 재씨(宰氏)요, 자(字)는 문자(文子), 규구복상(葵邱濮上) 사람이다.

(4) 동안국(董安國) 16편
한대(漢代)의 내사(內史)인데 어느 임금 때인지 모른다.
한(漢)의 문제(文帝) 때의 내사(內史)에 동적의자(董赤疑字)라는 안국(安國)의 이름이 보인다. 없어져 전하지 않는다.

(5) 윤도위(尹都尉) 14편
어느 시대인지 모른다. 송기(宋祁)는 윤(尹)은 혹 군(郡)이라고도 한다고 했다.
윤(尹)은 성이요, 도위(都尉)는 관명(官名)이다. 제민요술(齊民要術)에 "윤택(尹澤)이 감법(減法)을 취하다."[범승지(氾勝之)의 말을 인용한 것]라고 되어 있으므로 이름은 택(澤)일 것이다. 유향(劉向)의 별록(別錄)에 "윤도위(尹都尉)의 책에 종과편(種瓜篇), 종료편(種蓼篇), 종개편(種芥篇) 등의 여러 편이 있다."라고 하였다. 없어져 전하지 않는다.

(6) 조씨(趙氏) 5편 : 어느 때인지 모른다.
조씨(趙氏)의 이름은 과(過), 한(漢)의 무제(武帝)·소제(昭帝) 때 사람이다. 『한서(漢書)』 식화지(食貨志)에 무제 말년(末年)에 조과(趙過)를 수속도위(搜粟都尉)를 삼았다는 것이 보인다. 없어져 전하지 않는다.

(7) 범승지(氾勝之) 18편 : 성제(成帝) 때 의랑(議郎)이 되다.
범승지(氾勝之)는 한(漢)나라 성제(成帝) 때 의랑(議郎)이라고 하는 관직에 임명되었다. 『진서(晉書)』 식화지(食貨志)에 "옛날의 한(漢)이 경거사자(輕車使者) 범승지(氾勝之)를 보내 삼보(三輔)의 종맥(種麥)을 감독하게 하다. 그리하여 관중(關中)이 드디어 풍년이 들다."라고 하였다. 없어져 전하지 않는다.

(8) 왕씨(王氏) 1편 : 어느 시대인지 모른다.
없어져 전하지 않는다.

(9) 채규(蔡癸) 1편
선제(宣帝) 때 편의(便宜)를 말하였으며 홍농태수(弘農太守)에 이르다. 안사고가 말하기를 유향별록에서 한단(邯鄲) 사람이라고 하였다.
채(蔡)는 성이요, 규(癸)는 이름이다. 『한서(漢書)』 식화지(食貨志)에 "선제(宣帝) 때 채규(蔡癸)는 홍농사(弘農使)로 군국(郡國)에 권장하게 하여 대관(大官)에 이르다."라고 하였다. 없어져 전하지 않는다.

■ 농(農) 9가(家) 모두 114편

■ 농가(農家)의 개략

농가자류(農家者流)는 대개 농직(農稷)의 관직에서 나온다. 백곡(百穀)을 파종하고 뽕나무 경작을 권장하여 그것으로써 의식(衣食)을 족하게 한다. 그러므로 팔정(八政)의 첫째에 말하기를 식(食)이요, 둘째에 말하기를 화(貨)이다. 공자가 말하기를 "중요한 것은 백성의 먹을 것"이라고 하였다. 이것이 그 우수한 점이다.
비자(鄙者)가 이것을 행함에 미쳐서는 말하기를 "성왕(聖

王)을 섬길 것이 없다."라고 하고, 군주와 신하로 하여금 아울러 경작하게 하고자 하여 상하의 질서를 어지럽히다.

  農家者流 蓋出於農稷之官[1] 播[2]百穀 勸耕桑[3] 以足衣食 故八政[4] 一曰食 二曰貨[5] 孔子曰[6] 所重民食 此其所長也
  及鄙者[7]爲之 以爲無所事聖王 欲使君臣並耕 詩[8]上下之序

1) 農稷之官(농직지관) : 농업을 관장하는 관리. 농(農)은 신농씨(神農氏)를 말하는데, 신농씨는 농업의 시조로 뒤에 농사를 관장하는 관명(官名)이 되었다. [『여씨춘추(呂氏春秋)』 계하기(季夏紀)에 보인다.] 직(稷)은 후직(后稷)으로 순(舜)임금 때 농사를 관장하던 관명(官名)이다. 주(周)나라 시조인 기(棄)가 맡았었다.
2) 播(파) : 파종(播種).
3) 耕桑(경상) : 뽕나무를 경작하다.
4) 八政(팔정) : 『서경(書經)』 홍범구주(鴻範九疇)에 팔정(八政)이 있다. 식(食), 화(貨), 사(祀), 사공(司空), 사도(司徒), 사구(司寇), 빈(賓), 사(師)의 여덟 가지를 말한다.
5) 貨(화) : 재화(財貨).
6) 孔子曰(공자왈) : 『논어(論語)』 요왈편(堯曰篇)에 "중요한 것은 백성의 식(食), 상(喪), 제(祭)이다. 너그러우면 많은 사람을 얻고, 믿을 만하면 백성이 맡기고, 민첩하면 공이 있고, 공정하면 기뻐한다."라고 하였다.
7) 鄙者(비자) : 소인(小人)과 같다. 보잘것없는 인간. 『맹자(孟子)』에 보이는 허행(許行)과 같은 사람을 말한다.
8) 詩(패) : 어지럽다. 어그러지다. 난(亂). 역(逆)과 같다.

■ 농가(農家)의 개략 해설
 농가(農家)라고 일컬어지는 학자들이 설하는 바는 농업에 관한 이론이므로, 반고(班固)는 신농(神農)이나 후직(后稷)이라고 하는 관명(官名)이 농업을 지도하는 것이었으므로, 농가자류(農家者流)를 농직(農稷)의 관직에 연원하는 것이라고, 이것을 관계지은 것이다.
 농가(農家)라고 하는 학파(學派)는 생각건대 고대에 농업을 관장하던 농직(農稷)의 관직에 연원하는 것이다. 농관(農官)은 백곡(百穀)의 씨앗을 뿌리고, 경작과 양잠을 지도하는 등 백성이 먹고 입는 일에 모자라는 일이 없도록 힘썼던 것이다. 그러므로 『서경(書經)』의 홍범구주(洪範九疇)의 하나인 8정(八政)이라고 하는 항목 첫째에 식(食), 둘째에 화(貨)라고 하는 것이 노래되었던 것이다. 공자도 "정치를 하는 데 있어서 가장 중하게 생각해야 할 것은 백성의 먹을 것이다."라고 말하였다. 이와 같이 농업에 관한 설을 서술하고, 백성의 의식(衣食)의 도(道)에 있어서 바탕을 두는 바 있는 것이 농가자류(農家者流)의 우수한 점이다.
 그런데 농가(農家)의 본질을 잊은 보잘것없는 학자, 이를테면 『맹자(孟子)』에 보이는 허행(許行)과 같은 무리가 농업에 관한 이론을 설하는 것을 보면, 성왕(聖王)이 없더라도 천하는 스스로 다스려진다고 말하기도 하고, 또 모든 사람은 군주나 신하나 높은 사람이나 낮은 사람을 가릴 것 없이 평등하게 경작하여 스스로의 의식(衣食)을 생산해야 할 것이라고 주장하여, 군신(君臣)과 상하(上下)의 질서를 문란하게 하고 있다.
 ※『맹자(孟子)』 등문공 상(滕文公上)에는 허행(許行)의 설을 받드는 진상(陳相)과 맹자와의 격렬한 논쟁이 장문(長文)에 걸쳐 서술되어 있다. 허행의 설은 군신(君臣)이 함께 경작하여 빈부를 평등하게 하고, 편안함과 수고로움을 평등하게 하며, 천하의 물질을 평등하게 소유해야 한다고 하였다. 공산(共産) 평등 사상이지만, 맹자의 주장은 차별적 질서 사상이다. 반고(班固)의 "비자(鄙者)가 이것을 행함에 미처서는……."라고 한 기술(記述)은 본래부터 유가(儒家) 사상의 처지에서 서술한 것이다.

10. 소설가(小說家)

(1) 이윤설(伊尹說) 27편 : 그 말이 천박하다. 의탁(依託)한 것 같다.

이윤(伊尹)이 요리사로 탕왕(湯王)에게 발탁되어 재상이 되었다는 이야기가 전하므로 후인이 이 책을 의탁(依託)한 것 같다. 이윤이 요리사에서 발탁되었다는 이야기는 『맹자(孟子)』 만장편(萬章篇), 『묵자(墨子)』 상현편(尙賢篇), 『장자(莊子)』 경상초편(庚桑楚篇), 『여씨춘추(呂氏春秋)』 본미편(本味篇) 등에 전한다. 없어져 전하지 않는다. 도가류(道家類)의 『이윤(伊尹)』 51편과는 다른 책이다.

(2) 육자설(鬻子說) 19편 : 후세(後世)에 더한 것이다.

없어져 전하지 않는다. 도가류(道家類)의 『육자(鬻子)』 22편과는 다른 책이다.

(3) 주고(周考) 76편 : 주(周)나라의 일을 생각한 것이다.

없어져 전하지 않는다.

(4) 청사자(靑史子) 57편 : 옛날 사관(史官)의 기사(記事)다.

청사(靑史)는 관명(官名)을 성으로 한 것이다. 이 책은 사관(史官)인 청사씨(靑史氏)의 기록이다. 없어져 전하지 않는다.

(5) 사광(師曠) 6편

『춘추(春秋)』에 보인다. 그 말이 천박하여 인하여 의탁(依託)한 것 같다. 반고(班固) 자주의 견춘추[見春秋 : 춘추에 보인다]라고 한 것은 좌전(左傳) 양공(襄公) 14년에 "사광(師曠)이 진후(晉侯)를 모시다."라고 한 것을 이르는 말이다. 사광은 진(晉)나라 평공(平公)의 악대사(樂大師)로, 자(字)는 자야(子野)다. 사광의 이야기는 좌전(左傳)의 소공(昭公) 8년, 『주서(周書)』의 태자진해(太子晉解), 『국어(國語)』의 진어(晉語), 『한비자(韓非子)』의 십과편(十過篇), 『여씨춘추(呂氏春秋)』의 장견편(長見篇), 『설원(說苑)』의 건본편(建本篇) 등에 보인다. 없어져 전하지 않는다. 『병서략(兵書略)』에도 사광(師曠) 8편이 저록(著錄)되어 있다.

(6) 무성자(務成子) 11편

요(堯)가 물었다고 일컬어지는데, 고어(古語)가 아니다.

반고(班固)의 주(注)에 칭요문[稱堯問 : 요(堯)가 물었다고 일컫는다]이라고 한 것은 요(堯)임금이 무성자(務成子)에게 가르침을 받았다는 것을 말한다. 『여씨춘추(呂氏春秋)』에 "무성자는 요(堯)의 스승이다."라고 하였다. 후세에 의탁(依託)한 듯하다. 없어져 전하지 않는다.

(7) 송자(宋子) 18편

손경(孫卿)이 송자(宋子)를 말하다. 그 말은 황로(黃老)의 사상이다.

송자(宋子)의 이름은 연(鈃)이다 연(鈃)과 경(牼), 영(榮)은 고자(古字)에서 통용된다. 그래서 송연(宋鈃)을 『맹자(孟子)』에서는 송경(宋牼)이라 쓰고, 『한비자(韓非子)』에서는 송영자(宋榮子)라 일컫고 있으나, 동일인(同一人)이다. 송연(宋鈃)은 송(宋)나라 사람인데, 제(齊)나라 선왕(宣王) 때의 사람으로, 맹자와 동시대다. 직하(稷下)에서 놀았다. 반고(班固)는 순자(荀子)가 송자(宋子)를 평(評)하였다고 말하고, 황로(黃老) 사상에 가깝다고 말하였다. 『송자(宋子)』 18편을 소설가(小說家)에 배열시킨 것은 『장자(莊子)』의 천하편(天下篇)에 "송연(宋鈃)과 윤문(尹文)이 만물에 접하여 별유(別宥)로써 시(始)로 삼다. 이것으로써 천하를 두루 다니면서 상(上)에게는 설(說)하고 하(下)에게는 가르치다."라고 한 것과 같이 그들은 도청도설(道聽塗說)이나 비근한 예를 인용하여 힘써 많은 사람을 깨닫게 해 주었다. 그 말이 가담항어(街談巷語)와 비슷하기 때문이었을 것이다. 없어져 전하지 않는다.

※『순자(荀子)』 비십이자편(非十二子篇)에 "천하를 하나로 하여 국가를 세우는 것의 권칭(權稱)을 모르고, 공용(功用)을 높이고 검약을 숭상하여 차등(差等)을 무시하고 곧 그것으로 변리(辯異)를 용납하여 군주와 신하를 분별하기에 부족하다. 그러면서도 그것을 유지하는데에는 까닭이 있다. 그것을 말함에는 이치를 이루어 그것으로 어리석은 많은 사람들을 기만하여 미혹되게 하기에 족하다. 이것은 묵적(墨翟)과 송연(宋銒)이다."라 하였고, 또『순자(荀子)』 정론편(正論篇)에 "자송자(子宋子)가 말하기를 사람의 정(情)은 적기를 바란다. 그런데 모두 자기의 정(情)을 많게 하기를 바라는 것은 잘못이다."라 하였고, 그리고 "자송자(子宋子)가 말하기를 업신여김을 당하는 것을 치욕으로 여기지 않음을 분명하게 한다면 사람으로 하여금 투쟁하지 않게 할 수 있다."라고 하였으며, 『순자(荀子)』 해폐편(解蔽篇)에 "송자(宋子)는 가리워져서 얻는 것을 모른다."라 하였고, 『순자(荀子)』 천론편(天論篇)에 "송자(宋子)는 적게 볼 줄을 알고, 많게 볼 줄을 모른다."라고 하였다.

(8) 천을(天乙) 3편

천을(天乙)은 탕왕(湯王)을 이르는 말인데, 그 말이 은(殷)나라 때의 말이 아니니 모두 의탁(依託)이다.

천을(天乙)은 은(殷)나라 탕왕(湯王)인데, 이 책은 후세의 가탁(假託)이다. 없어져 전하지 않는다.

(9) 황제설(黃帝說) 40편 : 거짓으로 의탁(依託)하다.

없어져 전하지 않는다.

(10) 봉선방설(封禪方說) 18편 : 무제(武帝) 때.

없어져 전하지 않는다. 지금『사기(史記)』봉선서(封禪書)에 무제(武帝) 때의 봉선방술(封禪方術)이 서술되어 있다.

(11) 대조신요심술(待詔臣饒心術) 25편 : 무제(武帝) 때.

대조(待詔)는 관명(官名)이요, 요(饒)는 이름이요, 제(齊)나라 사람이다. 무제(武帝) 때 대조(待詔)가 되었다. 심술(心術)은 책 이름이다. 『관자(管子)』의 칠법편(七法篇)에 "실(實)이다. 성(誠)이다. 원(原)이다. 시(施)다. 도(度)다. 서(恕)다. 이것을 심술(心術)이라 이른다."라 하였고, 방현령(房玄齡)은 이 여섯 가지는 모두 심술(心術)에서 나온다고 주(注)하고 있으므로, 이 여섯 가지 일을 미루어 부여해서 저술한 것이 아닌가 한다. 그리고 과보(果報)와 권계(勸戒) 종류의 책이었던 듯하다. 없어져 전하지 않는다.

(12) 대조신안성미앙술(待詔臣安成未央術) 1편

안성(安成)은 응소(應劭)의 주(注)에 "도가(道家)다. 양생(養生)에 대한 것을 좋아하며, 미앙(未央)의 술(術)을 하다."라고 하였다. 미앙(未央)이라는 말은 아직 다하지 못하다는 뜻이다. 『노자(老子)』에 "거칠다고 해서 아직 다하지 못할 것(未央)인가."라고 하였으니, 이 책은 방중술(房中術)과 같은 것을 뜻한다. 없어져 전하지 않는다.

(13) 신수주기(臣壽周紀) 7편

항국(項國)의 어인(圉人)이다. 선제(宣帝) 때.

수(壽)는 반고(班固)의 주(注)에 항국(項國)의 어인(圉人)이라고 하였으나, 한대(漢代)에 항국(項國)이라는 나라는 없다. 전대소(錢大昭)는 회양국(淮陽國)의 잘못일 것이라고 한다. 어인(圉人)은 말 기르는 일을 관장하는 사람이다. 수(壽)는 선제(宣帝) 때 사람으로 회양국(淮陽國)의 어인(圉人)이었다. 주기(周紀)는 책의 이름으로, 주대(周代)의 자질구레한 일들을 기록한 것인 듯하다. 없어져 전하지 않는다.

(14) 우초주설(虞初周說) 943편

하남인(河南人). 무제(武帝) 때. 방사시랑(方士侍郞)으로 황거사자(黃車使者)라 불렀다.

우초(虞初)의 우(虞)는 성이요, 초(初)는 이름이다. 무제(武帝) 때 방사시랑(方士侍郞)으로 황거사자(黃車使者)라 불렀다. 『사기(史記)』 봉선서(封禪書)에 "낙양(洛陽)의 우초(虞初) 등은 방(方)으로 제사지내 흉노(匈奴) 대완(大宛)을 저주하다."라 하였고, 장형(張衡)의 『서경부(西京賦)』에 "소설(小說) 9백의 책과 우초(虞初)에 의한다."라고 하였으며, 설종(薛綜)의 주(注)에 "소설의무염축지술(小說曁巫厭祝之術)이 무릇 943편이다."라고 하였다. 없어져 전하지 않는다.

(15) 백가(百家) 139권

유향(劉向)의 『설원서록(說苑序錄)』에 "신서(新序)와 중복되는 것을 제외하고, 그 나머지 천박하여 의리(義理)에 맞지 않는 것을 별도로 모아서 그것으로 백가(百家)를 만들다."라고 하였으므로, 이 책은 유향이 모은 것으로 설원(說苑)의 나머지일 것이다. 없어져 전하지 않는다.

■ 소설(小說) 15가(家) 모두 1380편

■ 소설가(小說家)의 개략

소설가자류(小說家者流)는 대개 패관(稗官)에서 나온다. 가담항어(街談巷語)나 도청도설(道聽塗說)하는 자가 만드는 것이다. 공자가 말하기를 "작은 도(道)라 하더라도 반드시 볼 것이 있다. 원대한 것을 이루는 데에는 더럽힐 것을 두려워한다. 이로써 군자(君子)는 하지 않는다."라고 하였다.

그렇지만 또한 없앨 것은 아니다. 마을의 소지자(小知者)의 미치는 바도 또한 철(綴)하여 잊지 않게 한다. 만약 혹은 한 마디라도 취할 것이 있어도 또한 꼴 베고 나무하는 어리석은 자의 이야기이다.

　　小說家者流　蓋出於稗官[1] 街談巷語[2]道聽塗說[3]者之所造也 孔子曰[4] 雖小道[5] 必有可觀者焉 致遠恐泥[6] 是以 君子弗爲也 然亦弗滅也 閭里[7]小知者之所及 亦使綴而不忘 如[8]或一言可采 此亦芻蕘[9]狂夫[10]之議[11]也

1) 稗官(패관) : 패(稗)는 작다는 뜻으로, 소관(小官)과 같다. 곧 낮은 관리. 안사고(顔師古)의 주(注)에 의하면, 한대(漢代)에 패관(稗官)이라는 관직이 있었다. 왕자(王者)가 민간인의 마을 풍속을 알고자 하여 패관이라는 관리를 두어 그것을 기록하게 한 것이라고 하였다.
2) 街談巷語(가담항어) : 항(巷)은 마을 또는 거리. 거리의 이야기나 노지(路地)의 말, 곧 민간(民間)의 소리. 가담항설(街談巷說).
3) 道聽塗說(도청도설) : 도(塗)는 도(途)와 같은 것으로 길이라는 뜻이다. 길거리에서 듣고 길거리에서 전하는 말이라는 뜻이다. 이것은 정확한 이야기가 아니고, 잘못 전하는 경우가 많다는 뜻으로 쓰인다. 『논어(論語)』에서도 "길에서 듣고 길에서 말하는 것은 덕(德)을 버리는 것이다."라고 하였다.
4) 孔子曰(공자왈) : 이 말은 실은 공자의 말이 아니라 공자 제자인 자하(子夏)의 말이다. 『논어(論語)』의 자장편(子張篇)에 보인다.
5) 小道(소도) : 여기서는 가담항어(街談巷語)를 가리킨다.
6) 泥(니) : 진흙. 곧 더럽다는 뜻.
7) 閭里(여리) : 마을.
8) 如(여) : 만일. 약(若)과 같다.
9) 芻蕘(추요) : 추(芻)는 꼴 베는 사람, 요(蕘)는 나무하는 사람. 추부(芻夫)와 요부(蕘夫). 평범한 일반 백성을 가리킨다.
10) 狂夫(광부) : 미친 사람이라는 뜻이나 여기서는 어리석은 사람. 우부(愚夫).
11) 議(의) : 이야기.

■ 소설가(小說家)의 개략 해설

소설가(小說家)에 속하는 사람들은 옛날 민간의 작은 일이나 작은 이야기들을 모아 기록하는 일을 관장하던 패관(稗官)이라고 하는 관직에 연원한다. 소설류(小說類)는 큰 거리의 이야기나 마을에서 생긴 일로, 길에서 들은 이야기를 곧바로 또 거리에서 전하여 설한다고 하는 종류의 사람이 만든 이야기이다. 공자[실은 자하(子夏)]도 "작은 말이라 하더라도 거기에는 반드시 무엇인가 의미 있는 깊은 도리가 있는 것이다. 다만 원대한 뜻을 가지고 있는 사람에게는 그것이 뜻을 이루는데 방해가 될까 두렵다. 그러므로 군자(君子)는 처음부터 소도(小道)에 손을 대지 않는 것이다."라고 하였다.

그러나 작은 도(道)는 작은 도로서의 볼 만한 것이 있는 것이므로 구태여 그것을 없애지는 않는 것이다. 그러므로 촌에 살면서 큰 교양이 없는 사람의 담화(談話)라 하더라도 그것을 기록하여 세상에 전하는 것이다.

만약 그 중에서 한 마디라도 취할 점이 있다고 하더라도 그것은 풀베고 나무하는 어리석은 사람의 이야기에 지나지 않는다.

11. 제자략(諸子略) 총설(總說)

■ 제자(諸子) 189가(家) 모두 4324편

축국(蹴鞠) 1가(家) 25편을 뺀다.

반고(班固)의 축국(蹴鞠) 1가(家) 25편이라고 하는 것은, 『칠략(七略)』에는 본래 축국(蹴鞠)의 책이 제자략(諸子略) 속에 들어 있던 것을 반고가 빼내 병서략(兵書略)속에다 넣었다는 말이다.

■ 제자략(諸子略)의 개략

　제자십가(諸子十家)에서 그 볼 만한 것은 9가(九家)뿐이다. 모두 왕도(王道)는 이미 쇠미(衰微)하고 제후는 무력(武力)으로 정벌을 일삼으며, 그 때 그 세상의 군주들은 좋고 싫어하는 방법을 달리하는 데서 생긴다. 이로써 9가(九家)의 설(說)은 벌떼같이 어울려 일어나 각각 그 일단(一端)을 인용하여 그 우수한 점을 숭상한다. 이로써 각국으로 다니면서 유세하며 등용될 것을 제후에게 구하였다. 그 학설(學說)은 다르다고 하더라도 예컨대 수(水)와 화(火)는 상멸(相滅)하면서 또한 상생(相生)하는 것과 같다. 인(仁)과 의(義), 경(敬)과 화(和)는 상반(相反)하면서 모두 상성(相成)하는 것이다.

　『역(易)』에 이르기를 "천하는 귀착(歸着)할 곳은 같으면서 그 길은 다르며, 극치(極致)는 하나이면서 사려(思慮)는 백으로 한다."라고 하였다. 지금 학파를 달리하는 자는 각자 그 좋은 점을 추진하여 지혜를 다하고 사려를 궁구하여 그것으로써 그 지향하는 바를 밝힌다. 가리워지거나 단점이 있다고 하더라도 요점과 귀착할 것을 합치면 또한 육경(六經)의 가지와 유예(流裔)가 된다. 그들로 하여금 명왕(明王)과 성주(聖主)를 만나 그 절중(折中)할 바를 얻게 하면 모두 고굉(股肱)의 재목일 뿐이다.

　중니(仲尼)가 말한 것이 있다. "예(禮)를 잃고 그것을 야(野)에서 구한다."라고. 지금 성인은 떠난 지 오래이고 도(道)와 술(術)이 빠지고 없어져 다시 찾을 바가 없다. 저 아홉 학파(學派)들은 오히려 야(野)에서 고칠 수 없을 것인가. 만약 육예(六藝)의 술(術)을 잘 닦고 이 아홉 학파의 학설을 살펴, 단점을 버리고 장점을 취한다면 만방(萬方)의 술(術)에 통할 것이다.

諸子十家[1]　其可觀者　九家而已　皆起於王道旣微　諸侯力政[2]
時君世主[3]　好惡殊方　是以九家之術　蠭出[4]竝作　各引一端　崇
其所善　以此馳說[5]　取合[6]諸侯　其言雖殊　辟[7]猶水火相滅　亦
相生[8]也　仁之與義　敬之與和　相反而皆相成也
　　　易曰[9]　天下同歸而殊塗[10]　一致而百慮[11]　今異家者　各推所
長　窮知究慮　以明其指[12]　雖有蔽短[13]　合其要歸　亦六經之支[14]
與流裔[15]　使其人遭明王聖主　得其所折中　皆股肱之材[16]已
　　　仲尼有言[17]　禮失而求諸野　方今去聖久遠　道術缺廢　無所更
索　彼九家者　不猶瘉[18]於野乎　若能修六藝之術　而觀此九家之
言　舍短取長　則可以通萬方之略[19]矣

1) 十家(십가) : 열 학파(學派). 가(家)는 여기서 학파로 풀이된다.
2) 力政(역정) : 무력(武力)으로 정벌을 일삼다. 정(政)은 정(征)과 같
　　다.
3) 時君世主(시군세주) : 그 때 그 세상의 군주(君主).
4) 蠭出(봉출) : 벌떼같이 일어나다. 일시에 많이 나오다. 봉(蠭)은 봉
　　(蜂)과 같다.
5) 馳說(치세) : 달리면서 유세(遊說)한다. 곧 여러 나라의 제후들을 찾
　　아다니면서 유세한다는 말.
6) 取合(취합) : 등용되기를 구한다는 뜻.
7) 辟(벽) : 예컨대.
8) 水火相滅亦相生(수화상멸역상생) : 물과 불은 서로 없애면서 또한 서
　　로 생기게 한다. 오행사상(五行思想)에는 오행상극(五行相剋)과 오행
　　상생(五行相生)이 있다. 상극(相剋)에 의하면 물은 불을 없애고 불은
　　물을 없앤다. 상생(相生)에 의하면 수(水)는 목(木)을 생기게 하고,
　　목은 화(火)를 생기게 하고, 화는 토(土)를 생기게 하고, 토는 금
　　(金)을 생기게 하고, 금은 수를 생기게 한다.
9) 易曰(역왈) : 『역경(易經)』 계사전 하(繫辭傳下)에 보이는 글.
10) 同歸而殊塗(동귀이수도) : 귀착할 곳은 같으나 길이 다르다. 곧 목적
　　지는 같으면서도 거기에 가는 방법은 다르다는 뜻. 귀(歸)는 귀착지
　　(歸着地), 곧 목적지. 수도(殊塗)의 수(殊)는 이(異)와 같고 도(塗)

는 도(途)와 같아 길이 다르다는 말이니, 그 방법이 다르다는 뜻.
11) 一致而百慮(일치이백려) : 극치(極致)는 하나이면서 사려(思慮)는 백으로 한다. 치(致)는 극치 또는 지극(至極)한 곳, 백려(百慮)는 여러 가지로 생각한다는 뜻.
12) 指(지) : 지향(指向)하는 바의 내용.
13) 蔽短(폐단) : 가리워진 것과 단점(短點).
14) 支(지) : 가지. 지(枝)와 같다.
15) 流裔(유예) : 물 흐름의 하류나 옷의 끝자락이라는 뜻으로 후예(後裔)라는 말과 같다.
16) 股肱之材(고굉지재) : 팔과 다리와 같이 중요한 재목. 곧 군주에게 꼭 있어야 할 중요한 위치에 있는 신하.
17) 仲尼有言(중니유언) : 공자의 말이라는 뜻인데, 『논어(論語)』에 보이지 않는다. 출전(出傳)이 분명하지 않다.
18) 瘉(유) : 병을 고치다.
19) 萬方之略(만방지략) : 아홉 학파의 가지가지의 방술(方術).

■ 제자략(諸子略)의 개략 해설

이상에서 설(說)하여 온 유가(儒家), 도가(道家), 음양가(陰陽家), 법가(法家), 명가(名家), 묵가(墨家), 종횡가(縱橫家), 잡가(雜家), 농가(農家), 소설가(小說家)의 제자 10가(諸子十家) 중, 그 논하는 바에 볼 만한 도리가 있는 것은 소설가 이 외의 9가(九家)다. 이것을 또 제자 9류(諸子九流)라고도 한다. 이 제자 9류는 모두 주(周)나라 말기에 왕실은 이미 쇠락하고 제후가 무력으로 서로 항쟁할 때를 당하여, 그 시대 그 세상의 군주들이 각각 자신이 좋아하는 것과 싫어하는 것에 의해 그 행하고자 하는 바의 방법이 각각 달랐으므로, 거기에 맞추고자 하여 일어났다.

이러한 사정으로 제자 9가의 학설이 벌떼 일어나듯이 연달아 일시에 함께 일어나 각각 왕도(王道)의 일단(一

端)을 인용하여 자기 학파의 우수한 점을 주장하였다. 이 주장을 가지고 여러 나라를 유세하여 제후에게 등용되기를 구하였다.

9가의 학설은 다 다르지만, 이것을 오행설(五行說)에 비유한다면, 화(火)는 수(水)를 이겨 없애고 수는 화를 이겨 없애는 상극(相剋)이지만, 또 한편 수(水)는 목(木)을 생하게 하고, 목은 화(火)를 생하게 하는 상생(相生)과 같이 아홉 학파(學派)가 서로 저들의 주장을 옳다고 하여 양보하지 않지만, 그 각각의 다른 학설을 서로 기다려서 비로소 완전히 갖추어지는 것이라고 할 것이다. 이것은 인(仁)과 의(義)와 경(敬)과 화(和)가 상반하는 도덕율(道德律)이지만 양자(兩者)가 갖추어져야 비로소 완전한 것이 되는 것과 같은 이치이기도 하다.

『역경(易經)』계사전(繫辭傳)에 "천하의 일은 결국 같은 곳으로 귀착(歸着)되는 것이지만 각각 그 하나를 향해 가는 길은 다르다. 그리고 나아가 도착하는 극치는 하나이지만 거기까지 가는 도중에는 각양각색의 생각이 있는 것이다."라고 서술되어 있다.

지금 학파를 달리 하는 학자들은 각각 그 우수하다고 하는 주장을 밀고 나아가 지혜와 생각을 다하여 그 요지를 밝힌다. 물론 그 학설중에는 가리워져 있는 곳이나 천박한 생각도 없는 것은 아니나, 결국에 가서는 육경(六經)으로 돌아가는 것으로, 아홉 학파도 또한 육경의 분파(分派)이며 그 후예인 것이다. 아홉 학파의 학자들로 하여금 현명한 군주를 만나 그의 학설을 취사(取捨)하여 절중(折中)하게 한다면, 누구나 군주의 손발과 같이 신뢰할 수 있는 신하가 될 수 있는 재능을 가진 자들이다.

공자는 "도시(都市)에 예(禮)가 행해지지 않게 되면, 그것을 시골에서 찾으면 반드시 얻을 수 있다."라고 말하였다. 지금 성인인 공자와 서로 헤어진 지 이미 멀고 오래이며, 육경(六經)의 술(術)도 줄고 없어져, 다시 그것을 구할 수가 없다. 제자 9류(諸子九流)의 도술(道術)에 의해 육경의 도(道)를 보충하는 일은 저 도시에서 잃은 예(禮)를 시골에서 구하기보다 훨씬 낫다. 만약 육경의 도를 잘 닦아서 이 제자 9류의 주장을 보고, 공자를 표준으로 하여, 그 단점을 버리고 장점을 취한다면 비로소 제자 9류의 가지가지 계획하는 일에 통할 수가 있을 것이다.

제 4 편 시부략(詩賦略)

1. 굴원(屈原)의 부(賦)

(1) 굴원부(屈原賦) 25편

초(楚)나라 회왕(懷王) 때의 대부(大夫). 열전(列傳)이 있다.

　굴원(屈原)의 이름은 평(平)이요, 굴(屈)은 그의 자(字)다. 초(楚)나라 회왕(懷王)을 섬겨 좌도(左徒)가 되었는데, 동배(同輩)의 모함에 의하여 왕에게 소원(疏遠 : 오랫동안 만나지 못함)을 당해 『이소(離騷)』를 지었다. 회왕의 아들인 경양왕(頃襄王) 때 영윤[令尹 : 부왕(副王)]의 노여움을 사 다시 강남(江南)으로 유배되어, 초췌한 몸으로 강변을 배회하다가 회사부((懷沙賦 : 굴원이 조국의 장래를 근심하고 회왕을 사모하여 노심초사한 끝에 지은 시)를 남기고 멱라수(汨羅水)에 몸을 던져 죽었다. 『사기(史記)』 제84권에 굴원가의열전(屈原賈誼列傳)이 있다. 『굴원부(屈原賦)』 25편이라 함은 『초사 이소경(楚辭離騷經)』 1편, 『구가(九歌)』 11편, 『천문(天問)』 1편, 『구장(九章)』 9편, 『원유(遠遊)』 『복거(卜居)』 『어부(漁夫)』의 3편으로, 어느 것이나 다 지금 전하고 있다. 『원유(遠遊)』 『복거(卜居)』 『어부(漁夫)』의 3편은 한대(漢代)의 위작(僞作)이라는 설이 있다.

　지금 책인 『초사(楚辭)』 17권은 전한말(前漢末)에 유향(劉向)이 굴원의 『이소(離騷)』 『구가(九歌)』 『천문(天問)』 『구장(九章)』 『원유(遠遊)』 『복거(卜居)』 『어부(漁夫)』와 송옥(宋玉)의 『구변(九辯)』 『초혼(招魂)』 거기다가 경차(景差)의 『대초(大招)』를 모

으고, 다시 가의(賈誼)의 『석서(惜誓)』, 회남소산(淮南小山)의 『초은사(招隱士)』, 동방삭(東方朔)의 『칠간(七諫)』, 엄기(嚴忌)의 『애시명(哀時命)』, 왕포(王褒)의 『구회(九懷)』 그리고 유향(劉向) 자신의 저작인 『구탄(九嘆)』을 합쳐 『초사(楚辭)』 16권이라 하였다. [이것은 총집(總集)의 시작이다.] 그 뒤 후한(後漢)의 왕일(王逸)이 여기에 자기의 작품인 『구사(九思)』와 반고(班固)의 『이서(二敍)』를 더하여 17권으로 하고, 주(註)를 만들었다.

　(2) 당륵부(唐勒賦) 4편 : 초(楚)나라 사람.
　당륵(唐勒)은 초(楚)나라 사람으로, 경양왕(頃襄王)을 섬겨 대부(大夫)가 되었다. 없어져 전하지 않는다.
　※『사기(史記)』 굴원열전(屈原列傳)에 "굴원(屈原)이 이미 죽은 뒤에 초(楚)나라에는 송옥(宋玉), 당륵(唐勒), 경차(景差) 등이 있어, 모두 사(辭)를 좋아하고 부(賦)로써 일컬어졌다."라고 하였다.

　(3) 송옥부(宋玉賦) 16편
　초(楚)나라 사람으로, 당륵(唐勒)과 더불어 같은 시대로 굴원(屈原) 후의 사람이다.
　송옥(宋玉)은 초(楚)나라 사람으로, 당륵(唐勒)과 동시대이다. 송옥의 부(賦)는 『초사(楚辭)』에 구변(九辯)·초혼(招魂), 『문선(文選)』에 풍부(風賦)·고당부(高唐賦)·신녀부(神女賦)·등도자호색부(登徒子好色賦), 『고문원(古文苑)』에 대언부(大言賦)·소언부(小言賦)·조부(釣賦)·적부(笛賦)·풍부(諷賦) 등이 실려 있다.

　(4) 조유왕부(趙幽王賦) 1편
　조유왕(趙幽王)은 한(漢)나라 고조(高祖)의 아들이다. 조유왕의 전(傳)은 『한서(漢書)』 제38권 고오왕전(高五王傳)에 보인다. 본전(本傳)에 노래 1편이 실려 있는데 이것인지도 모른다.

(5) 장부자부(莊夫子賦) 24편

이름은 기(忌)요, 오(吳)나라 사람이다.

장부자(莊夫子)는 엄부자(嚴夫子)를 이르는 말이다. 명제(明帝)의 휘(諱)인 장(莊)자를 피하여 엄(嚴)이라고 하였다. 그러나 여기서는 휘(諱)를 피하지 않고 장(莊)이라고 한다. 엄부자(嚴夫子)의 이름은 기(忌)요, 오(吳)나라 사람이다. 지금 『초사(楚辭)』 중에는 엄부자의 애시명(哀時命) 1편이 있다.

(6) 가의부(賈誼賦) 7편

가의(賈誼)의 전(傳)은 『사기(史記)』 제84권 굴원가의열전(屈原賈誼列傳)에 보인다. 가의(賈誼)의 부(賦) 7편 중 지금 전하는 것은 『초사(楚辭)』 중의 석서(惜誓) 1편, 『한서(漢書)』 본전(本傳)에 조굴원부(弔屈原賦) 1편과 복조부(鵩鳥賦) 1편, 고문원(古文苑)에 한운순거부(旱雲筍虡賦)가 있다.

※왕일(王逸)이 말하기를 "석서(惜誓)는 누구의 작품인지 모르겠다. 혹은 말하기를 가의(賈誼)의 작이라고 하나, 의심스러운 것은 분명히 밝힐 수가 없다."라고 하였다.

『사기(史記)』 가의열전(賈誼列傳)에 "굴원(屈原)이 멱라(汨羅)에 빠진뒤 백여년에 한(漢)에 가생(賈生)이 있어 장사왕(長沙王)의 태부(太傅)가 되었다. 상수(湘水)를 건너면서 책을 던져 그것으로써 굴원을 조상하다."라고 하였다.

(7) 매승부(枚乘賦) 9편

매승(枚乘)의 자(字)는 숙(叔)이요, 회음(淮陰) 사람으로, 오왕(吳王) 비(濞)를 섬겨 낭중(郎中)이 되었다. 『한서(漢書)』 제51권에 전(傳)이 있다. 매승의 부(賦) 9편 중 지금까지 전하는 것은 『문선(文選)』의 매승칠발(枚乘七發) 1편, 『서경잡기(西京雜記)』 중의 유부(柳賦) 1편, 『고문원(古文苑)』의 양왕토원부(梁王菟園賦) 1편이다.

(8) 사마상여부(司馬相如賦) 29편
　사마상여(司馬相如)는 촉(蜀)나라 성도(成都) 사람으로, 자(字)는 장경(長卿)이요, 무제(武帝) 때 부름을 받아 낭(郞)이 되었다. 한대(漢代) 제일의 작가로 그의 자허부(子虛賦)와 상림부(上林賦)는 한위육조인(漢魏六朝人)의 모범이라고 할 만하다. 『한서(漢書)』제57권에 사마상여전(司馬相如傳)이 있다. 사마상여의 부(賦) 중에서 지금도 전하고 있는 것은 『한서본전(漢書本傳)』에 보이는 자허부(子虛賦), 애진이세부(哀秦二世賦), 대인부(大人賦)와 『문선(文選)』에 보이는 장문부(長門賦), 『고문원(古文苑)』의 미인부(美人賦)이다.

(9) 회남왕부(淮南王賦) 82편
　회남왕(淮南王) 유안(劉安)의 전(傳)은 『한서(漢書)』제44권 회남형산제북전(淮南衡山濟北傳)에 보인다. 회남왕의 부(賦) 중에서 지금도 전하는 것은 병풍부(屛風賦) 1편이다.

(10) 회남왕군신부(淮南王群臣賦) 44편
　지금 전하는 것은 『초사(楚辭)』 중의 초은사(招隱士) 1편이다. 이것은 회남왕(淮南王)의 빈객이었던 소산(小山)의 작품이다.

(11) 태상료후공장부(太常蓼侯孔臧賦) 20편
　제자략(諸子略) 유가류(儒家類)의 태상료후공장(太常蓼侯孔臧) 10편을 참조할 것. 없어져 전하지 않는다.

(12) 양구후유언부(陽丘侯劉隁賦) 19편
　유언(劉隁)은 제(齊)나라 도혜왕(悼惠王)의 손자로 공안후(共安侯)의 아들이다. 없어져 전하지 않는다.

(13) 오구수왕부(吾丘壽王賦) 15편
제자략(諸子略) 유가류(儒家類)의 오구수왕(吾丘壽王) 6편을 참조할 것. 없어져 전하지 않는다.

(14) 채갑부(蔡甲賦) 1편
없어져 전하지 않는다.

(15) 상소자조부(上所自造賦) 2편
상(上)은 무제(武帝)를 가리킨다. 한(漢) 무제가 스스로 지은 부(賦)로, 『한서(漢書)』 외척전(外戚傳)에 상도이부인부(傷悼李夫人賦) 1편과 『문선(文選)』에 추풍사(秋風辭) 1편이 있다.

(16) 아관부(兒寬賦) 2편
제자략(諸子略) 유가류(儒家類)의 아관(兒寬) 9편을 참조할 것. 없어져 전하지 않는다.

(17) 광록대부장자교부(光祿大夫張子僑賦) 3편
장자교(張子僑)는 왕포(王褒)와 동시대 사람이다. 선제(宣帝) 때 처음으로 금마대조(金馬待詔)가 되고, 뒤에 황문랑(黃門郞)이 되었다. 원제(元帝) 때 태중대부(太中大夫)가 되고, 광록대부(光祿大夫)로 승진하였다. 없어져 전하지 않는다.

(18) 양성후유덕부(陽成侯劉德賦) 9편
유덕(劉德)은 유향(劉向)의 부친이다. 이름은 덕(德)이요, 자(字)는 노(路)다. 『한서(漢書)』 초원왕전(楚元王傳)을 참조할 것. 없어져 전하지 않는다.

(19) 유향부(劉向賦) 33편
유향(劉向)의 전(傳)은 『한서(漢書)』 제36권 초원왕부전(楚元王

附傳)을 참조할 것. 육예략 상서가(六藝略尙書家)에 유향오행전기(劉向五行傳記) 11권, 제자략 유가류(諸子略儒家類)에 유향소서(劉向所序) 67편, 도가류(道家類)에 유향설노자(劉向說老子) 4편이 저록되어 있다. 유향부(劉向賦) 33편 중 지금까지 전하는 것은 『초사(楚辭)』의 구탄(九歎) 9편과 『고문원(古文苑)』의 청우화산부(請雨華山賦) 1편 및 『한서』 고제기찬(漢書高帝紀贊)의 고조송(高祖頌) 1편 등 모두 11편이다.

(20) 왕포부(王襃賦) 16편

왕포(王襃)의 자(字)는 자연(子淵)이요, 촉(蜀)나라 사람인데, 선제(宣帝)의 간의대부(諫議大夫)가 되었다. 『한서(漢書)』 제64권에 왕포전(王襃傳)이 있다. 왕포의 부(賦) 16편 중 지금까지 전하는 것은 『초사(楚辭)』의 구회(九懷) 9편과 『한서』 본전(漢書本傳)에 보이는 성주득현신송(聖主得賢臣頌) 1편, 『문선(文選)』의 통소부(洞簫賦) 1편 등 모두 11편이다.

■ 부(賦) 20가(家) 모두 361편

이상 20가(家)의 부(賦)는 대개 『초소(楚騷)』의 체(體)로, 굴원(屈原)과 송옥(宋玉)을 모범으로 하는 것이다. 내용으로 말하면 서정(抒情)을 주로 한다.

2. 육가(陸賈)의 부(賦)

(1) 육가부(陸賈賦) 3편

육예략 춘추가(六藝略春秋家)의 초한춘추(楚漢春秋: 육가의 작품), 제자략 유가류(諸子略儒家類)의 육가(陸賈) 23편을 참조할 것. 없어져 전하지 않는다.

(2) 매고부(枚皐賦) 120편
매고(枚皐)는 매승(枚乘)의 아들인데 자(字)는 소유(少孺)다. 매고의 전(傳)은 『한서(漢書)』 제51권 매승전(枚乘傳)에 보인다. 없어져 전하지 않는다.

(3) 주건부(朱建賦) 2편
없어져 전하지 않는다.

(4) 상시랑장총기부(常侍郞莊忽奇賦) 11편
장총기(莊忽奇)는 매고(枚皐)와 같은 시대의 사람이다. 『칠략(七略)』에 의하면 장부자(莊父子)의 아들이라고도 하고, 그의 친척의 아들이라고도 한다. 왕을 수행하여 무릉(茂陵)에 이르러 조서(詔書)를 받고 부(賦)를 지었다. 없어져 전하지 않는다.

(5) 엄조부(嚴助賦) 35편
엄조(嚴助)는 『한서(漢書)』 제64권에 전한다. 엄조의 부(賦)는 없어져 전하지 않는다.

(6) 주매신부(朱買臣賦) 3편
주매신(朱買臣)의 전(傳)은 『한서(漢書)』 제64권에 보인다. 없어져 전하지 않는다.

(7) 종정유벽강부(宗正劉辟彊賦) 8편
종정(宗正)은 관명(官名)이다. 유벽강(劉辟彊)은 초원왕(楚元王)의 손자로, 자(字)는 소료(少聊)다. 전(傳)은 『한서(漢書)』 제36권 초원전(楚元傳)에 보인다. 부(賦) 8편은 없어져 전하지 않는다.

(8) 사마천부(司馬遷賦) 8편
사마천(司馬遷)의 전(傳)은 『사기(史記)』 제130권 태사공자서

(太史公自序)를 참조할 것.『예문유취(藝文類聚)』에 사마천의 비사불우부(悲士不遇賦)가 실려 있다.

(9) 낭중신영제부(郞中臣嬰齊賦) 10편
영제(嬰齊)는 이름이요, 성은 모른다. 없어져 전하지 않는다.

(10) 신열부(臣說賦) 9편
열(說)은 이름이요, 성은 모른다. 없어져 전하지 않는다.

(11) 신오부(臣吾賦) 18편
오(吾)는 이름이요, 성은 모른다. 없어져 전하지 않는다.

(12) 요동태수소계부(遼東太守蘇季賦) 1편
없어져 전하지 않는다.

(13) 소망지부(蕭望之賦) 4편
소망지(蕭望之)의 자(字)는 장천(長倩)이요, 동해 난릉(東海蘭陵) 사람으로, 선제(宣帝), 원제(元帝)를 섬겼다.『한서(漢書)』제78권에 소망지전(蕭望之傳)이 있다. 부(賦) 4편은 없어져 전하지 않는다.

(14) 하내태수서명부(河內太守徐明賦) 3편
자(字)는 장군(長君)이요, 동해(東海) 사람이다. 원성(元成) 때 다섯 군(郡)의 태수(太守)를 역임했다. 유능한 이름을 남겼다.
서명(徐明)에 대하여는『한서(漢書)』제76권 왕존전(王尊傳)에 보인다. 없어져 전하지 않는다.

(15) 급사황문시랑이식부(給事黃門侍郞李息賦) 9편
없어져 전하지 않는다.

(16) 회양헌왕부(淮陽憲王賦) 2편

회양(淮陽) 헌왕(憲王)의 이야기는 『한서(漢書)』 제80권 선원육왕전(宣元六王傳)에 보인다. 없어져 전하지 않는다.

(17) 양웅부(揚雄賦) 12편

양웅(揚雄)의 자(字)는 자운(子雲)이요, 촉(蜀)나라 성도(成都) 사람이다. 타고난 말더듬이로 남들처럼 이야기할 수 없었으므로 말없이 저작에 몰두하였다. 같은 고향의 선배인 사마상여(司馬相如)의 부(賦)를 본받고, 굴원(屈原)의 이소(離騷)를 슬프게 여겨, 반이소(反離騷)를 지었다. 우렵부(羽獵賦)를 상주(上奏)하여 낭[郞 : 진대(秦代)이후의 관명(官名). 상서(尙書)를 도와 정무를 맡아 보았음]이 되었고, 성제(成帝) 때 감천부(甘泉賦)와 장양부(長揚賦)를 상주하였으며, 조서(詔書)를 받들어 조충국송(趙充國頌)을 지었고, 또 주잠[酒箴 : 술을 경계하도록 훈계하는 말]을 지어 성제(成帝)를 풍간[諷諫 : 슬며시 돌려서 간하는 것]하였다. 이와 같이 문학 활동에는 눈부신 바가 있었으나 50세 때가 되어서부터는 사상적인 저술에 몰두하여 『태현(太玄)』을 저작하고, 『해조(解嘲)』, 『해난(解難)』을 지었으며, 『법언(法言)』과 『방언(方言)』을 저작하였다. 『한서(漢書)』 제57권 양웅전(揚雄傳)을 참조할 것.

『한서』 양웅전에 감천부(甘泉賦), 하동부(河東賦), 우렵부(羽獵賦), 장양부(長揚賦)가 실려 있으나, 반고(班固)의 후주(後注)에 8편을 넣는다고 하였으므로 양웅(揚雄)의 부(賦) 12편은 이 4편과 반고가 새로 넣은 8편인 것이다. 『양웅전』에 보이는 이 8편은 『양웅전』에 보이는 반이소(反離騷), 광소(廣騷), 반뢰수(畔牢愁)의 3편과 엄가균(嚴可均)의 『전한문(全漢文)』에 보이는 촉도부(蜀都賦), 태현부(太玄賦), 축빈부(逐貧賦), 주부(酒賦) 및 『문선(文選)』에 보이는 핵령부(覈靈賦)다. 이상의 것 중 광소(廣騷)와 반뢰수(畔牢愁)는 편명(篇名)만 있고 글은 없어졌다. 이밖에 양웅의 부(賦)에는 해조(解嘲), 해난(解難), 조충국송(趙充國頌), 극진미신

(劇秦美新) 등이 전하고 있으나, 이것들은 12편 이외의 것들인 듯하다.

(18) 대조풍상부(待詔馮商賦) 9편
없어져 전하지 않는다.

(19) 박사제자두삼부(博士弟子杜參賦) 2편
두삼(杜參)은 유향(劉向)과 함께 궁중에 비장(祕藏)된 책을 교수한 사람이다. 유향보다 후배로 20여 세에 병사하였다. 없어져 전하지 않는다.

(20) 거랑장풍부(車郎張豊賦) 3편
거랑(車郎)은 관명(官名). 장풍(張豊)은 장자교(張子僑)의 아들이다. 없어져 전하지 않는다.

(21) 표기장군주우부(驃騎將軍朱宇賦) 3편
『유향별록(劉向別錄)』에 의하면 표기장군사주우지(驃騎將軍史朱宇志)라고 하는 것이 정확하다. 없어져 전하지 않는다.

■ 부(賦) 21가(家) 모두 274편 : 양웅(揚雄) 8편을 넣는다.
반고(班固)의 주(注)에 양웅(揚雄) 8편을 넣는다고 한 것은 『칠략(七略)』에 양웅부(揚雄賦) 4편이었던 것을 반고가 다시 8편을 넣어서 양웅부 12편으로 한 것을 말하는 것이다. 이 한 유형의 부(賦)는 설사(說辭)를 주로 하고, 종횡가(縱橫家)에 바탕을 두는 것이다.
※ 장태염(章太炎)『국고논형변시(國故論衡辯詩)』를 참조할 것.

3. 순경(荀卿)의 부(賦)

(1) 손경부(孫卿賦) 10편
　손경(孫卿)은 순자(荀子)를 말한다. 순자의 전(傳)은 『사기(史記)』 제74권 맹자순경열전(孟子荀卿列傳)을 참조할 것. 『순자(荀子)』 중에 부편(賦篇)이 있어 예(禮), 지(知), 운(雲), 잠(蠶), 잠(箴)의 다섯 편을 수록하고 있다. 그리고 따로 궤시(佹詩) 1편이 있어 모두 6편인데, 또 『순자(荀子)』 중에 성상편(成相篇)이 있어 5편으로 이루어진다. 이것은 부(賦)의 유(流)이니, 이상을 모두 합치면 11편이 전한다. 손경부(孫卿賦) 10편이라고 하는 것은 왕선겸(王先謙)의 설에 의하면 일(一)자를 빠뜨린 것으로 11편이라고 해야 할 것이다.

(2) 진시잡부(秦時雜賦) 9편
　없어져 전하지 않는다.

(3) 이사효경황제송(李思孝景皇帝頌) 15편
　없어져 전하지 않는다.

(4) 광천혜왕월부(廣川惠王越賦) 5편
　혜왕편(惠王越)의 전(傳)은 『한서(漢書)』 제53권 경십삼왕전(景十三王傳)에 보인다. 없어져 전하지 않는다.

(5) 장사왕군신부(長沙王群臣賦) 3편
　없어져 전하지 않는다.

제 4 편 시부략(詩賦略)   229

(6) 위내사부(魏內史賦) 2편
없어져 전하지 않는다.

(7) 동이령연년부(東暆令延年賦) 7편
동이(東暆)는 현명(縣名)으로, 낙랑군(樂浪郡)에 속한다. 연년(延年)은 성명이 분명하지 않다. 없어져 전하지 않는다.

(8) 위사령이충부(衛士令李忠賦) 2편
없어져 전하지 않는다.

(9) 장언부(張偃賦) 2편
없어져 전하지 않는다.

(10) 가충부(賈充賦) 4편
없어져 전하지 않는다.

(11) 장인부(張仁賦) 6편
없어져 전하지 않는다.

(12) 진충부(秦充賦) 2편
없어져 전하지 않는다.

(13) 이보창부(李步昌賦) 2편
없어져 전하지 않는다. 제자략(諸子略) 유가류(儒家類)에 이보창(李步昌) 8편이 있다. 참조할 것.

(14) 시랑사다부(侍郎謝多賦) 10편
없어져 전하지 않는다.

(15) 평양공주사인주장유부(平陽公主舍人周長孺賦) 2편
장유(長孺)는 자(字)다. 없어져 전하지 않는다.

(16) 낙양의화부(雒陽錡華賦) 9편
의(錡)는 성이고 화(華)는 이름이다.
없어져 전하지 않는다.

(17) 수홍부(眭弘賦) 1편
수홍(眭弘)의 자(字)는 맹(孟)이다. 『한서(漢書)』 제75권에 전(傳)이 있다. 없어져 전하지 않는다.

(18) 별후양부(別栩陽賦) 5편
왕응린(王應麟)은 후양(栩陽)을 정자 이름이라고 하나, 고염무(顧炎武)의 별(別)은 성이요, 후양(栩陽)은 이름이라고 하는 설을 따른다.[일지록(日知錄)] 없어져 전하지 않는다.

(19) 신창시부(臣昌市賦) 6편
창시(昌市)는 이름인데, 성씨는 모른다. 없어져 전하지 않는다.

(20) 신의부(臣義賦) 2편
의(義)는 이름인데, 성씨는 모른다. 없어져 전하지 않는다.

(21) 황문서자가사왕상부(黃門書者假史王商賦) 13편
황문서자(黃門書者)는 황문(黃門)의 속관(屬官)이요, 가사(假史)는 황문서자의 속관이다. 없어져 전하지 않는다.

(22) 시중서박부(侍中徐博賦) 4편
없어져 전하지 않는다.

제4편 시부략(詩賦略) 231

(23) 황문서자왕광여가부(黃門書者王廣呂嘉賦) 5편
왕광(王廣)과 여가(呂嘉)는 두 사람의 이름이다. 없어져 전하지 않는다.

(24) 한중도위승화룡부(漢中都尉丞華龍賦) 2편
화룡(華龍)은 선제(宣帝) 때의 사람이다. 없어져 전하지 않는다.

(25) 좌풍익사로공부(左馮翊史路恭賦) 8편
좌풍익사(左馮翊史)는 관명(官名)이다. 없어져 전하지 않는다.

■ 부(賦) 25가(家) 모두 136편
이상의 부 25가 모두 136편의 유형은 물질(物質)을 그려서 감정을 이루는 것을 주로 한 것이다.

4. 잡부(雜賦)

(1) 객주부(客主賦) 18편
없어져 전하지 않는다.

(2) 잡행출급송덕부(雜行出及頌德賦) 24편
없어져 전하지 않는다.

(3) 잡사이급병부(雜四夷及兵賦) 20편
없어져 전하지 않는다.

(4) 잡중현실의부(雜中賢失意賦) 12편
중(中)은 충(忠)과 음의(音義)가 통한다. 없어져 전하지 않는다.

(5) 잡사모비애사부(雜思慕悲哀死賦) 16편
없어져 전하지 않는다.

(6) 잡고금검희부(雜鼓琴劍戲賦) 13편
없어져 전하지 않는다.

(7) 잡산릉수포운기우한부(雜山陵水泡雲氣雨旱賦) 16편
유향별록에 포(泡)는 물 위에 뜨는 거품을 말한다고 했다.
엄가균(嚴可均)의 전한문(全漢文)에 보이는 공손승(公孫乘)의 월부(月賦)나 동중서(董仲舒)의 산천송(山川頌)과 같은 유형이었던 것 같다.

(8) 잡금수육축곤충부(雜禽獸六畜昆蟲賦) 18편
엄가균(嚴可均)의 『전한문(全漢文)』에 보이는 공손궤(公孫詭)의 문녹부(文鹿賦)나 노교여(路喬如)의 학부(鶴賦)와 같은 유형이었던 것 같다.

(9) 잡기계초목부(雜器械草木賦) 33편
엄가균(嚴可均)의 전한문(全漢文)에 보이는 양승(羊勝)의 병풍부(屛風賦), 중산왕승(中山王勝)의 문목부(文木賦), 동방삭(東方朔)의 보옹명(寶甕銘), 추양(鄒陽)의 주부(酒賦), 궤부(几賦)와 같은 유형이었던 것 같다.

(10) 대잡부(大雜賦) 34편
없어져 전하지 않는다.

(11) 성상잡사(成相雜辭) 11편
『예문유취(藝文類聚)』 권89에 성상편(成相篇)을 인용하여 "장자(莊子)는 지리[支離: 부질없이 오래 걸려서 괴롭고 싫증남]를 귀

하게 여기고, 목근(木槿)을 슬퍼한다(莊子貴支離悲木槿)."의 주(注)에 '성상(成相)은 회남(淮南)에서 나오다(成相出淮南).'라고 하였으므로 이 책은 회남왕(淮南王) 유안(劉安)의 작품인 것 같다. 없어져 전하지 않는다.

(12) 은서(隱書) 18편

은어(隱語)를 모은 것인 듯하다. 은어는 수사(廋辭), 유언(謬言), 유사(謬辭)라고도 했다. 즉 말을 정면으로 하지 않고, 일부러 비꼬거나 돌리고 틀어서 말하여 자기의 뜻을 나타내고자 하는 방법이다. 한대(漢代)에는 은(隱)이 해(諧)의 뜻으로 쓰였다. 『신서(新書)』 잡사편(雜事篇)에 보이는 대조(大鳥)는 날지 않고 울지 않는 이야기인데, 동방삭(東方朔)이 곽사인(郭舍人)과 서로 은어(隱語)를 한 이야기는 『은서(隱書)』 18편 중에 있는 이야기일 것이다. 없어져 전하지 않는다.

■ 잡부(雜賦) 12가(家) 모두 233편

잡부(雜賦)는 모두 없어졌으므로, 어떠한 것인가는 잘 알 수 없으나 많은 회학(詼謔)을 섞은 것으로, 혹은 장자(莊子)의 우언(寓言)과 같은 것이 아니었는지 모르겠다.

5. 가시(歌詩)

(1) 고조가시(高祖歌詩) 2편

대풍(大風)의 노래와 홍곡(鴻鵠)의 노래다. 대풍의 노래는 『사기(史記)』 고조본기(高祖本紀)에 보이고, 홍곡의 노래는 『사기』 유후세가(留侯世家)에 보인다.

(2) 태일잡감천수궁가시(泰一雜甘泉壽宮歌詩) 14편

　태일(泰一)은 별의 이름인 중궁천극성(中宮天極星)으로, 가장 높은 하늘의 신(神)이다. 『한서(漢書)』 교사지(郊祀志)에 의하면, 무제(武帝) 때 박(亳) 사람인 유기(謬忌)가 태일(太一)을 제사지내는 방법을 주상(奏上)하였다. 감천수궁(甘泉壽宮)은 태일(太一)을 제사지내는 곳이다. 이 가시(歌詩)는 무제(武帝), 선제(宣帝) 때 많이 만들어진 듯하다. 『한서』 예악지(禮樂志)에 태일(太一)을 제사지내는 교사[郊祀 : 하늘과 땅에 지내는 제사]의 노래 19장(章)이 실려있다.

　※『한서(漢書)』 예악지(禮樂志)에 "무제(武帝)에 이르러 교사(郊祀)의 예(禮)를 정하고 태일(太一)을 감천[甘泉 : 한대(漢代)의 궁정 이름]에서 제사지내 건위(乾位)에 나아간다. 곧 악부(樂府)를 세워서 시(詩)를 취하여 밤에 암송한다. 조대(趙代) 진초(秦楚)의 노래가 있었다. 이연년(李延年)을 협률도위(協律都尉)로 삼아 사마상여(司馬相如) 등 수십인을 거용하여 시부(詩賦)를 짓게 하고 세세한 율려(律呂)를 논하여, 그것으로써 팔음(八音)의 조화에 맞추었다. 19장(章)의 노래를 지어 정월(正月) 상신(上辛)으로써 일을 감천(甘泉)의 환구[圜丘 : 원형의 언덕으로 천자가 동지(冬至)에 하늘에 제사지내는 곳]에서 동남(童男), 동녀(童女) 70인으로 하여금 함께 노래하게 하였다."라고 하였다.

(3) 종묘가시(宗廟歌詩) 5편

　왕선겸(王先謙)은 『한서(漢書)』의 예악지(禮樂志)에 보이는 교사가(郊祀歌) 19장(章)은 앞에서 기술한 태일잡감천수궁가시(泰一雜甘泉壽宮歌詩) 14편과 이 종묘가시(宗廟歌詩) 5편을 합친 것이라고 한서보주(漢書補註)에서 말하고 있으나, 확실한 것은 알 수가 없다.

(4) 한흥이래병소주멸가시(漢興以來兵所誅滅歌詩) 14편

　왕선겸(王先謙)은 『송지악지(宋志樂志)』에 기록한 바의 한고취

뇨가(漢鼓吹鐃歌) 18곡(曲)이 그것이라고 한서보주(漢書補註)에서 말하고 있으나, 확실한 것은 알 수가 없다.

(5) 출행순수급유가시(出行巡狩及游歌詩) 10편
왕선겸(王先謙)은 『사기(史記)』 하거서(河渠書)와 『한서(漢書)』 구혁지(溝洫志)에 보이는 한(漢) 무제(武帝)의 호자성(瓠子盛), 당종양(唐樅陽) 등의 노래는 이 가운데에 있었을 것이라고 한서보주(漢書補註)에서 말하고 있으나 확실한 것은 알 수 없다.

(6) 임강왕급수사절사가시(臨江王及愁思節士歌詩) 4편
임강왕(臨江王)의 이름은 영(榮)으로, 경제(景帝)의 황태자였다가 폐위되어 임강왕이 되었다. 없어져 전하지 않는다.

(7) 이부인급행귀인가시(李夫人及幸貴人歌詩) 3편
이부인(李夫人)은 한(漢) 무제(武帝)의 부인으로 일찍 죽었다. 심흠한(沈欽翰)은 『한서(漢書)』 외척전(外戚傳)에 보이는 시야비야시(是邪非邪詩) 등이 이것인지도 모르겠다고 한서소증(漢書疏證)에서 말하고 있다.

(8) 조사중산정왕자쾌급유자첩빙미앙재인가시(詔賜中山靖王子噲及孺子妾氷未央材人歌詩) 4편
경제(景帝)의 아들인 중산정왕(中山靖王) 승(勝)의 아들 쾌(噲). 첩(妾)은 왕의 소실이요, 빙(氷)은 그 첩의 이름이며, 유자(孺子)는 그 첩(妾)의 품호(品號)다. 미앙재인(未央材人)은 미앙궁(未央宮)의 천자의 내관(內官 : 女官)이다. 없어져 전하지 않는다.

(9) 오초여남가시(吳楚汝南歌詩) 15편
상세하지 않다.

236 한서예문지(漢書藝文志)

(10) 연대구안문운중농서가시(燕代謳鴈門雲中隴西歌詩) 9편
없어져 전하지 않는다.

(11) 한단가간가시(邯鄲歌間歌詩) 4편
상세하지 않다.

(12) 제정가시(齊鄭歌詩) 4편
없어져 전하지 않는다.

(13) 회남가시(淮南歌詩) 4편
없어져 전하지 않는다.

(14) 좌풍익진가시(左馮翊秦歌詩) 3편
좌풍익(左馮翊)은 관명(官名)이다. 없어져 전하지 않는다.

(15) 경조윤진가시(京兆尹秦歌詩) 5편
경조(京兆)의 윤(尹)은 관명(官名)이다. 없어져 전하지 않는다.

(16) 하동포반가시(河東蒲反歌詩) 1편
포반(蒲反)은 하동군(河東郡)의 현명(縣名)이다. 없어져 전하지 않는다.

(17) 황문창차충등가시(黃門倡車忠等歌詩) 15편
황문(黃門)은 관명(官名)이요, 창(倡)은 인명(人名)이며, 차충(車忠)도 인명이다. 악부집부(樂府集部)에 황문창(黃門倡)의 노래가 실려 있다.

(18) 잡각유주명가시(雜各有主名歌詩) 10편
없어져 전하지 않는다.

제 4 편　시부략(詩賦略)　237

(19) 잡가시(雜歌詩) 9편
없어져 전하지 않는다.

(20) 낙양가시(雒陽歌詩) 4편
없어져 전하지 않는다.

(21) 하남주가시(河南周歌詩) 7편
없어져 전하지 않는다.

(22) 하남주가성곡절(河南周歌聲曲折) 7편
성곡절(聲曲折)은 악보(樂譜)를 뜻한다. 앞의 하남주가시(河南周歌詩)와 편수(篇數)가 같은 것으로 보아, 앞의 것은 시(詩)이고, 이것은 그 악보인 듯하다. 없어져 전하지 않는다.

(23) 주요가시(周謠歌詩) 75편
요(謠)는 악기에 맞추지 않고, 다만 절(節)만을 붙여서 노래하는 것을 이르는 말이다. 없어져 전하지 않는다.

(24) 주요가시성곡절(周謠歌詩聲曲折) 75편
앞의 주요가시(周謠歌詩)의 악보. 없어져 전하지 않는다.

(25) 제신가시(諸神歌詩) 3편
없어져 전하지 않는다.

(26) 송영영송가시(送迎靈頌歌詩) 3편
없어져 전하지 않는다.

(27) 주가시(周歌詩) 2편
없어져 전하지 않는다.

(28) 남군가시(南郡歌詩) 5편
없어져 전하지 않는다.

■ 가시(歌詩) 28가(家) 모두 314편

6. 시부략(詩賦略) 총설(總說)

■ 시부(詩賦) 106가(家) 모두 1318편

양웅(揚雄) 8편을 넣는다.
반고(班固)의 주(注)인 양웅(揚雄) 8편을 넣는다고 한 것은 전기(前記)한 육가부(陸賈賦)에 속한 양웅부(揚雄賦) 12편의 조항을 참조할 것.

■ 시부략(詩賦略)의 개략

전(傳)에 이르기를 "노래하지 않고 입으로 읊조리는 것을 부(賦)라 이른다. 높은 데에 올라가 부(賦)를 잘하면, 그것으로써 대부(大夫)가 될 수 있다."라고 하였다. 사물에서 느낀 단서(端緒)를 짓고 재능과 지혜가 깊고 아름다우면 더불어 일을 도모할 수 있는 것이므로, 많은 대부와 어울릴 수가 있는 것이라고 말하는 것이다.

옛날에는 제후나 경(卿)이나 대부(大夫)가 이웃 나라와 교접함에는 미언(微言)으로써 서로 느끼고, 읍양(揖讓)할 때에 당하여 반드시 시(詩)를 일컬어 그것으로써 그의 뜻을 비유하였다. 대개 그것으로써 현명하고 어리석음을 분별하고 왕성하고 쇠퇴함을 본다. 그러므로 공자가 말하기를 "『시경(詩經)』을 배우지 않으면 그것으로써 말할 것이 없다."라고 하였다.

춘추(春秋) 이후에 주(周)의 도(道)가 점차로 무너졌다. 빙문(聘問)의 가영(歌詠)이 여러 나라에서 행해지지 않았다. 『시경』을 배우는 사(士)는 버림을 받아 포의(布衣)가 되었다. 그리하여 현인(賢人)은 뜻을 잃고 부(賦)를 지었다. 대유(大儒)인 손경(孫卿) 및 초(楚)나라 신하 굴원(屈原)은 참언(讒言)을 만나 나라를 근심하여 부(賦)를 지어서 그것으로써 풍유(諷諭)하였다. 모두 측은한 고시(古詩)의 뜻이 있었다.

그 뒤 송옥(宋玉), 당륵(唐勒), 한(漢)이 일어나 매승(枚乘), 사마상여(司馬相如)에서 아래로 양자운(揚子雲)에 미치기까지 다투어 치려(侈麗)하고 굉연(閎衍)한 사(詞)를 만들어 그 풍론(風論)의 뜻을 없어지게 하였다. 이로써 양자(揚子)는 그것을 뉘우쳐 말하기를 "시인(詩人)의 부(賦)는 아름다우면서 그것으로써 법칙이 있다. 사인(辭人)의 부(賦)는 아름다우면서 그것으로써 음탕하다. 만약 공씨(孔氏)의 문인(門人)에게 부(賦)를 쓰게 한다면 가의(賈誼)는 당(堂)에 오르고, 상여(相如)는 방으로 들어간다. 그 쓰이지 않음을 어찌할 것인가."라고 하였다.

효무(孝武)가 악부(樂府)를 세워 가요를 채집하면서부터 이에 대(代)와 조(趙)에는 구(謳), 진(秦)과 초(楚)에는 풍(風)이 있다. 모두 애(哀)와 악(樂)을 느끼고, 사물에 의하여 발생한다. 또한 그것으로써 풍속을 보고, 박(薄)하고 후(厚)함을 알 수 있다고 한다. 시부(詩賦)를 서술한 것이 오종(五種)이나 된다.

    傳曰[1] 不歌而誦謂之賦[2] 登高能賦 可以爲大夫 言感物造耑[3] 材知深美 可與圖事 故可以爲列大夫[4]也
    古者諸侯卿大夫 交接隣國 以微言[5]相感 當揖讓之時 必稱詩以諭其志 蓋以別賢不肖 而觀盛衰焉 故孔子曰[6] 不學詩 無以言也

春秋之後 周道寖壞 聘問[7]歌詠 不行於列國 學詩之士 逸[8] 在布衣[9] 而賢人失志之賦作矣 大儒孫卿 及楚臣屈原 離讒[10] 憂國 皆作賦以風[11] 咸有惻隱古詩之義 其後宋玉 唐勒 漢興 枚乘 司馬相如 下及揚子雲 競爲侈麗[12]閎衍之詞 沒其風諭之 義 是以揚子悔之曰[13] 詩人之賦麗以則 辭人之賦麗以淫 如孔 氏之門人[14]用賦也 則賈誼登堂 相如入室[15]矣 如其不用何

自孝武[16]立樂府[17] 而采歌謠 於是有代趙[18]之謳[19] 秦楚之 風[20] 皆感於哀樂 緣事而發 亦可以觀風俗 知薄厚云 序詩賦 爲五種[21]

1) 傳曰(전왈) : 전(傳)은 『시경(詩經)』 정풍자금(鄭風子衿)의 모전(毛 傳)을 말한다.
2) 不歌而誦謂之賦(불가이송위지부) : 노래하지 않고 입으로 읊조리는 것을 부(賦)라 이른다. 가(歌)는 소리에 억양을 붙여서 부르는 것이 요, 송(誦)은 절(節)을 붙여서 암송하는 것이며, 부(賦)는 입으로 읊 조리는 것이다.
3) 造耑(조단) : 사의(辭義)의 실마리를 짓는다. 단(耑)은 단(端)과 같은 글자로 단서(端緒)의 뜻이다.
4) 列大夫(열대부) : 많은 대부(大夫). 열(列)은 많다는 뜻.
5) 微言(미언) : 직설적인 말을 피하여 멀리 돌리거나 비유적으로 하는 말.
6) 孔子曰(공자왈) : 『논어(論語)』 계씨편(季氏篇)에 보이는 말.
7) 聘問(빙문) : 제후가 경(卿)으로 하여금 다른 제후에게 가서 안부를 묻게 하는 인사의 예(禮).
8) 逸(일) : 군주(君主)에게 버림을 받아 등용되지 않는 일. 유일(遺佚).
9) 布衣(포의) : 벼슬길에 오르지 못한 서민(庶民).
10) 離讒(이참) : 참언(讒言)을 만나다. 참언을 당하다. 이(離)는 여기서 만나다는 뜻으로 조(遭)와 같다.
11) 風(풍) : 풍자(諷刺). 풍(諷)과 같다. 왕염손(王念孫)은 본래 풍(風) 자밑에 유(諭)자가 있어야 할 것이라고 하였다. 하문(下文)의 풍유 (風諭)는 이것을 받은 말이라는 것이다.

12) 侈麗(치려) : 풍부하고 아름답다. 뒤의 굉연(閎衍)도 같은 뜻.
13) 揚子悔之曰(양자회지왈) : 양자가 그것을 뉘우쳐서 말하다. 양자(揚子)는 양웅(揚雄)을 이르는 말로 그의 저서인 『법언(法言)』의 오자편(吾子篇)에 보인다.
14) 孔氏之門人(공씨지문인) : 유가(儒家)의 학자들을 이르는 말. 인(人)자는 불필요한 글자.
15) 入室(입실) : 마루에 올라가서 방에까지 들어갈 수 있다는 뜻. 『논어』 선진편(先進篇)에 다음과 같은 말이 있다. "유(由)는 마루에 올라갔으나 아직 방에는 들어가지 못하다."라고.
16) 孝武(효무) : 한(漢)의 효무제(孝武帝). 곧 무제(武帝).
17) 樂府(악부) : 한(漢) 무제(武帝) 때 궁중(宮中)에 설치한 음악을 관장하던 관청. 뒤에는 악부(樂府)에 채집된 음악에 맞춰 노래로 불리던 시(詩)까지도 악부라고 불리게 되었다.
18) 代趙(대조) : 대(代)와 조(趙)는 각각 나라의 이름이다.
19) 謳(구) : 절(節)을 붙여서 부르는 노래.
20) 風(풍) : 가요(歌謠).
21) 五種(오종) : 굴원(屈原)의 부(賦), 육가(陸賈)의 부(賦), 순경(荀卿)의 부(賦), 잡부(雜賦), 가시(歌詩)의 다섯 가지.

■ 시부략(詩賦略)의 개략 해설

옛날부터의 말에 전하기를 "소리를 내어 노래하지 않고 다만 절(節)만을 붙여 암송하는 것을 부(賦)라고 한다."라든가, "높은 언덕에 올라가 시가(詩歌)를 잘 읊조리면 대부(大夫)가 될 자격이 있다."라고 말해지는데, 이것은 산천(山川)이나 풍물(風物)에서 느끼는 감흥(感興)이 시가의 한 단서가 되어 나타나 그것이 하나의 시(詩)가 된다. 이와 같이 재능이나 지혜가 깊고 아름다우면, 그러한 사람과는 함께 일을 도모하기에 족하므로 많은 대부(大夫)들과 어울려서 설 수가 있다고 하는 것이다.

옛날에는 제후나 경(卿), 대부(大夫)가 이웃 나라에 가 그 나라의 제후나 경, 대부와 교제를 할 때에는 직접적인 표현을 피하고 말을 멀리 돌려서 하거나 비유로써 하여 상대방의 마음에 느끼게 하고, 또 이웃 나라의 제후나 경, 대부에게 문안하는 인사의 예(禮)를 행할 때에는 반드시 『시경(詩經)』에 있는 시구(詩句)를 인용하여 말함으로써 자기의 뜻을 그 시구에 견주어 말하였던 것이다.

『좌전(左傳)』에는 그런 예가 많이 보인다. 생각건대 그것은 그 읊조리는 시에 따라 그 사람이 현명한가 어리석은가 하는 인격이 구별되고 또 그 사람의 장래가 밝은가 어두운가도 알게 되기 때문이다. 그러므로 공자는 아들인 백어(伯魚)에게 "『시경』의 시를 배우지 않으면, 남을 대하여 말할 때 말할 재료가 적다."라고 말한 것이다.

※희공(僖公) 23년에 진(秦)의 목공(穆公)이 중이((重耳)를 접견하였다. 그때 중이는 하수(河水)의 시(詩)를 구송(口誦)하였는데, 그것은 하수가 바다에 조종(朝宗)하는 뜻을 취하였으므로 바다를 진(秦)나라에 비유하였던 것이다.

춘추시대(春秋時代) 이후로는 주왕실(周王室)의 권위가 점차로 실추되어, 이웃 나라끼리 제후에게 문안 인사를 나누는 예(禮)도 없어지고, 따라서 이웃 나라의 손님을 맞이하는 연회장에서 서로 시를 읊어 응수하는 일도 열국(列國) 사이에서 행해지는 일이 없어지게 되었다. 따라서 『시경(詩經)』의 시를 배운 사대부(士大夫)들도 어느 지위에 등용되지 못하고 서민(庶民)과 다름없는 민간인이 되고 말았다.

이에 현명하고도 훌륭한 대부(大夫)들이 실의(失意)의 흉중(胸中)을 서술하는 부(賦)라고 하는 것이 일어나게 된 것이다. 대학자(大學者)인 순자(荀子)라든가, 초(楚)나라 회왕(懷王)을 섬기던 굴원(屈原)이 참언(讒言)을 만나게 되니, 나라를 근심하여 모두 부(賦)를 지어서 그것을 풍자하였다. 그 부에는 측은한 마음이 담겨 있어, 고시(古詩)의 풍자의 뜻이 전해지고 있다.
　『시경 모전(詩經毛傳)』에 "상(上)은 그것으로써 하(下)를 풍화(風化)하고, 하는 그것으로써 상을 풍자한다. 문(文)을 주로 하여 휼간(譎諫)하고, 그것을 말하는 자에게는 죄가 없으며, 그것을 듣는 자는 그것으로써 경계하기에 족하다. 그러므로 풍(風)이라 이른다."라고 하였다.
　그 뒤로 초(楚)나라에 송옥(宋玉), 당륵(唐勒)이 있었고, 한대(漢代)에 와서 매승(枚乘), 사마상여(司馬相如)로부터 아래로 양웅(揚雄)에 이르기까지 부(賦)의 작가들은 다투어 풍부하고 아름다운 사(詞)를 만듦으로써, 굴원(屈原)의 이소(離騷)와 같은, 풍자(諷刺)로 자기의 마음을 비유한다고 하는 의의를 상실하고 말았다.
　양웅(揚雄)은 그것을 뉘우쳐 "순자(荀子)나 굴원(屈原) 같은 이른바 시부가(詩賦家)들이 지은 부(賦)는 미려(美麗)하면서도 위의(威儀)와 법칙이 있는데, 매승(枚乘)이나 가의(賈誼)와 같은 한대(漢代)의 사부가(辭賦家)들이 지은 부(賦)는 미려함이 지나쳐 풍자의 뜻이 없고, 도리에 어긋나며 바르지 않다. 공씨(孔氏)의 문(門) 곧 유가(儒家)에서는 이미 부(賦)를 하지 않게 되었지만, 만약 유가에서 부를 한다고 하면 가의(賈誼)는 가령 계단을 올라 대청에까지 오를 수 있는 작가이지만 그러나 대청 깊숙한 곳에 있는 방에까지 들어갈 수 없다. 그런데 사마상여(司馬相如)는 방에까지 들어갈 수 있는 작가다. 그러나 유가에서 부를 하지 않으므로 어찌할 도리가 없다. 무일(無溢)한 일이다.
　양웅(揚雄)의 『법언(法言)』 오자편(吾子篇)에 "어떤 사람이 묻기를 '경차(景差), 당륵(唐勒), 송옥(宋玉), 매승(枚乘)의 부(賦)는 유익한 것인가.' 하니, 대답하기를 '반드시 음(淫)하다.' 하였다. 그래서 또 묻기를 '음한 것은 어떠하다는 것인가.' 하니, 대답하기를 '시인(詩人)의 부(賦)는 아름다우면서 법칙이 있는데, 사인(辭人)

의 부는 아름다우면서 음(淫)하다. 만약 공씨(孔氏)의 문(門)에서 부(賦)를 한다면 곧 가의(賈誼)는 대청에 오르고, 상여(相如)는 방에까지 들어갈 수 있다. 그렇지만 하지 않는데 어찌할 것인가.'하였다."라고 하였다.

사마천(司馬遷)은 굴원(屈原)의 부(賦)를 평하여 "국풍(國風)은 색(色)을 좋아하지만 음(淫)하지 않고, 소아(小雅)는 원망하고 비방하지만 어지럽지 않다. 이소(離騷)와 같은 것은 두 가지를 아울렀다고 할 것이다."라고 하였다.

한(漢)의 무제(武帝)는 악부(樂府)라고 하는, 음악을 관장하는 관청을 궁중 안에다 세우고 가요를 채집하였다. 그 가운데에는 대(代)나라나 조(趙)나라의 가요와 진(秦)나라, 초(楚)나라의 가요도 모았다. 이들 가요는 모두 슬프고 즐거운 정감이 깃들어 일어났고, 여러 가지 사정에서 느낀 감정에서 만들어진 것들이다. 그러므로 이 가요들에 의해서 그 나라의 풍속이 후한가, 박한가도 알 수 있게 되는 것이다. 예로부터 시가(詩歌)의 차례를 굴원부(屈原賦), 육가부(陸賈賦), 순경부(荀卿賦), 잡부(雜賦), 가시(歌詩)의 다섯 가지 종류로 나눈다.

제 5 편 병서략(兵書略)

1. 병권모(兵權謀)

(1) 오손자병법(吳孫子兵法) 82편

그림 9권. 손무(孫武)이며 합려(闔閭)의 신하.

저자인 오(吳)나라의 손자(孫子)는 이름은 무(武)요, 제(齊)나라 사람인데, 오왕(吳王)인 합려(闔閭)를 섬겨서 오나라의 장수가 되었다. 『사기(史記)』 제65권인 손자오기열전(孫子吳起列傳)을 참조할 것. 지금 전하는 손자병법(孫子兵法)은 1권 13편으로 손무(孫武) 자신이 지은 것이다. 『손자병법』은 본래 상중하(上中下) 3권 82편과 그림이 있었다. 지금은 그 중의 상권(上卷) 13편만이 남아 있고, 중권(中卷)과 하권의 69편과 그림은 없어져 전하지 않는다. 여러 전기(傳記)에 인용된 바의 문답(問答) 약간(若干) 편, 『정주주례(鄭注周禮)』에 인용된 팔진도(八陣圖), 『태평어람(太平御覽)』에 인용된 병법잡점(兵法雜占), 『수당지(隋唐志)』에 보이는 빈팔변진도(牝八變陣圖), 전투육갑병법(戰鬪六甲兵法), 삼십이루경(三十二壘經) 등은 없어진 69편 및 그림 속에 있던 것일 것이다.

(2) 제손자(齊孫子) 89편 : 그림 4권. 손빈(孫殯).

이 손자(孫子)는 손무(孫武)의 자손인 손빈(殯)으로 제(齊)나라 사람이다. 『사기(史記)』 제65권인 손자오기열전(孫子吳起列傳)을 참조할 것. 이 책은 없어져 전하지 않는다.

(3) 공손앙(公孫鞅) 27편

공손앙(公孫鞅)은 법가(法家)인 상앙(商鞅)이다. 상앙이 또 병법(兵法)에도 밝았던 것은 『순자(荀子)』의병편(議兵篇)에 "진(秦)의 상앙(商鞅)은 세상의 이른바 병(兵)을 잘 이용하는 사람이다." 라고 말한 것으로도 알 수 있다. 없어져 전하지 않는다.

(4) 오기(吳起) 48편 : 열전(列傳)이 있다.

오기(吳起)는 위(衞)나라 사람으로, 군대의 이용을 좋아하였다. 일찍이 공자의 제자인 증자(曾子)에게 배우고 노(魯)나라 군주를 섬겼으나, 뒤에 위(魏)나라 문후(文侯)의 장수가 되었다. 『사기(史記)』제65권인 손자오기열전(孫子吳起列傳)을 참조할 것. 지금 전하는 『오자(吳子)』 1권은 도국(圖國), 요적(料敵), 치병(治兵), 논장(論將), 응변(應變), 여사(勵士)의 6편으로 이루어지는데, 그 내용의 뜻이 천박(淺薄)한 것으로 보아 후인(後人)의 위작(僞作)인 것 같다.

(5) 범려(范蠡) 2편 : 월왕(越王)인 구천(句踐)의 신하다.

범려(范蠡)는 월왕(越王)인 구천(句踐)을 섬겨 마침내 오(吳)나라를 멸망시키고 회계(會稽)의 부끄러웠던 일을 씻었다. 『사기(史記)』제41권 월세가(越世家)에 범려의 전(傳)이 있다. 없어져 전하지 않는다. 『후한서(後漢書)』 감연수전주(甘延壽傳注), 『좌전(左傳)』환공5년소(桓公五年疏), 『문선(文選)』 반안인부주(潘安仁賦注)에 범려의 병법(兵法)이 인용되어 있다.

(6) 대부종(大夫種) 2편

범려(范蠡)와 더불어 있다. 함께 구천(句踐)을 섬기다.

대부종(大夫種)은 범려와 함께 월왕(越王) 구천을 섬겼다. 『사기(史記)』제41권 월세가(越世家)에 대부종의 이야기가 보인다. 없어져 전하지 않는다.

(7) 이자(李子) 10편
심흠한(沈欽翰)은 이 이자(李子)를 이회(李悝)일 것이라고 한다. 『한비자(韓非子)』 내저설(內儲說)에 이회가 사령(射令)을 익힌 일을 인용하고 있다. 없어져 전하지 않는다.

(8) 수(婳) 1편
안사고(顏師古)는 수(婳)는 병법(兵法)을 설(說)한 사람의 이름이라고 한다. 없어져 전하지 않는다.

(9) 병춘추(兵春秋) 3편
작자(作者)는 밝혀지지 않았다. 없어져 전하지 않는다.

(10) 방훤(龐煖) 3편
방훤(龐煖)은 연(燕)나라의 장군이다. 없어져 전하지 않는다.

(11) 예량(兒良) 1편 : 6국(六國) 때 사람이다.
예량(兒良)은 전국시대의 사람이다. 예량의 이름은 『여씨춘추(呂氏春秋)』 불이편(不二篇)과 『가의(賈誼)』의 과진론(過秦論)에 보이는데, 그의 사적(事蹟)은 자세하지 않다. 없어져 전하지 않는다.

(12) 광무군(廣武君) 1편 : 이좌거(李左車).
광무군(廣武君) 이좌거(李左車)의 사적(事蹟)은 『사기(史記)』 제92권 회음후열전(淮陰侯列傳)에 상세하게 보인다. 없어져 전하지 않는다.

(13) 한신(韓信) 3편 : 회음후(淮陰侯)다.
한신(韓信)의 전(傳)은 『사기(史記)』 제92권 회음후열전과 『한서(漢書)』 제34권에 보인다. 없어져 전하지 않는다.

■ 병권모(兵權謀) 13가(家) 모두 259편

이윤(伊尹), 태공(太公), 관자(管子), 손경자(孫卿子), 갈관자(鶡冠子), 소자(蘇子), 괴통(蒯通), 육가(陸賈), 회남왕(淮南王) 259종(種)을 생략하고, 사마법(司馬法)을 빼내 예(禮)에 넣었다. 유봉세(劉奉世)는 종(種)은 중(重)이 되어야 마땅하며 259밑에 편(篇)자가 빠졌다고 했다.

반고(班固) 주(注)의 뜻은 이윤(伊尹), 태공(太公), 관자(管子), 손경자(孫卿子), 갈관자(鶡冠子), 소자(蘇子), 괴통(蒯通), 육가(陸賈), 회남왕(淮南王)의 9가(家)는, 『칠략(七略)』에서는 유가(儒家), 도가(道家), 종횡가(縱橫家), 잡가(雜家)에 각각 저록(著錄)되고, 또 따로 그중에서 병법(兵法)을 설(說)한 것을 가려서 거듭하여 병권모가(兵權謀家)에 넣었다. 그리고 편의 수는 모두 259편이었다. 그런데 반고의 『예문지(藝文志)』에서는 양쪽에 중복(重複)되어 저록되어 있는 것을 오직 전가(專家)에만 남겨 두고 이 병권모가(兵權謀家)에서는 생략했다는 뜻이다. 그리고 반고의 주에 '출사마법입예야(出司馬法入禮也)'라고 하는 것은, 사마법(司馬法)은 『칠략(七略)』에서는 이 병권모가(兵權謀家)에 들어 있었던 것을 반고의 『예문지(藝文志)』에서는 여기서 빼내 육예략(六藝略)의 예가(禮家)에다 넣었다는 뜻이다.

■ 병권모(兵權謀)의 개략

권모(權謀)라고 하는 것은 정(正)으로써 나라를 지키고, 기(奇)로써 군대를 쓰며, 계모(計謀)를 먼저 하고 싸움을 뒤로 하는 것이다. 형(形)과 세(勢)를 아우르고, 음(陰)과 양(陽)을 감싸고 기교(技巧)를 쓰는 것이다.

權謀者 以正守國[1] 以奇用兵 先計而後戰[2] 兼形勢[3] 包陰陽[4] 用技巧[5]者也

1) 以正守國(이정수국) : 정(正)으로써 나라를 지키다. 『노자(老子)』 제57장(章)에 "정(正)으로써 나라를 다스리고, 기(奇)로써 병(兵)을 쓴

다."라 하였고, 『손자(孫子)』 병세편(兵勢篇)에 "무릇 싸움은 정(正)으로써 합치고, 기(奇)로써 이긴다."라고 하였다.
2) 先計而後戰(선계이후전) : 계모(計謀)를 먼저 하고 싸움을 뒤로 한다. 『손자(孫子)』 13편은 계편(計篇)을 첫째에 두고, 작전(作戰)을 제2편으로 하였다.
3) 形勢(형세) : 형(形)과 세(勢). 지리(地理)를 말한다. 성새(城塞), 산악(山嶽), 하천(河川) 따위.
4) 陰陽(음양) : 음(陰)과 양(陽). 천시(天時)를 말한다. 일월(日月), 풍우(風雨), 운무(雲霧) 따위.
5) 技巧(기교) : 인화(人和)를 말한다. 곧 주장(主將)에 계모(計謀)를 잘 하고, 사졸(士卒)이 명령에 따르며, 무기가 정교(精巧)하고, 양식이 풍부한 것 따위.

■ 병권모(兵權謀)의 개략 해설

권모(權謀)라고 하는 것은 나라를 지킴에 있어서는 정도(正道)로써 하지만, 군대를 씀에 있어서는 기습(奇襲)으로써 하는 것과 같이, 계모(計謀)를 우선 제일로 하고 싸움은 그 다음으로 하는 것이다. 성새(城塞)가 견고(堅固)하여 공격하기 어렵고, 산악(山嶽)이 높이 솟아 추격(追擊)을 당하지 않으며, 하천(河川)이 흐르고 있어 건널 수가 없다고 하는 등의 땅의 이로움을 얻고, 또 일월(日月)이나 풍우(風雨)나 운무(雲霧) 등의 하늘의 때를 교묘하게 이용하며, 그리고 주장(主將)이 계모(計謀)를 잘 하고, 사졸(士卒)이 명령을 잘 따르며, 무기가 정교하고, 식량이 풍부하다고 하는 등의 사람의 화합(和合)을 얻는 것 등이다.

2. 병형세(兵形勢)

(1) 초병법(楚兵法) 7편 : 그림이 4권이다.

초(楚)의 병법(兵法)은 좌전(左傳) 장공(莊公) 4년, 선공(宣公) 12년, 양공(襄公) 24년에 의거하여 생각하면, 초(楚) 무왕(武王) 때 처음으로 갖춰지고, 그 뒤 손숙오(孫叔敖)가 그것을 찬차(譔次) 하였으며 어쩌면 오기(吳起)가 또 그것을 수정한 것인 듯하다. 없어져 전하지 않는다.

(2) 치우(蚩尤) 2편 : 여형(呂刑)을 보라.

치우(蚩尤)는 소호씨(少皞氏)의 후예로, 구려(九黎)의 임금이다. 머리는 구리, 이마는 쇠요, 팔이 여덟이요, 발이 여덟인데, 구름을 일으키고 안개를 토하여 군사를 어지럽게 했다는 전설적인 인물이다. 『서경(書經)』 여형(呂刑)에 "치우(蚩尤)가 오직 처음으로 난리를 일으켰고, 그것이 번져 평민(平民)에게 미치다."라고 하였다. 없어져 전하지 않는다.

(3) 손진(孫軫) 5편 : 그림이 3권이다.

손진(孫軫)은 어떤 인물인지 알 수 없다. 없어져 전하지 않는다.

(4) 요서(繇敍) 2편

요(繇)와 유(由)는 글자가 통하고, 서(敍)와 여(余)도 글자가 통한다. 여기의 요서(繇敍)는 유여(由余)를 말한다. 없어져 전하지 않는다.

(5) 왕손(王孫) 16편 : 그림이 5권이다.

왕손(王孫)이 어떤 인물인지는 알 수 없다. 없어져 전하지 않는다.

(6) 위료(尉繚) 31편

제자략(諸子略) 잡가류(雜家類)에 『위료(尉繚)』 29편이 저록(著錄)되어 있다. 이 위료는 병가(兵家)로 전국시대 양(梁)의 혜왕(惠王) 때 사람이다. 같은 사람이 아니다. 지금 위료자(尉繚子) 24편이 전하는데, 후인의 위작(僞作)일 것이다.

(7) 위공자(魏公子) 21편

그림이 10권이다. 이름은 무기(無忌)로, 열전(列傳)이 있다.

위(魏)의 공자(公子)로서, 이름은 무기(無忌)니, 곧 신릉군(信陵君)이다. 『사기(史記)』 제77권 신릉군열전(信陵君列傳)을 참조할 것. 본전(本傳)에 "이 때를 당하여 공자(公子)의 위세(威勢)는 천하에 떨치다. 제후(諸侯)의 객(客)이 병법(兵法)을 바쳤는데, 공자가 여기에 모두 이름을 붙였으므로 '위공자병법(魏公子兵法)'이라 일컫는다."라고 하였다. 이 21편은 본래 한 편마다 주된 이름이 있었던 것 같으나, 없어져 알 수가 없다.

(8) 경자(景子) 13편

없어져 전하지 않는다.

(9) 이량(李良) 3편

『사기(史記)』 제89권 장이진여열전(張耳陳餘列傳)에 이량(李良)의 이야기가 보이는데, 이 이량이 과연 사기에 보이는 이량인지 아닌지는 분명하지 않다. 없어져 전하지 않는다.

(10) 정자(丁子) 1편

없어져 전하지 않는다.

(11) 항왕(項王) 1편 : 이름은 적(籍)이다.

항왕(項王)은 초(楚)의 항우(項羽)다. 자(字)는 적(籍). 『사기

(史記)』제7권 항우본기(項羽本紀)를 참조할 것. 없어져 전하지 않는다.

■ 병형세(兵形勢) 11가(家) 모두 92편, 도(圖) 18권

■ 병형세가(兵形勢家)의 개략

형세(形勢)라는 것은 천둥치고 바람이 불고, 뒤에 발(發)하여 먼저 이른다. 헤어지고 만나고, 배반하고 상대하여 변화가 무상(無常)하며, 날래고 빠른 것으로써 적(敵)을 제압(制壓)하는 것이다.

> 形勢者 雷動風舉[1] 後發而先至 離合背鄉[2] 變化無常 以輕疾制敵者也
> 1) 雷動風舉(뇌동풍거) : 천둥치고 바람이 불다. 곧 매우 빠르다는 뜻.
> 2) 背鄉(배향) : 배반(背反)하고, 또 상대하는 것. 향(鄉)은 향(嚮)과 같은 것으로, 향(向)하다. 곧 상대하다의 뜻이다.

■ 병형세가(兵形勢家)의 개략 해설

형세(形勢)라고 하는 것은 천둥을 치고 바람이 불며, 뒤에 발(發)하여 먼저 이르는 것과 같이 매우 빠른 행동을 말한다. 혹은 헤어지고 혹은 만나고, 혹은 배반하고 혹은 상대하며, 변화가 무상(無常)하여 동작(動作)이 날래고 빠르게 적을 제압하는 것을 이르는 것이다.

3. 병음양(兵陰陽)

(1) 태일병법(太壹兵法) 1편

태일(太壹)은 태일(太一)이라고도 쓰는데, 별의 이름이요, 천제

(天帝)의 별칭(別稱)이다. 16신(十六神)으로 하여금 풍우(風雨), 수한(水旱), 병혁(兵革), 기근(饑饉), 질병(疾病)을 알게 하는 것을 관장한다. 천문(天文)에 의해 병사(兵事)를 점치던 책일 것이다. 없어져 전하지 않는다.

 (2) 천일병법(天一兵法) 35편
 천일(天一)은 별의 이름이다. 천제(天帝)의 신(神)으로, 전투를 관장하고 사람의 길흉(吉凶)을 안다. 이것도 또한 천문(天文)에 의해 병사(兵事)를 점치던 책이다. 없어져 전하지 않는다.

 (3) 신농병법(神農兵法) 1편
 신농(神農)은 전설상의 인물이다. 이 책은 후인이 의탁(依託)하여 지은 것이다. 없어져 전하지 않는다.

 (4) 황제(黃帝) 16편 : 그림이 3권이다.
 후인의 의탁(依託)이다. 없어져 전하지 않는다. 다만 개원점경(開元占經)에 황제병법(黃帝兵法), 황제출군결(黃帝出軍訣), 황제용병요법(黃帝用兵要法), 용병요결(用兵要訣)을 인용하였다.

 (5) 봉호(封胡) 5편 : 황제(黃帝)의 신하인데 의탁(依託)이다.
 봉호(封胡)는 황제(黃帝)의 장군이라고 전설로 전한다. 이 책도 후인의 의탁(依託)인데, 없어져 전하지 않는다.

 (6) 풍후(風后) 13편
 그림이 2권이다. 황제(黃帝)의 신하인데 의탁이다.
 황제(黃帝)의 신하라고 전설로 전한다. 후인의 의탁(依託)인데, 없어져 전하지 않는다.

 (7) 역목(力牧) 15편 : 황제(黃帝)의 신하인데 의탁(依託)이다.
 역목(力牧)도 황제(黃帝)의 신하라고 전설로 전한다. 후인의 의탁(依託)인데 없어져 전하지 않는다.

(8) 협치자(鵊治子) 1편

그림이 1권이다. 송기(宋祁)는 치(治)자는 야(冶)자의 잘못이라 했다.

협치자(鵊治子)도 황제(黃帝)의 신하라고 전설로 전한다. 후인의 의탁(依託)인데 없어져 전하지 않는다.

(9) 귀용구(鬼容區) 3편

그림이 1권이다. 황제(黃帝)의 신하인데 의탁(依託)이다.

귀용구(鬼容區)는 귀유구(鬼臾區), 귀유구(鬼俞區), 귀차구(鬼車區)로도 쓴다. 황제(黃帝)의 신하라고 전설로 전한다. 후인의 의탁(依託)인데, 없어져 전하지 않는다.

(10) 지전(地典) 6편

지전(地典)은 사람의 이름이다. 어쩌면 황제(黃帝)의 신하로, 후인의 의탁(依託)일 것이다. 없어져 전하지 않는다.

(11) 맹자(孟子) 1편

이 맹자(孟子)는 유가(儒家)의 맹가(孟軻)가 아니다. 수술략오행가(數術略五行家)에 맹자여소(猛子閭昭)가 저록(著錄)되어 있는데, 그 맹자(猛子)일 것 같다. 맹(孟)과 맹(猛)은 고자(古字)에서 통용된다. 없어져 전하지 않는다.

(12) 동보(東父) 31편

없어져 전하지 않는다.

(13) 사광(師曠) 8편

사광(師曠)은 진(晉)나라 평공(平公)의 신하다. 『좌전』 양공(左傳襄公) 18년에 진(晉)나라 사람으로 초(楚)의 스승이 있다는 말을 듣고 사광은 말하기를 "해롭지 않다. 나는 가끔 북풍(北風)을 노래하고 또 남풍(南風)을 노래한다. 남풍은 다투지 않고 사성(死聲)이 많다. 초(楚)는 반드시 공(功)이 없을 것이다."라고 하였다. 이 책은 아마도 잡사잡점(雜事雜占)을 기록한 것일 것 같다. 없어져 전하지 않는다.

(14) 장홍(萇弘) 15편 : 주(周)나라 사관(史官).
장홍(萇弘)은 주실(周室)의 사관(史官)이다. 처음에 주(周)의 경사(卿士) 유문공(劉文公)을 섬겨 속대부(屬大夫)가 되었고, 뒤에 영왕(靈王), 경왕(景王), 경왕(敬王)을 섬겨 대부(大夫)가 되었다. 『회남자(淮南子)』 범론훈(犯論訓)에 "옛날 장홍(萇弘)은 주실(周室)의 술수(術數)를 관장하는 사람이었다. 천지의 기운, 일월(日月)의 운행, 풍우(風雨)의 변화, 율력(律曆)의 수(數)에 통하지 않는 바가 없었다."라고 하였다. 없어져 전하지 않는다.

(15) 별성자망군기(別成子望軍氣) 6편 : 그림이 3권이다.
별(別)은 성이요, 성(成)은 이름일 것이다. 이 책은 운기(雲氣)를 바라보고 군(軍)의 승패(勝敗)와 강약(强弱)을 점친 듯하다. 없어져 전하지 않는다.

(16) 벽병위승방(辟兵威勝方) 70편
벽병(辟兵)과 위승(威勝)의 방술(方術)을 설한 책이다. 없어져 전하지 않는다.

■ 병음양(兵陰陽) 16가(家) 모두 249편, 도(圖) 10권
원문(原文)에는 음양(陰陽) 위에 병(兵)자를 빠뜨렸는데, 전대소(錢大昭)의 말에 따라 병(兵)자를 보충한다.

■ 병음양가(兵陰陽家)의 개략
음양(陰陽)은 때에 순응하여 발(發)하고, 형(刑)과 덕(德)을 추진(推進)하고, 두격(斗擊)에 따르고, 오승(五勝)에 인

연하며 귀신을 빌려 도움으로 하는 것이다.

陰陽者 順時而發 推刑德[1] 隨斗擊[2] 因五勝[3] 假鬼神而爲助者也

1) 推刑德(추형덕) : 형(刑)과 덕(德)을 추진(推進)한다. 『회남자』 병략훈(淮南子兵略訓) 협형덕(挾刑德)의 고유(高誘) 주(注)에 "형(刑)은 12진(十二辰)이요, 덕(德)은 10일(十日)이다."라 하였다. 그리고 추형덕(推刑德)은 『회남자』 천문훈(淮南子天文訓)에 "북두(北斗)의 신(神)에는 자웅(雌雄)이 있다. 11월(十一月)에 처음으로 자(子)를 월건(月建)으로 하고, 월(月)에 일진(一辰)을 옮기는데, 웅(雄 : 수컷)은 왼쪽으로 행하게 하고, 자(雌 : 암컷)은 오른쪽으로 행하게 한다. 오월(五月)에 오(午)에서 만나 형(刑)을 꾀하고, 11월(十一月)에 자(子)에서 만나 덕(德)을 꾀한다."라고 하였다.

2) 斗擊(두격) : 북두(北斗)의 자루가 가리키는 곳. 『회남자(淮南子)』 천문훈(天文訓)에 "북두(北斗)가 가리키는 곳은 더불어 대적(對敵)할 수가 없다."라고 하였다.

3) 五勝(오승) : 오행설(五行說)의 상승(相勝 : 相剋)을 말한다. 곧 목(木)은 토(土)에 이기고, 금(金)은 목(木)에 이기고, 화(火)는 금(金)에 이기고, 수(水)는 화(火)에 이기고, 토(土)는 수(水)에 이긴다고 하는 것.

■ 병음양가(兵陰陽家)의 개략 해설

음양(陰陽)이라고 하는 것은 병(兵)을 발(發)함에는 때에 순응(順應)하고, 북두(北斗)의 신(神)이 옮겨 가는 곳의 형(刑 : 十二辰)과 덕(德 : 十日)을 잘 추진하여 꾀하고, 북두의 자루가 가리키는 곳을 거스르지 말고, 오행상승(五行相勝)의 원리(原理)에 따라, 귀신의 도움을 빌리는 것이다.

4. 병기교(兵技巧)

(1) 포자병법(鮑子兵法) 10편 : 그림이 1권이다.
　포자(鮑子)는 춘추시대(春秋時代)의 사람인 것 같으나 상세하지 않다. 없어져 전하지 않는다.

(2) 오자서(五子胥) 10편 : 그림이 1권이다.
　오(五)는 옛날의 오(伍)자이다. 오자서(伍子胥)는 오(吳)나라의 재상(宰相)이다. 『사기(史記)』 제66권 오자서열전(伍子胥列傳)을 참조할 것. 이 책은 수전(水戰)의 법(法)을 설한 것 같다. 『문선(文選)』의 주(注)나 『태평어람(太平御覽)』에 오자(伍子)의 수전법(水戰法)을 인용하고 있다.

(3) 공승자(公勝子) 5편
　없어져 전하지 않는다.

(4) 묘자(苗子) 5편 : 그림이 1권이다.
　없어져 전하지 않는다.

(5) 봉문사법(逢門射法) 2편
　봉문(逢門)은 또 봉몽(逢蒙)이라고도 한다. 맹자(孟子) 이루편(離婁篇)에 "봉몽(逢蒙)이 활쏘는 법을 예(羿)에게 배우다. 예(羿)의 기술을 충분히 배우고 난 다음 생각하기를 천하에서 오직 예만이 자기보다 앞선다고 했다. 이에 예를 죽였다."라고 하였다. 없어져 전하지 않는다.

(6) 음통성사법(陰通成射法) 11편
음통성(陰通成)은 사람의 성명이다. 상세하지 않다. 없어져 전하지 않는다.

(7) 이장군사법(李將軍射法) 3편
이장군(李將軍)은 곧 이광(李廣)을 말한다. 『사기(史記)』 제109권 이장군열전(李將軍列傳)을 참조할 것. 없어져 전하지 않는다.

(8) 위씨사법(魏氏射法) 6편
위씨(魏氏)는 어떤 사람인지 밝혀지지 않는다. 없어져 전하지 않는다.

(9) 강노장군왕위사법(彊弩將軍王圍射法) 5권
위(圍)는 욱질(郁郅) 사람이다. 조충국전(趙充國傳)에 보인다고 안사고가 말했다.
왕위(王圍)에 대한 것은 『한서(漢書)』 제69권 조충국전찬(趙充國傳贊)에 보인다. 강노장군(彊弩將軍)이 되었다. 없어져 전하지 않는다.

(10) 망원연노사법구(望遠連弩射法具) 15편
없어져 전하지 않는다.

(11) 호군사사왕하사서(護軍射師王賀射書) 5편
왕하(王賀)는 호군(護軍)의 속관인 사사(射師)가 된 사람이나, 그의 내력에 대하여는 밝혀지지 않는다. 없어져 전하지 않는다.

(12) 포저자익법(蒲苴子弋法) 4편
포저자(蒲苴子)는 옛날의 익사(弋射)를 잘한 사람으로, 열자(列子) 『탕문편(湯問篇)』에 보인다. 익(弋)은 주살을 말하는 것으로,

오늬에 줄을 매 쏘는 화살이다. 생사(生絲)로 줄을 하는 것을 격(繳)이라 하고, 격을 화살로 매는 것을 회(繒)라고 한다. 없어져 전하지 않는다.

(13) 검도(劍道) 38편
이 가운데에는 『사기(史記)』 태사공자서(太史公自序)에 보이는 사마씨(司馬氏)가 전하였다고 하는 검론(劍論)도 있었을 것이다. 없어져 전하지 않는다.

(14) 수박(手搏) 6편
수박(手搏)이란 손으로 치고 받는 무술(武術)이다. 『한서(漢書)』 무제기(武帝紀)에 "원봉(元封) 3년 봄에 각저희(角抵戲)를 만들다."라고 하였다. 각(角)은 각기(角技)요, 저(抵)는 서로 저촉(抵觸)한다는 뜻이다. 이 책은 없어져 전하지 않는다.

(15) 잡가병법(雜家兵法) 57편
없어져 전하지 않는다.

(16) 축국(蹙鞠) 25편
국(鞠)은 겉은 가죽으로 싸고 속은 털로 채운 공의 일종이다. 축국(蹙鞠)은 후세(後世)의 타구(打球)로, 오늘날의 축구(蹴球)와 같은 것이었으리라. 없어져 전하지 않는다

■ 병기교(兵技巧) 13가(家) 모두 199편
묵자(墨子)는 중복(重複)되어 생략하였고 축국(蹙鞠)을 넣는다.
반고(班固)의 주(注)에 묵자(墨子)는 중복되어 생략한다고 한 것은 『칠략(七略)』에는 본래 묵자(墨子) 71편을 제자략(諸子略) 묵가류(墨家類)에 저록(著錄)하고, 또 묵자 중에서 병기교(兵技巧)에 해당하는 것 12편을 거듭 병서략(兵書略) 병기교에 저록하였던 것을 반고의 『예문지(藝文志)』 병기교(兵技巧)에서는 생략했다는

말이다. 축국(蹴鞠) 25편은 『칠략』에서는 제자략(諸子略)에 넣었던 것을 반고는 이 병기교 속에 넣은 것을 말하는 것이다.

■ 병기교가(兵技巧家)의 개략
기교(技巧)는 손발에 익히고, 기계(器械)를 편하게 쓰고, 기관(機關)을 쌓아 그것으로써 공격과 수비의 승리를 세우는 것이다.

>   技巧者 習手足[1] 便器械[2] 積機關[3] 以立[4]攻守之勝者也
> 1) 習手足(습수족) : 손발에 익히다. 곧 손으로 하는 수박(手搏)이나 발로 하는 축국(蹴鞠) 같은 것을 연습한다는 뜻.
> 2) 便器械(편기계) : 기계로 편안하게 하다. 곧 무기(武器) 조작을 길들인다는 뜻. 편(便)은 관(慣)과 같은 뜻으로 쓰인다.
> 3) 積機關(적기관) : 기관을 쌓다. 곧 정교한 기계를 숙련시킨다는 뜻. 적(積)은 기술을 쌓는다는 뜻.
> 4) 立(입) : 세우다. 곧 결정한다.

■ 병기교가(兵技巧家)의 개략 해설
기교(技巧)라고 하는 것은, 예컨대 수박(手搏)이나 축국(蹴鞠)과 같은 것으로 손과 발을 연습시키고, 주살이나 활 같은 무기를 조작하는 데에 길들게 하며, 연노[連弩 : 일시에 많은 화살을 쏠 수 있게 만든 활]와 같이 정교한 기계를 익혀서 익숙하도록 하여, 그것으로써 공격을 하거나 수비를 하거나 어느 것이 이기는 가를 결정하는 것이다.

5. 병서략(兵書略) 총설(總說)

■ 병서 53가(家) 모두 790편, 그림 43권

10가(家) 271편은 중복(重複)되어 줄이고, 축국(蹴鞠) 1가(家) 25편을 넣는다. 사마법(司馬法) 155편을 빼내 예(禮)에 넣는다.

■ 병서략(兵書略)의 개략

병가(兵家)는 대개 옛날의 사마(司馬)의 직(職)에서 나오는 왕조(王朝)의 관리로서 무(武)를 갖춘다. 홍범(洪範)의 팔정(八政)에 "팔왈(八曰) 사(師)"라고 하였다. 공자가 말하기를 "나라를 다스리는 자는 식량(食糧)을 족(足)하게 하고, 군대를 족하게 한다."라 하였고, "가르치지 않은 백성으로써 전쟁을 하면, 버린다고 이르는 것이다."라고 하였다. 군대의 중요함을 밝힌 것이다.

역(易)에 이르기를 "옛날에는 나무에 현(弦)을 걸어 활을 만들고, 나무를 깎아서 화살을 만들었다. 활과 화살의 이로움은 그것으로써 천하를 위협했다. 그의 쓰임은 상(上)이었다. 후세(後世)에 쇠를 녹여 칼을 만들고, 가죽을 갈라 갑옷을 만들며, 기계(器械)가 매우 갖춰졌다. 내려와 탕왕(湯王)과 무왕(武王)이 천명(天命)을 받음에 미쳐, 군대로써 난(亂)을 이겨 백성을 구제하였다. 그것을 움직임에는 인의(仁義)로써 하고, 그것을 행(行)함에는 예양(禮讓)으로써 하였다. 사마법(司馬法)은 이것이 그 유사(遺事)이다.

춘추(春秋)로부터 전국(戰國)에 이르러 기습(奇襲)을 내고 복병(伏兵)을 설치하며, 변사(變詐)의 군대가 아울러 일어났다. 한(漢)이 일어나 장량(張良)과 한신(韓信)이 병법(兵法)을 서차(序次)하니, 무릇 182가(家)다. 필요하게 쓸

것을 줄여 취하여 35가(家)가 정착(定着)시키다. 여러 여씨(呂氏)가 일을 이용하여 그것을 훔쳐내다.

무제(武帝) 때 군정(軍政)인 양복(楊僕)이 유일(遺逸)을 주워모아 병록(兵錄)을 기주(紀奏)하였으나 오히려 아직 갖추지 못하였다. 효성제(孝成帝) 때 이르러 임굉(任宏)에게 명하여 병서(兵書)를 논차(論次)하게 하여 네 종류로 하다.

　　兵家者 蓋出古司馬[1]之職 王官之武備也 洪範八政[2] 八曰師 孔子曰[3] 爲[4]國者 足食足兵 以不敎民戰 是謂棄之 明兵之重也
　　易曰[5] 古者弦木爲弧[6] 剡木爲矢 弧矢之利 以威天下 其用上[7]矣 後世爍金[8]爲刃 割革爲甲 器械甚備 下及湯武受命[9] 以師克亂 而濟百姓 動之以仁義 行之以禮讓 司馬法[10]是其遺事也 自春秋至於戰國 出奇設伏 變詐之兵並作 漢興 張良[11] 韓信序次兵法 凡百八十二家 删取要用 定著三十五家 諸呂[12] 用事而盜取之
　　武帝時 軍政[13]楊僕[14]捃摭遺逸 紀奏兵錄 猶未能備 至于孝成 命任宏[15]論次兵書爲四種

1) 司馬(사마) : 옛날에 군정(軍政)을 관장하던 관직(官職).『주례(周禮)』의 하관(夏官)에는 대사마(大司馬), 소사마(小司馬), 군사마(軍司馬), 여사마(輿司馬), 행사마(行司馬)의 직(職)이 있다.
2) 洪範八政(홍범팔정) : 홍범(洪範)은 『서경(書經)』의 홍범편(洪範篇)을 이르는 말이요, 거기에는 여덟 번째에 사(師)가 있다. 사(師)는 병(兵), 곧 군대를 뜻한다.
3) 孔子曰(공자왈) : 『논어(論語)』 안연편(顔淵篇)과 자로편(子路篇)에 있는 말이다.
4) 爲(위) : 여기서는 다스린다로 풀이된다. 치(治)와 같다.
5) 易曰(역왈) : 『주역(周易)』 계사전 하(繫辭傳下)에 있는 말.
6) 弧(호) : 나무활. 목궁(木弓).
7) 上(상) : 가장 좋다. 으뜸이다.

8) 燿金(요금) : 금속을 녹이다. 요(燿)는 삭(爍)과 같다.
9) 湯武受命(탕무수명) : 상(商)나라 탕왕(湯王)과 주(周)나라 무왕(武王)이 천명(天命)을 받다.
10) 司馬法(사마법) : 사마(司馬)의 병법(兵法)을 논(論)한 책.
11) 張良(장량) : 한(漢)나라 건국공신. 자(字)는 자방(子房). 양(良)은 이름. 소하(蕭何), 한신(韓信)과 더불어 한나라 창업(創業) 3걸(三傑)의 한 사람이다.
12) 諸呂(제려) : 여러 여씨(呂氏). 곧 고조(高祖)의 부인 여후(呂后)의 일족(一族)인 여록(呂祿), 여산(呂產)의 무리를 말한다.
13) 軍政(군정) : 군중(軍中)의 법률을 관장하는 관리. 군정(軍正).
14) 楊僕(양복) : 『한서(漢書)』 제17권 경무소선성애공신표(景武昭宣成哀功臣表)에 양복(楊僕)에 대한 이야기가 있다.
15) 任宏(임굉) : 병서(兵書)를 병권모(兵權謀), 병형세(兵形勢), 병음양(兵陰陽), 병기교(兵技巧)의 네 종류로 분류한 사람.

■ 병서략(兵書略)의 개략 해설

병가(兵家)라고 하는 것은 군비(軍備)를 관장하는 왕조(王朝)의 관리인 사마(司馬)의 관직에 연원하는 것이다. 『서경(書經)』 홍범편(洪範篇)에 군주(君主)가 민생(民生)을 두텁게 하기 위해 갖춰야 할 것으로 팔정(八政)이라고 하는 여덟 가지 조목을 서술하고 있는데, 그 제8에 사(師)가 있다. 이것은 나라에 대하여 불평, 불만을 품고 제멋대로 행동하는 무리를 정벌하고 죄 있는 자를 토벌하기 위한 것이다. 그리고 공자는 정치상의 중대한 일은 그 첫째가 식량을 확보하는 일이고, 그 다음은 군비(軍備)를 충실하게 하는 일이라고, 『논어(論語)』 안연편(顏淵篇)에서 말하였고, 또 『논어』 자로편(子路篇)에서는 군사 교련을 시키지 않은 백성을 전쟁에 내보내는 것은 백성을 죽이는 것과 같은 것으로 이것은 백성을 버리는 것이라 할 수 있다고도 말하였다. 이상에서 말한 것은 어느 것이나 군대의 중대성을 밝힌 말이다.
　『역경(易經)』 계사전 하(繫辭傳下)에 말하기를, 아주 옛날에는 나무를 구부려서 거기에 현(弦)을 걸어 활을 만들고, 나무의 끝을 깎아서 날카롭게 하여 화살을 만들었는데, 그 활과 화살은 어지럽게 구는 도적이나 외국에서 쳐들어오는 적(敵)을 토벌하여 천하를 위압하여 복종시키기에 가장 좋은 무기였다고 하였다. 활과 화살의 사용은 가장 좋은 방법이었다.
　그런데 후세(後世)에는 금속을 녹여 단련시켜 칼을 만들고 가죽을 끊어 갑옷을 만들어 병기(兵器)를 매우 완전하게 갖추었다. 시대가 흘러 은(殷)의 탕왕(湯王)이나 주(周)의 무왕(武王)이 천명(天命)을 받음에 미쳐서는 군대를 이끌고 난적(亂賊)을 평정하여 천하의 백성을 구제하였다. 그 군대를 동원함에는 인의(仁義)를 바탕으로 하고 예양(禮讓)으로써 하였다. 군대를 동원함에 있어 인의와 예양을 근본으로 한 그 정신은 『사마씨(司馬氏)』라고 하는 책 속에 후세까지 전해지고 있다.
　춘추시대에서 전국시대에 걸쳐서는 전쟁을 함에 있어 기습을 한다든가 복병을 감추어 둔다든가 하는, 상도(常道)에 의하지 않고 전진과 후퇴를 교묘하게 잘하여 승리를 거두는 것이 왕성하게 행해졌는데, 이러한 일은 『좌전(左傳)』이나 『사기(史記)』에 그 예가 많이 보인다.
　한대(漢代)에 이르러 장량(張良)과 한신(韓信)은 태공(太公)의 계책과 손자(孫子)나 사마법(司馬法) 등 예로부터의 병법(兵法)을 정리하여 182가(家)로 하고, 그 요점을 깎고 취하여 35가(家)를 정착(定着)시켰는데, 오늘날은 그것이 어떠한 병법이었는가를 알 수 없다. 그런데 여후(呂后)의 일족(一族)인 여록(呂祿), 여산(呂產) 같은 무리가 일을 벌여 장량과 한신이 정착시킨 병법을 궁중의 서고(書庫)에서 훔쳐냈기 때문에 흩어져 없어지고 말았다.

　무제(武帝) 때 군정(軍政)의 관직에 있던 양복(楊僕)이라는 사람이 그 흩어진 병서(兵書)를 주워모아 그 기록을 천자(天子)에게 상주(上奏)하였으나, 아직 충분하다고 말할 수는 없었다.

　성제(成帝) 때 유향(劉向)이 궁중의 장서(藏書)들을 교정(校定)할 때 병서(兵書)는 임굉(任宏)이 그것을 교정하였는데, 임굉은 병서를 내용에 따라 병권모(兵權謀), 병형세(兵形勢), 병음양(兵陰陽), 병기교(兵技巧)의 네 종류로 분류하였다.

제 6 편 수술략(數術略)

1. 천문(天文)

(1) 태일잡자성(泰壹雜子星) 28권

태일(泰壹)은 태을(太乙) 또는 태일(太一)이라고도 하는데, 북극성(北極星)을 말하는 것으로, 가장 높은 천신(天神)으로 되어 있다. 태일은 항성(恒星)의 영수(領袖)요, 자성(子星)은 그의 항성(恒星)이다. 태일(泰壹)이라고 처음으로 말하고 있는 것은 태일이 여러 별 중 가장 높기 때문이다. 이 책은 춘추전국시대에 지은 것으로, 성관[星官 : 천문(天文)을 맡은 관리]의 책 중에서 가장 오래된 것일 것이나, 없어져 전하지 않는다.

(2) 오잔잡변성(五殘雜變星) 21권

오잔(五殘)은 별의 이름으로, 『한서(漢書)』 천문지(天文志)에 보인다. 오잔성(五殘星)의 정(精)이 흩어져 64로 변화하여 요상[妖祥 : 요사스러운 조짐]을 이루어 인사(人事)에 응(應)한다고 되어 있으므로, 이 별에 의하여 사람의 일을 점쳤던 것이리라. 이 책에 오잔(五殘)이라고 얹은 것은 오잔성(五殘星)이 토(土)에 속하고 사방을 거느려 다스리기 때문이다. 변성(變星)이라는 것은 늘 보이는 별이 아니라는 뜻일런지도 모른다. 없어져 전하지 않는다.

(3) 황제잡자기(黃帝雜子氣) 33편

전국시대에 황제(黃帝)에게 의탁하여 지은 것 같은데, 없어져 전하지 않는다.
　※『사기(史記)』천관서(天官書)에 "화(華)에서 이남(以南)은 기(氣)가 내리면 검고 오르면 붉다. 숭고삼하(嵩高三河)의 교(郊)는 기(氣)가 바르고 붉다. 항산(恒山)의 북쪽은 기가 내리면 검고 오르면 푸르다. 발갈해대(勃碣海垈)의 사이는 기가 모두 검고 강회(江淮)의 사이는 기가 모두 희다."고 했다.

　(4) 상종일월성기(常從日月星氣) 21권
　상종(常從)은 사람의 성명인데, 노자(老子)의 스승이라고 일러진다. 상종(常樅) 또는 상용(商容)이라고도 쓰는데, 『회남자(淮南子)』와 『설원(說苑)』에 보인다. 이 책도 없어져 전하지 않는다.

　(5) 황공잡자성(皇公雜子星) 22권
　황공(皇公)이 어떤 사람인가는 분명하지 않다. 없어져 전하지 않는다.

　(6) 회남잡자성(淮南雜子星) 19권
　『한서(漢書)』회남왕 안(淮南王安)의 전(傳)에 "외서(外書)가 심히 많다."라고 하였는데, 이 책도 외서(外書)중의 하나일 것이다. 없어져 전하지 않는다.

　(7) 태일잡자운우(泰壹雜子雲雨) 34권
　없어져 전하지 않는다.

　(8) 국장관예운우(國章觀霓雲雨) 34권
　국장(國章)은 아마도 사람의 성명일 것이다. 예(霓)는 무지개를 말한다. 없어져 전하지 않는다.

　(9) 태계육부(泰階六符) 1권
　태계(泰階)는 삼태성(三台星)을 말하는데, 태미원성(太微垣星)이라고도 한다. 여섯 개의 별로 이루어지는데, 두 별씩 서로 겨누고 있기 때문에 삼태(三台)라고 이름 붙인 것이다. 6부(六符)란 6성(六星)의 부험(符驗)이다. 『한서(漢書)』동방삭열전(東方朔列傳)에 "바라건대 태계(泰階)의 육부(六符)를 베풀고자 한다. 그것으로써 천변(天變)을 보고 살필 수 있다 라고 하였다. 이 날로 인하여 태계의 일을 아뢰다."라고 한 것으로 보아, 이 책은 동방삭(東方朔)이 지은 것인 듯하다. 없어져 전하지 않는다.

(10) 금도옥형한오성객류출입(金度玉衡漢五星客流出入) 8편
금도옥형(金度玉衡)은 천체(天體)를 관측하는 기계로, 선기옥형(璇璣玉衡)의 종류일 것이다. 오성(五星)은 세성(歲星 : 木星), 형혹(熒惑 : 火星), 태백(太白 : 金星), 진성(辰星 : 水星), 전성(塡星 : 土星)의 다섯 별을 말한다. 객류는 객성(客星), 유성(流星)이다. 오성객류출입(五星客流出入)이란 오성(五星)과 객성(客星), 유성(流星)이 금도옥형[金度玉衡 : 북두칠성의 다섯째 별부터 일곱째 별까지의 세 별의 통칭]을 드나드는 것을 말한다. 오성과 객성, 유성이 드나드는 데는 모두 점(占)이 있다. 경씨역오성점(京氏易五星占)도 이런 종류다. 없어져 전하지 않는다.

(11) 한오성혜객행사점험(漢五星彗客行事占驗) 8권
오성(五星), 혜성(彗星), 객성(客星)의 행사(行事)에 의하여 점치던 책이다. 없어져 전하지 않는다.

(12) 한일방기행사점험(漢日旁氣行事占驗) 3권
태양 주위의 운기(雲氣)에 의해 인사(人事)를 점치던 책이다. 없어져 전하지 않는다.

(13) 한유성행사점험(漢流星行事占驗) 8권
유성(流星)에 의해 인사(人事)를 점치던 책이다. 없어져 전하지 않는다.

제 6 편 수술략(數術略)　269

(14) 한일방기행점험(漢日旁氣行占驗) 13권
　앞의 한일방기행사점험(漢日旁氣行事占驗)과 비교하면 사(事)자 하나가 없다. 앞의 책과 같으면서 별도의 한 책일 것이다. 없어져 전하지 않는다.

(15) 한일식월훈잡변행사점험(漢日食月暈雜變行事占驗) 13권
　월훈(月暈)은 달의 주위에 생기는 둥근 모양의 운기(雲氣)로 달무리라고 한다. 이 책은 일식(日蝕)이나 월훈(月暈)이나 잡변(雜變)에 의해 행사(行事)를 점치던 책이다. 없어져 전하지 않는다.

(16) 해중성점험(海中星占驗) 12권
　해중(海中)에서 별을 보고 점치던 책이다. 해중(海中)이란 말은 전기(前記)한 여러 책의 한(漢)의 상대어(相對語)이다. 없어져 전하지 않는다.

(17) 해중오성경잡사(海中五星經雜事) 22권
　없어져 전하지 않는다.

(18) 해중오성순역(海中五星順逆) 28권
　오성(五星)의 순역(順逆)에 대하여는 『한서(漢書)』 율력지(律曆志)를 참조할 것. 없어져 전하지 않는다.

(19) 해중이십팔수국분(海中二十八宿國分) 28권
　28수(二十八宿)를 여러 나라에 배당하여 점치던 책이다. 국분(國分)은 분야(分野)와 같다. 없어져 전하지 않는다.
　※『회남자(淮南子)』 천문훈(天文訓)에 "성부(星部)의 지명은 각(角)·항(亢)이 정(鄭)나라, 저(氐)·방(房)·심(心)은 송(宋)나라, 미(尾)·기(箕)는 연(燕)나라, 두(斗)·견우(牽牛)는 월(越)나라, 수녀(須女)는 오(吳)나라, 허(虛)·위(危)는 제(齊)나라, 영실(營室)·동벽(東壁)은 위(衞)나라,

규(奎)·루(婁)는 노(魯)나라, 위(胃)·묘(昴)·필(畢)은 위(魏)나라, 자수(觜觿)·삼(參)은 조(趙)나라, 동정(東井)·여귀(輿鬼)는 진(秦)나라, 유(柳)·칠성(七星)·장(張)은 주(周)나라, 익(翼)·진(軫)은 초(楚)나라이다."라고 하였다.

(20) 해중이십팔수신분(海中二十八宿臣分) 28권

28수(二十八宿)를 여러 관직에 배당하여 점치던 책이다. 없어져 전하지 않는다.

(21) 해중일월혜홍잡점(海中日月彗虹雜占) 18권

없어져 전하지 않는다.

(22) 도서비기(圖書祕記) 17편

도서(圖書)는 하도낙서(河圖洛書)이다. 이것은 하도낙서 중의 계요구(稽曜鉤), 견요도(甄曜度)의 종류를 취하여 기록한 것일 것이다. 이것을 비기(祕記)라고 하는 것은 『속한서역지(續漢書曆志)』에 "중흥(中興) 이래로 도참(圖讖)이 누설되다. 곧 서경(西京) 때를 당하여 오히려 감추고 펴지 않는다."라고 한 것에 따라 거의 살필 수가 있다.

■ 천문(天文) 21가(家) 모두 445권

■ 천문가(天文家)의 개략

천문(天文)은 28수(二十八宿)를 차례로 하고, 오성(五星)과 일월(日月)을 추보(推步)하여, 써 길흉의 상(象)을 기록한다. 성왕(聖王)이 정치에 참여하는 소이(所以)이다. 역(易)에 이르기를 "천문(天文)을 보고, 써 사시의 변천을 살핀다."라고 하였다. 그러나 성사(星事)는 흉한(殃悍)하여 담밀(湛密)한 자가 아니고는 능히 이용할 수 없다. 대저 그림자를 보고 형상을 꾸짖음은 명왕(明王)이 아니고는 또한 청종(聽從)할 수가 없다. 이용할 수 없는 신하로써 청종할 수 없는 군주를 간(諫)하는 것은 양자(兩者)가 다 환란을 부르는 소이(所以)이다.

天文者 序二十八宿[1] 步[2]五星日月 以紀[3]吉凶之象 聖王所以參政也 易曰[4] 觀乎天文 以察時變 然星事殟悍[5] 非湛密[6]者 弗能由[7]也 夫觀景[8]以譴[9]形 非明王亦不能服聽也 以不能由之臣 諫不能聽之主 此所以兩有患也

1) 十二八宿(이십팔수) : 옛날 천문학에서 하늘을 사궁(四宮)·사신(四神)으로 나누고 다시 궁마다 일곱 성수(星宿)로 나누었다.

사궁	사신	28수
동	청룡	각(角), 항(亢), 저(氐), 방(房), 심(心), 미(尾), 기(箕)
서	백호	규(奎), 루(婁), 위(胃), 묘(昴), 필(畢), 자(觜), 삼(參)
남	주작	정(井), 귀(鬼), 류(柳), 성(星), 장(張), 익(翼), 진(軫)
북	현무	두(斗), 우(牛), 여(女), 허(虛), 위(危), 실(室), 벽(壁)

2) 步(보) : 보(步)는 추(推)요, 추(推)는 산(算)이다. 천문(天文)을 추산(推算)하는 것을 추보(推步)라고 한다.
3) 紀(기) : 기(記)와 같다.
4) 易曰(역왈) : 『주역(周易)』 비괘(賁卦) 단전(彖傳)의 말.
5) 殟悍(흉한) : 흉악하고 거칠다. 흉(殟)은 흉(凶)과 같다.
6) 湛密(담밀) : 침착하고 빈틈이 없다. 담(湛)은 침(沈)과 같다.
7) 由(유) : 말미암다. 곧 이용하다.
8) 景(경) : 그림자. 영(影)과 같다.
9) 譴(견) : 꾸짖다. 책(責)과 같다.

■ 천문가(天文家)의 개략 해설

천문(天文)이라고 하는 것은 28수(二十八宿)를 순서 바르게 정하고, 목성(木星)·화성(火星)·금성(金星)·수성(水星)·토성(土星)의 오성(五星)과 해와 달을 추산(推算)하여, 그것들에 의해 생기는 길흉이 나타나는 것을 기록하는 것이다. 그것들은 정치의 반영이므로, 성왕(聖王)은 그 길흉이 나타나는 것을 보고 그 정치를 반성하여 흉(凶)일 때는 몸가짐을 삼가고 정치를 바르게 한다.

『주역(周易)』비괘(賁卦) 단전(彖傳)에 "일월성신(日月星辰)의 운행을 보고 그것에 따라 춘하추동의 네 계절의 변천을 살펴서 알 수 있다"고 한 것이 그것이다.

성신(星辰)에 관한 것은 불길한 일이나 재앙이 많아, 신중하게 하여 빈틈없게 하지 않고는 함부로 그것을 관측할 수가 없는 것이다. 대저 정치를 잘하고 못하는 것은 천문(天文)의 변화로 나타나는 것으로, 그것은 마치 그림자의 모양과 같은 것이다.

그림자에 비유되는 천문의 변화를 보고, 형상에 비유되는 왕자(王者)의 정치를 엄격하게 반성한다고 하는 것은 밝은 군주가 아니고는 그대로 듣고 따를 수가 없는 것이다. 천문을 보고 길흉을 판단할 자격이 없는 신하가 곧바로 들어서 따르지 못하는 군주를 간(諫)한다고 하면, 군주도 신하도 양자(兩者)가 다 재난을 부르는 결과가 되는 것이다.

2. 역보(歷譜) : 역(歷)자와 역(曆)자는 통용(通用)된다.

(1) 황제오가력(黃帝五家曆) 33권

오가(五家)는 오기(五紀)라는 뜻이요, 오기(五紀)는 세(歲), 일(日), 월(月), 성신(星辰), 역수(曆數)를 이른다. 이 역(曆)은 주(周)나 진한(秦漢) 초기에 역가(曆家)가 황제(黃帝)에게 의탁하여 만들었을 것이다. 없어져 전하지 않는다.

(2) 전욱력(顓頊曆) 21권

전욱력(顓頊曆)은 10월(十月)을 세수(歲首)로 하고, 세말(歲末)에 윤달이 든다. 이것을 후구월(後九月)이라고 한다. 전욱력은 진(秦)의 시황(始皇)이 정하고, 한초(漢初)에도 그것을 그대로 사용하였다. 없어져 전하지 않는다.

(3) 전욱오성력(顓頊五星曆) 14권

없어져 전하지 않는다.

(4) 일월수력(日月宿曆) 13권

없어져 전하지 않는다.

(5) 하은주노력(夏殷周魯曆) 14권

고력(古曆)에는 황제력(黃帝曆), 전욱력(顓頊曆), 하력(夏曆), 은력(殷曆), 주력(周曆), 노력(魯曆)의 여섯 종류가 있었으나, 전국시대(戰國時代)에서 진대(秦代)에 이르는 동안에 없어지고 말았다. 이 『하은주노력』은 다 진한(秦漢) 때의 가탁(假託)이었으나, 그것도 없어지고 전하지 않는다.

(6) 천력대력(天曆大曆) 18권

없어져 전하지 않는다.

(7) 한원은주첩력(漢元殷周諜歷) 17권

한원은주(漢元殷周)라는 것은 한대(漢代)의 건원개력(建元改曆)으로부터 은대(殷代)와 주대(周代)로 거슬러 올라가는 것을 뜻한다. 첩력(諜歷)은 역첩이 마땅하다. 첩(諜)은 계보(系譜)로 역보(歷譜)란 역대(歷代)의 계보다. 이 책은 한(漢)의 기원(紀元)으로부터 거슬러서 은대와 주대의 2대(二代)에 미쳐 그 세계(世系)를 기록하여 종시년(終始年)의 생각할 만한 것을 기록한 것일 것이다. 없어져 전하지 않는다.

274 한서예문지(漢書藝文志)

※왕선겸(王先謙)은 첩력(諜歷)은 역첩(歷諜)을 잘못하여 도치(倒置)시킨 것으로 본다.

(8) 경창월행백도(耿昌月行帛圖) 232권
경창(耿昌)은 경수창(耿壽昌)을 말하는데, 선제(宣帝) 때 대사농중승(大司農中丞)이 되었다. 월행백도(月行帛圖)는 달이 운행하는 상태를 비단에 그린 것인 듯하다. 일설(一說)에 백(帛)자는 도(度)자의 잘못된 것이라고 보기도 한다. 없어져 전하지 않는다.

(9) 경창월행도(耿昌月行度) 2권
전기(前記)한 책의 해설인 듯하다. 없어져 전하지 않는다.

(10) 전주오성행도(傅周五星行度) 39권
왕염손(王念孫)은 전(傳)자를 부(傅)의 잘못이라 하였다. 부주(傅周)는 선제(宣帝) 때 사람이다. 경수창(耿壽昌)과 서로 선후(先後)한다. 오성행도(五星行度)는 삼통력(三統曆)의 이른바 오보(五步)다. 없어져 전하지 않는다.

(11) 율력수법(律曆數法) 3권
율(律)과 역(曆)은 표리(表裏)의 관계에 있다. 동지 때에는 황종(黃鍾)의 기(氣)가 응(應)하고 하지(夏至) 때에는 유빈(蕤賓)의 기가 응하며, 춘분(春分)에는 협종(夾鍾)의 기가 응하고 추분(秋分)에는 남려(南呂)의 기가 응한다. 율수(律數)는 역수(曆數)에 응하고, 율분(律分)은 구경(晷景)에 응한다. 없어져 전하지 않는다.

(12) 자고오성수기(自古五星宿紀) 30권
수(宿)는 28수(二十八宿)를 가리킨다. 없어져 전하지 않는다.

(13) 태세모일구(太歲謀日晷) 29권
태세(太歲)는 세성(歲星)이요, 구(晷)는 해의 그림자다. 없어져 전하지 않는다.

※ 왕인지(王引之)는 모(謀)자는 첩(諜)자의 잘못으로 본다.

(14) 제왕제후세보(帝王諸侯世譜) 20권
없어져 전하지 않는다.

(15) 고래제왕연보(古來帝王年譜) 5권
없어져 전하지 않는다.

(16) 일구서(日晷書) 34권
8척(八尺)의 표(表)를 세워서 해의 그림자를 측정하고, 해의 동서남북의 위치를 안다. 없어져 전하지 않는다.

(17) 허상산술(許商算術) 26권
허상(許商)은 성제(成帝) 때의 박사(博士)다. 지금 전하고 있는 구장산술(九章算術)의 책은 이 허상(許商)의 산술(算術)인지, 다음에 기록된 두충(杜忠)의 산술인지 그 중의 어느 것일 것이다.

(18) 두충산술(杜忠算術) 16권
두충(杜忠)은 유향(劉向)과 허상(許商)과 거의 같은 시대의 사람으로 약간 뒤의 사람이나, 그의 내력에 대해서는 자세하지 않다. 구장산술(九章算術)은 허상(許商)과 두충(杜忠) 양가(兩家)의 책에 보이고 있으므로, 『칠략(七略)』에는 구장산술(九章算術)을 저록하지 않은 것 같다.

■ 역보(歷譜) 18가(家) 모두 606권

■ 역보가(歷譜家)의 개략
역보(歷譜)는 사시(四時)의 위치의 차례를 정하고, 분지(分至)의 절(節)을 바르게 하며, 일월(日月)과 오성(五星)의 진(辰)을 만나게 하여 그것으로써 한서(寒暑)와 살생(殺生)의 실(實)을 생각하게 한다. 그러므로 성왕(聖王)은 반드시 역수(曆數)를 바르게 하여 삼통복색(三統服色)의 제도(制度)를 정한다. 또 그것으로써 오성(五星)과 일월(日月)의 만남, 흉액(凶阨)의 근심, 길륭(吉隆)의 기쁨을 찾아서 안다. 그 술(術)은 다 여기서 나온다. 이것은 성인(聖人)이 천명(天命)을 아는 술(術)이다. 천하의 지재(至材)가 아니면 누가 여기 맡길 것인가.

도(道)가 어지러우면 근심은 소인(小人)에게서 나와 굳이 천도(天道)를 알게 하고자 한다. 큰 것을 깨뜨려 작게 하며, 먼 것을 깎아 가깝게 한다. 이것으로 도술(道術)은 깨지고 부숴져 알기 어렵게 된다.

　　歷譜者　序四時之位　正分至[1]之節[2]　會[3]日月五星之辰[4] 以考寒暑殺生之實　故聖王必正歷數[5] 以定三統[6] 服色之制[7] 又以探知五星日月之會　凶阨之患　吉隆[8]之喜　其術皆出焉　此聖人知命[9]之術也　非天下之至材　其孰與焉
　　道之亂也　患出於小人　而强欲知天道者　壞大以爲小　削遠以爲近　是以道術破碎而難知也

1) 分至(분지) : 춘분(春分), 추분(秋分)의 분(分)과 하지(夏至), 동지(冬至)의 지(至)를 합한 말. 곧 춘분, 추분, 하지, 동지를 이르는 말.
2) 節(절) : 절후(節候). 1년은 24절후이다.
3) 會(회) : 만나다. 해와 달이 한 바퀴 돌아서 다시 만나는 것.
4) 辰(진) : 일(日)이 묶는 것. 일진(日辰). 『좌전(左傳)』에 "해와 달이 만나는 것. 이것을 진(辰)이라 한다.(日月之會是謂辰)"라고 하였다.
5) 歷數(역수) : 해와 달의 운행의 도수(度數)를 측정하여 역(曆)을 만드는 방법.
6) 三統(삼통) : 역대의 왕조가 교체하는 것을 천통(天統 : 赤統), 지통(地統 : 白統), 인통(人統 : 黑統)의 계통적(系統的) 순환으로 돌린다. 천통(天統)의 왕조는 자월(子月)을 정월(正月)로 하는 역(曆)을 쓰

고, 지통(地統)의 왕조는 축월(丑月)을 정월로 삼는 역을 쓰며, 인통(人統)의 왕조는 인월(寅月)을 정월로 삼는 역을 쓴다. 이 삼통설(三統說)은 동중서(董仲舒)의 『춘추번로(春秋繁露)』에 보인다.
7) 服色之制(복색지제) : 복색(服色)의 제도. 천통(天統)의 왕조(王朝)는 복색(服色)에 붉은 빛깔을 쓰고, 지통(地統)의 왕조는 복색에 흰 빛깔을 쓰며, 인통(人統)의 왕조는 복색에 검은 빛깔을 쓴다.
8) 吉隆(길륭) : 길(吉)하고 융성(隆盛)한 일.
9) 知命(지명) : 천명(天命)을 알다. 곧 제왕(帝王)이 천명(天命)을 받아서 제위에 오를 운명을 아는 일.

■역보가(歷譜家)의 개략 해설

역보(歷譜)라고 하는 것은 태양(太陽)이 겨울에는 북륙(北陸)으로 가고, 봄에는 서륙(西陸)으로 가고, 여름에는 남륙(南陸)으로 가고, 가을에는 동륙(東陸)으로 간다고 하는 것과 같이 네 계절의 태양의 위치를 분간하여 정하고, 춘분(春分), 추분(秋分), 하지(夏至), 동지(冬至)와 같은 절후(節候)를 바르게 하며, 해와 달, 그리고 목성(木星), 화성(火星), 금성(金星), 수성(水星), 토성(土星) 등의 5성(五星)이 머무르고 한 바퀴 돌고 또 다시 만나고 하는 것을 알며, 그것에 의하여 추위가 한창일 때는 만물을 마르게 하고, 더위가 한창일 때에는 생성하게 한다고 하는 사실을 생각하는 것이다.

그러므로 성왕(聖王)은 역(曆)을 바르게 하여 천통(天統)에 해당하는 때에는 월건(月建)의 자월(子月)을 정월(正月)로 하는 역(曆)을 사용하고 복색(服色)은 붉은 빛깔로 하며, 지통(地統)에 해당하는 때에는 월건의 축월(丑月)을 정월로 하는 역을 사용하고 복색은 흰 빛깔로 하며, 인통(人統)에 해당하는 때에는 월건의 인월(寅月)을 정월로 하는 역을 사용하고 복색은 검은 빛깔을 쓰는 것이다.

그리고 성왕(聖王)은 5성(五星)과 일월(日月)의 만남에 의하여 길(吉)하고 융성(隆盛)한 일, 흉(凶)하고 막히는 것이 있어, 사람에게 있어서는 그것이 혹은 기쁨이 되고, 혹은 근심거리가 되는 것을 살펴 아는 것이다.

저 성명가(星命家)들의 방술(方術)도 다 이 역수(曆數)에서 나오는 것이다. 그리고 이 역술을 바르게 하는 술(術)은 성인(聖人)이 천명(天命)을 받아서 제위에 오르는 운명을 아는 술이기도 한 것이다. 천하에 가장 뛰어난 재능을 가진 사람이 아니고는 이 역수(曆數)를 바르게 하는 술(術)에 관여할 수 없는 것이다.

시대가 흐르면서 도(道)가 어지러워지니, 근심스러운 일은 소인(小人)이면서 굳이 천도(天道)를 알고자 하는 자가 나타나는 일이다. 저들 성명방술가(星命方術家)들은 천도의 전체를 모르고 다만 그 일단(一端)을 알 뿐으로, 예컨대 큰 것을 깨뜨려 작게 하고, 먼 것을 깎아 가깝게 하는 따위의 무리다. 높고 원대한 천도를 살펴 아는 술(術)이 파괴되어 쉽게 알 수 없게 되고 만 것이다.

3. 오행(五行)

(1) 태일음양(泰一陰陽) 23권
없어져 전하지 않는다.

(2) 황제음양(黃帝陰陽) 25권
없어져 전하지 않는다.

(3) 황제제자론음양(黃帝諸子論陰陽) 25권
없어져 전하지 않는다.

(4) 제왕자론음양(諸王子論陰陽) 25권
없어져 전하지 않는다.

(5) 태원음양(太元陰陽) 26권
없어져 전하지 않는다.

(6) 삼전음양담론(三典陰陽談論) 27권
없어져 전하지 않는다.

(7) 신농대유오행(神農大幽五行) 27권
대유(大幽)는 나라의 이름으로, 『산해경(山海經)』 『양자법언(揚子法言)』 『포박자(抱朴子)』 등에 보인다. 혹은 신농(神農)의 신하였다는 설도 있다. 없어져 전하지 않는다.

(8) 사시오행경(四時五行經) 26권
없어져 전하지 않는다.

(9) 맹자여소(猛子閭昭) 25권
맹자(猛子)와 여소(閭昭)다. 없어져 전하지 않는다.

(10) 음양오행시령(陰陽五行時令) 19권
없어져 전하지 않는다.

(11) 감여금궤(堪輿金匱) 14권
허신(許愼)이 감(堪)은 천도(天道)와 지도(地道)라고 했다.
감여(堪輿)는 천지(天地)라는 뜻인데, 후세에는 주택이나 묘자리를 보아서 길흉을 판단하는 것을 전문으로 하는 사람을 감여가(堪輿家)라고 하였다. 곧 지관(地官)이라는 말과 같다. 한대(漢代)의 감여가(堪輿家)는 별의 분야(分野)로써 점을 쳤다. 금궤(金匱)는 금을 넣어 두는 궤라는 말로 소중하게 보존한다는 뜻이다. 없어져 전하지 않는다.

(12) 무성자재이응(務成子災異應) 14권
무성자(務成子)는 요(堯)임금의 스승이라고 전설로 전해진다고 『여씨춘추(呂氏春秋)』에 보인다. 재이(災異)에 의하여 인사(人事)의 길흉(吉凶)을 점치던 책이다. 없어져 전하지 않는다.

(13) 십이전재이응(十二典災異應) 12권
한대(漢代)에는 재이(災異)의 설(說)이 매우 왕성하였다. 복생(伏生), 동중서(董仲舒), 유향(劉向), 유흠(劉歆) 등은 모두 재이에 관한 책을 저술하였다. 없어져 전하지 않는다.

(14) 종률재응(鍾律災應) 26권
12종률(十二鍾律)은 황종(黃鍾), 태주(大簇), 고선(姑洗), 유빈(蕤賓), 이칙(夷則), 무역(無射)을 육률(六律:陽)로 하고, 대려(大呂), 협종(夾鍾), 중려(仲呂), 임종(林鍾), 남려(南呂), 응종(應鍾)을 육려(六呂:陰)로 한다. 심흠한(沈欽翰)은 종률재응(鍾律災應)을 경방(京房)의 술(術)이라고 한다. 없어져 전하지 않는다.

(15) 종률총진일원(鍾律叢辰日苑) 22권
총진(叢辰)은 중진(衆辰)이라는 말과 같다. 옛날에는 총진가(叢辰家)가 있었는데, 후세의 오행(五行)의 상생(相生), 상극(相剋)에 의하여 해를 점치는 것과 같은 것이었다. 『사기(史記)』의 일자열전(日者列傳)에 총진가(叢辰家)의 이름이 보인다. 일자(日者)는 복서(卜筮)에 의하여 해의 길흉(吉凶)을 점치는 것으로, 복서가(卜筮家)를 일자(日者)라고도 하였다. 총진(叢辰)은 이 일자(日者)와도 같다. 없어져 전하지 않는다.

(16) 종률소식(鍾律消息) 29권
소(消)는 기(氣)의 쇠약을 말한다. 그리고 식(息)은 기(氣)가 생성하는 것이다. 없어져 전하지 않는다.

(17) 황종(黃鍾) 7권
음양(陰陽)이 상생(相生)하는 것은 황종(黃鍾)에서 시작된다. 없어져 전하지 않는다.

(18) 천일(天一) 6권
이 책은 대개 천일(天一)이 수(水)를 생성(生成)하고, 지륙(地六)이 그것을 이룬다고 하는 뜻을 취하여, 오로지 오행(五行)을 주로 하는 것이었을 것이다. 없어져 전하지 않는다.

(19) 태일(泰一) 29권
9궁(九宮)의 술(術)은 예로부터 행해져 율력(律曆)과 복서(卜筮)와 함께 중히 여겨졌다. 이 태일(泰一)은 태일(太一)로, 『태일(泰一)』 29권은 태일구궁(太一九宮)의 법을 서술한 것인 듯하다. 없어져 전하지 않는다.

(20) 형덕(刑德) 7권
일(日)을 덕(德)이라 하고, 월(月)을 형(刑)이라 한다. 『회남자(淮南子)』의 천문훈(天文訓)에 "일(日)을 덕(德)으로 하고, 월(月)을 형(刑)으로 한다. 월(月)이 돌아와서 만물이 죽고, 일(日)이 이르러서 만물이 생(生)한다."라고 하였다. 없어져 전하지 않는다.

(21) 풍고육갑(風鼓六甲) 24권
왕선겸(王先謙)은 풍고(風鼓)를 풍후(風后)의 잘못일 것이라고 한다. 풍후(風后)는 황제(黃帝) 때 사람으로, 둔갑(遁甲)이라는 점술(占術)을 지었다고 전설로 전해진다. 둔갑법을 서술한 책이다.

육갑(六甲)은 갑자(甲子), 갑술(甲戌), 갑신(甲申), 갑오(甲午), 갑진(甲辰), 갑인(甲寅)을 말하며, 둔갑의 점술(占術)에 이용되었다. 없어져 전하지 않는다.

(22) 풍후고허(風后孤虛) 20권
고허(孤虛)는 일종의 점술(占術)이다. 일(日)의 육십갑자(六十甲子)로 동서남북을 정하고, 그 고(孤)와 허(虛)에 의하여 길흉을 점친다. 없어져 전하지 않는다.

(23) 육합수전(六合隨典) 25권
육합(六合)은 일종의 점법(占法)이다. 『회남자(淮南子)』 시칙훈(時則訓)에 "맹춘(孟春)은 맹추(孟秋)와 합(合)을 이루고, 중춘(仲春)은 중추(仲秋)와 합을 이루고, 계춘(季春)은 계추(季秋)와 합을 이루고, 맹하(孟夏)는 맹동(孟冬)과 합을 이루고 중하(仲夏)는 중동(仲冬)과 합을 이루고, 계하(季夏)는 계동(季冬)과 합을 이룬다."라고 하였다. 수전(隨典)의 뜻은 자세하지 않다. 없어져 전하지 않는다.

(24) 전위십이신(轉位十二神) 25권
12신(十二神)은 등명(登明), 천괴(天魁), 종괴(從魁), 전송(傳送), 소길(小吉), 승광(勝光), 태일(太一), 천강(天罡), 태충(太衝), 공조(功曹), 대길(大吉), 신후(神后)의 여러 신이다. 이 책은 12신(十二神)이 9궁(九宮) 12위(十二位)를 유행(遊行)하는 것을 설한 것이다. 없어져 전하지 않는다.

(25) 선문식법(羨門式法) 20권
선문(羨門)은 진(秦)의 시황(始皇) 때 갈석(碣石)에 있었다고 일컬어지는 선인(仙人)의 이름이다. 『사기(史記)』 시황본기(始皇本紀)와 『봉선서(封禪書)』에 보인다. 식(式)은 식(栻)으로 길흉을 점치는 기구다. 위는 둥글게 하여 하늘을 상징하고, 아래는 모지게 해서 땅을 본떴다. 이것을 쓰는 것을 식(式)을 돌린다고 이른다. 없어져 전하지 않는다.

(26) 선문식(羨門式) 20권
  전기(前記)한 책과 함께 책의 이름과 권수(卷數)가 같다. 다만 앞의 책은 법(法)자가 있는데, 이 책에는 그 글자가 없을 뿐이다. 별개의 책이라는 것으로 보인다. 앞의 책과 함께 이 책도 없어져 전하지 않는다.

(27) 문해육갑(文解六甲) 18권
  문해(文解)의 의의(意義)는 밝혀지지 않는다. 혹은 옛날 점술(占術)의 일종이었는지도 모른다. 육갑(六甲)은 둔갑(遁甲)의 점술이다. 없어져 전하지 않는다.

(28) 문해이십팔수(文解二十八宿) 28권
  없어져 전하지 않는다.

(29) 오음기해용병(五音奇胲用兵) 23권
  5음(五音)은 궁(宮), 상(商), 각(角), 치(徵), 우(羽)이다. 기해(奇胲)를 안사고(顔師古)는 허신(許愼)의 "군중(軍中)의 약(約)이다."라는 것을 인용하고 있으나, 왕염손(王念孫)의 설(說)에 따라 '비상(非常)'의 뜻으로 본다. 율(律)을 불어서 그 음(音)에 의하여 전쟁의 승패를 점친다. 이른바 납음(納音)의 법이다. 『포박자(抱朴子)』 극언편(極言篇)에 "황제(黃帝)는 공전(攻戰)을 자세히 살펴, 곧 5음(五音)을 납(納)하는 책(策)이 있다."라고 하였다. 없어져 전하지 않는다.

(30) 오음기해형덕(五音奇胲刑德) 21권
  『회남자(淮南子)』의 병략훈(兵略訓)에 "형덕기해(刑德奇胲)의 수(數)를 밝힌다."라고 한 것은 이것이다. 없어져 전하지 않는다.

(31) 오음정명(五音定名) 15권
오음(五音)에 의하여 성명(姓名)의 길흉을 판단하는 일종의 성명 판단이다. 악위(樂緯)에 공자가 율(律)을 불어서 성(姓)을 정하였다는 것이 보이고,『한서(漢書)』경방전(京房傳)에 경방(京房)이 율(律)을 불어서 스스로 경씨(京氏)라고 정하였다는 것이 보인다. 없어져 전하지 않는다.

■ 오행(五行) 31가(家) 모두 652권

■ 오행가(五行家)의 개략
오행(五行)은 오상(五常)의 형체다.『서경(書經)』에 이르기를 "처음 하나를 말하기를 오행(五行)이요, 다음 둘을 말하기를 나아가 오사(五事)를 이용한다."라고 하였다. 나아가 오사(五事)를 이용하여 그것으로써 오행(五行)에 순종하는 것을 말하는 것이다. 모(貌), 언(言), 시(視), 청(聽), 사(思)의 마음을 잃고 오행의 순서가 어지러워지고, 오성(五星)의 변화가 생긴다. 모두 율력(律曆)의 술(術)에서 나와 나뉘어져서 하나가 된 것이다. 그 법 또한 오덕종시(五德終始)에서 일어난다. 그 극(極)을 미루면 곧 이르지 못할 것이 없다.
그러나 직업적인 점술가가 이에 말미암아 써 길흉(吉凶)을 하여 세상에 행해져 점차 그것으로써 서로 어지러워지다.

五行[1]者 五常[2]之形氣[3]也 書云[4] 初一曰五行 次二曰羞[5]用五事[6] 言進用五事 以順五行也 貌言視聽思心失 而五行之序亂 五星之變作 皆出於律歷之數[7] 而分爲一者也 其法亦起五德終始[8] 推其極則無不至
而小數家[9]因此以爲吉凶 而行於世 寖以相亂

1) 五行(오행) : 목(木), 화(火), 토(土), 금(金), 수(水).
2) 五常(오상) : 인(仁), 의(義), 예(禮), 지(智), 신(信).

3) 形氣(형기) : 형체. 오상(五常)은 오행(五行)의 정신이요, 오행(五行)은 오상(五常)의 형체다. 『중용(中庸)』의 주(注)에 "목신(木神)은 인(仁)이요, 금신(金神)은 의(義)요, 화신(火神)은 예(禮)요, 토신(土神)은 지(智)요, 수신(水神)은 신(信)이다."라고 하였다.
4) 書云(서운) : 『서경(書經)』 홍범(洪範)의 말이다.
5) 羞(수) : 나아가다. 진(進)과 같은 뜻으로 쓰였다.
6) 五事(오사) : 모(貌 : 생김새), 언(言 : 말씨), 시(視 : 보는 일), 청(聽 : 듣는 일), 사(思 : 생각하는 일).
7) 數(수) : 술(術)과 같다.
8) 五德終始(오덕종시) : 오덕종시설(五德終始說)은 전국시대(戰國時代)에 추연(鄒衍)이 처음으로 설한 것이다. 오행(五行)에 의하여 역대 왕조의 변혁과 세계의 전개를 설한 것이다.
9) 小數家(소수가) : 수(數)는 기술로, 직업적인 점술가를 이르는 말.

■ 오행가(五行家)의 개략 해설

오행(五行)이라고 하는 것은 목(木), 화(火), 토(土), 금(金), 수(水)의 다섯 가지 요소를 말하는데, 그것은 인(仁), 의(義), 예(禮), 지(智), 신(信)의 오상(五常)과 밀접한 관계가 있다. 곧 목(木)의 정신은 인(仁)이요, 금(金)의 정신은 의(義)요, 토(土)의 정신은 지(智)요, 수(水)의 정신은 신(信)으로, 오상(五常)은 오행(五行)의 정신이요, 오행은 오상의 형체다. 『서경(書經)』의 홍범편(洪範篇)에 "첫째로 이르기를 오행(五行)이요, 둘째로 이르기를 나아가 오사(五事)를 이용한다."라고 하였으니, 오사(五事)라는 것은 모(貌), 언(言), 시(視), 청(聽), 사(思)이다. 사람은 오행의 기(氣)를 받아 태어나는데, 생김새가 윤택한 것은 수(水)요, 말씨가 발양(發揚)하는 것은 화(火)요, 보는 것이 흩어지는 것은 목(木)이요, 듣는 것이 거두어 들이는 것은 금(金)이요, 생각하는 것이 통하는 것은 토(土)이다. '둘째의 나아가 오사(五事)를 이용한다'라고 하는 것은 나아가 생김새, 말씨, 보는 것, 듣는 것, 생각하는 것의 오사(五事)를 활동시켜서 오행(五行)에 따르게 하는 것을 이르는 말이다. 만약 생김새가 공순(恭順)하지 않거나, 말씨가 순종하지 않거나, 보는 것이 밝지 않거나, 듣는 것이 총명하지 않거나, 생각하는 것이 슬기롭지 못하여 오사(五事)가 정상적으로 발동하지 않는다면 오행(五行)의 순서는 어지러워지고, 목성(木星), 화성(火星), 토성(土星), 금성(金星), 수성(水星) 등 오성(五星)에 변화가 생긴다.

오행가(五行家)는 본래 율력(律曆)의 술(術)에서 나온 것으로, 나뉘어져 스스로 일가(一家)가 된 것이다. 오행가(五行家)의 법은 또 전국시대(戰國時代)의 추연(鄒衍)에 의해 제창된 오덕종시설(五德終始說)에 기원을 두는 것이다. 오행가의 설에 의해 확대하여 해석하면 세상의 그 어떠한 일이라도 해석할 수가 있고, 또 그것은 한정이 없다.

그러나 뒤에 직업적인 점술가가 이 오행(五行)에 의해 길흉의 점(占)을 행하고 세속에 번지게 하였으나, 저들은 그 술(術)에 있어 정확하지 못하고, 헛되이 망령된 말로 사람을 미혹되게 하여 참된 오행의 점술은 점차로 어지러워지고 말았다.

4. 시구(蓍龜)

(1) 구서(龜書) 52권
없어져 전하지 않는다.

(2) 하구(夏龜) 26권
없어져 전하지 않는다.

(3) 남구서(南龜書) 28권
없어져 전하지 않는다.

(4) 거구(巨龜) 36권
없어져 전하지 않는다.

(5) 잡구(雜龜) 16권
없어져 전하지 않는다.

(6) 시서(蓍書) 28권
없어져 전하지 않는다.

(7) 주역(周易) 38권
 이것은 점복(占卜)의 책으로, 『육예략(六藝略)』의 『역경(易經)』 12편과는 다른 책일 것이다. 전대소(錢大昭)는 주역(周易)이라는 두 글자 아래에 빠진 글자가 있을 것이라고 한다. 없어져 전하지 않는다.

(8) 주역명당(周易明堂) 26권
 한유(漢儒)에 명당음양(明堂陰陽)이라는 학문이 있으니, 이것은 그 종류일 것이다. 없어져 전하지 않는다.

(9) 주역수곡석익(周易隨曲射匿) 50권
 이것은 석부(射覆)의 종류일 것이다. 석부(射覆)는 물건을 상자 속에 감추어 두고, 그것이 무엇인가를 맞추는 점(占)의 일종이다. 『한서(漢書)』 동방삭열전(東方朔列傳)에 "상(上:武帝)은 일찍이 여러 수가(數家)로 하여금 석부(射覆)를 하게 하였다. 수궁(守宮)

을 항아리 밑에다 두고 그것을 맞추게 하다. 모두 맞출 수는 없다. 삭(朔)이 스스로 칭찬하여 말하기를 '일찍이 역(易)을 배웠습니다. 청컨대 이것을 맞추겠습니다……' "한 것이 있다. 없어져 전하지 않는다.

(10) 대서연역(大筮衍易) 28권
없어져 전하지 않는다.

(11) 대차잡역(大次雜易) 30권
없어져 전하지 않는다.

(12) 서서복황(鼠序卜黃) 25권
서서(鼠序)는 서복(鼠卜)이요, 복황(卜黃)은 계복(鷄卜)일 것이다. 없어져 전하지 않는다.

(13) 어릉흠역길흉(於陵欽易吉凶) 23권
어릉(於陵)은 성이요, 흠(欽)은 이름이다. 없어져 전하지 않는다.

(14) 임량역기(任良易旗) 71권
임량(任良)은 경방(京房)의 제자요, 기(旗)는 기(綦)와 통한다. 역기(易旗)는 혹은 12영기경(十二靈綦經)의 종류가 아닌가 한다. 없어져 전하지 않는다.

(15) 역괘(易卦) 8구(具)
팔괘(八卦)의 기구(器具)인 듯하다. 없어져 전하지 않는다.

■ 시구(蓍龜) 15가(家) 모두 401권

■ 시구가(蓍龜家)의 개략
시구(蓍龜)는 성인(聖人)이 이용하는 것이다. 『서경(書

經)』에 이르기를 "그대에게 큰 의심이 있으면, 복서(卜筮)로 도모함에 미칠 것이다."라고 하였고, 『역경(易經)』에 이르기를 "천하의 길흉을 정하고 천하의 힘씀을 이루는 것은 시구 (蓍龜)보다 좋은 것은 없다." 하였으며, 또 "이런 까닭에 군자가 장차 할 일이 있고, 장차 행할 일이 있으면 이것에게 물어서 그것으로써 말한다. 그 명(命)을 받으면 울림소리와 같다. 원근(遠近)이나 그윽하고 깊은 곳이 없이 드디어 오는 것을 안다. 천하의 지정(至精)이 아니면, 그 누가 능히 이것을 감당할 것인가." 하였다.

쇠퇴하는 세상이 이름에 미쳐, 재계(齋戒)를 게을리 하고 자주 복서(卜筮)를 번거롭게 하지만 신명(神明)은 감응하지 않는다. 그러므로 "산가지는 더러워지면 말하지 않는다."라고 하는 것은 역(易)이 그것으로써 꺼리는 것이 되는 것이다. "거북은 싫어서 말하지 않는다."라고 하였으니, 『시경(詩經)』은 그것으로써 비방하는 것이 되는 것이다.

  蓍龜[1]者 聖人之所用也 書曰[2] 女[3]則有大疑 謀及卜筮 易曰[4] 定天下之吉凶 成天下之亹亹[5]者 莫善於蓍龜 是故君子將有爲也 將有行也 問焉而以言 其受命[6]也如嚮[7] 無有遠近幽深 遂知來物[8] 非天下至精 其孰能與[9]於此

  及至衰世 解於齊戒[10] 而婁[11]煩卜筮 神明不應 故筮瀆不告[12] 易以爲忌 龜厭不告[13] 詩以爲刺

1) 蓍龜(시구) : 점치는 기구(器具). 시(蓍)는 시초점을 치는 산가지. 이것의 수를 세어 길흉을 점치는데 시서(蓍筮)라고도 한다. 구(龜)는 거북점을 치는 거북의 등껍질이다. 이것을 태워 길흉을 점치는데 구복(龜卜)이라고도 한다.
2) 書曰(서왈) : 『서경(書經)』의 홍범(洪範)에 있는 말.
3) 女(여) : 너, 그대. 여(汝)와 같다.
4) 易曰(역왈) : 『역경(易經)』 계사전 상(繫辭傳上)에 있는 말.
5) 亹亹(미미) : 힘써 노력하는 모양. 면면(勉勉).

6) 受命(수명) : 점을 쳐서 나오는 점괘가 곧 명(命)이니, 점술가의 점치는 물음에 대해 점괘로서 대답해주는 것을 말한다.
7) 如嚮(여향) : 울림소리와 같다. 곧 울림소리가 무엇에 반응하는 것과 같이 아주 빠르다는 뜻. 향(嚮)은 향(響)과 같다.
8) 來物(내물) : 오는 것. 곧 미래의 일.
9) 與(여) : 여기서는 감당한다는 뜻으로 풀이된다.
10) 解於齊戒(해어재계) : 재계(齋戒)를 게을리하다. 해(解)는 해(懈)와 통하고, 재(齊)는 재(齋)와 통한다. 재계(齋戒)는 마음과 몸을 깨끗하게 하는 일.
11) 婁(누) : 자주, 때때로. 누(屢)와 통한다.
12) 筮瀆不告(서독불고) : 산가지는 더러워지면 말하지 않는다. 『주역(周易)』 몽괘(蒙卦)의 괘사(卦辭)에 "처음의 산가지는 말한다. 재삼(再三)하면 더러워진다. 더러워지면 말하지 않는다."라고 하였다.
13) 龜厭不告(구염불고) : 거북은 싫어서 말하지 않는다. 『시경(詩經)』 소아 소민(小雅小旻)에 "나의 거북은 이미 싫어져 나에게 길을 말하지 않는다."라고 하였다.

■ 시구가(蓍龜家)의 개략 해설

시서(蓍筮)와 구복(龜卜)은 예로부터 성인(聖人)이 그것을 이용한 것이다. 『서경(書經)』 홍범편(洪範篇)에 "장차 일을 행하고자 하는데, 그대에게 큰 의문이 있어 결정을 하지 못할 때에는 복서(卜筮)에 의해 그것을 귀신에게 묻는 것이 좋다."라고 하였다.

『역경(易經)』 계사전(繫辭傳)에는 "천하의 장래가 어떻게 될 것인가. 그 길흉(吉凶)과 화복(禍福)은 어떻게 될 것인가를 정하고, 그에 따라 천하의 사람들을 힘써 노력하게 하는 것은 시서(蓍書)와 구복(龜卜)보다 나은 것이 없다."라고 하였으며, 또 역시 『역경』 계사전에 "그러므로 역(易)을 배우는 군자는 장차 일을 하는데 있어 큰 일을 행하고자 하면 그 일의 길흉(吉凶)을 시서(蓍筮)에 물어 시서가 가르치는 대로 따라서 말하는 것이다. 시서가 시자(蓍者)의 묻는 것을 받아들여서 그에 대해 대답해 주는 것은 울림소리가 사물에 반응하는 것과 같이 빠르다. 먼 데 있는 일이거나 가까운 데에 있는 일이거나, 숨겨져서 드러나지 않은 것이거나 깊은 속에 잠겨 있는 것이라도 그것이 장차 어떻게 될 것이라는 것을 알 수가 있다. 천하의 순수한 것으로 조금이라도 잡티가 섞이지 않은 사람이 아니고는 어느 누가 시서(蓍筮)의 일을 감당할 수 있을 것인가."라고도 하였다.

세상이 쇠퇴해짐에 이르러 시서(蓍筮)를 하는 사람이 몸과 마음을 깨끗이 하고 정신을 통일하는 일에 게으르고, 헛되이 복서(卜筮)만을 행하는데, 이렇게 되면 귀신은 그 물음에 대하여 대답해 주지 않는 것이다.

그러므로 『주역(周易)』 몽괘(蒙卦)의 괘사(卦辭)에도 "점서(占筮)의 신성(神聖)을 모독할 때 귀신은 그러한 사람에 대하여는 응답하지 않는다."라고 하였다. 이것은 주역은 꺼리고 싫어하는 것이 있다는 것을 말하는 것이다. 『시경(詩經)』 소아 소민(小雅小旻)의 시(詩)에 "복서(卜筮)를 자주 하면 거북의 영(靈)을 모독하는 것이 된다. 거북의 영은 그것을 싫어하여 나에게 길을 말하지 않는다."라고 하였는데, 이것은 시경이 싫어하는 것이 있다는 것을 말하는 것이다.

5. 잡점(雜占)

(1) 황제장류점몽(黃帝長柳占夢) 11권

장류(長柳)는 방술(方術)의 일종으로, 남북조시대(南北朝時代)에 행해졌던 것 같다. 유신(庾信)의 제왕헌(齊王憲) 비문(碑文)에 "비풍(飛風), 장류(長柳), 월각(月角), 성수(星宿), 음송(吟誦)하지 않음이 없다."라고 하였다. 점몽(占夢)은 꿈의 길흉을 점치는 것이다. 『주례(周禮)』 점인(占人)에 "일월성신(日月星辰)으로써 육몽(六夢)의 길흉을 점치다."라고 하였다. 없어져 전하지 않는다.

(2) 감덕장류점몽(甘德長柳占夢) 20권

감덕(甘德)은 전국시대의 점성가다. 『사기(史記)』 천관서(天官書)에 "옛날의 천수(天數)를 전하는 자는 제(齊)나라에 있어서는 감공(甘公)이다."라고 하였다. 없어져 전하지 않는다.

(3) 무금상의기(武禁相衣器) 14권

무금(武禁)은 사람의 성명이다. 이 책은 옷을 짓는 날의 길흉을 설(說)한 것인 듯하다. 『논형(論衡)』 기일편(譏日篇)에 "옷을 짓는 데에 책이 있다. 책에 길흉이 있는데, 흉일(凶日)에 옷을 지으면 화(禍)가 있고, 길일(吉日)에는 복(福)이 있다."라고 하였다. 없어져 전하지 않는다.

(4) 체이명잡점(嚔耳鳴雜占) 16권

체(嚔)는 채치기다. 재채기와 귀울림에 의해 길흉을 점친다. 없어져 전하지 않는다.

(5) 정상변괴(禎祥變怪) 21권

없어져 전하지 않는다.

(6) 인귀정물육축변괴(人鬼精物六畜變怪) 21권

없어져 전하지 않는다.

(7) 변괴고구(變怪誥咎) 13권

고(誥)는 신(神)에게 고(告)한다는 뜻이요, 구(咎)는 재앙이라는 뜻이다. 없어져 전하지 않는다.

(8) 집불상핵귀물(執不祥劾鬼物) 8권

핵(劾)은 죄상(罪狀)을 추구한다는 뜻이니, 귀물(鬼物)의 죄를 추구하는 방술(方術)로 액막이의 일종이다. 없어져 전하지 않는다.

(9) 청관제요상(請官除訞祥) 19권

요(訞)는 요(妖)와 같은 것으로서 요괴요, 재앙이다. 이것은 악마를 물리치는 책이다. 없어져 전하지 않는다.

(10) 양사천문(禳祀天文) 18권

양(禳)은 재앙을 물리친다는 뜻으로 일월성신(日月星辰)을 제사하여 재액(災厄)을 쫓아내는 책이다. 없어져 전하지 않는다.

(11) 청도치복(請禱致福) 19권

『사기(史記)』 봉선서(封禪書)와 『한서(漢書)』 교사지(郊祀志)에는 신에게 기도하여 복을 비는 기사가 보인다. 이것은 사관(祠官)의 직업이다. 없어져 전하지 않는다.

(12) 청우지우(請雨止雨) 26권

『춘추번로(春秋繁露)』에는 구우편(求雨篇)과 지우편(止雨篇)이 있다. 없어져 전하지 않는다.

(13) 태일잡자후세(泰壹雜子候歲) 22권

후세(候歲)는 그 해의 길흉을 점치는 것이다. 없어져 전하지 않는다.

(14) 자공잡자후세(子贛雜子候歲) 26권

자공(子贛)은 공자의 제자인 자공(子貢)이다. 자공이 축재(畜財)의 명수였다고 일컬어지므로 후세의 점가(占家)가 세점(歲占)의 점서(占書)를 만들어 자공(子貢)의 이름을 빌린 것인 듯하다. 그것을 또 후세의 점가가 더욱 보태 자공잡자(子贛雜子)라고 이름 붙인 듯하다. 없어져 전하지 않는다.

(15) 오법적저보장(五法積貯寶藏) 23권
오법(五法)은 오행(五行)의 방위(方位)일 것이다. 이 책은 농업에 관한 것이지만 점치는 것을 주로 한 것이므로 잡점류(雜占類)에 넣은 것이다. 없어져 전하지 않는다.

(16) 신농교전상토경종(神農教田相土耕種) 14권
이것도 농서(農書)이지만, 점후(占候)를 주로 한 것이다. 없어져 전하지 않는다.

(17) 소명자조종생어별(昭明子釣種生魚鱉) 8권
소명자(昭明子)가 어떠한 사람인지는 잘 모른다. 양식(養殖)의 책으로 점후(占候)를 주로 한 것이다. 없어져 전하지 않는다.

(18) 종수장과상잠(種樹臧果相蠶) 13권
원예와 양잠의 책이나, 점후(占候)를 주로 한 것이다. 없어져 전하지 않는다.

■ 잡점(雜占) 18가(家) 모두 313권

■ 잡점가(雜占家)의 개략
잡점(雜占)은 모든 일의 상(象)을 기록하고 선악의 징조를 살핀다. 『주역(周易)』에 이르기를 "일을 점쳐서 오는 일을 안다."라고 하였다. 많은 점(占)이 한결같지 않고 꿈을 크게 친다. 그러므로 주(周)에는 그 관리가 있었다. 그리고 『시경(詩經)』에는 웅비훼사(熊羆虺蛇)와 중어조여(衆魚旐旟)의 꿈을 실었다. 대인(大人)의 점(占)을 저명하게 하여 그것으로 길흉을 생각한다. 대개 복서(卜筮)에 관계한다. 춘추(春秋)의 요(訞)를 설(說)함에 이르기를 "사람의 꺼리는 바, 그 기(氣)가 불꽃이 되어 그것으로써 그것을 취한다. 요(訞)는 사람으로 말미암아 일어난다. 사람이 정상을 잃으면 요(訞)가 일어나고, 사람이 틈이 없으면 요는 스스로 일어나지 않는다."라고 하였다. 그러므로 이르기를 "덕(德)은 불상(不祥)을 이기고, 의(義)는 불혜(不惠)를 싫어한다."라고 하였다. 상(桑)과 곡(穀)이 함께 나서 태무(太戊) 그것으로써 일어난다. 꿩이 솥 위에 올라가 우니 무정(武丁)이 종(宗)이 되다.

그러나 미혹된 자는 그것을 자기 몸에서 살펴 생각하지 않고 요(訞)의 나타남을 꺼린다. 이것으로써 『시경(詩經)』에 "그의 고로(故老)를 불러 여기에 점몽(占夢)을 묻다."라고 비방하였다. 그 근본을 버리고 끝을 근심하여 흉(凶)과 재앙을 이기지 못함을 한탄한다.

雜占者 紀百事之象[1] 候善惡之徵 易曰[2] 占事知來 衆占非一 而夢爲大 故周有其官[3] 而詩[4]載熊羆虺蛇衆魚旐旟之夢 著明大人之占 以考吉凶 蓋參卜筮[5] 春秋之說訞[6]也 曰 人之所忌 其氣炎以取之 訞由人興也 人失常則訞興 人無釁焉 訞不自作 故曰 德勝不祥 義厭不惠 桑穀共生[7] 太戊以興 雉雊登鼎[8] 武丁爲宗

然惑者不稽諸躬 而忌訞之見 是以詩刺[9]召彼故老 訊之占夢 傷其舍本而憂末 不能勝凶咎也

1) 象(상):『주역(周易)』에서 쓰는 용어로 뒤에 감추어져 있는 일. 점을 쳐서 나타나는 형상을 말한다.
2) 易曰(역왈):『주역(周易)』계사전(繫辭傳)에 있는 말.
3) 周有其官(주유기관): 주(周)에는 그것을 관장하는 관리가 있었다는 말. 곧『주례(周禮)』에 의하면, 대복(大卜)과 점몽(占夢)의 관리가 있었는데, 대복의 직분(職分)은 삼몽(三夢)의 법을 관장하였고, 점몽의 직분은 일월성신(日月星辰)으로 육몽(六夢: 편안한 꿈=正夢·놀

라는 꿈=惡夢・생각하던 바를 꾸는 꿈=思夢・비몽사몽간에 꾸는 꿈=寤夢・즐거운 꿈=喜夢・두려워하는 꿈=懼夢)의 길흉을 점치는 일을 관장하였다고 한다.

4) 詩(시) : 『시경(詩經)』 소아편(小雅篇)의 사간(斯干)의 시와 소아 무양(無羊)의 시를 말한다. 사간(斯干)의 시에는 웅비훼사(熊羆虺蛇)의 꿈 이야기가 실려 있고, 무양(無羊)의 시에는 중어조여(衆魚旐旟)의 꿈 이야기가 실려 있다. 사간의 시의 웅(熊)은 곰, 비(羆)는 곰의 일종인 큰 곰, 훼(虺)는 살모사, 사(蛇)는 뱀인데, 웅(熊)과 비(羆)는 남자에게 상서로운 꿈이요, 훼(虺)와 사(蛇)는 여자에게 상서로운 꿈이다. 그리고 무양의 시의 중어(衆魚)는 풍년을 뜻하고, 조여(旐旟)는 집안이 원만하고 화목하다는 뜻이다. 조(旐)는 거북과 뱀을 그린 깃발이다.

5) 參卜筮(참복서) : 복서(卜筮)에 참여한다. 점치는 일에 관계가 있다.

6) 春秋之說訞(춘추지설요) : 춘추(春秋)의 요(訞)를 설(說)한 것. 『춘추좌전(春秋左傳)』 장공(莊公) 14년에 보이는 신유(申繻)의 이야기. 요(訞)는 요(妖)와 같은 것으로, 괴물 또 요괴 따위. 마음에 꺼리고 두려워하는 것을 뜻한다.

7) 桑穀共生(상곡공생) : 뽕나무와 곡식이 함께 나다. 『사기(史記)』 은본기(殷本紀)에 "태무(太戊)가 천자가 되다. 이척(伊陟)이 재상이 되다. 박(亳)에 상서가 있다. 뽕나무와 곡식이 함께 아침에 나서 하루 밤을 지나고 크기가 한 아름이 되다. 태무(太戊)가 두려워서 이척(伊陟)에게 묻다."라는 말이 있다.

8) 雊雉登鼎(구치등정) : 꿩이 솥에 올라가서 울다. 『사기(史記)』 은본기(殷本紀)에 "꿩이 날아와 솥에 올라앉아 울다. 무정(武丁)이 두려워하다."라고 하는 말이 있다.

9) 詩刺(시자) : 시(詩)는 『시경(詩經)』 소아편(小雅篇)의 정월시(正月詩)를 이르는 말이요, 자(刺)는 여기서 비방한다는 뜻. 곧 『시경』에서 비방한다는 말이다. 시(詩)에 "그의 고로(故老)를 불러 그에게 점몽(占夢)을 묻다."한 것을 비방하였다. 또 서(序)에는 대부(大夫)가 주(周)의 유왕(幽王)을 찌른(刺) 시라고도 하였다.

■ 잡점가(雜占家)의 개략 해설

　잡점(雜占)이라고 하는 것은 여러 가지 일을 점쳐 그 나타나는 저쪽에 감춰져 있는 것을 기록하여 거기 나타나는 좋고 나쁜 징조를 살펴 생각하는 것을 말하는 것이다. 『주역(周易)』계사전(繫辭傳)에도 "일을 점쳐서 가지각색으로 변화하는 도리를 충분히 알아서 그에 의하여 장차 어떻게 발전하고 변화할 것인가 하는 것을 아는 것이 점인 것이다."라고 서술되어 있다.

　점에는 여러 가지가 있어 한결같지는 않으나 그 중에서도 몽점(夢占)이 가장 중요하다. 주대(周代)에는 몽점을 관장하는 관리가 따로 있었던 것이다. 『시경(詩經)』의 소아(小雅) 사간(斯干)의 시에는 곰과 큰 곰과 살모사와 뱀의 꿈이 실려 있고, 같은 소아(小雅) 무양(無羊)의 시에는 중어(衆魚)와 조여(旐旟)의 깃발의 꿈이 실려 있으며, 그리고 대인이 그 꿈을 점치는 것을 밝혀 그 일의 길흉을 생각하는 것이다.

　생각건대 몽점(夢占)은 복서(卜筮)와 관계가 있는 것이다. 『좌전(左傳)』장공(莊公) 14년에도 신유(申繻)가 괴물, 요괴에 대하여 "사람이 꺼리고 싫어하는 것은 그 마음이 불꽃처럼 이리저리 흔들려서 견고하고 바르지 않기 때문에 따라서 그것을 불러들이는 것이다. 요괴라고 하는 것은 그 사람에게서 생겨 일어나는 것이다. 사람도 정당한 도리를 벗어나면 요괴(妖怪)가 일어난다. 사람의 마음에 틈이 생기지 않으면 요괴라고 하는 것은 생기는 것이 아니다."라고 말하였다. 또 이르기를 "정당한 도리를 지키면 요괴 따위의 불길한 것을 때려 이긴다. 지당한 도리로 본다면 불순한 것은 가장 싫은 것이다."라고 말하였다.

　은대(殷代)에 태무(太戊)가 천자의 지위에 오르고, 이척(伊陟)이 재상이 되었는데, 도읍(都邑)인 박(亳)에 뽕나무와 곡식이 함께 나서 하룻밤을 지나고는 한 아름씩이나 되게 크게 자랐다. 태무(太戊)가 두려워 이척(伊陟)에게 물으니, 이척은 "요(妖)는 덕(德)에게는 이기지 못하는 것이니, 천자께서는 덕을 닦으십시오."라고 하였다. 그래서 태무(太戊)가 덕을 닦으니 요상(妖桑)은 말라죽고 은(殷)은 다시 일어났다고 한다.

또 은대(殷代)에 무정(武丁)이 성탕(成湯)에게 제사를 드렸는데, 다음 날 꿩이 날아와 솥 위에 올라앉아 울었다. 무정이 두려워 재상인 조기(祖己)에게 물으니, 조기는 "먼저 정치를 닦으십시오." 하였다. 그래서 무정(武丁)이 정사를 닦고 덕(德)을 행하였으므로 백성들이 모두 기뻐하였다고 한다.

그런데 도(道)에 미혹된 자는 요괴가 나타나면 그것을 내 몸에 살펴서 생각하지 않고 다만 요괴가 나타나는 것만을 꺼리고 싫어한다. 그래서 『시경(詩經)』 소아(小雅) 정월(正月)의 시에도 "원로(元老)에게 정치에 대한 것을 묻지 않고, 원로를 불러서 점몽(占夢)만을 묻는다."라고 말하여 그것을 비방하고 있다. 이와 같은 것은 그 근본을 버리고 말단(末端)을 근심하여 그것 때문에 흉(凶)이나 구(咎:재앙)를 때려 이길 수가 없는 것을 한탄하는 것이다.

6. 형법(形法)

(1) 산해경(山海經) 13편

작자를 밝히지 않았으나, 유흠(劉歆)의 산해경서록(山海經序錄)에 하(夏)의 우(禹) 및 익(益)의 작품이라 되어 있고, 조엽(趙曄)

의 『오월춘추(吳越春秋)』와 『열자(列子)』의 탕문편(湯文篇) 및 『논형(論衡)』의 별통편(別通篇) 등에 우(禹) 또는 익(益)의 작(作)이라고 되어 있다. 그러나 이것들은 어느 것이나 상상에 의한 설(說)로 따를 것이 못되고 아마도 전국시대 중기의 작품인 듯하다. 유흠(劉歆)은 『산해경(山海經)』을 교수하여 18편이라고 하였는데, 반고(班固)가 13편으로 저록한 것은 『대황경(大荒經)』 이하의 5편을 계산하지 않은 것이다. 이 5편은 해외(海外)와 해내(海內)의 2경(經)을 해석한 것으로, 한대(漢代)의 위작(僞作)일 것이다. 본래 『한지(漢志)』에 저록된 13편 중에는 없었다.

지금 전하는 『산해경(山海經)』은 진(晉)나라 곽박(郭璞)의 주(注)가 있고, 18편이다. 그 편목(篇目)은 남산경(南山經), 서산경(西山經), 북산경(北山經), 동산경(東山經), 중산경(中山經), 해외남경(海外南經), 해외서경(海外西經), 해외북경(海外北經), 해외동경(海外東經), 해내남경(海內南經), 해내서경(海內西經), 해내북경(海內北經), 해내동경(海內東經), 대황동경(大荒東經), 대황남경(大荒南經), 대황서경(大荒西經), 대황북경(大荒北經), 해내경(海內經)이다. 『산해경(山海經)』은 산수(山水)를 서술하고, 기괴한 동물과 진보(珍寶)와 기물(奇物)들을 기록하여 신기하고 괴이한 이야기가 많다. 『한서예문지(漢書藝文志)』는 복서(卜筮)와 풍수(風水)의 책이라고 하나, 『수서경적지(隋書經籍志)』는 이것을 사부(史部) 지리류(地理類)에 넣고 있다. 그리고 『사고제요(四庫提要)』는 이것을 소설가류(小說家類)에 넣었다. 이 책은 소설가(小說家)의 시조라 할 수 있을 것이다.

(2) 국조(國朝) 7권

심흠한(沈欽韓)은 『수서경적지(隋書經籍志)』에서 "유향(劉向)은 대략 지역을 말하였고, 승상(丞相) 장우(張禹)는 주공(朱貢)에게 부탁하여 풍속을 조기(條記)하게 하였다. 반고(班固)는 이에 의하여 지리지(地理志)를 만들다."라고 한 것으로 보아, 『한서지리지(漢書地理志)』의 바탕이 된, 유향(劉向)과 주공(朱貢)이 서술한 지리서(地理書)는 아마도 이 국조(國朝)인 듯하다. 없어져 전하지 않는다.

(3) 궁택지형(宮宅地形) 20권
거택(居宅)이나 지형의 길흉을 점치는 책이다. 없어져 전하지 않는다. 한대(漢代)에는 집자리를 보고 묘자리를 보는 책이 있었다.

(4) 상인(相人) 24권
인상학(人相學)의 책이다. 없어져 전하지 않는다.
※『순자(荀子)』의 비상편(非相篇)에 "사람의 상(相)을 보는 일은 옛날 사람에게는 없었고 학자의 도(道)는 그렇지 않았다. 옛날에는 고포자경(姑布子卿)이 있었고, 지금 세상에는 양(梁)에 당거(唐擧)가 있다. 사람의 형상과 안색을 보아 그의 길흉과 요(妖)와 상(祥)을 안다. 세속은 이것을 일컫는다."라고 하였다.

(5) 상보검도(相寶劍刀) 20권
도검(刀劍)의 길흉을 보는 책이다. 없어져 전하지 않는다.

(6) 상육축(相六畜) 38권
주로 말이나 소의 좋고 나쁜 것을 구별하는 법을 보는 것이다. 없어져 전하지 않는다.

■ 형법(形法) 6가(家) 모두 122권

■ 형법가(形法家)의 개략
형법(形法)은 크게 구주(九州)의 형세를 들어, 그것으로써 성곽과 실사(室舍)를 세우고, 사람과 6축(六畜)의 골법(骨法)과 도수(度數), 기물(器物)의 형용(形容)을 상(相) 보아서 그것으로써 그의 성기(聲氣)와 귀천과 길흉을 구하는 것이다. 마치 율(律)에 장단이 있어 각기 그 소리를 나타냄이

있는 것과 같다. 귀신이 있는 것이 아니라, 운수(運數)의 자
연인 것이다. 그러나 형(形)과 기(氣)는 서로 관련이 된다.
또한 그 형(形)이 있는데 그 기(氣)가 없고, 그 기(氣)가 있
는데 그 형(形)이 없기도 하다. 이것은 정미(精微)가 홀로
다른 것이다.

  形法者 大擧九州¹⁾之勢 以立城郭室舍形²⁾ 人及六畜³⁾骨法之
度數 器物之形容 以求其聲氣貴賤吉凶 猶律⁴⁾有長短 而各徵
其聲 非有鬼神 數自然也 然形與氣相首尾⁵⁾ 亦有有其形而無
其氣 有其氣而無其形 此精微之獨異也

1) 九州(구주) : 고대 중국에서 국토(國土) 전체를 이르던 말. 고대 중국
  에서 전국을 아홉 주(州)로 나누었는데, ①요순우(堯舜禹)시대에는
  기주(冀州), 연주(兗州), 청주(青州), 서주(徐州), 형주(荊州), 양주
  (揚州), 예주(豫州), 양주(梁州) 옹주(雍州)이며 ②은대(殷代)에는
  기주(冀州), 예주(豫州), 옹주(雝州), 양주(揚州), 형주(荊州), 연주
  (兗州), 서주(徐州), 유주(幽州), 영주(營州)이고 ③주대(周代)에는
  양주(揚州), 형주(荊州), 예주(豫州), 청주(青州), 연주(兗州), 옹주
  (雍州), 유주(幽州), 기주(冀州), 병주(幷州)였다.
2) 形(형) : 상(相)을 보다.
3) 六畜(육축) : 여섯 종류의 가축. 소·말·양·닭·개·돼지.
4) 律(율) : 음악의 12율(十二律).
5) 首尾(수미) : 관련이 된다.

■ 형법가(形法家)의 개략 해설
 형법(形法)이라고 하는 것은, 중국 전국토의 지세(地
勢)의 길흉을 상(相) 보아서 성곽이나 궁실을 지을 곳을
정한다거나, 인간이나 가축의 골법(骨法)의 도수(度數)나
기물(器物)의 생김새를 상(相) 보아서 그 성기(聲氣)와
귀천과 길흉을 구하는 것이다.
 마치 그것은 12율(十二律)의 관악(管樂)에 장단이 있어

서 가장 긴 관(管)인 황종(黃鍾)은 그 소리가 흐리고, 가장 짧은 관인 응종(應鍾)은 그 소리가 맑은 것과 같이, 율(律)의 길고 짧음에 따라서 소리의 청탁(淸濁)이 나타나는 것과 같은 것이다.

이와 같이 모든 것을 상(相) 보아서 길(吉)과 흉(凶)을 구하는 것은, 따로 귀신이 있어서 길과 흉을 보이는 것이 아니고 길과 흉을 나타내는 것이 자연의 도리인 것이다. 그러나 산천(山川)의 형체와 음양(陰陽)과 오행(五行)의 기(氣) 곧 정신은 겉과 안, 머리와 꼬리와 같은 관계에 있는 것이다. 하지만 그 형체는 있고 기(氣)가 없기도 하고, 그 기는 있으면서 그 형체가 없는 경우도 있다. 그것은 음양오행(陰陽五行)의 기(氣)의 정묘(精妙)한 활동에 의해 그와 같은 어긋남이 생기는 것이다.

7. 수술략(數術略) 총설(總說)

■ 수술(數術) 190가(家) 모두 2528권

■ 수술략(數術略)의 개략

수술(數術)은 다 명당(明堂)에서 희씨(羲氏)와 화씨(和氏)가 하던 사관(史官)의 복서(卜筮)의 직(職)이다. 사관(史官)이 없어진 것은 오래 되어서 그 책은 이미 구비할 수 없고, 그 책이 있다고 하더라도 그 사람이 없다. 역(易)에 이르기를 "진실로 그 사람이 아니면 도(道)는 헛되이 행해지지 않는다."라고 하였다. 춘추(春秋)시대에 노(魯)에 재신(梓愼)이 있고, 정(鄭)에 비조(裨竈)가 있고 진(晉)에 복언(卜偃)이 있고 송(宋)에 자위(子韋)가 있었다. 6국(六國) 때에는 초(楚)에 감공(甘公)이 있고, 위(魏)에 석신부(石申夫)

가 있었으며, 한대(漢代)에 당도(唐都)가 있었는데, 대충 얻는 정도였다. 대개 말미암는 것이 있으면 이루기가 쉽고, 말미암는 바가 없으면 이루기가 어렵다. 그러므로 구서(舊書)에 의하여 그것으로써 수술(數術)을 정리하여 여섯 종류로 하였다.

數術者 皆明堂[1]羲和[2]史卜[3]之職也 史官之廢久矣 其書旣不能具 雖有其書而無其人 易曰[4] 苟非其人 道不虛行 春秋時 魯有梓愼[5] 鄭有裨竈 晉有卜偃[6] 宋有子韋[7] 六國時 楚有甘公[8] 魏有石申夫[9] 漢有唐都[10] 庶得麤觕[11] 蓋有因而成易 無因而成難 故因舊書以序數術爲六種[12]

1) 明堂(명당): 고대 중국의 천자(天子)가 정치를 행하던 곳.
2) 羲和(희화): 요(堯)임금 시대에 역법(曆法)을 관장하였다고 일컬어지는 희씨(羲氏)와 화씨(和氏).
3) 史卜(사복): 사(史)는 사관(史官), 복(卜)은 복서(卜筮).
4) 易曰(역왈): 『주역(周易)』 계사전 하(繫辭傳下)에 보이는 말.
5) 梓愼(재신): 노(魯)나라의 대부(大夫)로 수술가(數術家). 『좌전(左傳)』에 드문드문 보인다.
6) 卜偃(복언): 복서(卜筮)에 밝았다고 한다. 『좌전(左傳)』에 드문드문 보인다.
7) 子韋(자위): 송(宋)나라 경공(景公)의 사관(史官). 『여씨춘추(呂氏春秋)』와 『논형(論衡)』에 보인다.
8) 甘公(감공): 이름은 덕(德)이다. 『사기(史記)』 천관서(天官書)와 『한서(漢書)』 천문지(天文志)에 보인다.
9) 石申夫(석신부): 『사기(史記)』에는 석신(石申)으로 되어 있다. 감공(甘公)과 함께 『사기』 천관서(天官書)와 『한서(漢書)』 천문지(天文志)에 보인다.
10) 唐都(당도): 천문(天文)에 밝았다. 『사기(史記)』 천관서(天官書)와 『역서(歷書)』에 보인다.
11) 麤觕(추조): 추(麤)나 조(觕)가 다 거칠다는 뜻이니, 대충 대강의

뜻으로 풀이된다.

12) 六種(육종) : 수술(數術)의 여섯 가지 종류, 곧 천문(天文), 역보(曆譜), 음양(陰陽), 오행(五行), 시구(蓍龜), 잡점(雜占), 형법(形法).

■ 수술략(數術略)의 개략 해설

　수술(數術)이라고 하는 것은 모두 명당(明堂)에서 희씨(羲氏)와 화씨(和氏)가 천문(天文)을 관찰하여 역(曆)을 만들거나 사관(史官)이 복서(卜筮)를 하거나 하는 데에 기원을 두는 것이다. 주왕조(周王朝)가 쇠미(衰微)해짐에 따라 주(周)의 사관(史官)은 그 직(職)을 잃고, 사관의 자제(子弟)들은 지방으로 분산하고 말았다. 그렇게 되니 수술(數術)의 책은 완전히 갖출 수가 없게 되었다. 좋은 수술의 책이 있다고 하더라도 그것을 이해하는 사람이 없어지고 말았다.

　『주역(周易)』계사전(繫辭傳)에도 "누구나 다 할 수 있는 것도 아니고, 그렇게 할 수 있는 사람이 없으면 도(道)만이 홀로 행해진다고는 할 수 없는 것이다."라고 하였듯이, 가령 수술(數術)의 책이 있다고 하더라도 그 책 홀로 길흉(吉凶)을 보이는 것이 아니고, 그것을 행하는 사람이 있어 비로소 수술의 길흉을 구할 수 있는 것이다.

　춘추시대가 되어 수술가(數術家)로 노(魯)나라의 재신(梓愼), 정(鄭)나라의 비조(裨竈), 진(晉)나라의 복언(卜偃), 송(宋)나라의 자위(子韋)가 나타났고, 전국시대에는 초(楚)나라의 감공(甘公)과 위(魏)나라의 석신부(石申夫)가 있었으며, 한대(漢代)에 이르러서는 당도(唐都)가 나왔다. 이 사람들은 모두 수술(數術)의 전문가로 수술의 대체(大體)를 체득한 사람들이라고 말할 수 있다.

　사물에 바탕을 두고 그것을 체득하면 이루기가 쉬우나, 바탕을 둔 바가 없고 새로이 그것을 구하고자 한다면 매우 이루기가 어려운 것이다. 그러므로 여기 구서(舊書)에

제6편 수술략(數術略)   305

바탕을 두고 수술(數術)을 정리하여 천문(天文), 역보(曆譜), 음양(陰陽), 오행(五行), 시구(蓍龜), 잡점(雜占), 형법(形法)의 여섯 종류로 한다.

　※반고(班固)는 제자략(諸子略) 음양가(陰陽家)의 원류(源流)를 서(敍)하여 "음양가자류(陰陽家者流)는 대개 희화(羲和)의 관(官)에서 나오다."라고 하였으나, 음양가(陰陽家)는 음양(陰陽)의 이론을 설하는 것이고, 수술가(數術家)는 음양의 실제를 관장하는 것이다.

제 7 편 방기략(方技略)

1. 의경(醫經)

(1) 황제내경(黃帝內經) 18권

지금 전하는 『소문(素問)』, 『영추(靈樞)』의 두 책이 이 『황제내경(黃帝內經)』이라고 일러온다. 진(晉)의 황보밀(皇甫謐)의 『갑을경(甲乙經)』 서(序)에 "지금 『침경(鍼經)』 9권, 『소문(素問)』 9권, 이구(二九) 18권이 있는데 그것이 곧 내경(內經)이다."라고 하였다. 『침경』은 오늘의 『영추(靈樞)』이고, 『소문(素問)』이라는 명칭은 한진(漢晉) 때 생겼다. 그래서 『수서경적지(隋書經籍志)』에 비로소 저록되었다. 지금 있는 『황제소문(黃帝素問)』 24권에 대하여 요제항(姚際恒)은 본래 진대(秦代) 사람의 작품에다가 한대(漢代) 이후 사람의 작품도 섞여 있는 것이라고 『고금위서고(古今僞書考)』에서 말하고 있다.

『영추(靈樞)』라고 하는 책의 이름은 『한지(漢志)』에는 물론이요, 수당지(隋唐志)에도 보이지 않는다. 『영추경(靈樞經)』이라는 명칭은 당(唐)의 왕빙(王冰)이 당지(唐志)에 보이는 『구령경(九靈經)』을 다시 『영추경(靈樞經)』이라고 이름 붙인 데서 시작된 것이라고 한다. 지금 있는 『영추경』 12권을 청(淸)의 항세준(杭世駿)은 "문의(文義)가 천단(淺短)하여 소문(素問)과 함께 말할 수 없다. 그리고 넌지시 소문(素問)을 취해서 그것을 포장한 것 같다. 그 왕빙(王冰)의 위탁(僞託)임을 알 것이다."라고 『도고당집(道古堂集)』과 『영추발(靈樞跋)』에서 말하고 있다.

(2) 황제외경(黃帝外經) 37권
없어져 전하지 않는다.

(3) 편작내경(扁鵲內經) 9권
편작(扁鵲)은 위(魏)나라 환후(桓侯) 때의 의원(醫員)이다. 성은 진씨(秦氏)요, 이름은 월인(越人). 『사기(史記)』 제105권에 편작창공열전(扁鵲倉公列傳)이 있다. 『수서경적지(隋書經籍志)』에 『황제팔십일난(黃帝八十一難)』 2권을 저록하였고, 당지(唐志)에 이르러는 『난경(難經)』을 진월인(秦越人)의 찬(撰)이라고 하였는데, 진월인은 편작(扁鵲)을 이르는 말이다. 지금 있는 『난경(難經)』 2권은 이 편작내경(扁鵲內經)과 외경(外經)의 유서(遺書)인지 아닌지는 알 수 없다.

(4) 편작외경(扁鵲外經) 12권
전기(前期)한 『편작내경(扁鵲內經)』에서 서술한 것과 같다.

(5) 백씨내경(白氏內經) 38권
백씨(白氏)가 어떠한 인물인지는 알 수가 없다. 없어져 전하지 않는다.

(6) 백씨외경(白氏外經) 36권
백씨(白氏)는 전기(前記)한 바와 같다. 없어져 전하지 않는다.

(7) 방편(旁篇) 25권
없어져 전하지 않는다.

■ 의경(醫經) 7가(家) 모두 216권

■ 의경가(醫經家)의 개략
의경(醫經)은 사람의 혈맥(血脈), 경락(經絡), 골수(骨髓),

음양(陰陽), 표리(表裏)를 찾아서 그것으로써 모든 병의 근본과 사생(死生)의 구별을 정하고, 그리하여 도(度), 잠(箴), 석(石), 탕(湯), 화(火)의 베푸는 바를 이용하여 백약(百藥)의 약제를 조합하는 데에 마땅하다. 약제의 덕(德)에 있어서는 자석이 철(鐵)을 당기는 것과 같이 물(物)로써 서로 부린다. 졸(拙)한 자는 이(理)를 잃어 고칠 것을 무겁다고 하고, 살 것을 죽는다고 한다.

醫經者 原[1]人血脉經落[2]骨髓陰陽[3]表裏[4] 以起[5]百病之本 死生之分 而用度箴石湯火[6]所施 調百藥齊[7]和之所宜 至齊之德 猶慈石[8]取鐵 以物相使 拙者[9]失理 以瘉[10]爲劇 以生爲死

1) 原(원): 찾다. 심(尋)과 같다.
2) 經落(경락): 몸 속에서 생긴 병이 몸 거죽으로 나타나는 자리. 락(落)은 락(絡)과 통한다.
3) 陰陽(음양): 등은 양(陽)이요, 배는 음(陰)이다. 또 뱃속의 오장(五臟)은 음이요, 육부(六腑)는 양이다.
4) 表裏(표리): 표(表)는 양(陽)이요, 이(裏)는 음(陰)이다.
5) 起(기): 여기서는 정한다로 풀이된다.
6) 度箴石湯火(도잠석탕화): 도(度)는 안마, 지압 따위, 잠(箴)은 돌침인데 여기서는 침(鍼), 석(石)은 돌침, 탕(湯)은 탕약(湯藥) 곧 달여서 먹는 약. 화(火)는 뜸을 말한다.
7) 齊(제): 약제(藥劑). 곧 약을 조제하는 일. 제(劑)와 같다.
8) 慈石(자석): 자석(磁石)과 같다.
9) 拙者(졸자): 의술이 서투른 사람.
10) 瘉(유): 병이 낫다. 유(癒)와 같다.

■ 의경가(醫經家)의 개략 해설

의경(醫經)이라고 하는 것은 지금의 병리학(病理學)의 책을 말하는 것으로, 인체의 혈관이나 몸의 근육이나 골수나 등과 배, 오장(五臟)과 육부(六腑)와 같은 몸의 음양(陰陽)과 표(表 : 陽), 리(裏 : 陰)를 찾아 더듬어서 모든 병이나 생사(生死)의 구별을 정하는 것이다. 그리하여 안마나 지압을 한다든가, 침을 놓는다든가, 탕약을 달여서 먹는다든가, 뜸질을 한다든가 해서 약을 잘 조제하는 것이다.

약제(藥劑)의 공덕(功德)은 자석이 철을 끌어당기는 것과 같이 초목과 금석(金石)을 가지고 각각 병에 적합시키는 것이다. 다만 서투른 사람이 이것을 행하면 병리(病理)를 잘못하여, 병이 나았건만 병이 중하다고 하고, 살 것을 죽는다고 잘못 진단한다.

2. 경방(經方)

(1) 오장육부비십이병방(五藏六府痺十二病方) 30권
비(痺)는 공기가 습해서 생기는 병이다.
오장(五藏)은 오장(五臟)으로 심장(心臟), 신장(腎臟), 폐장(肺臟), 간장(肝臟), 비장(脾臟)을 이른다. 육부(六府)는 육부(六腑)로 대장(大腸), 소장(小腸), 담(膽), 위(胃), 삼초[三焦 : 상·중·하초가 있다. 상초는 심장 아래, 중초는 위 속에, 하초는 방광 위에 있어 수분의 배설을 맡음], 방광(膀胱)을 이른다. 비(痺)는 통풍(通風)이라고도 하는데, 지금의 류마치스를 말한다. 방(方)은 약을 조합하는 일, 곧 약제(藥劑), 약방(藥方)을 말한다. 없어져 전하지 않는다.

(2) 오장육부산십육병방(五藏六府疝十六病方) 40권
산(疝)은 허리나 배의 근육이 당겨져서 통증을 일으키는 병이다. 산기(疝氣), 산통(疝痛). 없어져 전하지 않는다.

(3) 오장육부단십이병방(五藏六府癉十二病方) 40권
　단(癉)은 황달병(黃疸病)이다. 없어져 전하지 않는다.

(4) 풍한열십육병방(風寒熱十六病方) 26권
　풍한열(風寒熱)은 감기다. 없어져 전하지 않는다.

(5) 태시황제편작유부방(泰始黃帝扁鵲兪拊方) 23권
　유부(兪拊)는 황제(黃帝) 때의 의원이라고 전설로 전해진다. 『사기(史記)』 편작전(扁鵲傳)에 "상고(上古)시대에 의원중 유부(兪拊)가 있었다."라고 하였다. 없어져 전하지 않는다.

(6) 오장상중십일병방(五藏傷中十一病方) 31권
　상중(傷中)은 침이나 돌침을 쓸 때 오장(五臟) 속에서 상처를 입었을 때 생기는 병이다. 없어져 전하지 않는다.

(7) 객질오장광전병방(客疾五藏狂顚病方) 17권
　광전(狂顚)은 정신병이다. 없어져 전하지 않는다.

(8) 금창종계방(金創瘲瘛方) 30권
　금창(金創)은 칼 같은 것에 의해 다친 상처요, 종계(瘲瘛)는 어린아이에게 생기는 손발의 경련이다. 없어져 전하지 않는다.

(9) 부인영아방(婦人嬰兒方) 19권
　부인과(婦人科)와 소아과(小兒科)의 약제서(藥劑書)다. 없어져 전하지 않는다.

(10) 탕액경법(湯液經法) 32권
　달여서 먹는 탕약(湯藥)의 약제서(藥劑書)다. 없어져 전하지 않는다.

(11) 신농황제식금(神農黃帝食禁) 7권

식금(食禁)은 먹어서는 안 되는 것을 금기한 것이다. 단파강뢰(丹波康賴)의 『의심방(醫心方)』 권29에 사시식금(四時食禁) 제3이 있다. 식금(食禁)을 식약(食藥)의 잘못이라는 설이 있으나 따르지 않는다. 없어져 전하지 않는다.

■ 경방(經方) 11가(家) 모두 274권

■ 경방가(經方家)의 개략

경방(經方)은 초석(草石)의 한온(寒溫)에 바탕을 두고 질병의 천심(淺深)을 헤아리며, 약미(藥味)의 자(滋)를 빌려 기감(氣感)의 마땅함에 인하여 오고(五苦)와 육신(六辛)을 변별하고 수화(水火)의 제(劑)를 이루어 그것으로써 막힘을 통하게 하고 맺어진 것을 풀어서 그것을 평상으로 돌린다. 그 마땅함을 잃은 자에 미쳐서는 열로써 열을 더하고, 한(寒)으로써 한을 더한다. 정기(精氣)가 안으로 상하여 겉으로 나타나지 않음은 이것은 홀로 잃은 바이다. 그러므로 속된 말에 이르기를 "병이 있어 다스리지 않으면, 늘 중의(中醫)를 얻는다."라고 한다.

經方者 本草石[1]之寒溫 量疾病之淺深 假藥味之滋 因氣感之宜 辯五苦[2]六辛[3] 致水火之齊[4] 以通閉解結 反之於平 及失其宜者 以熱益熱 以寒增寒 精氣內傷 不見於外 是所獨失也 故諺曰 有病不治 常得中醫

1) 草石(초석) : 초목과 금석(金石).
2) 五苦(오고) : 다섯 가지 쓴 맛. 곧 황련(黃連), 고삼(苦參), 황령(黃芩), 황백(黃柏), 대황(大黃).
3) 六辛(육신) : 여섯 가지 매운 맛. 곧 건강(乾薑), 부자(附子), 육계(肉桂), 오유(吳萸), 촉초(蜀椒), 세신(細辛).

4) 水火之齊(수화지제) : 약제를 화제(火製)로 하는 것과 수제(水製)로 하는 것. 제(齊)는 제(劑)와 같다.

■ 경방가(經方家)의 개략 해설

경방(經方)이라고 하는 것은 약제 요법(藥劑療法)을 말하는 것이다. 초목과 금석(金石)의 미한(微寒), 대량(大涼), 미온(微溫)에 바탕을 두고 가벼운 피부병 정도인가, 중증(重症)인 내장(內臟) 기구의 병인가를 헤아려 생각한다든가, 약의 액체에는 신맛, 쓴맛, 단맛, 매운맛, 짠맛이 있는데 그 약의 액체의 맛을 빌어서, 풍(風), 한(寒), 서(暑), 습(濕), 조(燥), 화(火)의 하늘의 여섯 기운이 인간에게 주는 영향에 주의를 기울인다. 또 황련(黃連), 고삼(苦參), 황령(黃芩), 황백(黃柏), 대황(大黃) 등 다섯 가지 쓴 약제와 건강(乾薑), 부자(附子), 육계(肉桂), 오유(吳萸), 촉초(蜀椒), 세신(細辛) 등 여섯 가지 매운 약제를 잘 가려 그것들을 화제(火製)로 할 것인가, 수제(水製)로 할 것인가, 혹은 수화공제(水火共製)로 할 것인가를 결정하여 그것을 적당하게 맞추어, 병으로 인해 막힌 데를 통하게 하고, 결집된 곳을 풀어 주어 내장(內臟)의 기능을 평상의 상태로 돌아가게 하는 것이다.

만약 처방을 잘못하면 병을 더욱 무겁게 하여 마침내 죽음에 이르게 하고 만다. 정기(精氣)가 안에서 고갈되어 밖으로 나타나지 않게 하는 것은 서투른 의사가 가끔 저질러 병자로 하여금 죽음에 이르게 하는 일이다. 그러므로 예로부터 전해오는 속담에 "병에는 치료를 하지 않아도 저절로 낫는 것이 있다. 그리고 약을 먹어서는 안 되는 병도 있어 잘못 약을 먹다가는 도리어 병을 깊게 할 수도 있다. 그러므로 차라리 내버려 두는 것이 중책(中策)을 얻는 것"이라고 하였다. 이것은 상책(上策)은 못 되더라도 하책(下策)은 되지 않는다. 그래서 이것을 중의

(中醫)라고 하는 것이다.
  ※전대소(錢大昭)의 『한서변의(漢書辨疑)』에 "지금 오인(吳人)이 오히려 약을 먹지 않는 것이 중의(中醫)가 되는 것과 같다."라고 하였다.

3. 방중(房中)

(1) 용성음도(容成陰道) 26권
  용성자(容成子)는 노자(老子)의 스승이라고 전설로 전해지는 사람이다. 없어져 전하지 않는다.

(2) 무성자음도(務成子陰道) 36권
  무성자(務成子)는 요(堯)임금의 스승이라고 전설로 전해지는 사람이다. 없어져 전하지 않는다.

(3) 요순음도(堯舜陰道) 23권
  없어져 전하지 않는다.

(4) 탕반경음도(湯盤庚陰道) 20권
  탕(湯)은 은(殷)나라 탕왕(湯王)이요, 반경(盤庚)은 은(殷)나라 중흥(中興)의 군주다. 없어져 전하지 않는다.
  ※이상은 어느 것이나 요(堯), 순(舜), 반경(盤庚)의 의탁(依託)이다.

(5) 천로잡자음도(天老雜子陰道) 25권
  천로(天老)는 전설상의 인물이다. 없어져 전하지 않는다.

(6) 천일음도(天一陰道) 24권
  천일(天一)은 별의 이름으로, 천제(天帝)의 신(神)이다. 없어져 전하지 않는다.

(7) 황제삼왕양양방(黃帝三王養陽方) 20권

없어져 전하지 않는다. 손성연(孫星衍)은 『소녀경(素女經)』을 이 책의 유일(遺佚)이라고 한다. 단파강뢰(丹波康賴)의 『의심방(醫心方)』 권29 양양편(養陽篇)에 『옥방비결(玉房祕訣)』, 『소녀경(素女經)』, 『현녀경(玄女經)』을 많이 인용하였다. 섭덕휘(葉德輝)는 그것을 이 『황제삼왕양양방(黃帝三王養陽方)』 20권의 유설(遺說)이라고 한다.

(8) 삼가내방유자방(三家內房有子方) 17권

없어져 전하지 않는다.

■ 방중(房中) 8가(家) 모두 186권

■ 방중가(房中家)의 개략

방중(房中)은 정성(情性)의 극(極)으로서 지극한 도리에 즈음한다. 이로써 성왕(聖王)은 밖의 즐거움을 억제하고 그것으로써 안에서 생기는 정욕(情欲)을 금하며, 그리하여 그것을 절제하였다. 전하는 말에 "선왕(先王)이 즐거움을 행하는 것은 모든 일을 절제하기 때문이다."라고 하였다. 즐기되 절도가 있으면 화평하고 수고(壽考)한다. 미혹된 자가 돌아보지 않음에 미쳐서, 그것으로써 병이 생기고 성명(性命)을 떨어뜨린다.

房中[1]者 情性之極[2] 至道之際 是以聖王制外樂以禁內情[3] 而爲之節文 傳曰[4] 先王之作[5]樂 所以節百事也 樂而有節 則和平壽考[6] 及迷者弗顧 以生疾而隕性命[7]

1) 房中(방중) : 남녀간의 성교(性交).
2) 情性之極(정성지극) : 감정 발동의 지극(至極).
3) 情(정) : 정욕(情欲).

4) 傳曰(전왈) : 전해 내려오는 이야기.
5) 作(작) : 행하다.
6) 壽考(수고) : 장수(長壽).
7) 隕性命(운성명) : 생명이 떨어지다. 곧 죽는다.

■ 방중가(房中家)의 개략 해설
　방중(房中)이라는 것은 남녀간의 성교(性交)를 말하는 것이나, 감정 발동의 지극(至極)은 그것이 절도(節度)에 맞음에 있고, 그것은 또 천하(天下) 고금(古今)이 함께 말미암는 바의 지극한 도리이기도 하다. 그렇기 때문에 성왕(聖王)은 밖으로 나타나는 즐거움을 억제하고 안에서 생기는 정욕(情欲)을 금하여, 그것을 적당한 정도로 절제하는 일이다. 예로부터 전해 오는 말에 "선왕(先王)이 자주 즐거워하는 것은 모든 것에 대하여 절제하기 때문이다."라고 하였다. 실로 즐기면서도 절제함이 있으면 마음이 부드러워지고 평화로워져 장수할 수가 있다. 이 도리에 밝지 않은 사람이 그것을 행하면, 다만 즐거움만을 구하느라 몸을 돌보지 않아, 그 결과로 병이 생기고, 마침내 생명을 잃기에 이르는 것이다.

4. 신선(神僊)

(1) 복희잡자도(宓戲雜子道) 20편
　복희씨(伏羲氏)에 의탁(依託)하여 만들어진 것이다. 없어져 전하지 않는다.

(2) 상성잡자도(上聖雜子道) 26권
　상성(上聖)이란 상대(上代)의 성인(聖人)이라는 뜻일 것이다. 없어져 전하지 않는다.

(3) 도요잡자(道要雜子) 18권
도요(道要)란 지도(至道)의 요(要)라는 뜻일 것이다. 없어져 전하지 않는다.

(4) 황제잡자보인(黃帝雜子步引) 12권
보인(步引)은 도인(導引)과 같은 것으로 안마(按摩)라는 뜻이다. 없어져 전하지 않는다.

(5) 황제기백안마(黃帝岐伯按摩) 10권
기백(岐伯)은 황제(黃帝) 때의 의원이라고 전설로 전해진다. 이것은 황제(黃帝)와 기백에 의탁(依託)하여 지은 책이다. 없어져 전하지 않는다.
※『당육전(唐六典)』에 의하면, 안마박사(按摩博士) 1인이 있고, 안마사(按摩師)와 안마공(按摩工)을 두어 안마박사를 돕게 하여 안마생(按摩生)을 가르쳤다고 하였다.

(6) 황제잡자지균(黃帝雜子芝菌) 18권
지균(芝菌)은 영지(靈芝)버섯이다. 이 책은 영지버섯 먹는 법을 설명한 것으로 연명술(延命術)이다. 없어져 전하지 않는다.

(7) 황제잡자십구가방(黃帝雜子十九家方) 21권
없어져 전하지 않는다.

(8) 태일잡자십오가방(泰壹雜子十五家方) 22권
이것은 약을 마시는 방법을 설명한 책이다. 진대(秦代)에는 박사(博士)에게 약 마시는 법을 다루게 하여 열선(列仙)의 유(儒)로 하였다. 없어져 전하지 않는다.

(9) 신농잡자기도(神農雜子技道) 23권

기도(技道)라 함은 신선가(神仙家)의 방술(方術)을 이른다. 없어져 전하지 않는다.

(10) 태일잡자황야(泰壹雜子黃冶) 31권

황야(黃冶)의 해석은 교사지(郊祀志)에 있다.

황야(黃冶)는 황금을 녹여서 붓는 일이다. 도가(道家)에서는 단사(丹砂)를 불려서 변화시켜 그것을 녹여 부어 황금을 만드는 일을 설하였다. 연금술(鍊金術)이다. 황금을 먹어서 연명(延命)을 꾀한다. 『포박자(抱朴子)』 금단편(金丹篇)에 무성자단법(務成子丹法), 황백편(黃白篇)에 무성자(務成子) 황금 만드는 법, 선문자단법(羨門子丹法), 한종단법(韓終丹法)을 인용하는데, 아마도 이 책의 흐름일 것이다. 없어져 전하지 않는다.

■ 신선(神僊) 10가(家) 모두 205권

■ 신선가(神僊家)의 개략

신선(神僊)은 성명(性命)의 참된 것을 보존하고, 그밖에 유구(游求)하는 소이(所以)의 것이다. 얼마 동안 뜻을 깨끗하게 하고, 마음을 평화롭게 하여 사(死)와 생(生)의 한계를 한 가지로 하여 가슴속에 두려워함이 없게 하는 것이다. 그러나 미혹된 자가 오로지 그것으로써 행함에 힘쓴다면 허망하고 거짓되고 괴이한 말을 점차로 더욱 많이 하게 되어 성왕(聖王)의 가르치는 까닭이 아니다. 공자가 말하기를 "은(隱)을 찾고 괴(怪)를 행하면 후세에 일컬어 주는 자가 있을지 모르나, 나는 그런 짓을 하지 않는다."라고 하였다.

神僊[1]者 所以保性命之眞 而游求於其外者也 聊以盪[2]意平心 同死生之域 而無怵惕[3]於胸中 然而或者[4]專以爲務 則誕

欺怪迂之文　彌以益多　非聖王之所以敎也　孔子曰　索隱行怪
後世有述焉　吾不爲之矣

1) 神僊(신선) : 신선(神仙). 선(僊)은 선(仙)과 같다.
2) 盪(탕) : 씻다. 세(洗)와 같다.
3) 怵惕(출척) : 두려워하다. 마음이 불안하다.
4) 或者(혹자) : 미혹된 자. 혹(或)은 혹(惑)과 같은 뜻으로 쓰였다.

■ 신선가(神僊家)의 개략 해설

신선(神仙)이라고 하는 것은 불로장생의 술법(術法)을 터득한 선인(仙人)을 말한다. 이 신선은 수련(修煉)의 술법에 의하여 몸을 놀려 밖으로 성명(性命)의 참된 것을 구하여, 그것을 파악하여 안으로 보존하는 것이다. 그리하여 얼마동안 마음을 닦아 깨끗하게 하고 평화롭게 하여 사(死)와 생(生)을 한 가지로 생각하여 가슴 속에 조금이라도 두렵고 불안한 것이 없게 하는 것이다. 그러나 세상에 미혹된 자가 이것을 행하게 되면, 헛되이 신선의 일을 빌려 큰소리로 외치며 사람을 속이며 괴이하고 바르지 않은 말이 점점 더욱 많아지는 것이다. 이것은 성왕(聖王)이 가르치는 바의 참다운 신선의 도는 아닌 것이다.

공자도 "보통 사람에게는 알 도리가 없는 도리를 찾아 낸다든가, 보통 사람으로는 행할 수가 없는 색다른 일을 한다면, 후세에 그것을 일컬어 계속 칭찬할지도 모르지만, 나는 그런 짓은 하지 않는다."라고 하였다.

※공자의 이 말은 『중용(中庸)』 주자장구(朱子章句) 제11장에 보인다.

5. 방기략(方技略) 총설(總說)

■ 방기(方技) 36가(家) 모두 863권

■ 방기략(方技略)의 개략

방기(方技)는 모두 생생(生生)의 구(具)로서 왕관(王官)의 하나를 차지한다. 태고에는 기백(岐伯)과 유부(兪拊)가 있었고, 중세에는 편작(扁鵲)과 진화(秦和)가 있어서, 대개 병(病)을 논하여 그것으로써 국가(國家)에 미치고, 진료에 바탕을 두어 그것으로써 정사(政事)를 알았다. 한(漢)이 일어나서 창공(倉公)이 있었으나, 지금은 그 기술이 어두워졌다. 그러므로 그 책들을 논하여 그것으로써 방기(方技)를 서(序)하여 네 종류로 하였다.

方技者 皆生生之具 王官[1]之一守[2]也 太古有岐伯[3]兪拊[4] 中世有扁鵲[5]秦和[6] 蓋論病以及國[7] 原[8]診以知政[9] 漢興有倉公[10] 今其技術晻昧[11] 故論其書 以序方技爲四種[12]

1) 王官(왕관) : 조정(朝廷)의 관직.
2) 一守(일수) : 한 관직을 차지한다. 수(守)는 지킨다는 뜻으로 차지한다는 말.
3) 岐伯(기백) : 황제(黃帝) 때의 전설적인 의원. 전술한 바 있다.
4) 兪拊(유부) : 황제 때의 전설적인 의원.
5) 扁鵲(편작) : 위(魏)나라 환공(桓公) 때의 의원인 진월인(秦越人).
6) 秦和(진화) : 춘추시대(春秋時代) 진나라의 명의(名醫). 『좌전(左傳)』과 『국어(國語)』에 보인다.
7) 及國(급국) : 나라에 미치다. 나라를 다스리는 도(道)를 안다.
8) 原(원) : 근원. 곧 바탕.

9) 知政(지정) : 정치의 법을 안다는 뜻.
10) 倉公(창공) : 한대(漢代)의 명의(名醫). 성은 순우(淳于), 이름은 의(意), 관(官)은 대창장(大倉長)이었으므로 창공(倉公)이라 일컫는다. 『사기(史記)』제105권에 편작창공열전(扁鵲倉公列傳)이 있다.
11) 晻昧(암매) : 어둡다. 밝지 못하다. 암(晻)은 암(暗)과 같다.
12) 四種(사종) : 의경(醫經), 경방(經方), 방중(房中), 신선(神僊)의 네 가지 종류.

■ 방기략(方技略)의 개략 해설

방기(方技)라고 하는 말은 방술(方術)과 기예(技藝)라는 뜻으로, 의술(醫術)이나 신선(神僊)의 유(類)를 말한다. 방기(方技)의 제가(諸家) 중 의방(醫方)은 병자를 기사회생(起死回生)시키고, 방중(房中)은 자손을 생산하게 하며, 신선(神僊)은 사람을 장생(長生)하게 하는 것으로 모두 생생(生生)의 활동을 하는 것이다. 『주례(周禮)』의 천관(天官)에 의사(醫師)가 있고, 그 밑에 식의(食醫), 질의(疾醫), 양의(瘍醫)의 관직(官職)이 있어, 방기(方技)는 중요한 조정의 관직 중 한 관직을 차지한다.

고대에는 기백(岐伯)이나 유부(俞拊)와 같은 의원(醫員)이 있었다고 하며 중세에는 편작(扁鵲)과 진화(秦和)와 같은 명의(名醫)가 나왔다. 대개 의(醫)의 고자(古字)는 의(毉)로, 고대 무사(巫史) 사회에서 온 것으로, 의(醫)는 치국(治國)의 도(道)에 통하는 것이었다. 저들 의(醫)는 병을 논하여 나라를 다스리는 도(道)를 알고, 맥박과 안색을 보아 정치의 법을 아는 것이다.

한대(漢代)에 이르러 창공(倉公)이라고 하는 명의(名醫)가 나왔다. 『한서예문지(漢書藝文志)』에 저록된 바의 의경(醫經), 경방(經方) 양가(兩家)의 책은 많이 창공(倉公)으로부터 전하는 것이다. 지금 그 창공의 의술(醫術)은 분명하게 전해지지 않는다. 그러므로 의서(醫書)를 논한 방기류(方技類)를 정리하여 의경(醫經), 경방(經方), 방중(房中), 신선(神僊)의 네 종류로 나눈다.

■ 대범서(大凡書), 육략(六略) 38종(種), 596가(家), 13269권

3가(家) 50편을 넣고, 병(兵) 10가(家)를 줄인다.

반고(班固) 자주(自注)의 3가란 유향(劉向), 양웅(揚雄), 두림(杜林)의 3가요, 50편이란 유향계의(劉向稽疑) 1편, 소학(小學)의 양웅·두림 2가의 3편, 유가(儒家)의 양웅 38편, 시부략(詩賦略)의 양웅부(揚雄賦) 8편을 말한다. 그리고 병(兵) 10가를 줄인다는 것은 병권모(兵權謀) 9가, 병기교(兵技巧) 1가를 줄인다는 말이다.

대범(大凡)은 총서(總書)를 말하는 것으로 즉 한서(漢書)에 수록되어 있는 총 책수를 말한다. 전한시대에는 진나라 때 은거해 있던 많은 학자들이 한나라의 정책에 동조하여 많은 학설을 연구하여 다수의 학파를 형성하였다. 진나라 때와는 달리 시대가 발전되었으므로 창작이 활발해졌으나 지식의 과시욕으로 위작(僞作) 또한 많이 생겨났다. 전한(前漢)시대 때의 총서는 7략(略) 38목(目) 603가(家) 13,229권 이었던 것이 후한(後漢)시대에 접어들면서부터는 정치적 안정을 되찾자 학술활동 또한 그 체제가 완비되었다.

시간과 공간을 초월하여 영원한 고전으로 남아질 수 있는
과거속의 유산을 캐내어 메마른 마음밭을 기름지게 가꾸어 줄 수 있는 —

자유문고의 책들

1. 정관정요
오긍 지음 ●576쪽

당나라 이후 중국의 역대 왕실이 모든 제왕의 통치철학으로 삼았던 이 저서는 「도꾸가와 이에야스(德川家康)」가 일본 통일의 기틀을 마련하는데 큰 힘이 되었다.

2. 식경
편집부 해역 ●328쪽

어떤 음식을 어떻게 섭취하면 몸에 좋은가? 어떻게 하면 무병장수 할 수 있는가 등. 옛 중국인들의 조리와 저장방법에서 해답을 얻을 수 있다.

3. 십팔사략
증선지 지음 ●254쪽

고대 중국의 3황 5제부터 송나라 말기까지 유구한 역사의 노정에서 격랑에 휘말린 인물과 사건을 시대별로 나눈 5천년 중국사를 한눈에 볼 수 있는 역사서.

4. 소학
조형남 해역 ●338쪽

자녀들의 인격 완성을 위해 성인이 되기 전 한번쯤 읽어야 하는 고전. 인간이 지켜야 할 예절과 우리 선조들의 예의범절을 되돌아 볼 수 있다.

5. 대학
정우영 해역 ●156쪽

사회생활에서 지도자가 되거나 조직의 일원이 될 때 행동과 처세, 자신의 수양 등에 도움은 물론, 훌륭한 지도자로 성장하도록 하는 조직관리의 길잡이다.

6. 중용
조강환 해역 ●192쪽

인간의 성(性) 도(道) 교(敎)의 구체적 사항 제시. 도(道)와 중화(中和)는 항상 성(誠)을 가지고 살아야 한다는 것과 귀신에 대한 문제 등이 논의됐다.

7. 신음어
여곤 지음 ●256쪽

한 국가를 경영하는 요체. 인간의 도리, 국가공복의 의무, 세상의 운세 그리고 성인과 현인, 국가를 경영하는 요체 등을 주제로 한 공직자의 필독서이다.

8. 논어
김상배 해역 ●376쪽

공자와 제자들의 사랑방 대화록. 공자(孔子)의 '배우고 때때로 익히면 즐겁지 아니한가.' 로 시작되는 논어를 통해 공문 제자의 교육법을 알 수 있다.

9. 맹자
전일환 해역 ●464쪽

난세를 다스리는 정치철학. 백성이란 생활을 유지할 생업이 있어야 변함없는 마음을 가질 수 있고, 생업이 없으면 변함없는 마음을 가질 수 없다.

10. 시경
이상진·황송문 역 ●576쪽

공자는 시(詩) 3백편을 한 마디로 한다면 '사무사(思無邪)' 라 했다. 옛 성인들은 시경을 인간의 마음을 정화시키는 교육서로 삼았다. 관련 그림도 수록되었다.

11. 서경
이상진·김명관 역 ●444쪽

요순(堯舜)부터 서주(西周)까지의 정사(政事)에 관한 모든 문서(文書)를 공자(孔子)가 수집하여 편찬한 책이다. 유학의 정치에 치중한 경전의 하나.

12. 주역
양학형·이준영 역 ●496쪽

주역은 보는 자의 관점에 따라 판단을 내리도록 하는 것이 역의 기본이치이다. 주역은 하나의 암시로 그 암시를 통해 문제를 해결해 나가는 것이다.

13. 노자도덕경
노재욱 해역 ●272쪽

난세를 쉽게 사는 생존철학. 인생은 속절없고 천지는 유구하다. 천지가 유구한 것은 무위 자연의 도를 수행하고 있기 때문이다. 제일 귀한 것은 자기 생명이다.

14. 장자
노재욱 편저 ●260쪽

바람따라 구름따라 정처없이 노닐며 온 천하의 그 무엇에도 속박되는 것 없이 절대 자유로운 삶을 영위하는 장주(莊周)의 자유무애한 삶의 이야기.

15. 묵자
박문현·이준영 역 ●552쪽

묵자(墨子)는 '사랑' 을 주창한 철학자이며 실천가다. 그의 이론은 단순하지만 그 이론을 지탱하는 무게는 끝없이 크다. 묵자의 '사랑' 은 구체적이고 적극적이다.

16. 효경
박명용·황송문 역 ●232쪽

효의 개념을 정립한 것. 공자가 제자인 증자(曾子)가 효도하는 마음가짐이 뛰어난 점을 간파하고 효도에 관한 언행을 전하여 기록하게 한 효의 이론서.

17. 한비자
노재욱·조강환 역 ●상532쪽·하512쪽

약육강식이 횡행하던 춘추전국시대에 순자의 성악설(性惡說)을 사상적 배경으로 받아들여 법의 절대주의를 역설. 법 위주의 냉엄한 철학으로 이루어졌다.

18. 근사록
정영호 해역 ●424쪽

내 삶의 지팡이. 송(宋)나라 논어라 일컬어진 송나라 성리학(性理學)을 집대성한 유학의 진수. 높은 차원의 철학적 사상과 학문이 쉽고 짧은 문장으로 다루어짐.

19. 포박자
갈홍 저/장영창 역 ●280쪽

불로장생은 모든 인간의 소망이다. 죽음을 초월할 수 있는가? 불로불사(不老不死)의 약은 있는가? 등등. 인간들이 궁금해 하는 내용들이 조명되었다.

20. 여씨춘추
정영호●12기370쪽·8람464쪽·6론240쪽

여불위가 3천여 학자와 이룩한 사론서(史論書)로 '12기(紀), 8람(覽), 6론(論)' 으로 나뉘어 선진(先秦)시대의 학설과 사상을 총망라해 다룬 백과전서.

21	고승전 혜교 저 / 유월탄 역 ●288쪽	중국대륙에 불교가 들어 오면서 불가(佛家)의 오묘 불가사의한 행적들과 전도과정에서의 수난과 고통, 수도과정에서 보여주는 고승들의 행적 등을 기록.
22	한문입문 최형주 해역 ●232쪽	조선시대의 유치원 교육서라고 하는 천자문, 이천자문, 사자소학, 계몽편, 동몽선습이 수록. 또 관혼상제와 가족의 호칭법 나열. 간단한 제상차리는 법이 요약.
23	열녀전 유향 저 / 박양숙 역 ●416쪽	역사에 큰 발자취를 남긴 89명의 여인들을 다룬 여성의 전기이다. 총 7권으로 구성되었으며 옛여성들이 지킨 도덕관을 한 눈에 볼 수 있는 교양서.
24	육도삼략 조강환 해역 ●296쪽	병법학의 최고봉인 무경칠서(武經七書)중 2가지 책으로 3군을 지휘하고 국가를 방위하는데 필요한 저서. 『육도』와 『삼략』의 두 권이 하나로 합한 것이다.
25	주역참동계 최형주 해역 ●272쪽	주나라의 역(易)이 노자의 도(道)와 연단술(練丹術)과 서로 섞여 통하며 『주역』과 연단은 음양을 벗어나지 못하며 노자의 도는 음양이 합치된다고 하였다.
26	한서예문지 이세열 해역 ●328쪽	반고(班固)가 찬한 『한서(漢書)』 제30권에 들어 있는 동양고전의 서지학(書誌學)의 대사전. 한(漢)나라 이전의 모든 고전을 일목요연하게 볼 수 있다.
27	대대례 박양숙 해역 ●344쪽	『대대례』의 정식 명칭은 『대대예기』이며 한(漢)나라 대덕(戴德)이 편찬한 저서로 공자와 그의 제자들이 예에 관한 기록 131편을 수집하여 집대성한 것이다.
28	열자 유평수 해역 ●304쪽	『열자』의 학문은 황제(黃帝)와 노자(老子)에 근본을 삼았고 열자 자신을 호칭하여 도가(道家)의 중시조라 했다. 내용이 재미 있고 어렵지 않은 것이 특징.
29	법언 양웅 저 / 최형주 역 ●312쪽	전한(前漢)시대 사마상여(司馬相如)의 영향을 받아 대문장가가된 양웅(楊雄)의 문집. 양웅은 오로지 저술에 의해 이름을 남기고자 저술에 전념하였다.
30	산해경 최형주 해역 ●408쪽	문학·사학·신화학·지리학·민속학·인류학·종교학·생물학·광물학·자원학 등 제반 분야를 총망라한 동양 최고의 기서(奇書)이며 박물지(博物志).
31	고사성어 송기섭 지음 ●304쪽	일상생활에서 많이 쓰이는 125개의 고사성어의 유래를 밝히고 1,000여개 고사성어의 유사언어와 반대어, 속어, 준말, 자해(字解) 등을 자세하게 실었다.
32	명심보감·격몽요결 박양숙 해역 ●280쪽	인간 기본 소양의 명심보감과 공부의 지침서인 격몽요결, 학교 운영과 학생들의 행동규범안을 보여주는 율곡 이이(李珥) 선생의 학교모범으로 이루어졌다.
33	이향견문록 유재건 엮음 / 이상진 역 상352쪽 / 하352쪽	일반적으로 많이 알려지지 않은 숨은 이야기 모음. 소문으로 알려져 있는 평범한 이야기, 기이한 이야기, 유명한 사람의 이야기를 능가하는 이야기 등.
34	성학십도와 동국십팔선정 이상진 외2인 해역 ●248쪽	'성학십도'는 어린 선조가 성군이 되기를 바라 퇴계 이황이 집필. '동국십팔선정'은 우리나라 사람으로서 성균관 문묘에 배향된 대유학자 18명의 발자취를 나열.
35	시자 신용철 해역 ●240쪽	진(秦)나라 재상 상앙의 스승이었다는 시교의 저서로 인의를 내세운 유가의 덕치(德治)를 바탕으로 '정명(正名)과 명분(名分)'을 내세워 형벌을 주창.
36	유몽영 장조 저 / 박양숙 역 ●240쪽	장조(張潮)가 쓴 중국 청대(淸代)의 수필 소품문학의 백미로, 도학자다운 자세와 차원높은 은유로 인간의 진솔한 삶의 방법과 존재가치를 탐구하였다.
37	채근담 박양숙 해역 ●288쪽	명나라 때 홍자성(洪自誠)이 지은 저서. 하늘의 이치와 인간의 정을 근본으로 덕행을 숭상하고 명예와 이익을 가볍게 보아 담박한 삶의 참맛을 찾는 길을 모색.
38	수신기 간보 저 / 전병구 역 ●462쪽	동진(東晉)의 간보(干寶)의 저서. '신괴(神怪)한 것을 찾다' 와 같이 '귀신을 수색한다' 의 뜻으로 신선, 도사, 기인, 괴물, 귀신 등의 이야기로 이루어짐.
39	당의통략 이덕일·이준영 역 ●462쪽	조선 말기의 정치가이며 학자인 이건창의 저서로 선조 때부터 영조 때까지의 당쟁사. 음모와 모략, 드디어 영조가 대탕평을 펼치게 되는 일에서 끝을 맺었다.
40	거울로 보는 관상 신성은 엮음 ●400쪽	달마조사와 마의선사의 상법(相法)을 300여 도록과 함께 현대문으로 재해석하여 누구나 쉽게 알 수 있게 꾸민 관상학 해설서. 원제는 '마의상법(麻衣相法)'.
41.다경 ●240쪽	42.음즐록 ●176쪽	43.손자병법 ●272쪽
44.사경 ●288쪽	45.예기 상448쪽·중416쪽·하427쪽	46.이아 ●424쪽
47.주례 ●608쪽	48.춘추좌전 상664쪽·중656쪽·하672쪽	49.순자 ●656쪽
50.악기 ●312쪽	51.가범 ●336쪽	52.원본소녀경 ●322쪽

■ 동양학 100권 발간 후원인 (가나다 순)
후원회장 : 유태전
후원회운영위원장 : 지재희
　　김경범, 김관해, 김기흥, 김소형, 김재성, 김종원, 김주혁, 김창선, 김태수, 김태식,
　　김해성, 김향기, 남기현, 남수, 박문현, 박양숙, 박종거, 박종성, 백상태, 송기섭,
　　신성은, 신순원, 신용민, 양태조, 양태하, 오두환, 유재귀, 유평수, 이규환, 이덕일,
　　이상진, 이석표, 이세열, 이승균, 이승철, 이영구, 이용원, 이원표, 임종문, 임헌영,
　　전병구, 전일환, 정갑용, 정인숙, 정찬옥, 정철규, 정통규, 조강환, 조응태, 조일형,
　　조혜자, 최계림, 최영전, 최형주, 한정곤, 한정주, 황송문

인지
생략

동양학총서〔26〕
한서예문지(漢書藝文志)

초판 1쇄 발행　1995년 6월 30일
초판 3쇄 발행　2005년 3월 30일

해역자 : 박양숙
펴낸이 : 이준영

회장·유태전
주간·이덕일 / 기획·영업·한정주 / 편집·김경숙
조판·태광문화 / 인쇄·천광인쇄 / 제본·기성제책 / 유통·문화유통북스

펴낸곳 : 자유문고
서울 영등포구 문래동6가 56-1 미주프라자 B-102호
전화·2637-8988·2676-9759 / FAX·2676-9759
홈페이지 : http://www.jayumungo.com
e-mail : jayumg@hanmail.net
등록·제2-93호(1979. 12. 31)

정가 10,000원
※ 잘못 만들어진 책은 구입하신 서점에서 바꿔드립니다.

ISBN 89-7030-026-0　04150
ISBN 89-7030-000-7　(세트)